罗坝村志

LUOBA CUN ZHI

罗坝村志编纂委员会 编

方志出版社
Publishing House of Local Records

图书在版编目（CIP）数据

罗坝村志 / 罗坝村志编纂委员会编. —北京 : 方志出版社，2024.5

ISBN 978-7-5144-5676-9

Ⅰ. ①罗… Ⅱ. ①罗… Ⅲ. ①村史—肥西县 Ⅳ. K295.45

中国国家版本馆 CIP 数据核字(2024)第 103791 号

责任编辑：范　静
责任校对：张玉霞
责任印制：梅中英
出 版 者：方志出版社
地　　址：北京市朝阳区潘家园东里 9 号（国家方志馆 4 层）
邮　　编：100021
网　　址：http://www.zgfzcb.cn
发　　行：方志出版社图书营销中心（010-67110500）
印　　刷：合肥鸿宇印务有限公司
开　　本：787 毫米×1092 毫米　1/16
印　　张：25.5
字　　数：483 千字
版　　次：2024 年 5 月第 1 版
印　　次：2024 年 5 月第 1 次印刷
定　　价：216.00 元

罗坝村志编纂委员会

主　　任：陈　庚　李志国　丁　峰　程子光

学术顾问：周基如

副 主 任：王文超　晏永花　贾天鹏　袁　军　周骆涵

成　　员：周俊生　陈飞飞　汤俊胜　施安然　高正开　孙文悦

宋鹏飞　余蔚霞　蔺翰林　胡世斌　程庆美　周先兵

《罗坝村志》编辑部

编辑部主任：周先兵

主　　纂：彭均生

副 主 纂：余蔚霞

编写组成员：周基如　彭均生　余蔚霞　王于翔　蔺翰林　周先兵

摄　　影：王月敏　艾克发　唐文生

审稿单位

中共肥西县委党史和地方志研究室

中共紫蓬镇委员会　紫蓬镇人民政府

罗坝村貌　王月敏/摄

蔺郢、万安　王月敏/摄

陶郢　王月敏/摄

官塘　王保山/摄

杨郢(左、中)、许郢(右)　王月敏/摄

油坊冲、书房郢　王月敏/摄

高官塘　王月敏/摄

桂郢　王月敏/摄

大卫庄、小卫庄　王月敏/摄

周新店　王月敏/摄

张湾　王月敏/摄

二房郢　王月敏/摄

黄小郢　王月敏/摄

杨墩　王月敏/摄

老家郢　王月敏/摄

康堰　王月敏/摄

河东、河西　王月敏/摄

迁址新建的罗坝小学　王月敏/摄

2020年8月，罗坝村村庄人居环境改造提升施工现场　吕良基/摄

望湖山上望湖亭　周先兵/摄

别墅式村民新居　艾克发/摄

原生态的林间小路　周先兵/摄

罗坝村美浓苗木基地　王月敏/摄

罗坝村乐源苗木基地　王月敏/摄

精品树桩苗圃　王月敏/摄

红叶石楠苗圃中的苗木(上)
和花球(下)　王月敏/摄

苗农正在起取红花檵木树苗　王月敏/摄

起运桂花树苗包扎根部　周先兵/摄

吊运树苗销往外地　周先兵/摄

合九铁路专运线通过村境(左图),并设有罗坝站(右上图)　王月敏/摄

罗坝村境山间道路蜿蜒曲折　艾克发/摄

穿越村境的“西电东送”百万伏特高压输电线路　艾克发/摄

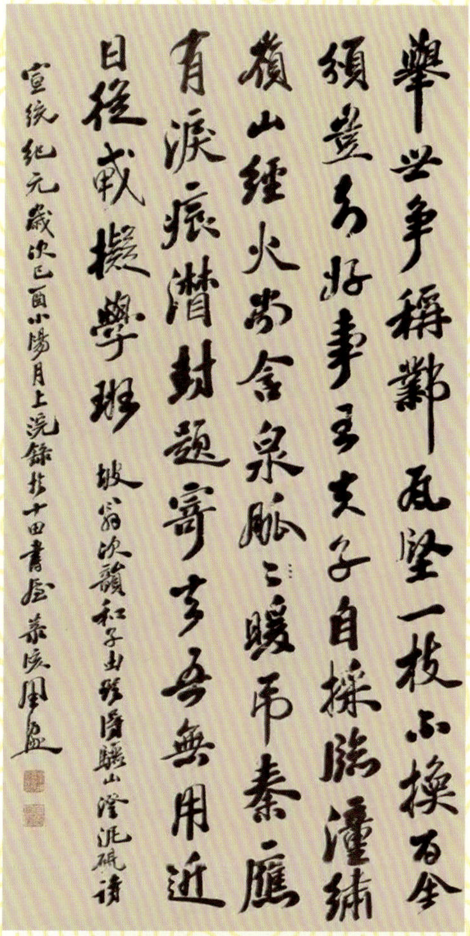

周家谦书法作品　彭均生/摄

盛军将领遗物：刀剑（下）和剑鞘（上）　王月敏/摄

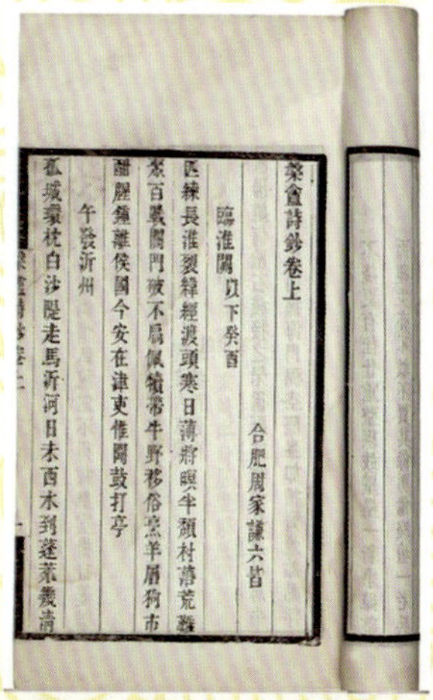

周家谦著《槊盦诗钞》书影　彭均生/摄

位于天津市小站新建的周武壮（盛传）公祠　周志坚/摄

罗坝村民间收藏家谱选——(罗坝)张氏、周氏、桂氏、叶氏宗谱　彭均生/摄

周武壮公遗书(二册)　彭均生/摄

周本淳集(八册)　彭均生/摄

2006年10月6日，周伯萍（前排左三）和家人在一起　周典瑞/提供

2019年12月，余蔚霞被评为“全国优秀基层政协委员”，图为余蔚霞和获得的奖杯　艾克发/摄

2017年，罗坝村籍人士周会明当选“全国模范检察官”“守望正义——群众最喜爱的检察官”，获得全国检察机关最高荣誉　查丹/摄

2011年11月20日，安徽农业大学教授傅松龄(中)到罗坝村指导花木栽培技术　蔺翰林/摄

2019年8月26日，合肥市台办到罗坝村慰问困难群众　蔺翰林/摄

2019年5月18日，罗坝村开展人民调解大提升主题志愿活动　蔺翰林/摄

2020 年 12 月 11 日，合肥市政协主席韩冰（居中，面对观众者）到罗坝村视察　蔺翰林/摄

罗坝村党总支书记
余蔚霞上党课活动现场
蔺翰林/摄

2014 年 11 月 28 日，安徽省农村生态教育示范基地——罗坝村生态示范教育基地挂牌仪式举行　蔺翰林/摄

2020年9月29日,合肥市台办为罗坝村送来新冠疫情防控物资

罗坝村(大队)历任村干部合影(摄于2023年11月)。前排左起:孙露露、戴晓娟、蔺秀秀、蔺翰林、王传英、余蔚霞、杨萍、李慧敏,二排左起:张福山、周本富、葛章友、张福寿、张发、程家有、程恩银、吕良基,三排左起:程东胜、程庆美、李林、张大香、巢运初、胡世斌

唐文生/摄

2020年9月19日,《罗坝村志》启动大会在罗坝村部会议室召开　周先兵/摄

罗坝村志编辑部成员合影,左起周先兵、蔺翰林、彭均生、周基如、余蔚霞、王子祥
唐文生/摄

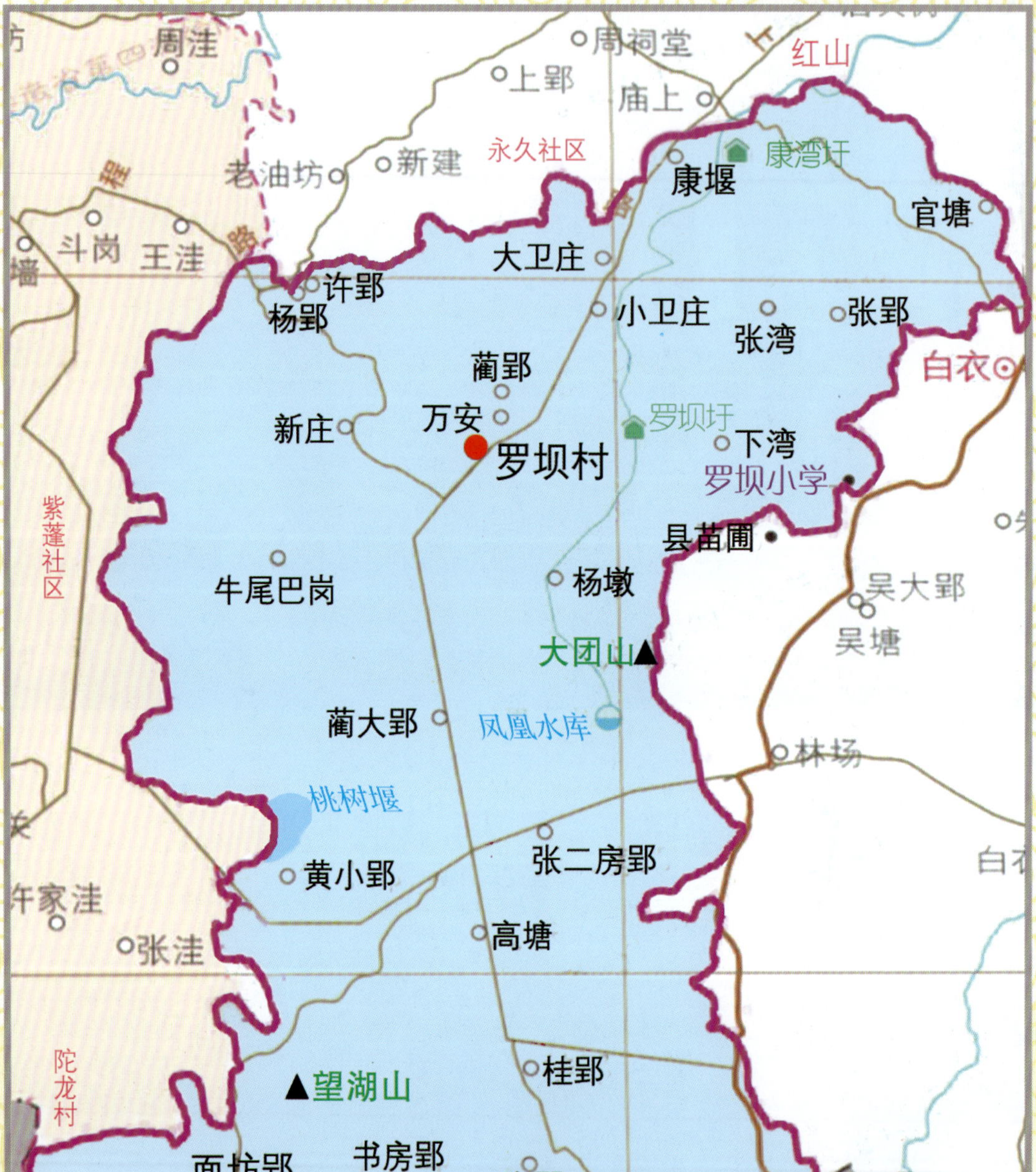

审图号：皖合肥S(2017)005号

罗坝村境示意图

序一

罗坝是一方流光溢彩的土地，村落、河流、山石、草木、阡陌……犹如滴落的星语，千百年来款款逸动，倾诉着这里的地道风物、山川土地，绵绵而深情。

“盛军故里，花木之乡，名贤祖籍，生态名村”，是罗坝村的4张秀丽名片。盛军故里是历史刮动的风声，花木之乡是大自然打开的芬芳，名贤祖籍则是一代又一代罗坝人的骄傲，生态名村则正是现实“和美”的观照。

罗坝村傍紫蓬山而立，是庐阳第一名山的组成部分。“山不在高，有仙则名”，罗坝村是紫蓬山众多“仙家”之一，罗坝拥有紫蓬山山石的硬朗、山树翠绿的柔情、山花多彩的美丽，品貌端庄、清朗明了，若一幅山水画卷，在时间的长河里徐徐打开，散发着独特的美丽和芬芳。

100多年前，周盛传、周盛波等一干将领，在紫蓬山峦兴建了周家的圩堡——“罗坝圩”，自此“罗坝”二字便固定在了这块土地上，“罗坝村”也因此得名。“罗坝”二字看似简单，但随着时间的推移，却似一个偌大的容器，盛载了众多的文化内容。如由“盛营”而“盛军”的进程，如“莫犯三山”的狂野惊呼，如“小站稻”的万顷金黄，如晚清国防军的独树一帜，如“花木之乡”的村陌声响……它们是历史的，更重要的是现实的，这些都和罗坝有关联，都和罗坝的今天结合在了一起。

罗坝村有故事，每一个故事都能拉出长长的画面，腾挪出特别的空间，让人实实在在地骄傲上一番。

如此，罗坝村真的有福分，方圆十里百里有多少村落，能拥有罗坝的历史和现实？是否可以这么说，罗坝的绿是有渊源的，罗坝的美好是有设定的，罗坝村是沿着一条历史的脉络，一往无前向前走去的……

罗坝是人文荟萃的地方，周盛传、周盛波自是走进历史典籍中的人物，他们的脚印存留在罗坝的土地上，成为有形而又无形的雕像。而以周伯萍等为代表的现代人物，他们以全心全意为人民服务为宗旨，将身将心投入到挚爱的土地上，一而再地擦亮着故土罗坝的名片。俯身拾取这样一些名字：周本淳、周焘、周墨兵、许坤………他们生于罗坝，秉承着一方土地的淳朴，默默奉献，和罗坝的泥土一样敦厚，和紫蓬山石一般持重，成为罗坝挥之不去的记忆。

罗坝村人民勤劳、勇敢、智慧，立于一隅却放眼远方，创造了一个又一个奇迹。白驹过隙，罗坝村在时光的浸染里愈发青春，老树新花般花开灿烂。走进罗坝村，林木翠绿，村舍整洁，如在山水画廊里，这里百业兴旺，人民富裕安康，深入罗坝村，走进的是景观，领略的是怦然的心跳、热气腾腾的生活。

沉浸而思索，罗坝村实际上走过了一条艰难而曲折的路，她的辉煌不是一蹴而就的，是经过一代代罗坝村人的艰苦努力而实现的，这中间的过程是要用一本大书来记载的。

我算得上是个罗坝人。我父与康湾圩周焘伯伯因共同喜爱苗木花卉，而相交甚好，如同亲兄弟，他们共同研习花卉苗木，从小耳濡目染，我也对苗木花卉产生了浓厚的兴趣。高中毕业那年，辗转几十里路去康湾圩拜周伯为师学习苗木花卉嫁接技术。第一次相见，周伯就很喜欢我，说我好学有灵气。他对我父亲说：不要拜师了，拜我为父吧，我觉得这样更好。我父亲当时欣然应允，我和周焘伯就这样缔结下了父女之情。周焘伯早年从军，打过日本鬼子，参加过解放战争，带着一身战功转业回乡，从事“花的事业”，下决心绿化荒山野岭。

拜周焘伯为师，学习苗木花卉种植，是我人生最为快乐和幸福的时光，周伯手把手地教我，当一棵棵嫁接成功的苗木从我手中出落，我的眼前是花开灿烂、硕果满园，罗坝的土地也因之放大了。周伯在教我花木管理技术的同时，潜移默化地教我做人的道理，他常说：香花不艳，艳花不香。是说花木，又不完全是，微言大义，深深地刻在了我的心中。周伯无疑是我人生的导师之一，影响了我一辈子。

缘起康湾圩，我也与罗坝缘起缘定。走上工作岗位，我先后在紫蓬镇和紫蓬山风景区管委会工作，而罗坝村皆是我工作和服务的“领地”，不用说，我对罗坝投入了更多的目光，我开始系统地研究罗坝的历史，关注和指导罗坝村产业的发展，和更多的罗坝人成为知心的朋友。罗坝早在我心中扎根了，我一次次回忆周伯说过的话：脚下的罗坝好，要为这土地多做些事。为罗坝多做些事，山和土地都为之呼应。

进入新时代，罗坝村展现出新的姿态，以苗木产业带动乡村旅游，以乡村振兴回应时代召唤，每个罗坝人都意气风发。

《罗坝村志》因此应运而生，固定下了一个村庄的记忆。村庄修志，纵观前后左右尚属鲜有，这也表明了罗坝村人的智慧和敢于探索的精神。

作为一个罗坝人，受益于这方土地、深爱着这方土地的人，以上文字，仅是一抹心情的流连，一朵为罗坝村惬意盛开的心花。

是为序。

肥西县人大常委会副主任

2023年12月28日

序二

拿在手中的这本散发着油墨馨香、沉甸甸的《罗坝村志》，是我们紫蓬镇的第一部村志，也是除历史上曾经编纂成书的旧志《紫蓬山志》之外的第一部当代志书。《罗坝村志》的出版对于我镇展现紫蓬形象、传承历史文化、促进乡村振兴具有重要意义。

罗坝村位于紫蓬镇东南，是一个有故事的历史文化名村。历史上，这里曾产生以周盛华、周盛波、周盛传兄弟为主创办的团练，进而成为晚清淮军的重要主力——盛军的故里；这里是肥西苗木花卉产业的发祥地，得益于近在咫尺肥西苗圃的缘故，20世纪50年代初即开始苗木花卉种植，改革开放后迅速发展，延及周边乡镇村庄，至今仍是紫蓬镇农林业主要支柱产业之一；这里有罗坝圩、康湾圩，是全镇为数众多的淮军圩堡之一，体现了别具一格的晚清江淮丘陵地带建筑特色；这里虽然地处江淮丘陵地带，但有山有水，山清水秀。村境有大团山、小团山，林木葱郁，自然植被茂盛；有光明水库、凤凰水库、桃树堰，碧波荡漾。随着苗木花卉产业的发展，2013年罗坝村被命名为安徽省省级生态村，还先后获得安徽省森林村庄、安徽省农村生态教育示范基地、安徽省千万亩森林增长工程巾帼林基地、安徽省“一村一品”示范村等一大批荣誉称号，是一个实实在在的生态名村。

罗坝村地灵毓秀，人才辈出。近代以来，不断涌现各个方面成就突出的优秀人物。以晚清盛军屯垦津沽为发端，延续至后来小站练兵，形成淮系集团，成为民国年间重要政治力量，本村籍参将以上将领就有数十人。中华人民共和国成立后，本村籍人士周伯萍先后担任粮食部副部长、驻外大使，为国为民，奉献终生；周本淳国学底蕴深厚，遍育桃李，著作等身；周会明两度援藏，开创西藏山南市检察工作新局面；罗坝村还走出许坤、魏先贵等多位肥西县领导，他们为肥西发展殚精竭虑，做出重要贡献。

当然，罗坝人物更多的是那些普通群众，他们以自己的辛勤劳动，创造了罗坝今天的美好生活。这一群体中，有劳动模范、技术能手，有模范教师、优秀校长，有声名卓著的艺术家、书法家、画家，有创业致富的企业家……

特别值得一提的是，在这部《罗坝村志》中，在人物传记、人物简介之外，还设有各种人物表，如《烈士名表》《党员名表》《历任村干部名表》《历年高等教育人才名表》《出席县党代会、人代会代表和政协委员名表》《本村籍知名企业家名表》《少数民族人士名表》《高龄老人名表》等。一个2400人口的村庄，志书中列名的古今人物就有760多位（部分人名有重复）。青史留名，是历代以来莫大的荣誉。这一数字，也体现了全村上下的广泛参与。

“志者，记也!”《罗坝村志》全面记录了中华人民共和国成立后，当地人民群众在党组织的带领下，团结奋发英勇奋斗的发展历程。同时，“方志乃一方之全史”，是一个地方的“百科全书”。志书中诸如苗木花卉品种的介绍，可以让读者感受到罗坝苗木花卉的斑斓色彩，这部《罗坝村志》还有很多鲜明的特色，如所记载的传统农具工具、传统家具用具，让读者眼前浮现出当年真实而令人无法忘怀的情景，所记载的民风民俗令人感受到家乡的淳朴和亲切，所记载的罗坝发展史、奋斗史，更是让人心情久久不能平复……这本志书，可以让我们增强热爱家乡、建设紫蓬的奋进力量!

罗坝村是紫蓬镇的一个典型村，也可以说是紫蓬镇的缩影。紫蓬镇因庐阳第一名山——紫蓬山而得名，遍布青山绿水；紫蓬镇是更大范围的盛军故里，历史文化深厚；紫蓬镇自古至今名人辈出，3名肥西籍院士中，就有周本湘、周本濂2人祖籍于紫蓬镇。党的十八大以来，紫蓬镇党委、政府，认真学习贯彻习近平新时代中国特色社会主义思想，坚持经济建设、政治建设、文化建设、社会建设、生态文明建设“五位一体”发展战略，政治、经济、社会、文化各项事业突飞猛进，生态文明得到加强，人民安居乐业，社会文明和谐。当前，我们正紧扣“先进制造业强镇·人文教育名镇”的发展定位，积极探索和推进一、二、三产业融合发展道路，通过多产业多维度融合，探索兴镇富村新路径，着力打造“百亿紫蓬·经济强镇”。与此同时，乡村文化振兴也是我们面临的一项重要任务。我们将继续高举习近平新时代中国特色社会主义思想伟大旗帜，学习贯彻党的二十大和二十届二中全会精神，努力在乡村振兴的伟大实践中走在前列，为“两个百年”奋斗目标谱写新的篇章。

自古盛世修志，意在存史、资治、育人。修志工作也是我们当前乡村振兴中一项重要的文化振兴工程。通过《罗坝村志》的出版发行，希望能够带动全镇上下，重视修志、读志、用志，特别是部分经济强村、特色鲜明村，也应深入挖掘本地的历史，在经济社会快速发展的今天，留住乡愁记忆，传承优秀文化，弘扬优良传统。

在此，谨向不辞辛苦广泛征集资料编纂成书的志书编纂工作者，及支持、关心这项工作的同志们、朋友们表示诚挚的敬意和衷心的感谢！

让我们共同期待和见证美丽、富裕的崭新紫蓬！

中共肥西县紫蓬镇委书记
《罗坝村志》编纂委员会主任

2023年12月26日

凡 例

一、《罗坝村志》以马克思列宁主义、毛泽东思想、邓小平理论、“三个代表”重要思想、科学发展观、习近平新时代中国特色社会主义思想为指导，坚持辩证唯物主义和历史唯物主义的基本观点、立场和方法，坚持实事求是、客观公正的基本原则，真实、准确、科学、系统地记述本行政区域内自然、政治、军事、经济、社会、文化等各方面的历史和现状，注意突出时代特色和地方特色，力求思想性、科学性和资料性相统一。

二、本志编纂遵循中国地方志指导小组《地方志书质量规定》和《安徽省第二届三级志书编纂工作实施通则》执行。参考使用《安徽省第一届三级志书编纂工作实施通则》。

三、本志上限尽量追溯至事物发端，以全面反映入志事物发展脉络；下限一般至2020年12月，重要事项延至搁笔。

四、本志记录地域范围为2020年罗坝村的行政辖区，历史上曾经跨区域设置偶有涉及。

五、本志篇章节目体，横排门类，纵述史实。除遵循有关乡镇村志基本篇目要求必设内容外，依照突出时代特色、地方特色原则设置。

六、本志综合运用述、记、志、传、图、表、录等体裁，以志体为主。

七、本志历史纪年用括号注明公元纪年，清代及以前用帝王年号或干支纪年、农历纪月；中华民国时期按民国纪年括注公元纪年；中华人民共和国成立后一律以公元纪年。志书中“××年代”，凡未加世纪者，均指20世纪。

八、本志除引用文字和附录文献资料外，统一使用规范汉字及现代语体文记述。记录坚持秉笔直书、述而不作，只记事实，不作评论，寓观点于记述之中。行文力求朴实、严谨、简洁、流畅、优美。

九、本志设人物章。遵循“生不立传”原则，人物传略只记本村籍已故人物，按卒年排序。人物简介按生年排序，人物简表按姓氏笔画排序。本志介绍的人物为本村籍实职正科、军队正营级以上，以及在本村工作过的有影响的实职正科级以上客籍人员。

十、本志中随文配图，图下设文字说明，图文并茂。图、照片和表格统一编排序号。

十一、本志所需数据一般采用政府统计部门数据，无政府统计部门数据时选用主管部门提供数据，统计部门、主管部门均无数据的，采用村报表数据。

十二、数字用法、标点符号用法分别采用国家标准《出版物上数字用法》(GB/T15835—2011)、《标点符号用法》(GB/T15834—2011)。计量单位采用国家技术监督局1993年12月发布的《量和单位》系列国家标准。历史上使用的计量单位，如斗、石、里、尺、磅等，在引文时可照录，首次出现时加注。鉴于耕地“亩”的计量单位习惯沿用，志中保留使用，不作换算。

十三、志中所称“解放前（后）”，以1949年1月肥西县解放为界；“改革开放前（后）”，以1978年12月中共十一届三中全会召开时间为界。

十四、本志记事以第三人称记述。人名直书其姓名，必要时冠以职务职称，地名以现行标准。

十五、本志部分资料来源于档案文献、采访口述资料、各类统计报表，以及《肥西县志》《中国共产党肥西县组织史》《肥西年鉴》等，并参考部分姓氏家谱。除特别重要资料外，为简洁起见不再一一标明出处、注明资料来源。本志编纂有关未尽事宜，在“编纂始末”中予以说明。

目　录

第二编 政 治

第三编 经 济

第六编　人　物

附　录

概　述

罗坝村位于肥西县中部、紫蓬镇东部，村中心位置为北纬31°72′59″56、东经117°05′87″。村境东连紫蓬镇白衣社区，南隔楼塘山与花岗镇胜利村相接，西南与花岗镇叶岗村相邻，西临紫蓬山管委会陀龙村、紫蓬社区，北依紫蓬镇永久社区、燎原社区。全村境域总面积约877.07公顷，其中，耕地面积512.82公顷、山场面积154.07公顷、水面面积66.67公顷、村庄面积128.52公顷、道路面积14.99公顷。截至2020年末，全村有30个村民小组，624户2417人。

罗坝村得名于村境内的淮军圩堡——罗坝圩。罗坝村素称“盛军故里、花木之乡、名贤祖籍、生态名村”。这里自然风光秀丽，有悠久深厚的人文底蕴。这里在晚清时期走出了以周盛波、周盛传为统帅的淮军劲旅——盛军，他们在中国近代史上留下了浓墨重彩的一笔；这里是曾任粮食部副部长、驻外大使周伯萍，著名古代文学专家、曾任淮阴市政协副主席周本淳，国家精尖科技领域科学家张险峰等一批名贤的祖籍；中华人民共和国成立后，本村籍人士中又涌现出周晓蔚、周会民、余蔚霞等一批全国先进模范。中华人民共和国成立之初，紫蓬山一带即开办皖北肥西紫蓬山林场（后改为“国营安徽省紫蓬山林场”“肥西林场”），并在罗坝圩建设苗圃，因此，这里成为肥西苗木花卉产业发展之源。改革开放后，罗坝村苗木花卉产业得到全面发展，家家植树，户户育苗，90%以上的土地都用以苗木花卉生产，依托中国中部苗木大市场，苗木花卉产业成为当地最为主要、最具特色的产业，罗坝村民也走上富裕之路。今天的罗坝村境，青山绿水之间，绿海涌波，鲜花斑斓，处处是景，呈现出十分优良的生态环境，被命名为省级生态示范村。

多年来，罗坝村“两委”坚持党的领导，带领群众艰苦奋斗，先后获得安徽省“一村一品”示范村、安徽省千万亩森林增长工程巾帼林基地、安徽省森林村庄、安徽省省级生态村、安徽省农村生态教育示范基地，以及第三届、第五届合肥市“文明村”，合肥市卫生村，合肥市村庄清洁行动先进村等荣誉。

盛军故里

100多年前，清末文士李恩绶将紫蓬山地区的人文、历史、山水、古迹收录进《紫蓬山志》。书中写道：“古所谓‘人杰地灵’，信有之矣。肥西山最著。刘宫保省三家近大潜，张靖达之居址近周公山。若紫蓬山，望之如云兴雾滓者，则周刚敏公、武壮二公家于斯焉。咸同之交，皆勋业彪炳，若鼎峙然。”

茫茫紫蓬山，绵延50里。晚清时期，这里走出了众多名垂青史的淮军将领，其中周盛波、周盛传兄弟官至湖南提督（周盛传曾任天津镇总兵），还有甲午战争中的盛军将领周盛忠、周家德。

盛军在天津、塘沽一带一片荒芜的海滨盐碱地驻军屯垦长达20余年。开挖河道，引水冲刷盐碱，逐渐形成数十万亩的水稻种植区，小站稻享誉天下。至今，位于津南的周刚敏公祠、周武壮公祠依然游人不绝，感念他们兴修水利、造福一方。

李恩绶在《紫蓬山志》中写道：“后以盛波、盛传贵，以盛华死事情形奏请于朝，追赠游击衔，照阵亡例。今‘盛字营’号称劲旅，盛华之倡也。”清咸丰三年（1853），身处乱世中的周盛华与胞弟周盛波、周盛传在罗坝圩兴办团练，筑寨自保，实际上为后来的“盛字营”，为“盛军”奠定基础。因此，罗坝村是当之无愧的“盛军故里”。周盛波、周盛传先后官至一品衔湖南提督。病逝后，分别谥为“刚敏”“武壮”；罗坝周氏盛军将领有名可查者数十人，其中还有一位曾参加甲午平壤战役壮烈殉国、但事迹长期湮没史册的罗坝村人周盛忠。

花木之乡

罗坝村境地处江淮分水岭丘陵地带，岗冲交错。旧时水利条件差，常年干旱少水，不适宜种植水稻等农作物。而充足的日照和黏性的土壤，却使这里成为理想中的苗木花卉培育之地。

苗木花卉是来自于大自然的美好馈赠，也是罗坝村人历经几十年的奋斗成果。

追根溯源，罗坝村的苗木花卉产业始于20世纪五六十年代。中华人民共和国成立之初，依托紫蓬山区开办的皖北肥西紫蓬山林场，罗坝圩即建有苗圃。1958年1月，肥西县紫蓬山林业站所辖的肥西苗圃在罗坝圩复建苗圃，圃地占林地308亩，1963年单独建制，定名肥西苗圃。当时，罗坝圩苗圃每年产出大量苗木，品种较多，效益甚好，吸引外地客商慕名前来购买苗木。自此，周围的罗坝村民也相继在自家房前屋后种植少量树苗。20世纪70年代，本地花师周焘成功研创改良苗木嫁接技术之后，这里便是周边苗木花卉种植技术的"传播地"，十里八村、省内县外，各地种植者前来学习取经。八九十年代，个体户育苗逐渐发展起来。1998年以后，肥西苗木花卉产业迅速发展，在全县范围内先后实施定向育苗、万亩育苗工程和林业新品种技术示范等项目。受此影响，罗坝村大部分村民近水楼台，率先利用山场林地、部分农田栽植培育各种苗木，育苗面积多达6000余亩，收益明显改观，走上致富之路。

截至2020年，罗坝村苗木花卉种植面积7765亩（合安九铁路征迁193.35亩，其中山地47亩，引江济淮1号弃土场临时用地1920.8亩），林地有200亩。全村共有苗木经纪人115人，他们为苗木销售提供了渠道。形成了观赏绿化苗、经果林苗、用材林苗和花卉、盆景、草坪地被等六大类200多个品种；苗木花卉产品销售到全国各省、市。通过产业结构的及时调整，激发了农民的种植热情，极大地促进了苗木花卉产业的发展，壮大了村级集体经济，增加了农民收入，全村人均收入高于全县农民人均收入20%以上。截至2020年末，罗坝村共有苗木企业及合作社68家，有苗木种植大户16户承包着2092.8亩山场。如今的罗坝村，目之所及，皆是郁郁葱葱的苗木花卉，一派欣欣向荣景象，苗木产业成为罗坝村一张崭新的名片。罗坝村是一个名副其实的"花木之乡"。

名贤祖籍

"庐阳第一名山"紫蓬山，是一座承载着历史的名山，是一座阅尽历史沧桑的名山。罗坝村背靠紫蓬山，人杰地灵，自古至今人才辈出。从这里先后走出了爱国将领、外交人才、学术专家、人民公仆、先锋模范、艺坛精英……

作为盛军故里，一大批盛军将领功成名就后，走上晚清政坛；其中盛军首领周盛波、周盛传等人驻军京畿，巩固海防，屯垦天津，兴修水利，改造土壤，培育水稻，造福一方百姓。后裔散居全国各地（其中，天津当地至今仍有“传字营”村，多为盛军后代）。

中华人民共和国成立以后，罗坝村籍人士中，不断涌现出一批批报效祖国、服务社会、热心公益的模范人物。

淮军将领周盛华五世孙、祖籍罗坝康湾圩的周伯萍，1938年投身革命，1941年加入中国共产党。新中国成立后长期从事粮食工作，1952年任中央粮食部党组成员、办公厅主任。1967年5月出任坦桑尼亚大使馆临时代办、党委书记。后又出任中国驻希腊、阿尔及利亚、扎伊尔等国大使，1981年回国又担任国家计生委副主任、计生协常务副会长等职。其弟周本淳教授，1945年毕业于浙江大学中文系，1949年4月参加革命工作，长期从事教育和学术研究工作，是我国著名的古典文学和古籍整理专家。周本淳学识渊博、治学严谨，一生学术研究成果丰硕。

生活于本村的康湾圩人周焘，青年从军，参加过抗日战争和解放战争，在人民解放事业中立下了一定功劳。复员回乡后，周焘利用所学园林技术，引进多种中药材、果树和花卉盆景。他勤奋好学、刻苦钻研，早在20世纪60年代就研究出“形成层切接法”，后又改良为“芽片砍接方法”，使苗木嫁接繁育技术不断成熟。后来，不断引进和嫁接生产桂花、蜡梅、月季、碧桃、紫玉兰、白玉兰、广玉兰、白兰等各类苗木品种，并向周边苗农传授技术，培养苗木花卉繁育栽培技术人才近千名，为肥西苗木产业发展做出重要贡献。

在罗坝村籍人士中，还有长期从事文教、考古、博物馆工作，年逾百岁依然书画不辍的周墨兵；有为肥西建设和发展做出贡献的许坤、魏先贵等领导干部；有两次援藏、荣获“全国模范检察官”“安徽省优秀共产党员”称号的周会明；有献身于国防科技事业的周晓蔚博士、张险峰博士；也有身在外地，从农民工跃身而为规模企业经营者的程文林、刘红林……

一大批优秀的罗坝儿女，在不同的工作岗位上兢兢业业，努力工作，呈放异彩，书写出美丽的华章。

生态名村

长期以来，罗坝村牢固树立“绿水青山就是金山银山”的理念，坚持不懈打造“生态名村”。敢于打破旧观念，探索发展新模式，不断转变思路，开拓新路，深刻领会“良好的生态环境是最普惠的民生福祉”，以保护环境、改善生态的实际行动造福于民。

罗坝村地处大别山余脉紫蓬山东延处，地势南高北低，为典型的丘陵地形，素有“九岗十八冲”之称。村境自南至北有毛狗洞山、陆大山、毛栗山、黄大山、望湖山、西座山等众多山丘。最高点是望湖山，位置最北的为大团山。境内沟壑纵横，塘坝星罗棋布，有发源于道士山的五老堰河南支流；有凤凰水库、光明水库、桃树堰等相对较大的水库塘坝等。

村境地形多是丘陵山岗区，山冲相间。多低岗和缓低岗，呈条带有规律地展布，往往延伸数公里至数十公里，其高度从海拔126米逐渐降至15米左右，随高低起伏，呈岗冲相间状态，冲洼多较开阔，冲心水向下汇聚成河。两冲塝地开垦为农田或山林，村庄杂居其间。贫瘠的土壤与相对匮乏的水资源，构成全村自然环境的主要特征。

为了发挥罗坝村的地域与资源优势，着力改善农村整体环境，提高农村居民生活质量，促进农村经济、社会、环境的协调和可持续发展，结合紫蓬镇总体规划，紫蓬镇政府制定了《罗坝村居规划》。《规划》总则包括坚持以人为本，可持续发展；尊重民意；实事求是、因地制宜、量力而行；集约用地、保护基本农田；区域协调发展。通过《规划》的制定与实施，建设“生态宜居村庄美、兴业富民生活美、文明和谐乡风美”的美丽乡村；保障生态建设，形成生态效益；完善村庄的功能；改善村域的交通体系；保障全村环境品质的提高和人居环境的提升。

2013年，因淮南至上海100万伏特高压贯穿罗坝村，涉及全村共有13户41人需要征迁搬离，经镇村规划统一安置在集中点，按照每户160平方米统一户型建立新居；2017年，合安九铁路工程建设，全村又有31户

126人征迁规划安置于紫蓬家园二期；2018年，因引江济淮一号弃土场位于罗坝，全村拆迁岗东、岗西、中心、路上、路东、路西和新庄7个村民组共计195户658人，人口集中规划安置在紫蓬家园二期。

2019年，罗坝村在原有村部基础上，又申报在中心村新建一座建筑面积640平方米的二层党群活动中心办公楼。

2019年，罗坝村根据《合肥市农村人居环境整治建设规划准则》《肥西县城乡建设规划》要求，实施《紫蓬镇村庄布点规划》，保留中心村蔺郢和许杨郢、大小卫、张湾3个永久居民点，其他自然村列为近期保留自然村。2020年，申报中心村庄蔺郢，大卫、小卫、上冲、书房等自然村庄的人居环境改造提升项目。规划实施过程中，全村进行“五清一改”，即：清理村内塘沟，清理畜禽养殖粪污等农业生产废弃物，清理乱搭乱建、乱堆乱放，清理废旧广告牌，清理无功能建筑物等，逐步改善影响农村人居环境的不良习惯。此外，罗坝村的供电、供水等设施一应俱全，真正实现了旧貌换新颜。项目的分步实施，使罗坝村的村居环境得到大大完善。

今天的罗坝，青山绿水，茂林修竹，山水如画，人们生活幸福富裕，百业兴旺，村容村貌大幅改观，生态环境保持优良。罗坝村人正在用实际行动，描绘着更加美丽的“山水作品”。

大事记

明　代

洪武年间（1368—1398）

因元末明初战乱，江淮之间人口锐减。明政权建立后，实行移民政策，自江西等地大量移民本地。罗坝村居民中，周、张、蔺等氏先后迁居到此。

正德年间（1506—1521）

罗坝张氏于正德年间由河南归德府商丘迁居此地。

清　代

咸丰三年（1853）

十月，太平军进占安徽，攻占合肥、六安。周盛华集壮丁数百，在罗坝村周兴店（周新店）筑圩抵御。

十二月，庐州郡城合肥失守。

咸丰五年（1855）

二月初四，地方土匪攻破罗坝圩。周盛华率兵丁守御，“卒众寡不敌，遂与练丁孙荣等五十余人，俱力竭阵亡”。周盛华殒命于杨墩至蔺大郢之间的花水沟中。

七月中旬，周盛波、周盛传昆仲复筑罗坝圩，周氏族长周方策“助以山中竹木，起乡民三千，昼夜运转，筑墙掘濠，不出三日而工竣”。

八月十六日，太平军头目马千禄至朱家岗（朱岗），适周盛传出侦巧遇，率团练与之战斗，马千禄避走民宅，被周盛传捕获，解送清军。

九月，周盛传昆仲率领练丁攻克上派河。

十月，清军复庐州，太平军撤离。于是，团练遣散部分团丁。

咸丰六年（1856）

夏秋，境内大旱，赤地千里，籽粒不收，饿殍载道，人相食。

同治八年（1869）

是年，周盛传回乡省亲，捐资倡修荒废已久的周氏宗祠；又为紫蓬山增拓禅院，修筑周老圩住宅数十间及书屋三所。

九月，周盛传回营后，周盛波则交卸官职，“驰归侍养”。

同治十年（1871）

是年，李鸿章奏请朝廷，以周盛传所部盛军“屯卫畿辅”，遂移驻“直隶青县之马厂”，为盛军屯垦津沽之始。

光绪元年（1875）

二月，盛军移驻天津之南洼（后称新农镇），继续屯垦练兵。在此期间，次第开挖沟渠，引水冲刷盐碱；布置海防，修筑炮台；购置洋枪，新法练兵。

光绪十一年（1885）

五月，周盛传丁母忧回籍治丧；六月十四日以“哀毁呕血，创痕迸裂而卒”。予谥武壮，葬合肥西乡戴大郢西首。其后，盛军由周盛波接统，补授其为湖南提督。

光绪十四年（1888）

十月初二，周盛波卒，予谥刚敏，葬合肥西乡花岗许家楼。

光绪二十年（1894）

八月，盛军在叶志超、卫汝贵率领下，赴朝鲜与日军作战。十六日，平壤之役战败。其间，罗坝村籍副将周盛忠捐躯，灵柩运回家乡大团山安葬。

光绪二十七年（1901）

五月，大雨连旬，境田地冲毁，村庄被淹。

中华民国时期

1912年

是年，撤庐州府，境属安徽省（驻安庆）合肥县西乡。

1914年

6月，境内发生蝗灾。

1919年

6月，境内连旬阴雨，冲田受淹。

1939年

3月，日军飞机轰炸周老圩、雷麻店、永安集、罗坝圩等地，投弹数十枚，死伤百余人，毁房数百间。

1940年

1月3日晚，驻合肥日军出城向农兴集附近进犯，遭抗日部队国民军龙炎武迎击，日军仓皇撤退。新四军四支队八团一部参战，伏击打援。此战史称“农蜀歼灭战”，共击毙日军300余人，包括日军少将小琦、驻合肥司令三浦等将佐，获得大胜。

1月，新四军江北游击纵队直属大队在罗坝附近烧脉岗成立，朱养仙任大队长。

1948年

12月，肥西民主县政府在杨新圩（今肥西县官亭镇境）成立，肥西始建县。

1949年

1月8日，中共肥西县委正式启用公章。

1月，肥西解放。

7月，涝，冲田受淹，发生流行麻疹等病。秋旱，受灾。

9月21日，县农民协会筹备委员会成立。

9月，民主建政工作中逐步取消乡（镇）以下的“保甲”，“保”改建为村（街），设有村长或街长1名，财粮员或办事员1人，为不脱产人员；“甲”改建为居民组，设组长1人。此间，将今罗坝村境域的康湾保和烧脉岗、永安集、竹园、白衣等地设为城西区烧脉乡。

中华人民共和国时期

1949年

10月1日，中华人民共和国成立。消息传来，村民隆重庆祝。

是年底，肥西县共辖8区、76乡，村境属城西区烧脉乡团结村，张明香任村长。

1950年

3月，全县第一次农民代表大会召开后，村境内成立农会组织，张正才任村农民协会会长，周孝乐任农会组长。

4月，肥西县设立焦婆区，划设罗坝乡，驻地罗坝圩。辖白衣选区、白水塘选区、墩山选区、万安选区、建设选区。张本志任乡长，周孝铸任财粮员。刘学盈任乡指导员。

是月，境内开展镇压反革命运动，次年5月结束。

是年，在万安开办一所公立小学——肥西县罗坝乡万安小学。

1951年

5月，原罗坝乡白衣村高塘、朱岗改划为上派区白衣乡。

5—12月，村境内开展土地改革。各级农会组织农民群众参加土改，斗争地主，评审成分，分配土地，颁发土地证，实现“耕者有其田”。土改结束后，组织发展生产和引导农民走互助合作道路。为了解决农民分得土地后的劳力、耕牛、农具等困难，号召“组织起来，发展生产”，全村组织季节性互助组。

1952年

1月，罗坝乡址迁至杨墩（盖有4间草屋），下辖白衣选区、墩山选区、万安选区、白水塘选区、建设选区等5个选区。

1月，开展“反贪污、反浪费、反官僚主义”的“三反”运动，至8月上旬结束。

2月，肥西县改隶皖北行署六安专区。

8月，皖南、皖北行署合并成立安徽省人民政府，肥西县隶属安徽省六安专区，境内属之。

是年，罗坝圩改为焦婆区粮站。

1953年

1月，开展取缔反动会道门工作。

2月，开展禁赌运动。

6月30日，村境开展第一次全国人口普查。

春、夏，旱灾严重，塘坝多干，河水断流；至8月，遭风、旱、虫灾。

11月，贯彻中央《关于党在过渡时期的总路线和总任务》和《关于实行粮食的计划收购与计划供应的决定》，境内取消粮食自由市场。至次年4月，实行油料、棉花统购统销和生猪派购任务。

1954年

1月，首次进行基层普选工作。

5—7月，遭受特大洪涝灾害，响应县委、县政府号召，开展生产自救。

是年冬，连降大雪，积雪0.6米，成灾。

1955年

1月，成立新光高级农业生产合作社（又名“南新光”，辖境包括今罗坝、白衣、白水塘、周祠、红山村范围）。

3月，发行新人民币，停止旧币在市场流通。

5月，开展粮食定产、定购、定销的“三定”到户工作。8月底结束。

8月9日，万安小学合并至位于周祠堂的肥西县骑路小学。

11月，并区并乡后，撤销罗坝乡，罗坝村境隶属为上派区烧脉乡。

1956年

5月，撤区并乡，划归芮店乡。

1957年

1月13日，开放农村集镇粮油自由市场。

3月，新修桃树堰约80亩，年底建成。

是年，万安选区改名为万安村，墩山选区改名为墩山村。

1958年

1月，罗坝圩建立苗圃，圃地308亩，职工4人，雇工育苗，隶属县紫蓬山林业站。

2月，设上派区烧脉乡，万安、墩山村隶之。

3月26日，全县统一时间，持续6天。统一开展“除四害”（苍蝇、蚊子、老鼠、麻雀）行动。

夏，大旱。至8月11日，普降中到大雨，旱情解除，但受灾严重，大部分无收。

9月，人民公社化运动中，撤销区、乡，实行“政社合一”体制，原高级社改设为生产大队，原万安村、墩山村合并为罗坝大队。设立中共罗坝大队支部，有党员15名。吴成方任支部书记，隶属群光人民公社（次年3月改名为农兴人民公社）。

9月下旬，开展“大炼钢铁”运动。

是月，肥西县划属合肥市。境内属之。

11月，淠河总干渠和潜南干渠工程开始动工，罗坝村组织大量劳力参加。

是年，大办农村公共食堂，实行“吃饭不要钱”。

1959年

3月，县委开始纠正“一平二调”（平均主义的供给制，无偿调拨生产队的土地、劳力、耕畜、农具等）的“共产风”错误，落实包工包产，实行超产归队，减产赔偿政策。

1960年

4月，开展“反贪污、反浪费、反官僚主义（包括强迫命令）”的整风运动。

是年，农村人民公社实行“社社通总机、队队通电话”。

1961年

1月，开始纠正“共产风、浮夸风、强迫命令、瞎指挥和官僚主义”等“五风”错误。

3月，开始推行“包产到队、定产到田、责任到人”的责任田办法。秋，农民生活开始好转。

4月25日，贯彻中央《农村人民公社工作条例（草案）》（又称“六十条”），解散农村公共食堂，划给社乡自留地，以生产队为基本核算单位。

4月，肥西县划归六安专区，境内属之。

5月，全县增划为40个人民公社，村境为烧脉公社罗坝大队。

9月8日，在农村开展整风整社运动，以纠正“五风”错误为重点，至次年11月结束。

1962年

3月，县委贯彻省委《关于改正责任田的决议（草案）》，至次年春，罗坝改正责任田工作基本结束。

是年春，在蔺大郢设立一所小学，名为光明小学（作为骑路小学分校），由公办教师前来授课。

5月，烧脉公社在罗坝大队面坊郢建立敬老院，入院孤寡老幼40余人。

1963年

3月，开展“向雷锋同志学习”活动。

5月21日，遭十级台风和暴雨灾害，部分农户房屋倒塌。

11月，开展农村社会主义教育运动。

是年，吴宏长任中共罗坝大队支部书记，李德恩任罗坝大队主任。

是年，罗坝圩苗圃单独建制，定名“肥西苗圃”。

1964年

6月30日，开展第二次全国人口普查工作。

是年，开始持续10多年的“农业学大寨”，贯彻“以粮为纲”，组织各生产队大搞农田基本建设，兴修水利，取得一定成效。

1965年

2月，开展“四清”运动。

11月30日，增设山口公社，罗坝大队划入山口公社。

是年至次年初，罗坝大队集体兴办五一、牛岗、陶郢、蔺大郢、下湾、小卫6个耕读小学。

1966年

1月，推行以大队核算和“政治评工记分”。

6月4日，县成立“文化大革命”办公室，村境学校停课。罗坝大队党组织活动陷于瘫痪。

7—9月，大旱，受灾严重。

8月，开展“扫四旧”（旧思想、旧文化、旧风俗、旧习惯）运动。万庵庙在其间被拆除。

10月19日，山口人民公社罗坝大队改为光明大队。

是年，李德恩任中共光明大队支部书记，张正山任光明大队主任。

1967年

1月，烧脉公社改名为燎原公社。

5月，造反派批斗县委、县人委原主要负责人，乱揪、乱斗各级干部，不断发生打、砸、抢、抄、抓事件，境内人心混乱。

8月，新修光明水库。

1968年

4月，开展“三忠于”“四无限”活动，家家户户建立“宝书台”“忠字栏”，实行“早请示、晚汇报”。

6月，县成立大批判办公室，成立“大批判小分队”，对“三自一包”“四大自由”“责任田”等所谓“修正主义路线”进行批判。

12月29日，深入开展“农业学大寨”运动，开始并社、并队、收回社员自留地，割“资本主义尾巴”。

是年，光明大队由山口公社重新划归燎原公社管辖。

1969年

4月，县开展撤区并社，名上派区燎原公社。

7月中旬，连降大雨，群众受灾严重。

7月，开展“整党建党”工作，恢复基层党组织和党员的组织生活。

是年，上级派出“工宣队”“贫宣队”到基层搞“斗、批、改”运动。

1970年

2月，开展打击反革命分子破坏活动、反对贪污盗窃、反对投机倒把，反对铺张浪费运动（简称“一打三反”运动）。

7月，开办“合作医疗”，建立农村合作医疗室。

是年，李德恩任中共光明大队支部书记，张正山任大队主任。

1971年

9月23日夜，狂风暴雨，雨量达100毫米，少数农户房屋倒塌。

1972年

12月，光明大队分设为罗坝大队、墩山大队，隶属上派区燎原公社。

是年，罗坝大队在万安兴办罗坝小学。

1973年

1月，李德恩任中共墩山大队支部书记，李先来任墩山大队主任；周孝乐任中共罗坝大队支部书记，张具习任罗坝大队主任。

9月20日，开展大清查、整顿社会治安，打击刑事犯罪。

12月，建立县贫下中农协会，村境相应成立贫协组织，孙永仓任墩山大队贫协主任，孔祥银任罗坝大队贫协主任。

1974年

8月11—13日，大暴雨，庄稼受涝。

夏，水稻螟害严重。

是年，罗坝大队集体陆续在万安办村缝纫店、木器社、铁匠店，在大团山办小林场，统称为村综合厂。

1975年

11月，组织民工参加合（肥）六（安）公路改建工程、西大圩联圩工程施工。

1976年

1月8日，周恩来总理逝世，境内群众以各种形式举行悼念活动。

9月9日，毛泽东主席逝世，境内群众沉痛哀悼。18日，收听北京召开追悼会实况。

是年，肥西县苗圃架设一台变压器，县苗圃通电；次年，周边下湾、河东、河西、杨墩等生产队陆续通电。

1977年

春，发生流行性脑脊髓膜炎。

5月，首次引进试种杂交稻品种汕优63。

是月，水涝。

10月12日，燎原公社罗坝大队选举孔祥银为贫协委员会主任；墩山大队选举蔺光满为贫协主任。

1978年

春，罗坝大队、墩山大队分别在万安、高塘塝各架设一台变压器，年底各村庄全部通电。

7—12月，遭受百年不遇特大旱灾，全年降水量为常年之半。大旱持续到次年5月，塘坝干涸，庄稼枯萎、颗粒无收，人畜用水严重困难，入秋后持续干旱高温，无法秋种。

是年，李德恩任中共墩山大队支部书记，李先来任墩山大队主任。

1979年

4月，对地主、富农等五类分子给予摘帽。

7月，上级一度发文纠正“包产到户”，要求实行“包产到组”，受到群众抵制；不久再次发文强调“不要强迫纠正包产到户”。农村生产责任制改革得以继续进行。

秋，粮食丰收，首次出现卖粮难。

1980年

1月，周本付任中共罗坝大队支部书记，张具习任罗坝大队主任。

2月，花木生产带头人周焘发明的新型花木嫁接技术“形成层切接法”在肥西县科技成果奖励大会上荣获二等奖。

是年冬，罗坝、墩山村实行“包产到户”农业生产责任制。两村开始第一轮土地承包。至次年春全部完成。

是年，历届下放知青全部回城安置就业。

1981年

是年，罗坝、墩山大队陆续分别在万安蔺郢、高塘塝开办集体机械碾米加工厂。

1982年

4月，根据县委、县政府《关于保护森林制止乱砍滥伐的通知》精神，罗坝、墩山大队加强护林工作，依法护林。

7月1日，开展第三次全国人口普查工作。

秋，位于面坊郢的烧脉公社敬老院迁出。

1983年

6月，体制改革中，农村人民公社全部改为乡，燎原公社改为燎原乡，罗坝大队、墩山大队分别改为罗坝村、墩山村。周本付任中共罗坝村支部书记，程家有任罗坝村民委员会主任；李先来任中共墩山村支部书记，李书明任墩山村民委员会主任。

7月，肥西县复属合肥市辖，境内属之。

12月，按照上级布置，开展整党和党员登记工作，党员普遍受到一次党风、党性和党纪教育。

是年，罗坝村花师周泰，示范生产花木，开门传艺，受到县市表彰。

1984年

6月12—13日，大暴雨，受涝灾。

是年，国营县罗坝圩苗圃转向花木生产，聘请周先谷为苗木花卉技术指导员，开辟荒园，繁殖雪松、龙柏、广玉兰、桃、梅、桂花、月季等苗木花木品种，并探索解决桂花、蜡梅、五针松、白兰等花木嫁接技术，解决成活率低的技术难题，收入剧增。境内外村民纷纷前来学习苗木栽培技术。

1985年

5月，李书明任中共墩山村支部书记，蔺荣炳任墩山村民委员会主任。

7月1日，县委召开“认清形势、端正党风、投身革命”的报告会，使广大党员干部进行一次党性、党风、党纪教育。

1986年

3月，村境开展第一个五年普法教育活动。

7月，燎原乡恢复更名为烧脉乡，罗坝、墩山村并属于烧脉乡。

8月下旬，村配备兼职土地管理员。

11月上旬，第四批即村级整党开始。村级整党开始前，先开展清财、清物、清理宅基地的“三清”工作，增强群众信心，为整党做准备。村级整党于次年2月中旬结束。

1987年

4月，程家有任中共罗坝村支部书记，张俊环任罗坝村民委员会主任。

7月，村境开展文明创建活动。

是年，开始对党员试行电化教育。通过电视台转播，播放《全国优秀党员先进事迹》，组织党员集中收看，进行生动形象的教育。

1988年

3月，全村广泛开展学习、宣传中共十三次代表大会文件精神，开展党在社会主义初级阶段的基本路线教育，历时40天。

7月，全村出现严重干旱，中稻绝收。

是年，开始在村推广种植杂交油菜，如“秦油2号”、皖油系列品种等。

1989年

1月20日，县城开通1000门自动电话。10月，与合肥市电话联网，村境可直拨全国各地。

7月，在党员中开展“牢记宗旨，无私奉献，坚定理想，带头致富”为主题的思想教育。

10月，第一次居民身份证登记开始。

11月，开展扫除“六害”（即卖淫嫖娼、制作贩卖传播淫秽物品、拐卖妇女儿童、私种吸食贩运毒品、聚众赌博、利用封建迷信骗财害人）统一行动。

1990年

2月，根据县委“结合民主评议党员工作，进行后进党支部整顿”的部署，提出整顿后进党支部的意见和要求，同时县委在县直机关开展下基层“抓百村”“帮百厂”工作，从县直机关抽调中青年干部进村入厂，为村、厂办实事，解难事。

4月20日，全村开展以灭鼠、灭蝇、灭蚊、灭蟑螂为内容的“除四害讲卫生”爱国卫生月活动，至5月20日告一段落。

5月，张俊环任中共罗坝村支部书记，张道法任罗坝村民委员会主任。

7月1日，开展第四次全国人口普查工作。经普查统计，罗坝大队、墩山大队计有家庭449户，人口2044人。其中，罗坝大队212户，人口1023人；墩山大队237户，人口1021人。

9月，按照“三年消灭荒山，五年绿化肥西”规划，罗坝、墩山整理开挖宜林荒山2311亩。

10月，罗坝、墩山村架通有线广播。

12月，建立县、区、乡（镇）、村四级农科教协作网。

1991年

3月，墩山村2311亩林地全部种上湿地松，栽植松苗30万株。

7月，村境内遭受特大洪涝灾害。

是年，以“清理村级财务、村级组织配套建设、党员活动室、村级集体经济启动和发展”4个硬件为主要内容，先后进行了第一批、第二批、第三批农村社会主义思想教育工作（简称“社教”工作），至1992年底结束，全村支部“一班人”的年龄、文化结构有所提升。

1992年

3月上旬，罗坝村、墩山村所有林地补植完成通过验收。

3月，肥西县撤区并乡，烧脉乡并入农兴镇，为农兴镇罗坝、墩山村。

是年，以电教播放点和村党员活动室为主要阵地，开展对农村党员教育管理，组织党员学习科学技术、实用技术，激励党员投身经济建设。

1993年

年初，以致富奔小康为主题，结合巩固“社教”成果，继续抓以党支部为核心的村级组织配套建设和后进村支部转化工作。

6月，罗坝村组织人员配合派出所在全村逐组、逐户进行户口登记，填写《常住人口登记表》，建立户口档案。

12月，肥西县开通有线电视台，建成120米高广播电视发射塔，开通广播信号，境内均能收到县广播电台节目。

1994年

3月，全村开通程控电话，村民小组通程控电话率达100%。移动公司建成通讯网络。

是年，重点加强党员流动中的组织建设管理，认真贯彻落实中组部《关于加强党员流动中组织关系管理的暂行规定》，规范流动党员的管理。

是年，李书明任中共墩山村支部书记，藺荣炳任墩山村民委员会主任；张俊环任中共罗坝村支部书记，张道法任罗坝村民委员会主任。

1995年

年初，进一步加强入党积极分子培养教育，需填写“入党积极分子考察表”，指定专人帮助，规定发展程序，确保党员发展质量。

2月，县委决定在全县村级党组织中开展“创先争优奔小康”活动，罗坝村积极响应。

3月，墩山村路上组村民藺荣奇在本组利用荒地开办砖瓦厂。

9月，罗坝、墩山村完善土地二轮承包工作。

1996年

3月，藺荣炳任中共墩山村支部书记，刘仁清任墩山村民委员会主任。

5月13日，农兴镇率先在全县实行“村筹镇管”政策。境内属之。

5月，开展“严打整治”斗争。

12月31日，开展全国第一次农业普查。

是年，村支部组织学习《邓小平文选》《邓小平同志建设有中国特色社会主义理论学习纲要》。

1997年

春，村“两委”换届。3月25日，藺荣炳任中共墩山村支部书记，刘仁清任墩山村民委员会主任。

4月15日，张俊环任中共罗坝村支部书记，张道法任罗坝村民委员会主任。

是年，建立了全县村支部成员、村后备干部、村“两委”班子3年调整档案。

是年，根据县委会同宣传部下发的《关于进一步做好今冬党员“双学”活动的意见》，组织广大党员认真学习建设有中国特色社会主义理论和党章。

1998年

7月，推行村务公开、民主管理工作。

是年，开展了“做新时期合格党员”专题讨论活动。

是年，罗坝村全面鼓励广大农户种植苗木。

1999年

年初，在开展村务公开民主管理基础上，全县对农村基层组织建设实行“包、帮、挂、联”制度。

6月6日，张道法任中共罗坝村支部书记，程庆美任罗坝村民委员会主任。

是年，党员电教抓住省、市提出的“村级网点建设攻关年”的机遇，建立了村级播放点。

2000年

2月，实施市、县、镇《关于试行发展党员公示制度的意见》，全村发展党员实行公示制。

3月，贯彻落实县委、县政府《关于进一步减轻农民负担工作的决定》。

8月上旬，境内遭受旱灾，农作物严重受损。

是年，围绕创建“五好”村党支部，促进村党支部制度化、规范化建设，进一步理顺了村党支部和村委会等组织的关系。深入开展“三级创建”活动。

11月1日，开展第五次全国人口普查工作。

2001年

4月，开展“三个代表”重要思想学习教育活动。

5月，实行乡村医疗卫生规范化管理。

是月，蔺荣炳任中共墩山村支部书记，胡世斌任墩山村村民委员会主任；张发任中共罗坝村支部书记，程庆美任罗坝村民委员会主任。

是年，全县继2000年后的持续干旱，入春后未降雨。1—7月，全县累计降雨339.6毫米，比常年同期少降水148.1毫米，比上年同期少降雨51.8毫米；且梅雨季节出现“空梅”（无雨）现象。村境干旱受灾严重。

2002年

年初，开展实施退耕还林工程工作。墩山村路上组退耕还林170亩，全部栽植杨树。

年底，根据肥西县出台的指导村务公开实施意见，积极开展村务公开工作，对公开的内容、程序、时间等进行规范。

2003年

1月，罗坝村凤凰水库开始改扩建；5月竣工验收。

3—7月，紧急开展防控传染性非典型性肺炎（简称“非典”）工作。未形成疫情。

5月，全村开通有线电视。

11月22日，罗坝村组织部分苗木种植大户，参加在肥西上派三岗花木大市场举办的“中国·合肥首届花卉苗木交易大会”。

是年，开展以“抓好党建促发展、加快发展奔小康”为主题的农村基层组织建设系列活动。

2004年

1月起，正式实行农民大病统筹医疗保险。

3月，全县村（居）进行撤并调整。5月，墩山、罗坝村合并，成立中共罗坝村总支部委员会，罗坝村民委员会；总支委会下设2个党支部。张发任中共罗坝村总支书记，蔺荣炳当选为罗坝村民委员会主任。

11月，在全县乡村两级全面推行“为民服务全程代理”。镇设为民服务全程代理服务中心，村设立代理窗口，确定专人办公，确定代理范围：户口转迁、身份证办理、生育证明、建房地批、外出就业证明、个体企业营业执照等相关内容。规范代理程序，分为受理、承办、回复等环节。

是年，修建康堰——苗木大道3千米砂石路。

2005年

2月开始，持续将近一年半的时间，开展以学习实践“三个代表”重要思想为重要内容的保持共产党员先进性教育活动。

4月25日，村两委换届结束，张发任中共罗坝村总支书记，蔺荣炳当选罗坝村民委员会主任。

7月，罗坝村民周先兵在全市实施“双培双带”先锋工程中，带头致富，带领群众致富，成绩突出，被中共合肥市委组织部表彰为“十佳”“双带”先锋。

8月起，利用一年左右时间，开展“农村基层组织建设年”活动。“建设年”活动以八项重点工作为主要内容，即三级联创、组织设置、流动党员管理、党员干部伍建设、“双培双带”、党务公开、为民服务全程代理、无职党员设岗定责。村级无职党员设岗定责工作取得新突破。村级党组织设置思想工作、村（党务）监督、公开事务、经济发展等四类16个岗位。

10月，罗坝村境内三岗循环路段建成，沟通上派镇三岗苗木花卉基地，打通紫蓬镇苗木花卉销售通道。

12月，农兴镇更名为紫蓬镇，村境为紫蓬镇罗坝村。

是年，国家取消农业税，罗坝村民享受国家粮食种植等补贴。

是年，实现村村通砂石路；邮政、电信、移动电话范围覆盖村境。

2006年

6月，根据肥西县实施林权改革政策，全村2092.8亩山场林地开始对外发包，承包期30～50年。

2007年

5月，被列为小（2）型水库的罗坝村凤凰水库实施除险加固工程。

2008年

1月中下旬，发生特大雪灾。境内连续20多天降雪，积雪深度达30～50厘米。全村受灾面积2100亩，倒房2户，倒塌蔬菜大棚面积2000平方米。

5月，村“两委”换届，张发任中共罗坝村总支部书记，余蔚霞当选罗坝村民委员会主任。

6月，中共中央党校妇女研究中心主任李慧英率中央党校“性别平等政策倡导”专家组成员杜芳琴、梁军、王晓莉等一行到罗坝村调研座谈计划生育工作。

7月22日，罗坝村廉勤监督委员会成立，蔺荣炳为主任委员。

10月，罗坝村党总支副书记、村委会主任兼计生专干余蔚霞到中央党校参加“综合治理出生性别比试点地区领导干部培训班”学习。

同月，罗坝村民周根苗获合肥市第九届运动会田径少男甲组标枪第四名。

是年，罗坝村建成苗木大道至康堰“村村通”水泥路1条，长3千米。

是年，县妇联在全县组织开展的“牢记党恩、敬老父母、报答社会”主题教育活动中，余蔚霞被授予肥西县“敬老好儿女”称号。

2009年

1月，境内发生罕见冻旱灾害，从上年冬以来，仅降雨111.3毫米，较常年同期减少36%，先后遭受三次寒潮，气温低达-9℃。

4月9日，合肥市紫蓬镇罗坝苗木花卉农民专业合作社成立。

5月，罗坝村民周根苗在全县第二届“文达杯”中小学田径运动会中，荣获C组男子五项全能项目第一名。

8月，安徽农业大学宣传部秘书韩弥明挂职紫蓬镇党委委员、副镇长，负责紫蓬镇“三农”工作和江淮分水岭综合治理工作，联系罗坝村。至2011年8月的两年间，为罗坝村争取省农委“一村一品”项目扶持资金22万元和肥西县江淮分水岭专项治理项目15万元。

2010年

8月，安徽省第三批大学生村官万艳任中共罗坝村总支书记助理。

10月，全村符合条件的60周岁以上老人开始按月领取养老金。

11月1日，开展第六次全国人口普查工作。

12月25日，安徽农业大学组织部部长阮爱民一行到罗坝村慰问困难群众。

12月，修改制定《罗坝村村规民约》《村民自治章程》。

是年，宣传动员18周岁以上的村民缴纳保险金，参加新型农村社会养老保险。

是年，在万安建设占地2亩、建筑面积400平方米的罗坝村部办公室。

2011年

1月25日，安徽农业大学党委书记赵良庆一行慰问罗坝村五保户困难群众。

8月26日，村“两委”换届，张发任中共罗坝村总支书记，余蔚霞当选为罗坝村民委员会主任。

9月，安徽农业大学教务处干部、信息中心副主任陶伟挂职担任紫蓬镇党委委员、副镇长、江淮分水岭综合治理联络员至2013年8月。其间，联系协助罗坝村工作。

2012年

1月17日，安徽农业大学党委书记赵良庆一行到村慰问困难群众。

5月，省第五批选派干部市物价局价格成本调查监审局副局长孙劲松挂职罗坝村党总支第一书记至2014年9月。其间，争取市局捐赠空调、彩电、会议桌椅等约5万元的办公用品，改善村委会办公条件；向市农委、市水务部门争取资金14万元，用于村专项建设。

6月5日“世界环境日”，村民周先兵被中共合肥市委宣传部、合肥市环境保护局授予全市第二届“十大环保卫士”光荣称号。

2013年

3月，罗坝村被安徽省妇联、安徽省林业厅授予千万亩森林增长工程“巾帼林基地”。

6月，淮南至上海百万伏高压输变电线路开工。输变电线路经过罗坝村境共7910米。

9月，安徽农业大学崔文礼挂职担任中共紫蓬镇党委委员、副镇长，兼任江淮分水岭综合治理联络员，其间，协助联系罗坝村工作。

是年，省环保厅命名罗坝村为省级生态示范村。

2014年

1月15日，安徽农业大学党委书记赵良庆一行慰问罗坝村困难群众。

7月30日，村“两委”换届，张发任中共罗坝村总支书记，余蔚霞当选罗坝村民委员会主任。

8月10日，桂芝政当选为罗坝村廉勤监督委员会主任委员。

11月28日，省环保自然处调研员许建，市环保局自然处处长余砺，安徽农业大学教授袁艺、副教授张云华、王海燕，以及县镇主要领导，到罗坝村参加“安徽省农村生态教育示范基地”挂牌仪式。

是年，罗坝村首次开展帮扶脱贫工作，当年排查、建档立卡贫困户34户53人。当年脱贫20户20人。

2015年

2月11日，安徽农业大学党委书记宛晓春、组织部部长阮爱民等到罗坝村走访调研、慰问困难群众。

5月6日，罗坝村被合肥市精神文明建设委员会授予第三届“合肥市文明村”称号。

11月，肥西县紫蓬供销社在罗坝村挂牌成立。

12月，安徽农业大学动物科技学院办公室主任高军挂职紫蓬镇党委委员、副镇长，兼任江淮分水岭综合治理联络员至2017年12月，其间，联系协助罗坝村工作。

12月，凤凰水库除险加固工程开工，总投资116.74万元。2016年6月完成。

是年，创建“妇女之家”，成立安农大结对帮扶顾问团、罗坝村妇女创业顾问团。开展罗坝村“妇女之家”身边好人评选活动，表彰10个“五好文明家庭”，程本之等10名“五美女性”，梁华琼等10名“五美农户”，吴善菊等10名“女致富能手”。

是年，全村34户53人贫困人口全部脱贫。

2016年

1月18日，安徽农业大学校长程备久一行到罗坝村慰问困难群众。

3月7日，省、市、县部分女企业家走访调研罗坝村月亮湾苗木基地。

6月，全村实行土地确权工作，农村土地“三权”（指所有权、承包权、经营权）分置改革政策实行。

7月，村境遭遇历史罕见特大暴雨及洪涝灾害，灾后，紫蓬镇拨付救灾款3万元。

是年，罗坝村党总支组织开展“两学一做”（学党章、学党规、做合格党员）学习教育，“三严三实”（严以修身、严以用权、严以律己，谋事要实、创业要实、做人要实）主题教育。

是年，合安九（合肥—安庆—九江）高速铁路动工建设，经过罗坝村境3.037千米。共征地193.35亩，拆迁31户，涉及126人。

是年，国家开始实施全面二孩政策，罗坝村当年人口出生率为16.9‰。

2017年

3月27日，罗坝村级妇代会改建妇联工作完成，全村妇女代表40人出席。余蔚霞当选为村妇联主席，李慧敏为副主席。

8月26日，致公党安徽省调研督查组在罗坝村督查村级扶贫工作。

是月，罗坝村建立渠、塘、坝、堰河长制制度。

10月，实施凤凰水库除险加固、坝埂硬化工程，完善配套设施建设。

是年，开展党风廉政建设警示教育。开展“讲政治、重规矩、作表率”警示教育。组织学习党的十九大会议精神。

2018年

1月，连降大雪，道路结冰受阻，供电线路被压断，大面积苗木树枝因积雪结冰受压，损坏严重。

是月，引江济淮一号弃土区建设征地拆迁工作开始，共涉及罗坝村路东、路西、岗东、岗西、中心、路上、新庄7个村民小组的195户658人，1920.8亩。

7月，开展农村集体资产核股权股份制改革工作。

7月29日，村“两委”换届结束，张发任罗坝村党总支书记，余蔚霞当选罗坝村民委员会主任。

8月23日，市委台湾工作办公室机关总支部委员会与罗坝村党总支委员会结对共建、“四联四定”（即市直单位党组织联系村、联系社区、联系非公企业或社会组织党组织，党员干部联系贫困户，定点、定时、定人、定事开展服务活动）。

9月，改选村民小组组长，优化村民小组长结构，由村两委干部兼任所在包片的村民小组长；原任65周岁以上一般不再继续担任。

是月，“阳光村务”微权监督服务平台业务推行（紫蓬镇为试点乡镇）。境内属之。

是月，紫蓬镇党委印发《肥西县紫蓬镇普通共产党员联系群众暨星级共产党员评选实施办法》，罗坝村被列为试点村之一。

是月，罗坝村开展清产核资工作。

10月20日，罗坝村党总支组织党员集中学习《中国共产党纪律处分条例》。

10月，集中开展“扫黑除恶”专项斗争。

是月，罗坝村民周先兵被市教育局、合肥社区大学评为2018年合肥市“百姓学习之星”。

11月，成立肥西县紫蓬镇罗坝村股份经济合作社。

是月，开始开展互联网+政务。

12月19日，《人民日报》刊发人民日报社记者徐靖、人民网记者汪瑞华到罗坝村采访所写的通讯《肥西农民致富记》一文，全国各大主流媒体同时刊发，社会反响良好。该通讯后被选入2019年国家公务员《申论》考试题。

12月26日，罗坝村公共法律服务平台建设暨一村一法律顾问签约。

是年，全村贫困户全部实行旱厕改造。

2019年

3月29日，镇村举办“扫黑除恶”专项斗争集中宣讲。

4月2日，镇村“阳光村务”微权监督服务平台建设。

7月，全村自来水入户开始安装施工。

8月26日，市委台办一行到罗坝村慰问5户困难群众，并开展“送党课下基层”活动，副主任姜守保以《认真学习党章，忠诚实践党章》为题，为罗坝村党员干部群众上党课。

10月26日，《人民政协报》“致敬70年，寻找最美基层政协委员”专栏发表记者胡方玉采写的《余蔚霞：让乡亲的笑脸永远灿烂》，专题报道肥西县政协委员、罗坝村党总支书记余蔚霞的事迹。

12月，全村开通自来水，彻底解决村民饮用水困难。

是年，在全村党员干部中开展“不忘初心，牢记使命”主题学习教育。

是年，113路公交车开通，村境里程3千米，境内设置有凤凰水库站、二房郢站、黄小郢站等公交站台，方便村民出行。

是年，全村完成旱厕改造任务。

2020年

3月，新华社记者张端、新华网记者刘军喜到罗坝村采写的新闻《荒山变青山 植树父子档》被《人民日报》、《新华日报》、新华网刊载，该报道同时在央视和各大报刊、网络主流媒体转发。

是月，省防疫第八督察组，省环保厅厅长徐恒秋率领督查组一行到罗坝村月亮湾，就疫情防控和复工复产有关政策落实情况进行调研督查。

5月，全县支持村集体经济组织承接农村公益性项目试点工作推行，罗坝村积极开展试点，壮大村级集体经济。

6月24日，《光明日报》、《经济日报》、《中国日报》、中央广播电视总台、中新社等媒体记者到罗坝村采访苗木经济发展等情况。

7月，连降特大暴雨，境内5段道路受损，6口塘口冲塌，1户被淹，苗木受灾面积达3200亩，绝收190亩。

9月19日，《罗坝村志》编修工作启动。

9月29日，市委台办一行到罗坝村捐赠防疫物资口罩1000只和部分食品，开展“中秋慰问送真情，浓浓慰问暖人心”主题活动，走访慰问困难群众10户。

11月1日，开展第七次全国人口普查工作。

12月11日，市政协主席韩冰一行到罗坝村调研政协工作，并看望全国优秀基层政协委员余蔚霞。

是年，罗坝村打赢脱贫攻坚战，全面实现小康目标。

第一编

地理沿革

DILI YANGE

第一章　地理　建置

第一节　地理环境

一、区位

罗坝村位于江淮之间肥西县中部、紫蓬镇东部，罗坝村中心位于北纬31°72′59"56、东经117°05′87"。村境东连紫蓬镇白衣社区，南隔楼塘山与花岗镇胜利村相接，西南与花岗镇叶岗村相邻，西临紫蓬山管委会陀龙村、紫蓬社区，北依紫蓬镇永久社区、燎原社区。村民委员会驻地万安距离紫蓬镇政府驻地农兴集4.35千米，距离肥西县人民政府驻地上派镇9.23千米。全村境域总面积约877.07公顷。其中，耕地面积512.82公顷(7692.32亩)，山场面积154.07公顷，水面面积66.67公顷，村庄面积128.52公顷，道路面积14.99公顷。

罗坝村地处大别山余脉紫蓬山余脉东延处，地势南高北低，为典型的丘陵地形，村境素有"九岗十八冲"之称。村境自南至北有毛狗洞山、陆大山、毛栗山、黄大山、望湖山、西座山、对门山、余大山、桐子山、长山、大正板、大团山、小团山等众多山丘。最高点位于望湖山(传在山顶极目可见巢湖)，位置最北为大团山。境内沟壑纵横，塘堰星罗棋布，有发源于道士山五老堰河南支流。有凤凰水库、光明水库、桃树堰等较大的水库塘堰。

罗坝村得名于境内的淮军圩堡罗坝圩。罗坝圩和康湾圩，系晚清著名淮军将领周盛波、周盛传后裔及周氏家族居住的两大庄园。罗坝村为淮军劲旅盛军的发祥地。

二、地质

村境地质属于中侏罗系周公山组，由县西大潜山东延至周公山、圆通山、紫蓬山一带。下部为紫红色细粒铁泥质长石石英砂岩和粉砂岩夹含砾砂岩，部分含有钙质结核；中部为黄绿、灰绿、紫红等色细粒泥质长石石英砂岩和粉砂岩、粉砂质钙质泥岩,夹紫红色薄层粗粒砂岩,产植物化石碎片;上部为紫红色含砾粗粒长石砂岩、砂岩,夹钙质粉砂岩。

地质构造以大潜山—防虎山为中心,构成向四周倾斜的西东向穹窿构造。地层自中心向外变新,中心部位为侏罗系和少量前震旦系。向外围为白垩系和下第三系。地表所见为紫红和砖红色砂岩及粉砂岩,夹有泥岩和沙砾岩。

村境矿产资源有丰富的沉积岩、黏土,可作建筑材料和制陶原料,其他均未进行过正规的地质探测。

三、地形

村境地形多为丘陵岗区,山冲相间。多低岗和缓低岗,呈条带有规律地展布,往往延伸数公里至数十千米,其高度从海拔120米渐降至15米左右,随高低起伏,呈岗冲相间状态,冲洼多较开阔。冲心水向下汇成河流。岗冲之间高比,高者可达20米以上,低者仅5米左右。落差较大的岗冲经流水切割,往往形成滑坡,水土流失严重。两冲塝地开垦为农田或山林,村庄杂居其间。

山 罗坝村境属县境大潜山、周公山、紫蓬山一线东延的丘陵地带。主要山峰有望湖山和大、小团山。

望湖山,位于罗坝村与紫蓬山管委会陀龙村交界处,山顶海拔126米,因山顶可以眺望巢湖,故得名,为罗坝村境最高峰;大团山,因山体呈圆锥形而得名,山顶海拔66.9米;小团山,山体与大团山相连,山体略小、略低,故名。

河流 罗坝村境内河道属派河水系。有发源于紫蓬山附近道士山的五老堰河,中纳源自墩山的支流水,流经罗坝村新店、桂郢、高官塘、高塘、路东、路西、杨墩、河东、河西、张湾、大小卫庄、康堰出村境,至烧脉岗南折向东,经紫云湖(原名“蛟头陂”)后,折向东北,至三官庙入派河,长15千米。流域面积53.5平方千米,河底宽3～4米。五老堰河因长年未清淤,阻塞严重,水流不畅。

四、土壤

罗坝村境山地土壤,林地有薄层紫沙土,薄层砾质土,中层紫沙土,夹沙黏盘黄棕壤;农地有紫砂泥田、夹沙马肝田、夹沙黏盘马肝土,并兼有马肝田、马肝土,零星分布有薄层猪血沙土、中层猪血沙土、厚层猪血沙土。岗地土壤,母质较单一。主要为下蜀黄土及呈鸡窝状分布的沟壑堆积物。土壤类型以淹育马肝田、淹育黄白土田、马肝田、黄白土田薄层白土田、马肝土及黄白土为主，并夹有弱次潜马肝田及面积较小的黏盘黄棕壤等。

五、植被

村境耕地植被，以农作物为主。水稻面积最大，其次为麦类(大麦、小麦)、玉米、山芋、黄豆、绿豆、红豆、蚕豆等。经济作物有棉花、油菜、花生、芝麻、西瓜、茶、桑等。林地植被以落叶阔叶林为主，有少量针叶林和常绿阔叶树种，如松、麻栎、柿、枣、桃、杏、刺槐、泡桐、臭椿、香椿、苦楝、柳树、加杨、大官杨、枫杨、枫香、山槐、皂荚、银杏、广玉兰、冬青、女贞、黄杨、五针松、龙柏、雪松、团柏、桧、石楠等。随着苗木花卉产业发展，引种多种新特树种。野生草本植被有旱地生长白茅、巴根草、蕨类、荠菜、大蓟、小蓟、蒲公英、野菊、狗尾草、黄蒿、马齿苋、鸭跖草、鹅欢草、野豌豆、野燕麦、酢浆草、画眉草、野胡萝卜、野小蒜、马兰头等数十种。其他还有多种花卉、菌类。

六、动物

罗坝村位于紫蓬山区，全境可见野生动物较多，主要有兽类、野生鸟类、水生动物类、两栖类、爬行类、昆虫类等，形成独特的野生动物活动区。

兽类 野猪、黄鼬、水獭、狗獾、刺猬、猪獾、九节狸、松鼠等。

野生鸟类 有留鸟、夏候鸟、冬候鸟、旅鸟数十种。山林为鸟类天堂，除常见的麻雀、鹌鹑、喜鹊、乌鸦、燕、雁、野鸭外，本地可见珍稀鸟类还有鹰、枭、红隼、啄木鸟、杜鹃、戴胜、八哥、斑鸠、画眉等。

水生动物类 有鲫鱼、鲤鱼、草鱼、青鱼、鲇鱼、鳙鱼、乌鱼、黄鳝、泥鳅、龟、鳖、虾、蟹。

两栖类 蛙、蟾蜍(癞蛤蟆)。

爬行类 蛇、蜥蜴、壁虎。

昆虫类 蚊、蝇、蠓、螟、菜青虫、夹虫、松毛虫、蝉、蜂、蟋蟀等。

农户饲养动物 有家畜[牛(多为水牛)、猪、羊、兔、狗、猫等]、家禽类[鸡、鹅、鸭、番鸭(民间呼为“Zhí”)、鸽、鹌鹑等]、鱼类(鲢鱼、鳙鱼、青鱼、草鱼、鲤鱼等)。

七、气候

气温 村境属亚热带湿润季风气候，气候温和，雨量适中，光照充足，无霜期较长。按气象学标准划分，春秋季分别始于3月下旬和9月下旬，平均气温在10℃～22℃之间，夏季始于6月下旬，气温高于22℃，绝大多数年份最高气温在36℃～38℃，极端年份最高气温达40℃。冬季于11月中旬至次年2

月，平均气温低于10℃，最低气温多数年份-6℃～10℃之间。历年平均气温为15.6℃。冬季最长，持续130天左右，夏季平均持续118天，春秋季最短，各持续60天左右。历年平均无霜期为230天。

风向 随季节变化明显，春季以东风为主，夏季以偏南风为主，秋季多西北风，冬季以偏北风为主。每年3月、8月和10月多偏东风，但2月、9月风向紊乱，出现3个不同风向。

日照 日照时数多年平均值为1893.1小时，日照时数从4月起迅速增多，到8月份日照数达到最高点，冬季各月日照时间最少。

降水 由于季风气候显著，本地降雨量在季节分布上于季节盛行风相适应，夏季受东南风控制，水汽充足，雨量集中；冬季受干冷北风控制，雨量较少。全年平均降水量1000毫米，年最多降水量1553.5毫米（1991），年最少降水量565.9毫米（1995）。

八、物候

罗坝村境气候四季分明，立春开始转暖，立冬开始转冷。植物、动物的生息，随着气候冷暖的变化而轮回变化。山区与平原相差半月。

1月，时值小寒、大寒节令。万木休眠，百草枯萎，梅花独放，黄心乌菜生长兴旺，虫类冬眠。

2月，时值立春、雨水节令。杨柳发芽（俗称“谷嘴”“鼓嘴”），农谚有“五九六九，河边插柳”。油菜、麦苗等午季农作物开始返青，迎春花、山茶花、水仙花齐放。

3月，时值惊蛰、春分节令。樱桃、杏花开花，油菜、白菜起苔开花，草类返青；早稻浸种，山芋、南瓜等下种；燕子南来，大雁返北过境，冬眠动物开始复苏。

4月，时值清明、谷雨节令。桃、李开花，椿树蓬头，麦类拔节，山谷地带始栽早稻秧苗；春蚕摧青，布谷鸟来临，禽兽始脱绒毛。

5月，时值立夏、小满节令。油菜籽成熟收割，农谚“立夏三天连枷响”。小麦抽穗扬花，秋季农作物下种。

6月，时值芒种、夏至节令。麦、豆成熟收割，早稻抽穗扬花，晚稻播种育秧，桃、杏、大蒜成熟；布谷鸟离境。

7月，时值小暑、大暑节令。早稻成熟收割，晚稻秧栽插，西瓜成熟，荷花盛开，蝉鸣于树。

8月，时值立秋、处暑节令。中稻、旱玉米成熟；危害农作物的昆虫繁衍高峰期，家禽换毛，停止产卵。

9月，时值白露、秋分节令。秋季农作物成熟，大蒜下种；大雁南飞过境。

10月，时值寒露、霜降节令。次年午季农作物油菜、小麦下种，菊花开放；家禽产卵高峰期。

11月，时值立冬、小雪节令。树木落叶，草类枯萎，晚稻成熟；虫类开始冬眠，禽兽生长御寒绒毛。

12月，时值大雪、冬至节令。部分动、植物进入冬眠、休眠期。

九、自然灾害

罗坝村地处江淮分水岭的丘陵岗区，自然灾害以旱灾为主，干旱发生频繁，以夏季干旱次为多，其中中等程度干旱平均3年一次，大的干旱10年一遇。小旱年年皆有。也有水灾、风灾、雪灾、低温霜冻等自然灾害。

清咸丰六年(1856)，大旱，从春旱到秋，田地龟裂，庄稼颗粒无收，暴发蝗灾，三成人口饿死、逃荒。

1954年5—7月，遭受洪涝灾害；当年冬，连降大雪，积雪0.6米，成灾。

1958年夏，大旱。

1966年7—9月，大旱，受灾严重。

1969年7月中旬，连降大雨，群众受灾严重。

1978年7—12月，遭受百年不遇特大旱灾。大旱持续到次年5月。河流及水渠断流，水塘干涸，田地开裂，庄稼枯萎、颗粒无收，人畜用水严重困难，无法秋种。

1988年7—8月，大面积受旱。且由于持续高温干旱，加之7号台风强度大、时间长，导致水稻白叶枯病迅速蔓延。全村中稻平均减产3～5成，部分严重田块基本绝收。

1990年，春、夏季持续无雨，丘陵、岗区地带普遍受旱。境内受灾严重。

2000年8月上旬，境内遭受旱灾，农作物严重受损。

2001年，继上年持续干旱后，入春后未降雨。1—7月，全县累计降雨339.6毫米，比常年同期少降水148.1毫米，比大旱的上年同期少降雨51.8毫米；且梅雨季节出现“空梅”(无雨)现象。村境干旱受灾相比全县严重。

2008年1月中下旬，发生特大雪灾。境内连续20多天降雪，积雪30～50厘米，受灾面积2100亩，倒房2户，倒塌蔬菜大棚面积2000平方米。

2009年1月，境内发生罕见冻灾，先后遭受三次强寒潮，最低气温达-9℃，大面积在地作物、苗木冻害。

2016年7月1日，村境遭遇历史罕见特大暴雨及洪涝灾害。

2018年1月，连降大雪，道路结冰受阻，大面积苗木树枝积雪结冰压垮，损坏严重。

2020年7月，连降特大暴雨，大面积苗木淹没受灾，有成片淹死，境内苗木受灾面积3200亩，绝收190亩，5座塘坝冲塌，1户房屋被淹。

第二节 村落演变

明清以至民国年间，境属合肥县西乡。

1949年1月解放，肥西民主县政府建立后，即建立区乡政权机构，区称民主区政府，乡称民主乡政府，以下机构初期仍保留旧政权设置的“保甲”制。

4月15日，皖北人民公署（省级）在合肥成立，全境属之。

6月，改属巢湖专区。

9月，开展民主建政，逐步取消了乡（镇）以下的“保甲”制，乡辖“保”改建为村，镇辖“保”改建为街。设村长或街长1名，财粮员或办事员1人，村、街干部不脱产。“甲”改建为居民组，设组长1人。1949年底，村境属城西区烧脉乡团结村，张明香任村长。

1950年4月，境属焦婆区罗坝乡，驻地罗坝圩，辖建设选区、白水塘选区、白衣选区、万安选区、墩山选区。

1952年，罗坝乡驻址迁至杨墩（盖4间草屋），下设5个选区（辖建设选区、白水塘选区、白衣选区、万安选区、墩山选区）。罗坝圩改为焦婆区粮站。

1952年2月，肥西县改属皖北行署六安专区，境内属之。1952年3月，境属焦婆区罗坝乡。

1952年8月，皖南、皖北行署合并成立安徽省人民政府，肥西县隶属安徽省六安专区，境内属之。

1954年11月至1955年1月成立高级农业生产合作社。设新光高级社（又名“南新光”，辖境包括今罗坝、白衣、白水塘、周祠、红山村范围）。

1955年11月，并区并乡后，撤销罗坝乡，罗坝村境隶属上派区烧脉乡。

1956年5月，撤区并乡，划属芮店乡。

1957年,“万安选区”更名为万安村。“墩山选区”更名为墩山村。

1958年2月,再度设立上派区,万安村、墩山村隶属上派区烧脉乡。

1958年9月,人民公社化,高级农业社组成人民公社,下设生产大队和生产队。境属群光人民公社(次年3月群光公社改名农兴公社)所辖。万安村、墩山村合并为罗坝大队。是月,肥西县划属合肥市。

1961年4月,肥西县划归六安专区。

1961年5月,肥西县增划烧脉公社,为烧脉公社罗坝大队。

1961年11月,重新设区,为上派区烧脉公社。

1965年11月30日,增设紫蓬区山口人民公社,罗坝大队划归山口公社所辖。

1966年10月19日,山口公社罗坝大队改为光明大队。

1967年1月,烧脉公社改名为燎原公社。

1968年5月,光明大队由山口公社重划归燎原公社管辖。

1969年4月,改名上派区燎原公社光明大队。

1972年12月,光明大队分罗坝大队、墩山大队,属上派区燎原公社。

1983年6月,体制改革中,燎原公社改为燎原乡,罗坝、墩山大队分别改为罗坝村、墩山村。

1983年7月,肥西县复属合肥市辖。

1986年7月,燎原乡恢复更名为烧脉乡,罗坝、墩山村并属于烧脉乡。

1992年3月,撤区并乡,烧脉乡并入农兴镇,为农兴镇罗坝、墩山村。

2004年5月,罗坝村、墩山村合并为罗坝村。

2005年12月,农兴镇更名为紫蓬镇;至2020年12月,为紫蓬镇罗坝村。

第三节　村落民居

一、村名由来

明清年间(具体年代无考),罗坝村境今张下湾西冲为五老堰河南支流,河沟低洼,每逢雨季时节,山水湍流而下,引起洪水灾害,阻断来往行人。当时本地有罗姓义士为方便来往行人,自己出资在河沟上建有一座大坝,故名“罗坝”。后周氏家族于其旁建有一圩子,故名“罗坝圩”,亦有“周罗坝”之称。

二、自然村庄

罗坝村境居民依山傍水，形成数十个自然村落。每个村庄，大的数十户，小的只有三五户。历史形成的村庄命名，或因同姓居民集中，以姓氏命名；或因地形、位置、历史传说命名，约定俗成。罗坝村境内有万安、蔺郢、许郢、杨郢、新庄、小卫庄、大卫庄、蔡何庄、李郢、康湾圩、官塘拐、汪郢、康郢、张湾、张小郢、张下湾、杨墩，(以下原属墩山村)牛尾巴岗、蔺大郢、黄小郢、张二房郢、高塘塝、桂郢、周新店、李小郢、陶郢、老家郢、书房郢、油坊冲、面坊郢等，共计30个村庄。旧时，范小郢、王小郢、袁郢、陈郢等村庄因人口搬迁自然消失；蔺大郢、牛尾巴岗、新庄因引江济淮弃土场工程建设而征迁；也有新建居民点而成为新的村庄。全村各村庄共划分为30个村民小组。

万安 因村内曾有小庙，名为万缘庵，亦名万元庵。始建于宋，新中国成立后改为小学、村部、区病院，“文化大革命”“破四旧”时被毁。简笔写为“万安”。1950年，曾在此设立公立万安小学。现为罗坝村民委员会驻地。

蔺郢 蔺氏始居，村庄相对较小，故名。旧时住有蔺、周、张、孔、巢、李各姓。现为蔺郢村民小组，有26户97人，耕地面积276.2亩。

许郢 原名许小郢，因村内许姓人家居多，故得名，旧时住户许、周、张、彭各姓。周姓为富户，拥有土地，其他均为其佃户，当时有两个自然郢，袁郢后来由于人员迁出，郢子随之消失。现为许郢村民小组，有35户、116人，耕地面积248.48亩。

杨郢 原名杨小郢，旧时住户为杨、周、余各姓。因杨姓为富户，拥有土地，其他均为其佃户。现为杨郢村民小组有28户、87人，耕地面积239.16亩。

新庄 曾名为蔺新庄，蔺姓居民建村，后简化称为“新庄”。旧时原居民为蔺、朱、孔、王各姓。现为新庄村民小组，有17户、71人，耕地面积221.29亩。新庄于2018年引江济淮工程而拆迁。

大卫庄 旧时住户有张、董、葛、周各姓，多为佃户。现为大卫村民小组，有31户88人，耕地面积238.64亩。

小卫庄 旧名阮大屋，阮氏为富户，建有庄园、碉堡，抗日战争时期遭土匪袭击，庄主被害，家遂破落。当时小卫庄有张姓3户，陈姓1户，余姓3户，均是佃户，务农为主。现为小卫村民小组，有29户、113人，耕地面积260.98亩。

蔡何庄、李郢 总称为康堰村民小组。李郢，旧时主要住户有叶姓两大户，周姓1户，余姓1户。周姓为大户在此开办酿酒坊，有两个居民点(蔡何庄和李郢)。现有25户、88人,耕地面积204.53亩。

康湾圩 位于小河的弯曲处,为康姓始居,故名康湾。后为周氏所购,建立圩堡,名康湾圩。现有2户周氏后人居住圩内。

官塘拐、汪小郢、康郢 因村前有塘,名官塘,村庄位于塘的拐弯处,故名官塘拐。官塘组有3个自然郢组成,即汪小郢、官塘拐和康郢,旧时住有张姓3户,周姓1户,康姓3户,吴姓1户。现为官塘组,有30户、102人,耕地423.69亩。

张湾 因地处河湾,由张姓居民在此建村,故得名。张湾是一个大的自然村庄,旧时住有张、王、李、刘、陈各姓。张湾分张一、张二2个村民小组,张一组有28户、107人,耕地面积232.12亩,张二组17户、60人,耕地面积210.16亩。

张小郢 因村内张姓人家居多,村庄始建规模较小,故得名。旧时原住张、周、康、吴各姓,后又新建新张郢。2个自然郢称为张郢村民小组,现有11户、63人,耕地216.38亩。

张下湾 因村庄位于河湾下游,张姓居多,曾名张下湾,后简称下湾。原属一个大的自然郢,沿河两旁居住,旧时住有张、金、巢、姚各姓。现划分为下湾、河东、河西3个村民小组。下湾组有22户、72人,耕地面积214.99亩,河东村民小组有10户、32人,耕地面积120.7亩,河西村民小组有13户、66人,耕地面积103.35亩。

杨墩 因村庄建于小丘上,最早杨姓居住在此,故得名,旧时住有杨、张、邬、巢、周各姓。现为杨墩村民小组,有23户、75人,耕地面积324.59亩。1952年,在该处曾建有4间草屋,设为罗坝乡政府驻地。

牛尾巴岗 因村庄所在岗脊地形呈牛尾巴状,故得名。亦写作"刘岗"。为较大自然村庄,旧时住有蔺、范、武、周、刘各姓。分岗东、岗西2个村庄,岗东现分岗东、中心、路上3个村民小组,岗东组有22户、72人,耕地面积288.76亩;中心组20户、126人,耕地面积271.02亩;路上组有17户、77人,耕地面积203.53亩。岗西组旧时住户有蔺、周、李、陈各姓。现有14户、57人,耕地面积231.14亩。整个牛尾巴岗于2018年引江济淮工程而拆迁。

蔺大郢 因该村庄规模较大,且住户多蔺姓,故得名。旧时原住有蔺、张、沙、孔、贺、杨各姓。分路东村民小组和路西村民小组。路东组现有21户61人,耕地面积234.06亩(2018拆迁)。路西组现有23户、69人,耕地面积214.33亩。1962年春,罗坝大队在蔺大郢北设立一所小学,为骑路小学分校。2018年,因引江济淮工程而拆迁。

黄小郢 旧时有一名黄开榜的石匠在此建房居住,后来陆续迁来周、蔺等户,因黄姓最早居住,且村庄较小,故得名。黄小郢组现有19户、83人,耕地面积259.97亩。

张二房郢 张姓二房搬迁至此建村,故得名。旧时住有张、王、史、龙、谢、胡各姓。现名高官塘村民小组,有22户、90人,耕地面积214.55亩。

高塘埲 因村庄位于高塘旁,曾名高塘膀子、高塘旁,后改为现名。旧时原居住李、赵、贺、程、谢、胡各姓。现为高塘村民小组,有22户、90人,耕地面积236.60亩。

桂郢 因庄内桂姓居多,故得名。旧时住有桂姓7户,王姓4户。现为桂郢村民小组,有32户、112人,耕地面积416.4亩。

周新店、李小郢 总称为新店村民小组。周新店原为周姓居民在此建村设店,故得名。周新店与花岗镇胜利村路西井村庄相邻。民国时期,周新店为三河、官亭之间的客运货运中转站,是商人经商通道要口。先由路西井周姓人做生意在此设的驿站,后因此处店铺增多,起集名为"周新店"。初时,村庄房屋环形而建,中间是街道,有商铺、店铺、茶馆、旅馆等,主要是经商人的歇脚场所。旧时住有王、周、胡、李各姓1户,后李姓在附近新建居民点李郢。现周新店、李郢合称为新店村民小组,有21户、102人,耕地面积486.87亩。

陶郢 因陶姓始居于此,故得名。旧时住有周、孔、王各姓。现有19户、67人,耕地面积236.51亩。

老家郢 因该村有部分居民迁至他地建村,称此村为(故乡)老家郢。旧时住有周、李、凌、王各姓。为淮军将领周盛鼎祖居地。现名老家村民小组,有17户、68人,耕地面积244.18亩。

书房郢 旧时,有周姓在此开设私塾(雅称"书房"),故得名。旧时,住有周、王、李各姓。现名书房村民小组,有31户、110人,耕地面积321.02亩。

油坊冲 因村内曾开设油坊,且该村地处山间平地,故得名。旧时住有周、张各姓。现名上冲村民小组,有12户、55人,耕地面积298.12亩。

面坊郢 因村庄曾开设面坊,故得名。1961年开设区医院,20世纪60年代建立林科站,农兴中学在此下设分校,为农业、林业试验基地。1962—1982年开办为敬老院。2020年末,仅有1处危房无人居住。属上冲村民小组。

罗坝圩古建梁栋

罗坝圩现存古建筑

罗坝圩壕沟

罗坝圩古寨墙

团练。在此过程中，周氏兄弟遭到“罗坝圩破家”的惨祸，三兄周盛华战死。清同治元年(1862)，周盛波、周盛传兄弟率所部团练，入淮军建“盛字营”，后成为淮军主力劲旅之一。平定太平军、捻军，功成名就之后的周氏兄弟，荣归故里大兴土木，重修罗坝圩、新建周老圩等圩堡。中华人民共和国成立后，罗坝圩收归国有，先后成为罗坝乡政府、粮站、肥西县苗圃驻地。

二、康湾圩

位于小河的弯曲处，为康姓始居，故名康湾。后为周氏所购，系周盛华后人居住庄园，周围挖有壕沟，内院墙3个碉堡，大门有吊桥，占地35亩，建筑面积4200平方米，7栋内宅，后改名为康湾圩。古建筑在解放初期被拆，现圩堡外环壕沟尚存，有两户周氏后人居住圩内，房屋为新建民房。

三、周新店

原名“周兴店”，起先为几户周姓人家在此驿站开店得名。位于罗坝村南部，旧为古驿站，“为桐城、寿州往来之孔道”，周兴店南距三河、北至高刘，均约七十华里。曾经商旅云集，过往商客多在此停歇。当地开办饭店茶馆、旅社，以及棋牌、戏班和运输行业等，为过往商贾服务。咸丰四年(1854)，天下大乱。周盛华、周盛波、周盛传兄弟因六十墩破家①后，迁到紫蓬山地区，见此地正当驿道，背依山岭，易守难攻，遂组织乡民在此筑堡扎寨，创办团练，以对抗地方土匪等的袭扰。该圩系淮军“盛字营”成立之前的团练驻扎地之一，与罗坝圩、康湾圩并称“周氏三堡”。同治元年(1862)，盛字营编入淮军赴沪作战后，圩堡营垒渐毁。淮军将领周盛朝、周盛鼎后人在此居住。周兴店附近曾有百步三桥、白马墩、樊哙墓等文化古迹，早已被毁不存。

四、万庵

原名“万元庵”，始建于宋，坐落在罗坝村中偏北，早毁。传说明朝开国之初，朱元璋的军师刘基为保大明江山千秋万代，遍查各地风水宝地，斩断各地龙脉。当查到罗坝一带时，发现果有一条龙脉，于是派人前来实地勘查，找到龙脉的要害之处，并在此挖了一口数丈深大井，直到井底有红色血水流出，方才停止，从而斩断龙脉。之后，又在井东修建一座小庙，名曰“万元寺”，寺内供奉已故的明朝开国大将军常遇春塑像，意在镇住龙脉永世不得复活。岁久，寺庙湮圮不存。时至晚清同治年间，淮军将领周氏发家后大兴土木。建成罗坝圩庄园后，为方便女眷烧香拜佛，又在万元寺原址斥资重建寺庙，规模扩大为两进两包厢，五间正殿，雕梁画栋，甚是雄伟，并改名为“万元庵”，一时香火旺盛。民国年间战乱频仍，万元庵逐渐衰落。新中国成立后，地方政府于1950年在此利用大殿房屋开办一所公立小学——万安小学，曾为村部、区病院所在地，“文化大革命”时期，旧建筑全毁。后来，人们把这里的村庄简称为“万庵”，又简写成“万安”。

五、营元寺

营元寺，位于罗坝村北部，相传建于元代，据嘉庆《合肥县志·卷第十四·古迹志》记载，营元寺，在烧脉冈南，离城六十里。清康熙六十一年(1722)尚存，为罗坝山周草创修家谱所在地。后毁于兵燹，清光绪三十二年(1906)重修。为三进大殿，最后一进大雄宝殿中供奉如来佛祖神像。规模宏大，香

①据《肥西山周氏族二百年》一书记载：周氏兄弟原先居住于肥西大柏店乡枣林岗附近的周老家郢六十墩，因田园肥沃，有当地豪强胡松欲强行霸占，乘乱世向处于弱势的周氏兄弟挑衅，并纵火焚毁其房舍，故称“六十墩破家”。

火旺盛，远及巢县、庐江等处香客每逢庙会都来进香。营元寺大门前，原有一株四五百年树龄的老皂角树，树干粗约1米。抗日战争时期，营元寺逐渐衰落；“文化大革命”时期仅剩数间残破房屋，“扫四旧”中拆毁无存。

六、张氏祖坟碑

位于张湾，现存罗坝张氏二世祖张太公友湖，三世祖古庵公朱、袁氏墓和四世祖张五公讳树肖奄之墓及古碑两座。两座古碑均为红砂岩石质。地面部分高132厘米、宽66厘米、厚14.5厘米。碑阴无文字。由于年代久远，风雨剥蚀，苔藓浸润，碑文字迹，依稀可辨。一座古碑上铭文为“明故显张太公友湖古庵公朱、袁氏墓碑，明万历二十四年孝子张桃、标、梓、桐、树、樾、橘”等，碑额刻有“阿弥陀佛”四个大字（见左下图）；另一座碑文为“明故先考张五公讳树肖奄之墓碑，孝子张希尧、希舜、希圣、希贤、希明、希忠、希照、希雾、希禹、希桂、希闵、希云、希斗等，明万历四十年立”，碑额刻有“如在”二字（见右下图）。

两碑分别树立于明万历二十四年（1596）和万历四十年（1612），时代久远。碑上刻有罗坝张氏家族三至五世先祖的名讳，由此可知其迁本地安居

明万历二十四年（1596）立“明故显张太公友湖古庵公朱、袁氏墓碑”

明万历四十年（1612）立“明故先考张五公讳树肖奄之墓碑”

已有500余年。且碑上刻有二世祖友湖、三世祖古庵公、四世祖张桃、标、梓、桐、树、樾、橘，五世祖希尧、希舜、希圣、希贤、希明、希忠、希照、希雾、希禹、希桂、希闵、希云、希斗之名，以及11位配偶姓氏，可以和家谱记载相互印证。数百年间，古碑完好无损，实为罗坝古迹。

七、周氏田界石

罗坝村民周业明收藏有“周氏田界石”一件。原埋于周祠堂附近。田界石为红砂岩石质，条状，断面为正方形，宽17厘米；总长70厘米，上部长30厘米，较光整，界框中刻有楷书“周界”二字。下部埋于地下，相对较为粗糙。

周氏田界石

八、弥陀寺

坐落于大团山西北麓，据传旧时已有香火。20世纪90年代翻建为砖瓦房4间，2013年再次翻建木结构5间，有四合院，占地面积300平方米。

第二章 人 口

第一节 人口源流

罗坝村历史上人口多为外地迁移流入。根据周氏族谱资料，罗坝村周氏家族明代初期迁始祖兴（周祖德）由江西瓦屑坝（今江西省鄱阳县）作为移民迁居到今天的肥西县紫蓬山一带，距今已有600多年，后来繁衍成为大族，故名“山周”。其次是张氏、蔺氏、王氏、程氏、李氏、余氏、吴氏等。

2020年末，罗坝村户籍人口中有127个姓氏，分布于23个村民小组的27个自然村落中，岗东、岗西、中心、路上、路东、路西、新庄7个村民小组于2018年因引江济淮弃土场工程而拆迁。罗坝村的127个姓氏中，人数前十的姓氏分别为：张（493人）、周（239人）、蔺（195人）、王（190人）、程（121人）、李（114人）、余（68人）、吴（66人）、董（60人）、刘（50人）等，共计1596人，前十姓氏人口占全村总人口的62.79%。数量仅有1～2人的姓氏有59个，占姓氏总数的46.5%，人口78人，仅占总人口的3.1%。

2020年末罗坝村各姓氏人口数量统计表

表1-2　　单位：人

姓氏	人口数量	姓氏	人口数量
张	493	周	239
蔺	195	王	190
程	121	李	114
余	68	吴	66
董	60	刘	50
陈	48	桂	42
许	38	龙	35
朱	35	胡	35
孔	33	杨	33

续表1-2

姓氏	人口数量	姓氏	人口数量
康	31	叶	29
范	28	孙	27
金	26	巢	26
方	23	徐	23
唐	23	赵	22
葛	21	汪	19
高	18	谢	18
武	16	贺	14
解	13	凌	12
苏	11	梁	11
马	10	蔡	10
卫	9	史	9
倪	9	黄	9
罗	8	潘	7
何	6	郑	6
蒋	6	卢	5
林	5	顾	5
殷	5	魏	5
卞	4	吕	4
沈	4	孟	4
宣	4	丁	3
阮	3	沙	3
宋	3	金	3
姚	3	夏	3
陶	3	鹿	3
邓	2	代	2
任	2	江	2
汤	2	杜	2
时	2	岳	2
聂	2	钱	2
偶	2	彭	2
储	2	舒	2

续表1-2

姓氏	人口数量	姓氏	人口数量
鲁	2	熊	2
卜	1	计	1
平	1	田	1
冯	1	邢	1
权	1	闫	1
肖	1	邹	1
冷	1	陆	1
邵	1	苗	1
和	1	柳	1
钟	1	钮	1
段	1	将	1
施	1	姜	1
费	1	袁	1
贾	1	奚	1
郭	1	涂	1
桑	1	曹	1
龚	1	常	1
崔	1	曾	1
甄	1	路	1
鲍	1	詹	1
窦	1	满	1
颜	1	翟	1
戴	1	合计127个	2542人

第二节　人口变迁

地处江淮之间的罗坝村，历史上人口变动较为剧烈。特别是每逢天灾兵燹，人口减少、流失较多。特别是元末明初，此地多为旷野。明朝政权建立后，多次从江西、江苏、河南等地移民来此居住，开垦田地，繁衍生息，逐渐形成村庄聚落，人口逐步稳定增长。

1978年中共十一届三中全会以后，随着改革开放不断深入，社会稳定，经济发展，人民生活水平逐步提高。国家为控制人口过快增长，提倡晚婚晚育优生优育，使人口总量逐渐处于低出生、低死亡状态。根据计生口径统计，1995年罗坝村总人口2045人，出生39人，死亡18人，迁出14人，迁入5人，出生率19.07‰，死亡率8.8‰。2000年总人口2097人，出生22人，死亡11人，迁出5人，迁入4人，出生率10.49‰，死亡率5.25‰。2020年，全村总人口2438人，全年出生24人，死亡14人，迁出18人，迁入17人，出生率9.84‰，死亡率5.74‰，人口净增长率4.1‰。

2010—2020年罗坝村人口变动情况统计表

表1-3 单位：人

年份	人口数	迁出	迁入	死亡	出生
2010	2110	14	12	13	23
2011	2129	14	9	6	33
2012	2160	13	11	21	25
2013	2161	5	9	8	29
2014	2142	9	9	13	29
2015	2216	6	64	14	33
2016	2248	7	22	17	38
2017	2334	5	43	7	46
2018	2396	5	43	13	31
2019	2442	9	26	14	36
2020	2438	18	17	14	24

第三节 人口结构

一、性别结构

2020年末，根据第七次人口普查，全村人口2417人，其中男性人口1231人，占比50.93%；女性人口1186人，占比49.07%。

二、年龄结构

在年龄结构上，全村0～14周岁人口为465人，占比为19.24%；15～59周岁人口1543人，占比为63.84%；60周岁以上人口为409人，占比为16.92%。其中80周岁以上人口为82人，占比为3.24%。

三、文化结构

2020年末，全村人口中，大学及以上文化程度256人，高中文化程度196人，初中文化程度1139人，小学文化程度278人，合计1869人，占全村人口77.32%。

四、民族结构

2020年末，全村人口2417人，汉族人口共2402人，占总人口的99.38%；少数民族人口共计15人，占总人口的0.62%。少数民族人口中，有回族6人、壮族6人、侗族2人、苗族1人。

2020年罗坝村少数民族人士名册

表1-4　　单位：人

序号	姓名	性别	出生年月	民族	籍贯	家庭人口	文化程度
1	沙开花	男	1946.7	回族	—	2	—
2	何美结	女	1980.11	壮族	广西	4	初中
3	张　燕	女	1982.3	回族	—	4	初中
4	刘玉琼	女	1985.11	侗族	宁国	3	初中
5	王丽丽	女	1985.12	回族	界首	3	初中
6	白礼梅	女	1986.8	回族	肥东	4	初中
7	沈云魁	男	1987.3	壮族	云南	3	初中
8	闭扬梅	女	1994.1	壮族	广西	3	—
9	张　涛	男	2009.11	苗族	—	4	—
10	周智宇	男	2009.12	侗族	宁国	3	—
11	王再平	男	2013.1	壮族	—	3	—
12	王一诺	女	2013.11	回族	界首	3	—
13	张何怡	女	2014.3	壮族	—	4	—
14	沈欣宇	男	2014.4	壮族	—	3	—
15	程可馨	女	2014.6	回族	肥东	4	—

第四节　人口生育

一、生育政策

旧时，本地农村盛行“多子多福”“重男轻女”的观念，没有优生优育的概念，妇女一生生育四五胎很正常，多的则八九胎。

1978年，国家提倡和推行计划生育。1982年，党的十二大将实行计划生育定为基本国策。

为了建设社会主义新农村，倡导乡风文明，创建和谐村居，促进男女平等，推动罗坝村和谐健康发展，2010年12月，依据国家法律、法规，结合本村实际情况，修订《罗坝村村规民约》，将民风民俗、计划生育等内容纳入，倡导婚育新风，转变生育观念。计划生育政策的推行，让更多的女性不再作为生育工具而是不断提高自身的家庭和社会价值，参与更多的社会生产，寻找自身价值，也在一定程度上促进新生儿中的男女性别平等。在计划生育政策影响下，人们改变了以前“多子多福”、生儿子以继承家族香火的认识，“生男生女都一样”的观念逐渐深入人心。

罗坝村加大宣传力度，认真落实肥西县实施关爱女孩行动，进一步落实计划生育奖励优惠政策。2010年，县计划生育实行新的奖励优惠政策，独生子女户在子女16周岁前领取独生子女父母光荣证的，从领证之月起，每月发给男孩30元、女孩40元保健费，至16周岁止，自愿放弃生育指标的，给予2000元的一次性奖励；子女满16周岁时，再奖励2000元。“独女户”家庭领取独生子女父母光荣证的奖励，女孩高中阶段每年补助寄宿费300元，高考考入一本院校奖励5000元，考入二本院校奖励3000元，考入三本院校奖励2000元；父母参保缴费的，除享受规定的政策补贴外，县财政再给予一定的缴费补助。对选择每年100元、200元缴费档次的分别补助30元、40元；选择300元、400元、500元及以上缴费档次的分别补助90元、120元、150元；家庭农业人口政府代缴个人参合金（医保）。“二女户”奖励扶助制度，对符合条件的“双女户”夫妇按每人每年1080元的标准发放奖励扶助金，其中只生育一个独女的奖扶对象每人每年1320元，子女死亡现无子女的另增发600元。

截至2020年底，罗坝村领取独生子女光荣证101户，计生奖励扶助对象51人，特扶对象4人。“两非”（非法鉴定胎儿性别、非法人工终止妊娠）案件逐渐消失。

二、生育情况

新形势下计划生育基本国策有了新的内涵。人口和计划生育工作发生“三个转变”，由控制人口数量为主向调控总量、提升素质和优化结构并举转变；由管理为主向更加注重服务家庭转变；由主要依靠政府力量向政府、社会和公民多元共治转变。2016年1月5日，中共中央、国务院《关于实施全面两孩政策改革完善计划生育服务管理的决定》公布，明确从2016年1月1日开始实施全面两孩政策。

根据计生口径统计，2010年，罗坝村出生23人，村人口2110人，出生率为10.9‰；2015年出生人口33人，村人口2216人，出生率为14.8‰。

2020年出生人口24人，村人口2438人，出生率为9.8‰。罗坝村出生率一直在10‰左右，2010—2020年的十年间，共出生347人、死亡140人，迁出人口105人、迁入人口265人。女性初婚221人，育龄妇女人数547人，已婚育龄妇女445人，其中无孩育龄妇女26人、一孩育龄妇女195人（一女育龄妇女57人）、二孩育龄妇女205人（其中二女育龄妇女51人）、多孩育龄妇女19人。

2010—2020年罗坝村人口出生统计表

表1-5

年份	总人口数	出生人口（人）										人口出生率（‰）
		总人口数	一孩			二孩			多孩			
			男	女	计划内	男	女	计划内	男	女	计划内	
2010	2110	23	11	7	10	4	1	5	0	0	0	10.90
2011	2129	33	14	11	20	5	3	8	0	0	0	15.50
2012	2160	25	11	10	17	3	0	3	1	0	1	11.57
2013	2161	29	12	10	18	4	2	6	0	1	1	13.42
2014	2142	29	8	10	18	5	6	11	0	0	0	13.54
2015	2216	33	8	11	17	7	6	10	1	0	0	14.89
2016	2248	38	4	12	15	10	11	20	0	1	1	16.90
2017	2334	46	11	7	16	8	16	24	1	2	4	19.71
2018	2396	31	5	9	14	9	7	16	1	0	0	12.94
2019	2442	36	9	7	16	7	11	18	2	1	1	14.74
2020	2438	24	3	0	2	9	8	17	3	1	2	9.84
合计	—	347	96	94	163	71	71	138	9	6	10	—

第五节　人口普查

新中国成立以来，根据全国统一部署，先后于1953年、1964年、1982年、1990年、2000年、2010年、2020年开展7次全国人口普查。

根据1982年7月第三次全国人口普查结果，罗坝大队、墩山大队共有家庭449户，人口2044人。其中，罗坝大队212户，人口1023人；墩山大队237户，人口1021人。

1982年罗坝、墩山大队人口普查情况统计表

表1-6

生产队名	总户数（户）	总人口（人）	其中	
			男	女
下湾	17	74	42	32
河湾	16	81	42	39
康堰	15	74	38	36
张郢	11	47	19	28
张湾一	15	68	39	29
张湾二	13	66	32	34
蔺郢	17	89	41	48
新庄	11	65	32	33
大卫	14	74	32	42
小卫	17	75	39	36
许郢	15	82	41	41
杨郢	14	80	43	37
杨墩	17	77	38	39
官塘	20	71	41	30
罗坝大队小计	**212**	**1023**	**519**	**504**
上冲	22	65	40	25
书房	16	72	38	34
老家	17	59	28	31
陶郢	15	57	28	29
新店	15	79	42	37
桂郢	25	91	53	38
高官塘	14	66	37	29
高塘	15	75	41	34
路东	15	66	35	31
路西	17	56	29	27

续表1-6

生产队名	总户数（户）	总人口（人）	其中	
			男	女
黄小郢	13	61	30	31
岗东	15	76	42	34
中心	16	91	44	47
岗西	12	54	28	26
路上	10	53	31	22
墩山大队合计	**237**	**1021**	**546**	**475**
总计	449	2044	1065	979

根据2020年11月第七次全国人口普查结果，罗坝村户籍统计有家庭624户，2417人。

2020年罗坝村户籍人口数量分布表

表1-7

序号	村民小组别	户数（户）	人口（人）	其中	
				男	女
1	上冲	13	58	30	28
2	书房	19	57	27	30
3	老家	18	70	38	32
4	陶郢	18	68	37	31
5	新店	25	100	52	48
6	桂郢	24	113	58	55
7	高官塘	21	90	47	43
8	高塘	23	108	55	53
9	路东	14	53	25	28
10	路西	21	64	36	28
11	黄小郢	18	83	39	44
12	岗东	23	74	36	38
13	中心	23	126	68	58
14	岗西	16	57	31	26
15	路上	18	77	34	43
16	许郢	28	99	57	42
17	杨郢	24	76	38	38
18	新庄	16	71	36	35

续表 1-7

序号	村民小组别	户数（户）	人口（人）	其中	
				男	女
19	蔺郢	26	98	48	50
20	杨墩	24	78	37	41
21	小卫	30	114	52	62
22	大卫	31	89	50	39
23	康堰	24	86	47	39
24	张一	28	108	55	53
25	张二	18	61	31	30
26	张郢	11	63	27	36
27	官塘	24	106	50	56
28	下湾	22	72	37	35
29	河东	10	32	16	16
30	河西	14	66	37	29
合计		624	2417	1231	1186

随着经济发展和人民生活的不断改善，特别是罗坝村良好的自然环境、淳朴的民风、便捷的医疗条件，罗坝全村长寿老人越来越多。2020年底罗坝村60岁以上404人，80岁以上老人82人，占全村人口3.4%，其中，男性35人，女性47人。最长者为小卫村民小组的唐宏明，1925年3月出生，至2020年已届高寿95岁。

罗坝村2020年80岁以上人员名录

表 1-8　　单位：周岁

序号	姓名	性别	出生年月	年龄	村民小组别
1	唐宏明	男	1925.3	95	小卫
2	孙国方	女	1925.7	95	黄小郢
3	孔凡友	男	1926.6	94	老家
4	郑明方	女	1926.6	94	黄小郢
5	蔡庆兰	女	1927.10	93	书房
6	王庆年	女	1928.11	92	老家
7	张正稳	女	1929.2	91	许郢
8	余成碧	男	1930.4	90	杨郢
9	葛德珍	女	1930.9	90	大卫
10	张恩珍	女	1930.10	90	岗东

续表1-8

序号	姓名	性别	出生年月	年龄	村民小组别
11	张明友	女	1930.10	90	新店
12	周孝明	男	1932.1	88	上冲
13	陶仁华	女	1932.4	88	路东
14	朱良财	男	1932.7	88	康堰
15	胡延英	女	1932.8	88	桂郢
16	李玉英	女	1932.9	88	路东
17	宣善桂	女	1933.2	87	桂郢
18	张正艮	男	1933.2	87	许郢
19	陈大洲	男	1933.4	87	张一
20	赵厚英	女	1933.7	87	河西
21	王广兰	女	1933.9	87	岗东
22	黄自英	女	1933.9	87	高官塘
23	朱圣英	女	1933.10	87	高官塘
24	张秀英	女	1933.10	87	岗东
25	康保珍	女	1933.12	87	小卫
26	葛章福	男	1933.12	87	大卫
27	余成荣	男	1934.2	86	杨郢
28	王传英	女	1934.3	86	书房
29	另光满	男	1934.9	86	路东
30	张叶英	女	1935.3	85	岗东
31	余成甫	男	1935.4	85	杨郢
32	许邦珍	女	1935.7	85	下湾
33	倪友英	女	1935.9	85	路上
34	朱良珍	女	1936.2	84	张一
35	蔺习银	男	1936.2	84	中心
36	叶爱英	女	1936.4	84	小卫
37	张明才	男	1936.7	84	河西
38	许邦银	男	1936.9	84	许郢
39	蔺荣玖	男	1936.12	84	中心
40	王本兵	男	1937.2	83	陶郢
41	范志英	女	1937.2	83	中心
42	张伏英	女	1937.3	83	张一

续表1-8

序号	姓名	性别	出生年月	年龄	村民小组别
43	武明英	女	1937.3	83	路上
44	许善元	男	1937.3	83	高塘
45	张具叶	男	1937.4	83	小卫
46	罗文玉	女	1937.8	83	大卫
47	桂芝英	女	1937.10	83	陶郢
48	周先凤	女	1937.10	83	中心
49	王家英	女	1937.11	83	新店
50	蔺荣清	男	1938.2	82	路西
51	张巨山	男	1938.2	82	河西
52	李友兰	女	1938.3	82	陶郢
53	卞仰凤	女	1938.5	82	大卫
54	周孝芝	女	1938.9	82	小卫
55	吴善凤	女	1938.10	82	河西
56	叶明凤	女	1938.10	82	康堰
57	周孝珍	女	1938.10	82	老家
58	董世武	男	1938.12	82	上冲
59	李先贵	男	1939.1	81	高塘
60	程家英	女	1939.2	81	上冲
61	张具甫	男	1939.3	81	小卫
62	陈翠英	女	1939.4	81	路上
63	张伦妹	女	1939.8	81	下湾
64	张福山	男	1939.8	81	高塘
65	汪家珍	女	1939.10	81	河西
66	胡先贵	男	1939.11	81	新店
67	康宝英	女	1940.2	80	官塘
68	张伏成	男	1940.3	80	路东
69	蔺维宏	男	1940.3	80	路上
70	张福良	男	1940.3	80	河东
71	刘光英	女	1940.3	80	河西
72	张伏英	女	1940.4	80	张一
73	张具柱	男	1940.4	80	蔺郢
74	张福余	男	1940.5	80	张一

续表1-8

序号	姓名	性别	出生年月	年龄	村民小组别
75	余明康	男	1940.7	80	康堰
76	吴成才	男	1940.8	80	官塘
77	吴先兰	女	1940.8	80	高塘
78	蒋其英	女	1940.8	80	大卫
79	何书信	男	1940.10	80	岗西
80	刘仁兰	女	1940.10	80	高塘
81	蔺荣年	男	1940.10	80	新庄
82	王恩海	男	1940.10	80	桂郢

第三章 宗族 姓氏 家谱

第一节 主要姓氏源流

罗坝村地处江淮之间,山清水秀,气候温暖,植被丰富,适合人类居住。早在商周时期,就有先人活动的遗迹。经过历朝战乱,特别是元末明初的战争,江淮地区人口大减,十室九空,土地荒芜。明朝建立后,从明洪武三年(1370)至永乐十五年(1417)的近50年间,先后从江西、山西、江苏等地大量移民充填江淮地区。尤其来自江西鄱阳“瓦屑坝”的移民,成为主要来源。根据各姓谱书记载,罗坝村现在部分姓氏人口,主要来源于明朝初年的移民,以及明清两朝从合肥地区周边的后续移民。罗坝村居民中,人口较多的有张、周、蔺、王、程、李、吴、康、许等姓氏。据各姓家谱记载,多为元末明初以后迁至本地,而且各姓居住一般相对集中。随着联姻等因素的影响,逐渐相互融合。

(罗坝)张氏 自明朝正德年间(1505—1521),由一世祖燕公从河南归德府商丘县迁至合肥西乡罗坝(今罗坝村),至今500余年。主要居住在张一、张二、张郢、大卫、小卫、官塘、下湾、河东、河西组。张氏系罗坝村人口最多的姓氏,张氏宗祠原坐落在下湾组,毁于20世纪60年代。

(张楼房)张氏 元末明初,张氏始迁祖“富一公渡江避乱,卜濡须之苏疃以家焉”;其子兴五公由江宁句容而迁无为;嗣(明)洪武初,“复迁合肥德胜门。四传后,迁至合肥西乡,移居于青阳镇西(今属肥西花岗镇)西”。因栋宇相连,号为张楼房。后世又有分支迁居紫蓬山、道士山及附近罗坝村等地。

周氏 家族明代初期由江西瓦屑坝迁至合肥西乡紫蓬山周边的周陡岗(亦称“山周”,以别于附近的另一支周氏“殿周”),至今有600余年。为汝南郡,报本堂。据谱序记载:“旧籍临川”,“始祖兴旺公由江右之瓦屑坝迁肥”。在罗坝村主要居住于蔺郢、黄小郢、陶郢、康堰、康湾圩等村庄。周家宗祠坐落在紫蓬镇永久村周祠堂，毁于20世纪60年代。

蔺氏 家族老谱失落，据蔺氏老人回忆，本氏家族有兄弟俩人由江西瓦屑坝因洪灾，一路乞讨至罗坝牛尾巴岗定居（具体时间不详），繁衍生息。今蔺氏后人主要居住在罗坝村路东、路西、新庄、牛尾巴岗（岗东、岗西、中心、路上）等村庄。

吴氏 紫蓬山吴氏家族始祖名吴成，为明太祖开国功臣吴祯之嫡裔。桢子曰忠，洪武年间失去侯位，子孙散处四方。吴成到肥西巴山庙（在今肥西县花岗镇孙集）一带栖止。墓葬在巴山庙西，天子堰南。直到始祖吴洪，始有世代可纪。清朝初年，吴氏尚有多家居住在合肥西门外五里墩。后因郡城近旁官宦凶恶，吴洪兄弟叔侄辈皆移到紫蓬山左右，与巴山庙祖坟相近。另外，在上派河、大蜀山及罗坝圩等地多有散居。吴氏宗祠坐落在紫蓬镇新农村吴祠堂，毁于20世纪60年代。

王氏 王氏家族原祖籍安徽省阜南县方集，后有先祖王万带领一支迁至霍邱县户胡镇南、西、北等地，再迁合肥西乡花岗、紫蓬山罗坝等地。

程氏 得姓于西周，主要分布在豫、皖、湘、川、鲁等地。罗坝程氏祖居江南徽州府休宁县，先辈文昆、文明、文昱、文庆、文崇兄弟5人，于明代自休宁到合肥西乡紫蓬山竹林关，“爱其土厚水深，习俗素良”，定居于此已400余年。

李氏 元末明初自江西瓦屑坝迁移到皖，几转漂移，最后落根于肥西花岗李祠而居。后有分支移居罗坝村，主要居住在新店、高塘、官塘等村庄，至今约500多年。李氏宗祠坐落在花岗镇李祠村，毁于20世纪60年代。

巢氏 巢氏先祖为明初开国功臣吴桢，本为吴姓。洪武年间，其子朝二、朝恺等为避受胡惟庸案牵连，逃亡至舒城河棚镇一带，改姓为“巢”，后世以巢为姓，故亦称为“吴巢氏”。

康氏 本支康氏为明初开国皇帝朱元璋手下大将康茂才后裔。明代初年由安徽凤阳，迁金陵（今江苏南京），再移居安徽徽州。明末清初迭遭兵燹，迁肥始祖鸿照公迁之合肥西乡，定居罗坝康湾，遂卜建定居，以耕读为业，至今约有370多年历史。先祖三世单传，四世有兄弟三人，分别成家后，长兄迁居高刘集西南，建有康大老家、康小老家、康大柿园，以及后来的康老圩、康花园、康糟坊、康南郢等，是为北份；二弟留居罗坝康湾圩，部分散居附近的雷麻店、大柏店，是为中份；三弟迁居上派河、烧脉岗等地，是为南份。也分别称为“老三房”：高刘一支为大房、雷麻一支为二房、上派一支为三房。

朱氏 明代迁皖始祖南高公(字朗轩,明隆庆二年举人,曾任浙江昌化县儒学正堂)自江西迁大通,传至四世孙来泰公(字伯和,崇祯举人),从大通迁合肥西乡连枷山(即紫蓬山古名)之原。

许氏 许氏迁肥始祖许富"自明洪武年间,来游庐阳,爱蜀山秀丽、淝水清澈,遂卜居淝邑西乡雷麻店"。后有分支到罗坝许郢定居。

桂氏 桂氏于元末明初年间,始迁祖桂思聪与廖姓表兄结伴,携妻带子由江西婺源迁来此地。当经过凤落河(今名丰乐河)时,表兄扁担折断,认为此乃天意,遂就地定居,故今有"廖家渡"之名(在今肥西县柿树岗乡)。后开枝散叶,有桂氏族人到罗坝定居。

第二节 家谱编修

罗坝村姓氏众多,形成独特的移民风俗和悠久的谱牒文化。姓氏、宗祠、家谱、堂号、家规、家训构成完整的家族宗法制度和姓氏符号,维系家族数百年来世代繁荣,人丁兴旺。家谱每次重修,一般都要增加字派。字派是指名字中用于表示家族辈分的字,是中国姓氏文化中传承千年的取名形式,也是中国古代的一种特别的礼制。各姓氏的字派在家谱上是重要的内容,续修家谱时对字派都有延续,以"分祖宗,定表字,别长幼",确保本支血脉延续,辈分不乱。

肥西罗坝《张氏宗谱》 清河郡·遵训堂。据谱序记载:肥西罗坝张氏,明朝末年有"曰燕公者,自河南归德府商丘县(今河南省商丘市)始迁于肥西之罗坝,遂甫家焉。后燕工三传至古庵公,生七子,是为七分。厥后零星散处化字冈、三河镇等处"。肥西罗坝《张氏宗谱》创修于清同治十三年(1874),其后于1918年二修,2004年三修,三修谱有8卷,另有卷首2卷、卷末2卷,共12册。老谱字派有"会、修、谱、具、福、寿、永、昌、祖、功、宗、德、万、代、贤、良"16字,三修新增字派"宏、伟、勋、业、定、国、安、邦、乾、广、坤、宇、龙、起、凤、翔"16字。

张楼房《张氏宗谱》 清河郡·百忍堂。张楼房《张氏宗谱》明崇祯四年(1631)编修稿本(未梓),其后于清乾隆三十一年(1765)一修,嘉庆二十三年(1818)二修,宣统三年(1911)三修,1917年四修,1947年五修,2012年六修。六修谱共23卷。老谱字派有"绳、其、祖、武、克、明、峻、德、同、人、于、宗、守、典、奉、法"16字。六修增加字派"传、承、伟、业、万、世、荣、邦"8字。

紫蓬山《周氏宗谱》 汝南郡·报本堂。《周氏宗谱》创修于清康熙六十一年(1722),其后于乾隆五十年(1785)二修,嘉庆十八年(1813)三修,道光十三年(1833)四修,同治五年(1866)五修,光绪十六年(1890)六修,1919年七修,1945年开始八修而未成,直至2012年完成八修。八修谱共38卷。紫蓬山《周氏家谱》,原家谱字辈有"国、有、文、方、盛、家、行、孝、本、先、典、章、崇、法、守、理、学、绍、心、传",共20个字辈。

《蔺氏宗谱》 中山郡·完璧堂。老谱遗佚不存。2005年编修新谱,打印本。据家谱记载,蔺氏兄弟数人于明代初年由江西瓦家坝迁到合肥西乡牛尾巴冈定居。老谱字派有"殿、章、在、世、光、荣、大、胜、先、朝、卫、国、议、理、道、德、高、标",新修家谱时,增加"家、兴、和、美、乾、坤、普、照、忠、贤、良、臣、宏、伟、永、耀"16字。

合肥紫蓬山《吴氏宗谱》 渤海郡。《吴氏宗谱》创修于乾隆三十一年(1766),其后于嘉庆二十三年(1818)二修,道光二十二年(1842)三修,同治八年(1869)四修,1914年五修,1947年六修,2007年七修。七修谱共22卷。老谱字派为"谱、祠、修、建、教、育、有、成、善、其、记、述、显、登、于、廷"16字;六修时增加"振、宗、守、业、鼎、盛、贤、良、经、文、侠、武、奕、世、延、昌"16字;七修时又增加"荣、华、重、德、福、泰、吉、祥、高、才、荟、萃、科、志、兴、邦"16字。

《吴巢氏宗谱》 彭城郡·四诚堂。其家谱于清嘉庆十二年(1807)一修,咸丰二年(1852)二修,光绪三十二年(1906)三修,1937年四修,2006年五修。老谱字派有"祯、朝、恒、世、宗、兴、日、潮、金、公、凤、惟、成、国、永、正、尚、应、德、礼、兴、家、善、良、昌、盛、景、泰、祥、开、积、仁、余、庆、裕、智、贤、明、宏、光、泽、远"。

《康氏宗谱》 京兆郡·明德堂。其家谱于清光绪十二年(1886)草创初稿,1916年首创康氏宗谱,惜因当时条件有限,未能刻印,1948年完成续修,2010年三修。三修家谱共76卷12册。《康氏宗谱》字派自一世起,分别为"鸿、效、希、学、准、国、恩、士、世、文、锦、大、安、永、金、传、贵、应、履、天、保、家、声、振、纯、修、祖(枝)、业、长、兴、仁、伦、启、厚、立、德、志、高、强",共32世。

合肥西乡《叶氏宗谱》 南阳郡·德善堂。据家谱记载,肥西叶氏有积善堂、崇德堂二支。"积善堂"一支,迁皖始祖叶臻于东汉年间来皖定居;"崇德堂"一支迁肥始祖叶恩(字清臣,明正统进士,官至池州知府),于明末清初迁居肥邑西乡长城镇。该支曾于清嘉庆十四年(1809)编修宗谱(焚毁未存),至1913年以遗留手稿创修《叶氏宗谱》。"崇德堂"一支于清道光七年(1827)创修，其后于同治十三年（1874）续修，1918年三修。2014年，两支叶氏合修为南阳郡德善堂《叶氏宗谱》，共16卷。“积善堂”老谱字派为“儒、林、励、志、御、苑、传、科、名、成、德、立、望、重、学、波”；“崇德堂”老谱字派为“选、宗、天、治、正、大、兴、明、发、青、长、有、万、福、荣、成、忠、厚、传、世、隆、盛、家庭、康、安、国、泰、永、保、华、存”。合修后，字派统一。后世统一使用“忠、厚、继、世、隆、盛、家、庭、康、安、国、泰、永、保、华、存”16字。

庐阳《许氏宗谱》 太岳堂。《许氏宗谱》编修于明朝时就有笔记墨稿，清道光、光绪年间曾依据墨稿创修稿谱，至宣统三年（1911）刊印，是为一修。其后，1947年二修，2002年三修，2020年重印，共26卷。老谱字派有“敦、和、纯、德、庆、邦、家、为、善、克、昌、运、迩、遐、学、业、勤、修、传、奕、世、圣、廷、桢、干、启、光、华”28字。

竹林关《程氏宗谱》 安定郡·四箴堂。《程氏宗谱》创修于清嘉庆二十一年（1816），其后于道光二十六年（1846）二修，光绪二年（1876）三修，光绪二十四年（1898）四修，2019年五修，共12卷。竹林关《程氏宗谱》老谱字派有“肇、锡、依、宗、本、先、贤、克、懋、光、邦、家、昭、建、永、鸿、学、尔、廷、扬”20字；五修家谱时，新增字派“慕、兴、政、书、福、硕、艺、跃、泽、荣”10字。

《桂世宗谱》 天水郡·敦本堂。《桂氏宗谱》于清乾隆年间由十四世孙天馥编纂草谱，至清同治十一年（1872）创修，光绪二十四年（1898）续修为十卷，2010年三修为十二卷。老谱字派有“思、迁、荣、盛、美、在、正、枝、应、发、甲、秀、奉、天、良、时、群、继、先、世、恒、守、宗、基、传、家、有、本、仁、厚、为、宜”32字；三修时增加“尚、文、理、业、贤、德、安、邦”8字。

庐阳《董氏宗谱》 敦本堂（谱箱标注为“天人堂”，谱芯为“敦本堂”）。家谱创修于清道光二十二年（1842），光绪二十年（1894）二修，2005年三修，合东、西两支为一谱。今罗坝村大卫庄董厚年户收藏有二修、三修本各一部。《庐阳董氏宗谱》，原家谱字派“光、汝、金、业、善、后、尊、前、祖、功、宗、德、继、述、乃、传”。新修家谱时，增加字派“继、承、敬、汉、儒、华、章、定、国、邦、诗、礼、振、庭、泽、家、和、永、瑞、祥”20字。

合肥西乡《朱氏宗谱》 沛国郡·白鹿堂。合肥西乡《朱氏宗谱》创修于清光绪九年（1883），其后1926年二修，2012年2月三修，共11卷。合肥西乡《朱氏宗谱》字派原有“邦、正、忠、良、贵、家、祥、孝、友、先、和、平、为、尚、德、勤、学、廼、传、贤”；三修家谱时，新增“英、才、兴、华、宇、惠、民、扬、清、廉”10字。

紫蓬山《王氏家谱》 原家谱字辈“国、恩、家、庆”；2020年续修家谱时，增加"忠、厚、良、才、有、文、明、学、士、广、兴、华、荣、永、大、建、邦、锦、瑞、昌"，共20个字辈。

武功肥西楼岗《苏氏宗谱》 三义堂。据家谱记载:苏氏贵一公由太平迁来肥西。家谱创修于清道光元年(1821),其后先后于同治十三年(1874)续修,1917年三修,2004年四修,2019年四修补录一册。老谱字派为"诗、书、传、家、彝、章、秉、世、礼、义、从、先、孝、廉、善、继"。四修时增加"文、宗、泽、远、育、秀、荣、邦、方、正、贤、良、宏、开、瑞、祥"16字。

附：家谱序言选录

李鸿章《庐阳周氏六修族谱序》

豪杰之士,度越庸流,非特有所建树已也。乃其材力精神,无所不综,无所不甄。视常人所禀,奚啻倍之,而又能识所先务。方同治初,余统师自安庆援沪,一时豪杰类奋起相从,尤称吾邑周氏昆弟。其后三吴底定,转战中原,所向有功,显名天下。及卒,恩谥刚敏、武壮者也。

当其崎岖王事,身家之计,一弗以撄心,唯摧蹈廓清是亟。迨反侧既靖,可以稍稍恤其私矣,而又以宗谱为先务。夫礼祭器未成,不造宴器。宗谱则述先德、式后嗣,岂仅祭器之谓哉。然士大夫禄位隆盛,良田美宅,与一切服御,所以章一身而施及于子孙者,皆所有事先世之事,或未暇营也。即营矣,亦其后焉者耳。武壮则不然,既总环卫,乞假归与族长议五修宗谱。周氏故事,谱三十年一修。自有谱至是,适百有五十年。出赀成其事,且新所毁宗祠。刚敏亦不然。奉讳归,念五修而后,族人之殉疆场,暨其妻之以节义闻者,久或失其实。与族长豫次以待故事不违亦懿行不没,并出赀经纪祠墓,为图且记。盖皆营之于他务未遑焉。

子昂观察,武壮之子,而又左右刚敏者也。敦善而好士,宽而毅,有智数。称其门材义行,为邑人所称道。其亦所谓豪杰之士者欤?于其请序,知亟扬先列,固自异人而无所不甄,无所不综。迹夫精神材力,起士大夫中壹意建树,必有可观者,存抑尤有欲为告者。武壮与刚敏功成御侮,人皆以谓国之虎臣矣。岂知其先出入锋镝,栗骨警心,几历艰虞,勋业始立。蕲子昂识之不坠益光焉。则亦与余向者患难相从之义也。

太子太傅、文华殿大学士、一等肃毅伯、直隶总督李鸿章拜撰

李鸿章,字渐甫、子黻,号少荃。安徽合肥人,晚清著名人物。道光二十七年

(1847)中进士,早年受命组建淮军,后升至直隶总督,兼北洋通商大臣,累加至文华殿大学士,封一等肃毅伯。其间,办理洋务,创办北洋水师。甲午战争失败后,先后代表清廷签订《马关条约》《辛丑条约》。1901年病逝。死后获赠太傅,晋一等肃毅侯,谥文忠,遗著编为《李文忠公全集》。

李恩绶《庐阳周氏六修谱序》

曾涤生氏叙衡阳彭氏四修之谱,称其族之才俊子弟,奋迹师中,积功累伐,珥貂相望,皆著录于此,叹其盛也。又世之达人,暨同姓异望之显者,别为一编,不与本宗淆。盖懔懔乎阙疑之,谊此憙其谨也。余本此意,以浏览世家族谱,藉通其学。惟庐阳周氏家乘,不失此旨。自胜国初,由江西之临川迁庐,清芬代扇,多以士农其家。迨咸、同中,刚敏、武壮两公奋起,克名城数十,力踣巨憝,得以武功轩其阀阅,与雪琴司马相颉颃。而族之英髦,亦皆被雅歌投壶之流风,愿争相濯磨,自竞于科目。今着于录者,尤彬彬焉。

夫周氏之胄望远矣。汝南沛国陈留,凡汉晋唐宋之显达,史不绝书。在豫章者,则宋之平园丞相必大,又先儒元公晚年由营道家于匡庐,道德、文章、经济,卓然著闻。其在皖者,则孙吴之偏将军瑜,史称庐江舒人,故今周公山为公瑾读书地,所谓道南大宅也,与刚敏居址密迩。乃周谱高近尺许,概不附及,当时之达官无论焉。盖其意,深恐贻遥遥华胄之讥,惟断自兴旺公为迁肥之始祖,特详其世系。其征信视彭氏何如也,余益庄诵之。

编中首载仁庙颁行圣训之十六条,继列家本、家范、家礼、家统、家业、家声、家戒数十则所以敦彝纪、淑身心者,俱于是乎在。且闻其家庙置有祠差,族之不肖者,户长处治之。凡偷便喜安游窳之子弟,借此得所惩警,意至美也。北江洪氏尝谓:风俗之媺恶,由于士大夫。士大夫之家法,转移风俗之具。家法之详,国法之所以简也。旨哉!言乎此,意周氏得之矣。

谱创于乾隆壬午,其书仿良史之裁,斜行旁上有表有传,修纂已五次。客春,刚敏虑家法之婾、名讳之触犯,属族人重加补辑,赀斧皆独任之。乃未几,公有骑箕之变。今幸告蒇,较以前体裁近善。余以揖客重来淝西,获与厘定,深愧弗称。尝登紫蓬,望周氏祠宇,及先世诸邱垄,皆葱葱郁郁,知其方兴未艾。刚敏功载国史,德被乡族,大科之报,必在子孙。所识菉陔舍人,子昂、笃因两观察,皆著述之才,暇与讨论经史,心怖其能。吾愿展斯谱者,体刚敏、武壮前后敬宗收族之心,益增敦睦。他日继此七修,吾以老词人青鞋布袜,由江溯淮,揽巢水蜀阜之胜。过访知交,出其谱示,余将一序再序之,是未可知也。

时光绪己丑秋重九后五日积雨初霁

京江李恩绶丹叔氏谨撰

李恩绶,字亚白,江苏丹徒人。附贡生,多年应试不第,遂无意仕途。光绪十年(1884)受聘为周老圩塾师。编纂有《紫蓬山志》《丹徒县志》《北固山志》等。光绪十五年(1889),周盛波长子家谦、周盛传长子家驹主修《庐阳周氏宗谱》(六修),由塾师李恩绶"厘定"。

李鸿章《叶氏重修宗谱序》

甲戌之夏,余部将叶君志超自保阳来谒,以其族谱见示。其言曰:叶之先世自臻公迁于淝,嗣续炽昌,谱牒繁衍。至元末,一毁于火。近更粤氛,再毁于兵。大惧过此以往,代远年湮,或至数典而忘其祖。今与族人考订搜辑,幸有成书,窃愿弁以一言,永为敦本睦族之劝。

余维族谱之作,岂惟是详氏族、序宗支。将合姓之人休戚,于以通尊卑、辨善恶。善则相劝,恶则相规,使子弟共守入孝出悌之常,即天下必不启犯上作乱之渐。风俗之厚薄,实关世道之盛衰。虽谓家乘之设,重于国史之垂焉,可也。

慨自烽火迭兴,简编散失,故世家大族,世系犹可考证者,岌岌焉什不存一。今大乱甫平,人心向善,服畴食德,各有报本追源之思。曩佐余治军者郭村松林、周君盛传,皆能出所赢为义塾、义田,以赡其族,老有养、幼有教、婚嫁丧祭有助,其睦姻之谊,既得闻于朝,称于里矣。叶君亦余乡人,以布衣从军,转战吴、楚、齐、豫间,叙功得记名提督。今从偏师屏卫畿辅,勤朴劳苦,家无余资,其力固有难为二君之所为者。兹乃修其宗谱,肫肫于水源木本之义,所以倡率其家者,甚善。呜呼!此固一家一乡之事欤?然使扩而充之,人人克勉,夫型仁讲让之风,以亲亲而长长,盛世睦来之化,不且于此基之哉?余既徇叶君之请,而为之序。尤愿后之览者,各端其本、以化其族,人而为善于乡,推而暨诸天下,岂仅为叶氏劝也?!

清同治十三年六月

赐进士出身、诰授光禄大夫、武英殿大学士、直隶总督、一等肃毅伯、加骑都尉世职李鸿章撰

周家谦《张氏续修宗谱序》

旧历戊午之秋七月既望，同里罗坝张氏以重修宗谱来告，并乞弁言。予既嘉张氏之意，复不胜斯世之嗟。吁咈奋词，拉杂无俚。

盖古今灰烬、昆池话劫之年，陵谷变迁、沧海扬尘之候。欧风东渐，进夷狄于门墙；袄教西来，等家庭于秦越。梵佉是习，惟鹜旁行斜上之文；欧苏羞谈，遑问左昭右穆之序。高曾忘其规矩，尚侈言黄帝子孙；尊亲视若并髦，或妄诋素王述作。元黄庞杂，天何醉而不醒；苍赤流离，国奚狂之莫恤。既世衰道微，更政烦赋重，苌楚有咏乐，家室以俱无，葛藟兴歌慨，里族而轻去。适彼乐土，适彼乐国，生长何从?！谓他人父，谓他人昆，毛里谁属?！况小吏失职，已鲜系世之书；合族无诗，每启阋墙之衅。彝伦澌灭，夫复何言！纲纪沦胥，于斯已极。

乃张氏二三父老来自田间，十百编氓，谋于道左，以为结绳，纪事而后记名，端赖有书。造弦受氏以来，数典幸无忘祖。上治旁治下治，见宗法之精详；有表有传有图，兼方志之义例。绵绵瓜瓞，葳蕤于简篇；茁茁兰芽，清芬其世泽。讨论润色尽其美，因革损益酌其中。宗子维城，能述祖德，曾孙有道，不匮孝思矣。

夫四人史材，孙秀无淆宗之拒；百代卿族，韦鼎有忘本之讥。而此则木本水源，支分派别，有条不紊，若纲在纲。知桃僵李代之皆诬，卜本固枝荣而将大。嗟乎！老老长长不在上，王道斯存于乡；绳绳继继有自来，人生皆本乎祖。十室之邑，忠信何限。夫寰区百年之宗礼法，或刑于里党。天下虽乱，偏隅有邹鲁之乡；社会犹兴，率土化和亲之俗、则郅治斯不难耳，而共和庶有豸乎！

时民国七年岁次戊午桂月上浣榖旦

清授奉直大夫、花翎郎中衔、内阁汉票签中书、同治癸酉科举人周家谦顿首拜撰

周家谦，字菉陔(一作六皆、六揩)，号槃盦，晚号槃叟，安徽合肥人。晚清将领周盛波长子，周盛传之侄。同治十二年(1873)举人，两应会试不第，以父荫官内阁中书，赏戴花翎，诰授奉直大夫。后辞官归里，与冯煦、李恩绶、江云龙、张子开等友善。博通经史，工诗文，擅书法。有《六分池馆随笔》《槃盦诗钞》等传世。

王承煦《程氏续修宗谱序》

窃谓三代以下,族姓多紊,民亦散而不亲。宋欧阳公仿《史》《汉》例,创为家乘,诚亲亲之道也。老泉谓观吾谱者,孝弟之心可以油然而生,其表扬先德,辅翼世教,厥功伟矣。嗣是贤士大夫敬宗睦族,华牒煌煌,皆祖述二公之意,以成书者也。我国家累洽重熙,炳焉与三代同风。二百余年,名家世族,薪火相传。亲亲之道,大著于天下。中兴以还,事益美备,凡名儒硕辅,嘉言懿行,往往散见于诸家志乘中而为征献考文之助。鸣呼!盛矣!

程家居多暇,曾取先世遗谱,手自纂辑,俾吾子孙得以观览。而凡亲故往来,必告以修谱之道,庶几人人不忘其亲,而因得以亲其亲焉。合肥程氏,淮南巨族也。其先祖文昱公自休宁迁居淝上之竹林关,村疃络绎,竹树葱茏,望气者早卜程氏寖昌未艾也。厥后瓜绵椒衍,叶叶相承。以文著者,根砥六经。以武名者,经营百战。伟人畸士,诚足风闾里而光国家矣!

嘉道之间,有奉璋公者纂修谱牒,兵燹之后,遗谱尽存二部。皇上御极之元,族人琩公因奉璋公遗谱讨论而修饰之,欲付剞劂,旋病卒未果。今哲嗣乐山翁继志述事,聚族而谋,以正路采访,秉乾执笔,不间昕夕,共襄盛事。稿成就仆而问序,仆观其采择尽善,义例维严,亦当世得失之林也。于是春城月上,一灯荧然,焚香庄诵,如与诸忠臣、孝子、义夫、节妇从容揖让,亲承其謦欬、仰望其余光也。如临泰华嵩衡、长江大河之高深莫测。其支分派别也,如罗列孔鼎之铭、颜庙之碑,真气出机案,莫能暂置也。《诗》曰:"孝子不匮,永锡尔类。"今仆既谱吾家而又获观程氏之谱,可谓极锡类之乐矣。

抑又有望者,程氏自河南两夫子修明理学,俾万世知所向往,是大有功于名教也。《传》曰:"明德之后,必有达人。"若程氏者,其庶几乎!惟是程氏子孙能遵欧公一世一修谱之例,且如苏公所云一人之身无使分而至于途人,则尤乐山翁之幸而亦仆所深望也。爰不辞谫陋,为志数言,垂之华乘,以质后之达者。

赐进士出身、诰援通议大夫、晋封资政大夫、花翎候选道、姻愚弟王承煦顿首拜撰

王承煦,号子暄,安徽舒城人,著名诗人。清同治庚午举人、同治庚辰进士,著有《退补楼诗文集》若干卷。

黄鸣杰《吴氏宗谱序》

予守大名郡之明年，里中吴君闇夫不远二千里，邮示其所重辑世谱，谓其谱传自其先，历诸岁月，乃得纂述镌刻，以给其族之众房。其族必欲得一深知义例、可以传示久远者畀以一言弁其首，言之盖莫如子宜。予辱斯言，重有恧焉。余自已未获读书中秘，洎洊历郎署，出巡南漕，迨今又外补为吏，南北驰驱，风尘鞅掌，于笔墨之事盖不暇为矣。遑敢言及吴君累世辑录之谱之重者，虽然，不可不为闇夫一言以广其族人之意。

盖自列国以世族为重，国高栾却，民誉所归。季汉而下，尤尊门望，若顾陆之于吴、王谢之于晋、崔卢之于后魏、陇西太原之于唐，一时阀阅相高，至以甲乙丙丁分四姓，其不在四姓者莫敢齿焉。近世踵事益增，虽阛阓单门，耻其族人无闻，亦必扳引在昔名人以为光宠，宁诬其祖而不顾，昔人所嗤遥遥华胄者也。由是谱牒所载，类多附会无稽，而无以征信，即有一二通人硕学，又或藉是以矜博雅，故项脊生之述夏氏世谱也，举载籍之同姓者几于捃摭无遗，谓之实录，可乎？今读吴氏之谱，凡历代名臣将相，无一假借，即明初元勋靖海侯祯久熟于父老相沿之口，且历数世而即有其后，迁徙之墓可稽以亡，其碑铭世数与逮所知之一世二世亦且存疑以志慎，其视狄武襄不祖梁公，卓识讵有二耶！常又以为谱之义近于史，而实不同史，则善恶并列而谱有褒而无贬，然使虚美隐恶，自欺欺人，令览者欲呕，而地下之人反有抱愧于永永者，是非所以爱其亲也，适滋之诟耳。今吴氏之谱虽小善无不录，然求其无征不信者无有也，是亦异乎世俗之为谱者也。其族固大日得其先与？近之所为以传示其后，虽历千百世可守而行也，又何意之不广谱之不愈益信乎？

暗夫为吾家兄弟老友，惜予家居时少，未获与之深接。尝闻予仲兄嶙岑言，其为人好学有文，践履笃实，足为后进楷模，于兹正益信焉。至其族之先，甲第蝉联，历有仕宦，与相国李公容斋暨龚公芝麓、李公二则诸先辈姻戚世好，道义文章相赠答，皆其谱之班班可考者，固诸族人所熟悉其风流文采也。行见谱擅转移世俗，为谱之习而有余，予言且与有荣焉已，用是不以不文而为之序言如此云。

时嘉庆二十三年，岁在戊寅六月上旬之吉

赐进士出身、诰授朝议大夫、知直隶大名府事、前掌京畿道监察御史、署兵科掌印给事中、钦命巡视淮扬漕务协理河道、大清会典馆总纂、庚午顺天乡试同考官、辛未会试提调官、甲戌会试同考官、礼部仪制清吏司郎中、祠祭司

员外郎、主客司主事、翰林院庶吉士、教习觉罗官学事务加三级、纪录十二次又随带加二级记大功二次、愚弟黄鸣杰顿首拜撰

黄鸣杰(？—1841),字冠英,号季侯,安徽合肥人,嘉庆四年二甲三十六名进士。后历任广东、湖北按察使、浙江布政使、兵部侍郎等职。

第三节　家风家训

家风家训,是中华民族特有的传统历史文化。优良的家风家训,可以教育子孙立德、修身、齐家、安天下,成就事业。

一、家谱中的村民行为准则

罗坝村各家族历来传承家风家训,其内容深受儒家思想、程朱理学的熏陶,多与中国传统文化一脉相承。各姓氏的家规家训推崇忠孝节义,教导礼义廉耻,名言警句脍炙人口,至今仍有弘扬家风文明、引领社会新风尚的现实教育意义。其中多强调注重读书提高自身修养,倡导勤俭节约,主张行善积德,要求族人维持家庭声望,重视礼仪,感恩前辈,对读书好学、为人处世、敬老孝老、和睦乡邻、禁绝恶习等多方面内容加以规定,在日常生活中潜移默化教育后世子孙。这些家风家训,历经数百年沉淀积累,随着时代发展,注入了新的内容。罗坝村的周氏、程氏、康氏家族家训具有特色。

中华民族自古以来重视家庭的教育,治国从治家开始,家规家训是治家教子、修身处世的重要载体,是中华民族传统文化的重要内容。在各姓的家谱中,家规家训是一项重要的内容。历代帝王也重视家规家训的教化作用,亲赐圣谕成为家训家规典范。2016年,中共中央纪律检查委员会、监察部推出专题“中国传统中的家规”,教育广大党员干部在中国传统的家规中吸取精华,去除糟粕,延续和弘扬中华民族的“家国”文化,吐故纳新,与时俱进,涵养新时代的良好家风,使千千万万家庭成为国家发展、民族进步、社会和谐的重要基石。进入中国特色社会主义新时代,党和政府在广大群众中大力弘扬社会主义核心价值观,使其成为新时代的行为准则。

圣谕六言　明朝洪武三十年(1397)九月,明太祖朱元璋传令天下,每乡里各置木铎一,内选年高或瞽者,每月六次持铎徇于道路,曰“孝顺父母、尊敬长上,和睦乡里、教训子孙、各安生理、毋作非为”。此令称为“圣谕六言”,又称圣谕六条、教民六条、圣训六条等,是明太祖朱元璋为教化人民,促进社会

和睦说的六句话。“圣谕六言”先后通过木铎、乡约、族谱、家训等形式，在民间得到广泛传播，并对明清两朝都有重要影响。

上谕十六条 清朝康熙九年(1670)，朝廷颁布“上谕十六条”，对宗祠的功能作了规定，成为家规、家训的最高典范，也成为所有家谱的重要内容。各姓家谱把这“十六条”印在家谱的开篇，且以龙纹图案饰边，以示庄重威严，目的是要发挥教化约束作用。“上谕十六条”的内容是：

敦孝弟以重人伦，笃宗族以昭雍睦；
和乡党以息争讼，重农桑以足衣食；
尚节俭以惜财用，隆学校以端士习；
黜异端以崇正学，讲法律以儆愚顽；
明礼让以厚风俗，务本业以定民志；
训子弟以禁非为，息诬告以全善良；
诫匿逃以免株连，完钱粮以省催科；
联保甲以弭盗贼，解仇忿以重身命。

圣谕广训 清雍正二年(1724)，又将“圣谕十六条”释成万言，遂成“圣谕广训”，训谕世人守法和应有的道德品行，是雍正皇帝对上谕十条的解读。清政府在各地推进宣讲，成为教化民众的道德标准。

社会主义荣辱观 2006年3月，中共中央提出社会主义荣辱观。近年来在各姓编修的家谱中把社会主义荣辱观(简称“八荣八耻”)作为新时代的家规家训录入谱书，以训教子孙遵守。社会主义荣辱观的具体内容是：

以热爱祖国为荣，以危害祖国为耻；
以服务人民为荣，以背离人民为耻；
以崇尚科学为荣，以愚昧无知为耻；
以辛勤劳动为荣，以好逸恶劳为耻；
以团结互助为荣，以损人利己为耻；
以诚实守信为荣，以见利忘义为耻；
以遵纪守法为荣，以违法乱纪为耻；
以艰苦奋斗为荣，以骄奢淫逸为耻。

社会主义核心价值观 党的十八大提出，倡导积极培育、践行和弘扬社会主义核心价值观。广大村民积极以社会主义核心价值观作为行为准则，部分新修家谱也将其列为符合时代发展要求的家风家训记入家谱之中。基本内容共24个字：

富强、民主、文明、和谐，

自由、平等、公正、法治，

爱国、敬业、诚信、友善。

二、罗坝各姓家训摘录

紫蓬山《周氏家训》 谨言语、慎举动、修宗谱、救患难、贵容忍、修德行、精技艺、旌孝顺、禁赌博、禁盗窃。

合肥西乡《康氏家训》 孝父母、友兄弟、尚节俭、崇执业、尊师友、睦宗族、崇礼义、和邻里、恤贫寒、戒财博。

竹林关《程氏家训》 五修家谱中，以三字经格言式编写《程氏家训》朗朗上口，共84句，252字。

严治家	敬长辈	明事理	守法律	知荣耻	晨健体
不欺人	守信义	忌逞强	睦邻里	广行善	勿生非
讲勤俭	不浪费	重优生	兴教育	凡治家	宜起早
桌要擦	地要扫	粗布衣	菜饭饱	孝父母	敬哥嫂
夫与妻	要和好	一家过	莫争吵	亲良朋	敬师长
睦邻里	恤贫老	世间事	耕读好	学贤圣	行正道
财博易	莫去跑	种田地	勤锄草	少薄地	功要好
养猪草	莫玩鸟	学技艺	手要巧	做买卖	要公道
有良心	莫奸狡	忍耐些	省烦恼	官钱粮	早完了
出人情	亲自到	闲是非	不可晓	成家子	粪如宝
败家子	钱如草	胆要大	心要小	戒骄傲	防倾倒
钱难赚	莫费了	减色欲	增寿老	启青年	创家道
光阴快	人易老	盘心血	直到老	但为人	要学好
依我劝	福不小	三字经	金石言	育后裔	世代传

德善堂《叶氏宗谱》 收有家教格言14则：

德才兼备，忠孝两全，淡泊名利，宁静致远。

孝为先、和为贵、勤持家、俭养德。

尽孝敬祖，尽忠报国，尽情交友，尽职创业。

家庭和睦，邻里相亲，以德交友，以诚服人。

学高为师，身正为范，勤学苦练，努力登攀。

先做人，再求学；先律己，再宽人；先付出，再收获。

让人非我弱，我强不欺人，忍得一时气，求得百日宁。

常怀仁爱之心，常抱爱国之情，做对社会有用之人。

翻身不忘本，重利不忘义，明理要读书，致富靠科技。

债不可轻举，语不可轻言，行不可冲动，学不可半废。

不忘本、尽孝道、重教育、秉正直、讲诚信、明德情、重节义。

子孝父严，母慈媳敬，兄友弟尊，妇温夫爱，睦邻亲友，家道始兴。

自食其力不依傍，安身立命有担当，孝老爱亲要和善，乐事善为得安康。

严于律己，宽以待人，勤于习作，乐于奉献，尊师爱幼，孝敬长辈，报效祖国，服务人民。

《魏氏家训》 要求本族同胞在社会和处世待人方面积极做到：爱祖国、爱人民、有理想、有道德，勤奋好学、勇于创新，成为社会建设中的优秀人才；讲文明、讲礼貌、讲正气、有爱心，遵纪守法，尊长敬先，爱幼助残，宽容处世，与人为善，为构筑和谐社会做出贡献；发扬祖宗传统美德，为人光明磊落，胸怀坦荡，穷不失志，洁身自好，艰苦奋斗；富不骄奢，保持高尚情操，反对一切违法乱纪和危害社会的卑劣行为；所有同胞都要自立自强，勤劳致富，刻苦钻研，锐意进取，以坚韧不拔的精神创造财富，改变家庭条件，改造家乡环境，为家族和家乡争光。

第二编 政治

ZHENG ZHI

第四章　中共罗坝村支部

第一节　组织沿革

1949年1月，肥西乡解放。肥西民主县政府建立后，即开展民主建政工作，先后建立民主区政府、民主乡政府等机构。3月，将罗坝及附近永安集、竹园、烧脉岗、白衣、康湾保设为城西区烧脉乡，乡以下机构仍沿用“保甲”制。

9月起，逐步取消“保甲”制。乡辖“保”改建为村，镇辖“保”改建为街。分别设村长或街长1名，财粮员或办事员1名，村街干部不脱产。“甲”改建为居民组，设组长1名。村境属城西区烧脉乡团结村，张明香任村长。

1950年4月，划设焦婆区罗坝乡，驻地罗坝圩，今罗坝村境团结村。烧脉乡派中共党员刘学盈到村指导工作，张明香为村主任至1950年年底。

1951年5月，原罗坝乡所辖白衣村高塘、朱岗，划入上派区白衣乡。

1952年，罗坝乡址迁至杨墩，新盖4间草屋为办公地点。原罗坝圩改为焦婆区粮站至1960年。1952年2月，肥西县改属皖北行署六安专区，境内属之。罗坝乡辖属白衣选区、白水塘选区、万安选区、墩山选区、建设选区5个选区。

罗坝村境1951年起相继成立常年互助组，1952年春成立初级农业生产合作社，规模一般为8～11户。至1955年1月成立新光农业生产合作高级社（又名“新光大社”或“南新光”），辖境包括今罗坝、墩山、白衣、白水塘、周祠、红山村。

1955年11月，全县并区并乡后，划为上派区烧脉乡。1956年5月，撤区并乡，划属芮店乡。

1957年，原万安选区更名为“万安村”，墩山选区改名为“墩山村”。1958年2月，再度设立上派区，万安村、墩山村隶属上派区烧脉乡。1958年9月，设群光人民公社（次年3月改为农兴人民公社），万安村和墩山村合并为罗坝大队。同年，建立中共罗坝大队支部，有党员15名。

1961年5月，罗坝大队划属烧脉公社。1965年11月30日，增设山口公社，罗坝大队划属山口公社。

1966年10月19日，山口公社罗坝大队改为光明大队。1967年1月原烧脉公社改名为“燎原公社”。1968年，山口公社光明大队划属上派区燎原公社（即原烧脉公社）管辖。

1972年12月，光明大队分为罗坝大队和墩山大队。

1983年6月体制改革，公社改为乡，大队改为村。罗坝大队、墩山大队改为燎原乡罗坝村、墩山村。1986年7月燎原乡恢复为烧脉乡，罗坝村、墩山村并属于烧脉乡。

1992年3月撤区并乡，烧脉乡并入农兴镇，罗坝村、墩山村并属于农兴镇。2004年5月，墩山村民委员会和罗坝村民委员会合并为罗坝村民委员会，成立中共罗坝村总支部委员会，下设2个党支部。2005年12月，农兴镇更名为紫蓬镇，罗坝村境属紫蓬镇。

2020年年末，罗坝村党员总数为81名，其中男性党员69名、女性党员12名。

一、中共罗坝大队（光明大队）支部委员会

1958年9月成立罗坝大队党支部。1958年9月至1962年12月，吴成方任中共罗坝大队支部书记；1963年1月至1966年10月，吴宏长任中共罗坝大队支部书记。其后，1966年10月19日，罗坝大队改为光明大队。

二、中共墩山大队（村）支部

1972年12月，光明大队分为罗坝大队和墩山大队，墩山大队有16名中共党员（其中男性党员14名、女党员2名）。1973年1月至1979年12月，李德恩任中共墩山大队支部书记。

1983年6月，撤社并乡，燎原公社改为燎原乡，墩山大队改为墩山村民委员会。1986年7月，燎原乡恢复为烧脉乡，李书明任中共墩山村支部书记，蔺荣炳任中共墩山村支部副书记。

1992年3月，撤区并乡，烧脉乡并入农兴镇。1996年3月起，蔺荣炳任中共墩山村支部书记，刘仁清、胡世斌先后任中共墩山村支部副书记，党支部成员为3～5名，直至2004年4月墩山村、罗坝村合并。

三、中共罗坝村（大队）支部

1972年12月，光明大队分为罗坝大队和墩山大队。罗坝大队有18名中共党员（男性17名，女性1名）。1973年1月至1983年6月，周孝乐、周本付先后任中共罗坝大队支部书记，张具习、张福山任副书记，党支部成员3～4名。

1983年6月，撤社并乡，罗坝大队改为罗坝村。至1992年，周本付、程家有、张俊环先后任中共罗坝村支部书记，程家有、张俊环、张道法先后为副书记。

1992年3月，撤区并乡，烧脉乡并入农兴镇。1992年3月至2004年5月，张俊环、张道法、张发先后任中共罗坝村支部书记，张道法、张福寿、程庆美先后任副书记。

四、中共罗坝村总支委员会

2004年5月，原罗坝村、墩山村合并，成立中共罗坝村总支委员会。2004年5月至2020年12月，张发、李传宏、余蔚霞先后任总支书记，蔺荣炳、余蔚霞、吴萍先后任总支副书记，党总支成员3～5名。2019年10月起，余蔚霞任党总支书记的同时，担任村民委员会主任，两项职务一肩挑。

中共罗坝村总支委员会下设两个党支部，分别为一支部（原罗坝村党支部）、二支部（原墩山村党支部）。程庆美、余蔚霞先后任一支部书记，张寿南、吴善友为支部委员会成员；胡世斌、李林、蔺翰林先后任二支部书记，桂芝政、吴善友为支部委员会成员。

中共罗坝村（大队、光明大队、含墩山）历届支部成员姓名一览表

表2-1

支部名称	书记	副书记	委员	任职年月
中共罗坝大队支部	吴成方	吴宏长	孔祥银	1958.9—1962.12
	吴宏长	李德恩		1963.1—1966.10
中共光明大队支部	李德恩	张正山	孔凡友	1966.11—1972.12
中共墩山大队支部	李德恩	李先来（1974年6月始）	蔺荣炳	1973.1—1979.12
	李先来	李书明	蔺荣炳	1980.1—1983.6
中共罗坝大队支部	周孝乐	张具习 张福山	王传英	1973.1—1979.12
	周本富			1980.1—1983.6
中共墩山村支部	李先来	李书明	蔺荣炳	1983.7—1985.4
	李书明	蔺荣炳	刘仁清	1985.5—1996.2
	蔺荣炳	刘仁清	程国风 程恩银	1996.3—1999.5
		胡世斌 刘仁清	程国风 李林	1999.6—2004.4

续表2-1

<table>
<tr><th>支部名称</th><th>书记</th><th>副书记</th><th>委员</th><th>任职年月</th></tr>
<tr><td rowspan="5">中共罗坝村支部</td><td>周本付</td><td>程家有</td><td>张福寿</td><td>1983.7—1987.3</td></tr>
<tr><td>程家有</td><td>张俊环
(1987年12月始)</td><td>张道法</td><td>1987.4—1990.4</td></tr>
<tr><td>张俊环</td><td>张道法</td><td>张福寿
程庆美
周本乐</td><td>1990.5—1999.5</td></tr>
<tr><td>张道法</td><td>程庆美
张福寿</td><td>张　发
周本乐</td><td>1999.6—2001.4</td></tr>
<tr><td>张　发</td><td>程庆美</td><td>张大香</td><td>2001.5—2004.4</td></tr>
<tr><td rowspan="4">中共罗坝村总支委员会</td><td rowspan="2">张　发</td><td>蔺荣炳</td><td rowspan="4">胡世斌
程庆美
李　林</td><td>2004.5—2008.4</td></tr>
<tr><td rowspan="2">余蔚霞</td><td>2008.5—2019.4</td></tr>
<tr><td>李传宏</td><td>2019.4—2019.10</td></tr>
<tr><td>余蔚霞</td><td>吴　萍</td><td>2019.10—</td></tr>
</table>

第二节　组织建设

一、党员

中华人民共和国成立初期，罗坝大队党员人数较少，党员多为中华人民共和国成立后在反匪、反霸、镇压反革命、土地改革、抗美援朝战争和“三反五反”等工作中涌现出来的积极分子。原则上以党的七大建党路线，遵循和坚持1951年3月党的第一次全国组织工作会议通过的党员标准和“八项条件”发展党员。

1956年，通过组织学习党章，培养发展一批新党员，实行预备期1年后转为正式党员。1958年9月罗坝成立党支部后，先后发展一批党员。原则上按照个人申请、党小组推荐、党支部委员会审核、报上级党委批准，凡符合党员发展条件（标准），成熟一个发展一个。至1965年，罗坝大队党支部有党员26名，其中男性党员23人、女性党员3人。

1966年“文化大革命”开始后，党支部的各项活动受到影响。1970年，党的各级组织活动逐渐恢复，中共光明大队支部按照“吐故纳新”的要求，开始发展新党员。党支部党员有32名，其中男性党员29名、女性党员3名。

1983年，罗坝大队（后改为罗坝村）党员总数23名，其中男性党员22名、女性党员1名；墩山大队(后改为墩山村)党员总数17名，其中男性党员16名、女性党员1名。

2004年5月罗坝、墩山两村合并后，成立中共罗坝村总支委员会，党员总数64名，其中，男性党员59名、女性党员5名。分别是一支部(原墩山村党支部)党员总数为26名，其中男性党员24名、女性党员2名；二支部(原罗坝村党支部)党员总数38名，其中男性党员35名、女性党员3名。

2020年年末，罗坝村党员总数为81名，其中男性党员69名、女性党员12名。

自罗坝村党组织成立以来(含罗坝乡、罗坝大队、光明大队、墩山大队、墩山村等不同历史时期)，共有党员131名，其中男性党员113名、女性党员18名。至2020年年底，已故党员39名。

不同历史时期的广大共产党员，积极贯彻党的路线、方针、政策，努力发挥先进模范作用，为罗坝村建设、发展做出贡献。

中共罗坝村（墩山、光明）支部历年党员情况一览表

表2-2

序号	姓名	性别	出生年月	入党年月	居住地	备注
1	王孝平	男	1917.2	1942.1	桂郢	已故
2	孔祥法	男	1924.3	1942.7	新庄	已故
3	张明友	男	1917.10	1950.3	河东	已故
4	张其长	男	1923.1	1950.4	杨墩	已故
5	吴宏长	男	1929.9	1954.1	白衣	已故
6	孔凡友	男	1926.6	1954.1	老家	—
7	孔祥银	男	1929.8	1955.1	新庄	已故
8	胡先瑜	男	1932.12	1955.9	桂郢	已故
9	张家保	男	1918.9	1955.11	—	已故
10	张正山	男	1927.2	1955.11	上冲	已故
11	周本洲	男	1928.5	1956.1	周祠	已故
12	周孝乐	男	1928.3	1956.1	黄小郢	已故
13	颜善举	男	1933.6	1956.12	路西	已故
14	吴成方	男	1927.9	1956.12	—	已故

续表2-2

序号	姓名	性别	出生年月	入党年月	居住地	备注
15	王传英	女	1940.3	1957.7	蔺郢	—
16	程国富	男	1930.8	1958.1	路东	已故
17	陈大洲	男	1933.4	1958.11	张一	—
18	张具习	男	1931.5	1958.11	张一	已故
19	周孝凤	女	1935.3	1958.11	黄小郢	已故
20	范国定	男	1936.6	1958.12	新庄	已故
21	王世友	男	1933.3	1958.12	小卫	已故
22	蔺荣良	男	1922.4	1959.3	岗西	已故
23	胡子珍	女	1930.2	1959.12	新店	已故
24	李书明	男	1933.5	1959.12	新店	已故
25	李德恩	男	1923.1	1961.5	高塘	已故
26	张明香	男	1907.1	1961.6	许郢	已故
27	周本思	男	1935.7	1961.6	黄小郢	已故
28	余成碧	男	1930.4	1968.4	杨郢	—
29	蔺荣炳	男	1946.12	1969.3	中心	—
30	周本乐	男	1948.5	1969.7	蔺郢	—
31	许邦轩	男	1944.9	1970.8	许郢	—
32	桂友富	男	1929.2	1970.1	桂郢	已故
33	孙永仓	男	1947.2	1970.1	路东	已故
34	张福山	男	1948.9	1971.1	小卫	—
35	王传松	男	1942.4	1971.8	桂郢	已故
36	张具友	男	1941.5	1972.5	小卫	—
37	张具海	男	1948.2	1972.7	河东	已故
38	刘明举	男	1949.6	1972.1	黄小郢	1992年迁出
39	周本富	男	1940.5	1972.11	许郢	已故
40	张俊武	男	1949.7	1973.7	河东	—
41	余本能	男	1952.1	1974.2	—	迁出

续表2-2

序号	姓名	性别	出生年月	入党年月	居住地	备注
42	张道法	男	1954.10	1974.5	官塘	—
43	李先来	男	1928.3	1974.6	高塘	已故
44	吴成仁	男	1943.7	1975.1	张郢	—
45	张俊山	男	1942.2	1975.1	下湾	已故
46	程国凤	女	1946.12	1975.3	岗西	—
47	蔺光满	男	1939.9	1975.3	路东	—
48	许邦金	男	1952.11	1975.6	许郢	—
49	程家有	男	1951.9	1975.6	许郢	—
50	张俊年	男	1941.5	1975.8	河东	2019年6月转入
51	樊家良	男	1952.2	1975.12	—	1978年转出
52	谢守清	男	1953.9	1976.9	高塘	已故
53	朱贵友	男	1956.10	1976.12	康堰	—
54	刘仁清	男	1955.11	1978.1	桂郢	已故
55	张福寿	男	1947.12	1983.5	大卫	—
56	葛章友	男	1942.10	1983.5	大卫	—
57	杨萍	女	1963.7	1984.5	蔺郢	—
58	蔺大长	男	1947.3	1984.9	岗东	—
59	蔺荣年	男	1932.6	1984.9	路东	已故
60	张具标	男	1945.10	1984.9	高官塘	已故
61	王文才	男	1945.8	1985.5	张一	—
62	胡先贵	男	1939.11	1986.4	新店	—
63	蔺荣军	男	1947.10	1986.4	岗东	—
64	程恩银	男	1948.2	1986.9	高塘	—
65	张巨山	男	1938.2	1987.01	河东	—
66	张俊环	男	1941.10	1987.12	河东	—
67	余成龙	男	1927.2	1987.12	许郢	已故

续表2-2

序号	姓名	性别	出生年月	入党年月	居住地	备注
68	张伏存	男	1950.8	1988.2	—	2019年6月转入
69	范吾龙	男	1939.8	1988.4	黄小郢	已故
70	周本柱	男	1944.3	1988.6	蔺郢	已故
71	许善元	男	1937.3	1988.9	高塘	—
72	蔺习法	男	1925.1	1989.6	岗东	已故
73	康保才	男	1951.10	1990.6	张郢	—
74	张　发	男	1966.4	1991.6	下湾	—
75	蔺荣文	男	1944.8	1991.6	新庄	—
76	巢昌山	男	1950.4	1991.12	杨墩	—
77	孔祥美	男	1946.10	1993.3	老家	—
78	张　松	男	1964.9	1993.3	上冲	—
79	张福义	男	1963.12	1993.1	下湾	—
80	程庆美	男	1965.3	1994.9	杨郢	—
81	胡世斌	男	1962.11	1994.9	桂郢	—
82	蔺荣生	男	1954.4	1994.9	路上	—
83	张大香	男	1963.7	1996.1	官塘	—
84	李　林	男	1968.7	1997.4	高塘	2020年11月转出
85	余蔚霞	女	1968.10	1997.8	蔺郢	—
86	吴成玉	男	1945.3	1997.8	官塘	—
87	周骏骐	男	1975.12	1997.12	蔺郢	—
88	刘贵芬	女	1970.3	1998.1	黄小郢	—
89	李玉林	男	1962.12	1998.10	新店	2017年转出
90	程家文	男	1963.10	1999.8	高塘	—
91	周本树	男	1943.2	1999.8	黄小郢	—
92	蔺荣稳	男	1955.3	1999.8	路东	—
93	周安平	男	1977.10	2000.11	书房	—
94	周本凯	男	1950.8	2001.5	陶郢	—

续表2-2

序号	姓名	性别	出生年月	入党年月	居住地	备注
95	蔺荣德	男	1957.1	2001.5	路上	—
96	蔺荣涛	男	1964.7	2001.5	路上	—
97	周业明	男	1948.8	2001.6	大卫	—
98	巢运初	男	1962.4	2002.8	蔺郢	—
99	王胜勇	男	1977.2	2003.4	张一	—
100	程庆林	男	1982.9	2003.1	许郢	—
101	程文林	男	1985.9	2004.12	许郢	—
102	张寿南	男	1957.8	2006.5	小卫	—
103	吴善春	男	1969.3	2006.5	官塘	—
104	万　艳	女	1987.5	2008.5	—	2013年1月转出
105	孙劲松	男	1972.2	2009.6	—	2014年10月转出
106	王　卓	男	1987.11	2009.9	陶郢	—
107	周亚敏	女	1986.2	2011.3	陶郢	—
108	蔺翰林	男	1987.10	2011.5	路上	—
109	张　军	男	1980.4	2011.7	小卫	—
110	康家柱	男	1967.8	2011.7	官塘	—
111	周丽萍	女	1987.10	2011.7	蔺郢	2016年7月转出
112	桂　聪	男	1990.11	2011.7	桂郢	—
113	周桂林	男	1981.2	2011.12	张郢	2020年6月转出
114	董厚胜	男	1965.7	2012.1	大卫	—
115	吴其科	男	1989.7	2012.1	官塘	—
116	蔺圣如	男	1990.6	2012.1	岗东	—
117	蔺一佼	女	1992.3	2012.12	岗东	—
118	张韦华	女	1991.12	2013.6	小卫	—
119	周晓珊	女	1990.12	2013.6	岗东	2020年11月转入
120	桂芝政	男	1965.10	2014.3	桂郢	—

续表 2-2

序号	姓名	性别	出生年月	入党年月	居住地	备注
121	吴善友	男	1963.12	2014.3	新店	—
122	李　燕	女	1993.1	2014.5	小卫	—
123	吴　萍	女	1981.10	2015.7	—	2020年3月转入，2020年10月转出
124	张　颖	女	1989.9	2015.7	上冲	2016年转出
125	叶　华	男	1968.1	2016.3	康堰	—
126	张伏礼	男	1968.11	2016.4	高官塘	—
127	李　健	男	1966.11	2016.4	中心	—
128	马成子	女	1994.12	2016.6	岗东	2019年2月转入
129	巢良忠	男	1969.5	2016.7	蔺郢	—
130	李慧敏	男	1988.11	2019.5	高塘	—
131	张香玲	女	1997.5	2019.7	杨墩	2020年10月转入

注：本表以入党时间为序排列

二、党小组

不同历史时期，党组织根据党员分布、数量，设置党小组，开展组织生活。随着党员数量逐渐增多，分布均衡，党组织采取以自然郢或生产队（村民小组）为单位，划分党小组。每个党小组至少有党员3人，选举1人为党小组组长。2020年年末，中共罗坝村总支委员会分为7个党小组。

第三节　主要工作

一、党员教育

中华人民共和国成立初期，党组织教育活动主要学习贯彻党的路线政策，以整党整风和各种培训为主，县委组织大批骨干力量对基层党员开展培训教育活动。1950年，党中央发出《关于在全党全军开展整风运动的指示》后，各地党组织开展整党整风运动，对广大党员进行集体主义、共产主义教育，引导党员干部、群众“组织起来”走共同富裕的道路。1957年4月，中共中央发出《关于整风运动的指示》，指出有必要在全党进行一次反对官僚主义、宗派主义和主观主义的整风运动。1961年，在农村开展整风整社运动，纠正了“大跃进”运动中产生的“共产风”“浮夸风”“强迫命令风”等错误，农村形势开始好转。1963—1965年，进行社会主义教育运动，开展整党和党员登记，整顿健全党的组织，进行阶级斗争史教育，广泛开展“忆苦思甜”活动。1969年，上级派出“工宣队”“贫宣队”到基层搞“斗、批、改”运动。受“文化大革命”影响，党组织学习教育活动不能正常开展。

1978—1980年，党的十一届三中全会后，党的各项工作重点转移到以经济建设为中心的社会主义现代化建设上来，围绕中央提出的实现四个现代化，在思想上、政治上坚持四项基本原则，组织党员干部和群众认真学习讨论。党员干部政治理论水平得到提高。

1983年12月，墩山村和罗坝村两个党支部按照上级布置，开展整党和党员登记工作，党员普遍受到党风、党性和党纪教育。1986年11月村级党组织参加第四批整党工作。村级整党开始前，曾开展了“三清”(清财、清物、清理宅基地)工作，为整党作了必要准备，增强了群众信心，村级整党于1987年2月中旬结束。1990年，在党员中开展“牢记宗旨，无私奉献，做新时期合格共产党员”的活动，进行民主评议。1992年，以村党员活动室为阵地，对农村党员进行教育管理，激励党员投身经济建设。1997年，组织党员开展“双学”活动，认真学习建设中国特色社会主义理论和党章。1998年，开展“做新时期合格党员”教育活动，进行民主评议党员，建立和完善党员管理制度。1999年，开展党员学习教育活动，弘扬正气。2000年开展“讲学习、讲政治、讲正气”教育活动；2001年开展“三个代表”重要思想学习教育；2015年开展“三严三实”专题教育，对照“严以修身、严以用权、严以律己，谋事要实、创业要实、做人要实”的要求，聚焦对党忠诚、个人干净、敢于担当，着力解决“不严不实”问题，切实增强践行“三严三实”要求的思想自觉和行

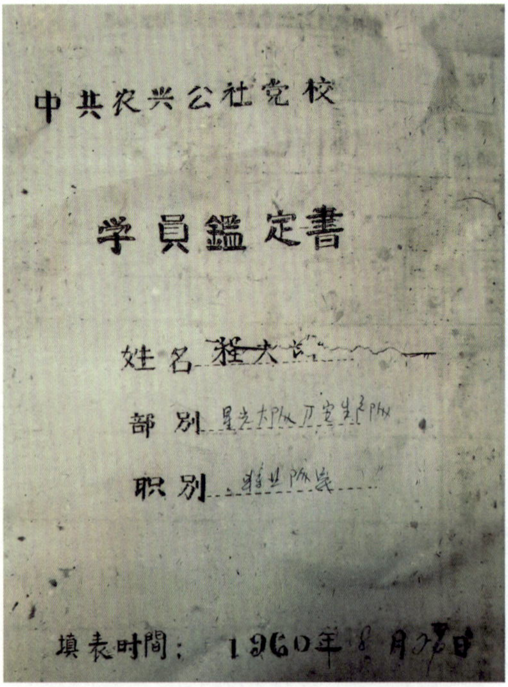

中共农兴公社党校学员鉴定书(程大洲)

动自觉。2017—2020年，全面开展以习近平新时代中国特色社会主义思想为指导，深入贯彻党的十九大和十九届二中、三中、四中全会精神，全面落实习近平总书记在“不忘初心、牢记使命”主题教育总结大会上讲话精神。集中学习党的十九大系列全会精神和习近平总书记的系列讲话精神。开展“三讲”活动，边学边查边改，着力取信于民，提高党员素质，针对整改突出问题，建立长效机制，增强基层组织的战斗力，密切党政与群众关系。大力推进“两学一做”学习教育常态化、制度化；开展“不忘初心、牢记使命”主题教育；深入开展“以案示警、以案为戒、以案促改”（简称“三个以案”）警示教育，坚持在以案示警中受警醒、明法纪，在以案为戒中严对照、深检视，在以案促改中强整改、促提升，以优良作风统筹推进疫情防控和经济社会发展，以更大决心更强力度决胜建成小康社会，全面打赢脱贫攻坚战。

二、纪律检查

党组织一贯重视自身的纪律检查工作，遵纪守法、反腐倡廉教育持续不断，同时实施纪律处分，旗帜鲜明。20世纪80年代，加强对党员干部廉洁自律教育，纠正公款违规招待、违纪开支和铺张浪费现象。90年代初，重点查处救灾款物违规发放、顶风违纪公款吃喝、公款违规挪用、公款旅游、贪污受贿等现象。2000—2020年，加强党风廉政建设和党员群众意识形态教育，以“三个以案”专题警示教育为契机，深入开展“扫黑除恶”专项斗争，通过身边人身边事教育身边人方式，开展各类学习活动，压实党风廉政建设的主体责任，强化党员日常教育监督管理，制定村级纪检委员任务清单，规范党组织生活，不断增强干部的廉政意识和法制观念，在群众中树立清正廉明的形象。建立一支政策宣传志愿服务队伍，用大众话语言向群众宣传党的政策，连通党心民心，占领舆论阵地，抓牢抓实党员群众的意识形态教育。党组织加强党风廉政建设责任制，开展党性党风党纪教育，教育党员遵守《中国共产党纪律处分条例》和《廉政准则》。严明乡镇换届选举工作纪律，不断教育党员干部要清正、廉洁，治理腐败现象。严格“收支两条线”管理规定，加强党风廉政建设责任制，接受群众投诉和监督检查，加强财务审计和清理债务等，建立健全各项规章制度，密切党员干部与群众之间联系，党风廉政建设得到明显改进和提高，从思想和行动上增强党组织带领群众脱贫致富奔小康的战斗力。

第四节 群众团体

一、妇代会（妇联）

1950年夏，肥西县成立民主妇女筹备会，1951年4月14日在肥西县召开第一次妇女代表大会。1950年至1952年间，基层妇联在党组织领导下，着重发动妇女参加“土改”和“抗美援朝”运动，深入广泛宣传婚姻法，宣传男女平等，协助妇女开展生产自救和参加互助合作组织，动员妇女走出家门参加各项政治活动，举办冬学和识字班扫除妇女文盲等。1957年1月改为肥西县妇女联合会，各区、乡相继建立妇女协会。1960年发动妇女进一步开展勤俭持家活动，要求家长注重子女的品德教育，培养孩子的劳动观念和勤劳习惯，产生一定的社会效果。1966年“文化大革命”开始，妇联组织停止工作。1973年5月，县妇联召开第三次妇女代表大会，各级妇联组织恢复工作，发动广大妇女群众开展社会主义劳动竞赛，做好妇幼保健，组织开展青壮年妇女扫盲，推行计划生育和晚婚晚育。随后，村妇联工作在每个历史阶段，配合党和政府的中心工作，积极参加农业生产劳动，在建设社会主义新农村中发挥“半边天”作用。村妇女主任带头搞农业科技，种科学实验田。在农村实行大包干期间，全村广大妇女积极做好农业生产包产到户工作，带头完成粮食征购任务。

20世纪80年代起，村妇代会围绕村中心工作，带领广大妇女维护妇女、儿童合法权益，开展“五好家庭”活动，不断加强妇联工作，这一时期村妇女主任兼职计划生育工作。1982年，村妇联把开展“文明礼貌月”活动和“三八妇女节”“三八红旗手”“五好家庭”、婚姻法宣传和对儿童的教育结合起来。发动妇女清扫村庄、家庭，改善环境卫生，清除垃圾和阴沟，同时还发动妇女栽花栽树美化环境。2017年3月27日，罗坝村完成村级妇代会改建妇联工作，罗坝村第一届妇联换届选举，妇女代表40人，选举余蔚霞任妇联主席，李慧敏任妇联副主席。后因余蔚霞当选为村民委员会主任，妇联日常工作由李慧敏主持。

多年来，罗坝村妇女工作获得多项表彰。其中，村妇女主任余蔚霞先后于2003年获得肥西县“双学双比”女能手、2008年获得肥西县“敬老好儿女”、2014年获合肥市“五美女性”、2018年获肥西县妇联系统身边好人、2018年获纪念改革开放四十周年合肥市“最美女性”、2019年荣获全国“优秀基层政协委员”等荣誉称号；中心组孙玉英户、康堰组刘荣凤户、河东组熊梅花户获2016年紫蓬镇“最美家庭”荣誉称号；2019年李慧敏获县“五美女性”称号，孙露露获镇“三八红旗手”荣誉称号。

罗坝村（大队）历任妇女主任（主席）姓名一览表

表2-3

村（队）名	主　任	任职年月	备注
罗坝乡	刘永珍 孙永芳	1950—1955.12	—
罗坝大队	程国英	1956.1—1960.12	—
	王传英	1961.1—1966.10	—
光明大队		1966.11—1972.12	—
罗坝大队		1973.1—1985.9	—
墩山大队	程国凤	1973.1—1983.6	—
墩山村		1983.7—2002.12	—
	蔺雪芹	2003.1—2004.4	—
罗坝村	杨　萍	1985.10—2001.4	—
	余蔚霞	2001.5—	2017年3月，村妇代会改建为妇联

二、村共青团组织

1958年，村建立共产主义青年团紫蓬镇罗坝大队支部。大队团支部在党支部领导下组织广大青年学习科学文化知识，学习党的各个时期方针、政策和团的基本知识，提高政治觉悟，壮大团的组织，培养党的后备力量。同时积极参加各个历史时期的农业生产，在发展农村经济工作中发挥共青团模范带头作用。1966年“文化大革命”开始后，罗坝大队团组织停止工作。1968年后，逐渐恢复工作，初期的工作重点是恢复和重建团组织，办理超龄团员离团和发展新团员。

中共十一届三中全会召开以后，村团支部带领广大团员紧紧围绕村建设和服务这个中心，解放思想、更新观念，结合村实际科学发展，积极探索开展团建工作。1982年，组织发动团员、青年广泛开展“五讲四美三热爱”和新长征突击手活动。1983年5月，团组织在团员、青年中开展了学习张海迪事迹活动。1984年5月，组织团员听取团县委组织的“田野之春报告团”活动，提高广大团员、青年的政策水平和生产技能水平。团组织始终坚持“党建带团建、团建抓创建”的工作思路，加强青少年思想道德建设，提高共青团员素质，引导和督促团员在工作和学习中发挥模范作用，提高服务大局、服务村、服务青年的能力和水平，增强对团员青年的吸引力、凝聚力，把广大团员青年团结在村党总支周围。成立志愿服务队伍，积极组织开展“绿化环境、美丽乡村”各类志愿活动，发挥共青团的先锋作用。共青团罗坝村支部于2017年获“紫蓬镇五四红旗团支部”称号，2017年、2018年连续获“肥西县五四红旗团总支部”荣誉称号，2018年被紫蓬镇评为五星级团支部，2019年被评为肥西县最佳志愿服务组织。罗坝村青年周根苗被共青团肥西县委员会授予2014年度肥西县“乡村好青年”、2017年度肥西县“优秀共青团员”荣誉称号。

共青团罗坝大队（光明大队）支部历任书记姓名一览表

表2-4

村（队）名	书记	任职年月
墩山大队	王世友	1958.9—1964.2
	蔺大宏	1964.3—1966.10
光明大队	蔺大宏	1966.11—1969.5
	葛章友	1969.6—1972.12
罗坝大队	余成琢	1973.1—1974.8
	程家宽	1974.3—1975.3
	张寿稳	1975.4—1976.8
	裴晓桂	1976.9—1977.9
	张福山	1977.10—1983.12
墩山大队	费为才	1973.1—1979.12
	周本富	1980.1—1982.12
罗坝村	杨　萍	1984.1—1987.12
	张　发	1988.1—2001.4
	余蔚霞	2001.5—2004.4

续表2-4

村（队）名	书记	任职年月
墩山村	周本富	1983.1—1985.7
	张　松	1985.8—2004.4
罗坝村（合并）	余蔚霞	2004.5—2014.3
	李慧敏	2014.4—2015.5
	孙露露	2015.6—2017.6
	蔺翰林	2017.7—

三、村农民协会

1949年9月21日，县农民协会筹备委员会成立后，即着手建立区、乡、村各级农会组织。

1950年3月全县第一次农民代表大会召开后，村境开始组织成立罗坝农民协会组织，张正才任村农民协会会长。周孝乐任农会组长。

1951年土地改革时，各级农会组织农民群众参加土改，斗争地主，评审成分，分配土地。土改结束后，农会工作的重点转入发展生产和引导农民走互助合作道路。

1954年7月，中共肥西县委农村工作部成立后，农会组织随之撤销。

1973年12月，全县建立贫下中农协会，选派贫下中农代表进驻中、小学和商店参加管理，开展宣传工作。至1983年12月，贫下中农协会撤销。

四、其他社团组织

罗坝村村民议事会　在农村通过村民代表推选出的农村事务会商议论小组，属村民自治组织。其成员多是德高望重的老党员、老干部或有智谋、善监督的本村村民。其主要任务是在村党支部和村委会的领导下，在现任村干部决策村内大事之前调研论证，在决策之中献计献策，在决策之后实施监督。

罗坝村红白理事会　积极向群众宣传党的方针、政策，引导群众移风易俗，认真贯彻各级政府在婚丧嫁娶中的政策、法令和规定，耐心做好群众的思想疏导工作。主动热情地为婚丧事做好服务，对婚丧事主一视同仁、不搞优亲厚友。红白理事会定期召开会议，研究工作，总结经验，不断提高服务质量。

罗坝村道德评议会 组织开展“道德评议”和各类道德模范评选活动，规范评议内容，促进村民自我教育、自我管理、自我提高，形成良好的社会风尚。做好调解村民纠纷、化解社会矛盾、消除不文明行为，推动建立团结友爱、平等和谐的农村新型人际关系。

罗坝村禁毒禁赌会 加强宣传教育，组织发动群众同毒品、赌博、邪教等犯罪行为作斗争。指导辖区落实好禁毒禁赌工作各项措施。组织人员对吸毒、赌博人员帮教。配合派出所做好吸毒人员定期检查工作，有效地遏制赌博和毒品蔓延势头。

合肥市紫蓬镇罗坝苗木花卉农民专业合作社 2009年4月9日，由罗坝村两委牵头成立合肥市紫蓬镇罗坝苗木花卉农民专业合作社，法人代表周先兵，协会会员156名，种植苗木花卉面积7600亩，合作社以“协会+基地+农户”的发展模式，将分散的育苗户联合起来，进行产销一条龙服务，依托基地带动周边的贫困户实现增收致富。合作社注册资金500万元。合作社在组织苗农进入市场、发展产业集约化经营、提高农业产品竞争力、增加农民收入等方面，发挥了重要的作用，苗农参加合作的积极性非常高。多次邀请安徽农业大学专业团到村对广大苗农、协会会员指导、培训。每年组织人员到花木会展中心展销、发放宣传材料，吸引了全国一大批客户。罗坝村也涌现了以吴善春、康家年等为代表的一大批苗木经纪人。他们是新技术、新品种、新信息的推广者，为广大苗农开拓了市场。2004—2014年是罗坝村苗木行情旺盛阶段，群众收入跨越式发展。此后，由于受经济结构调整、市场经济行情等因素影响，市场对苗木的需求下降，这对依靠单一苗木经济收入的农民产生了明显的影响。此间，合作社牵头，和广大苗农、协会会员在一起座谈，分析苗木市场行情，重新调整苗木发展的思路，引导广大苗农推进苗木产业转型升级，提高市场竞争力，创新销售模式，建立苗木专营网络和零售业，方便省内外市场流通。采取互联网+苗木花卉的模式，实现千家万户的小生产与千变万化的大市场对接，提高市场竞争力和抗风险能力，推进苗木生产事业的健康持续发展。经过十多年发展，合作社积极提供技术服务，全面拓展营销渠道，引导地方农业产业转型升级，增强群众致富本领，助力乡村振兴。

肥西县园艺研究会康湾圩基地 肥西县老干花木科学研究会于2008年3月16日，决定在罗坝村康湾圩建设精品科普示范盆景园，为肥西县老干花木科学研究会提供重要的现场培训基地和早期的会议场所；收集、驯化和繁育实验花卉新品种等。康湾圩基地是肥西县现代花木产业的主要发源地，是肥西县园艺研究会创办的第一个基地。园艺研究会理事会原副会长周先谷为基地负责人，在全县花木产业发展中，从宣传、科研、生产方面起到了引领和推动作用。

第五节　精神文明建设

一、树立文明新风

20世纪80年代初开始，罗坝村开展社会主义精神文明建设，开展“五讲”（讲文明、讲礼貌、讲卫生、讲秩序、讲道德）、“四美”（心灵美、语言美、行为美、环境美）文明礼貌活动。此后，增加了“三热爱”（热爱祖国、热爱社会主义、热爱中国共产党）的教育活动。1982年3月，全县开展第一个“文明礼貌月”活动，重点解决环境卫生、公共秩序、服务质量方面的“脏、乱、差”等问题。罗坝村制定乡规民约和开展“文明村”活动。1986年9月，组织学习《中共中央关于社会主义精神文明建设指导方针》精神。

1995—1997年，先后开展“讲文明、树新风”活动，加强未成年人思想道德建设。2005年1月3日，在农兴镇中心校启动“关爱留守孩子”工作，并将此与新农村建设有机结合起来，作为精神文明建设的重要内容，罗坝村积极响应，开展群众性文明创建活动。

2010年12月，罗坝村修改制定《罗坝村村规民约》和《村民自治章程》。在全村开展尊老爱幼活动，保护老年人、儿童的合法权益。各户做好公共和家庭卫生，实行门前三包，坚决杜绝垃圾乱倒、家禽乱放的现象。持续深入开展法制和《公民道德建设实施纲要》宣传教育及“创三户”（遵纪守法户、五好家庭户、双文明户）、“刹三风”（聚众赌博风、封建迷信风、婚丧事大办风）活动。实行移风易俗，提倡丧事简办，反对大操大办、铺张浪费。村民死亡后一律实行火葬并应在一个月内到村委会、辖区派出所办理户口注销手续。2013—2014年继续开展宣传“讲文明、树新风”活动。开展公民思想道德建设，举办道德讲堂专题活动，有效提升干部群众文明素质和道德修养。为营造文明节俭氛围，全村开展“文明餐桌俭以养德”活动、“我们的节日·端午”主题文化活动。成立罗坝志愿服务队，打造罗坝志愿服务队伍，教育引导全村群众破除陈规陋习，积极倡导健康文明的生活方式。在重要节假日开展多样多次志愿服务。开展抓科技、文化、卫生三下乡活动及创建“十星级文明户”“五好文明家庭”等活动，推动群众性精神文明创建活动走向深入。

2017—2020年,以建设社会主义核心价值体系为指导,筑牢精神文明之魂、绘就乡村振兴新篇章。以建设社会主义核心价值观为指导,以实现乡风文明为目标,以提高公民思想道德建设为重点,坚持为了群众、发动群众、依靠群众的原则,以“党建+新时代文明实践站”为平台,开展社会主义核心价值观宣传,开展党史学习教育,结合“公民道德宣传月”活动,以“做文明有礼的罗坝人”为主题,完善“一约四会”(即:村规民约,红白理事会、道德评议会、村民议事会和禁毒禁赌会)制度体系建设,广泛“推进移风易俗”“科技与科普服务”“文化服务”“卫生健康和教育体育”等活动,通过挖掘身边好人好事、道德模范典型等方式,扎实开展争创“星级文明户”“五好文明家庭”等群众性活动,对评选为一批“星级文明户”“好婆婆好媳妇”“爱岗敬业”“孝老爱亲”先进人物加以宣传,引导广大村民感悟文明、理解文明、学习开明、争创文明,提升思想道德修养,凝聚价值观念,弘扬社会主义核心价值观,推动乡村治理新格局。推进未成年人思想道德建设,营造未成年人成长的良好环境,促进其健康成长。

2008年6月,余蔚霞家庭荣获“安徽省未成年人思想道德建设示范家庭”称号;2012年张秀平获肥西县首届“十大杰出母亲”称号;2016年,李林家庭被评为“肥西县五好文明家庭”;2019年蔺荣武家庭被评为“肥西县五好文明家庭”。2018年,余蔚霞被评为“肥西县2018年第二季度敬业奉献类好人”;2020年,吴善友等10户被评选为“星级文明户”。

发挥好基层党组织的领导作用,以创建“五个好”村党组织为抓手,统筹推进农村基层党建工作,全面推行以村党组织为核心、村委会和村级合作组织为两翼的新型村级治理方式,不断增强农村基层党组织的凝聚力和战斗力。村两委的齐抓共管取得成就。2015年获合肥市第三届“文明村”称号;2019年被评为肥西县最佳志愿服务组织,2020年获评合肥市第五届文明村、合肥市卫生村,2020年获肥西县“优秀基层党组织”称号。

二、关爱留守儿童

20世纪末以后,随着改革开放的深入,农村青年纷纷外出务工,年底过年方能回乡,有的连续几年都不回家,普遍出现老年人在家独居、留守儿童让家中老人照料的现象。

2005年1月,罗坝村积极启动“关爱留守儿童”工作;2008年7月,罗坝村成立“关爱留守老幼工作委员会”(简称“关工委”),蔺荣炳担任关工委主任,桂芝政任副主任,成员有余蔚霞、程庆美、李林、胡世斌、孙露露、李慧敏、蔺翰林、蔺秀秀。

罗坝村关工委组建后，注重开展以理想信念为核心内容的各种教育活动和关爱工作，尤其重视对青少年的教育关爱。多年来，关工委在镇党委的指导下，适时采取青少年喜闻乐见的多种形式，开展“新农村、新青年、新风采”活动，组织中学生读书征文活动，举办健康有益的运动会等，引导青少年健康成长，帮助解决外出务工村民的后顾之忧。

村关工委重视抓好法教、科教、家教和健康教育，全面提高青少年素质。关工委组织报告团，加强法制教育，发动老党员、老专家、老教师、老战士、老模范“五老”帮教，与青少年结关爱对子，与失足青少年结帮教对子；开展“关爱女孩”活动。配合共青团、妇联组织开展关爱工作，“五老”人员担任“留守孩子”的“代管家长”，校长、辅导员开展“隔代教育”培训和“一帮一”活动，协助办好“留守儿童之家”。开展帮学助困活动，动员社会力量捐资助困，扶持贫困家庭学生完成学业，帮助病残孩子解决生活困难。关工委定期走访留守儿童，帮助解决生活、学习困难，开展与留守儿童一块过年等活动，使村广大农户感受到社会主义大家庭的温暖，形成“社会和谐人人有责，和谐社会人人共享”的生动局面。

第五章 村政管理

第一节 机构沿革

1949年9月，境内开展民主建政，逐步取消了乡(镇)以下的“保甲”制。乡辖“保”改建为村，设村长1名，村干部不脱产。“甲”改建为居民组，设组长1名。将永安、竹园、烧脉岗、程洼、康湾保等境域设为城西区烧脉乡。境属城西区烧脉乡团结村，张明香任村长。

1950年，境内成立农会组织，周孝乐任农会组长。1950年4月，划设焦婆区罗坝乡，驻地罗坝圩，下设5个选区，境属万安选区和墩山选区。1951年境内开展土改运动，走农业合作化道路。为了解决农民分得土地后的劳力、耕牛、农具等困难，政府号召“组织起来，发展生产”，全村组织季节性互助组。后又相继成立常年互助组，并带动季节性互助组逐步发展。1952年春成立初级农业生产合作社，规模为8户、11户。1954年7月，中共肥西县委农村工作部成立，农会随之撤销。1954年11月至1955年1月成立高级农业生产合作社。设新光高级社(又名“南新光”，辖境包括今罗坝、白衣、白水塘、周祠、红山村范围)。1957年，万安选区更名为万安村。墩山选区更名为墩山村。

1958年9月，人民公社化时期，各高级社一般改为农业生产大队，各自然村庄为生产小队。1958年9月，万安、墩山村合并为罗坝大队。1966年10月19日，改名为光明大队。1972年12月，光明大队拆分为罗坝大队、墩山大队。

1981年，罗坝大队和墩山大队实行农业生产包产到户改革。1983年6月，燎原公社改为燎原乡(1986年7月燎原乡恢复为烧脉乡)，罗坝、墩山大队分别更名为罗坝村和墩山村，各生产队为村民小组。1992年3月撤区并乡，烧脉乡并入农兴镇。

2004年4月，墩山、罗坝村合并后，蔺荣炳、余蔚霞先后担任村民委员会主任，程庆美、李林、胡世斌、蔺翰林等先后为村民委员会委员。

1958—2020年罗坝村（大队）历任主任、委员一览表

表2-5

<table>
<tr><th>村（大队）名称</th><th>主任</th><th>委员</th><th>任职年月</th></tr>
<tr><td rowspan="2">罗坝大队</td><td>吴宏长</td><td>周孝乐　李德恩</td><td>1959.3—1962.12</td></tr>
<tr><td>李德恩</td><td>李先来　张具习</td><td>1963.1—1966.10</td></tr>
<tr><td>光明大队</td><td>张正山</td><td>王传英　李先来</td><td>1966.11—1972.12</td></tr>
<tr><td rowspan="2">墩山大队</td><td>李先来</td><td>张具标　李书明</td><td>1973.1—1979.12</td></tr>
<tr><td>李书明</td><td>张具标　程国凤</td><td>1980.1—1983.6</td></tr>
<tr><td rowspan="2">罗坝大队</td><td rowspan="2">张具习</td><td>葛章友　王传英</td><td>1973.1—1979.12</td></tr>
<tr><td>葛章友　周本乐</td><td>1980.1—1983.6</td></tr>
<tr><td rowspan="4">墩山村</td><td>李书明</td><td>张具标　程国凤</td><td>1983.7—1985.4</td></tr>
<tr><td>蔺荣炳</td><td>程国凤　李　林</td><td>1985.5—1996.2</td></tr>
<tr><td>刘仁清</td><td>李　林　胡世斌</td><td>1996.3—1999.5</td></tr>
<tr><td>胡世斌</td><td>张　松　李　林</td><td>1999.6—2004.4</td></tr>
<tr><td rowspan="6">罗坝村</td><td>程家有</td><td>张道法　葛章友</td><td>1983.6—1987.3</td></tr>
<tr><td>张俊环</td><td>葛章友　张道法</td><td>1987.4—1990.4</td></tr>
<tr><td rowspan="2">张道法</td><td>程庆美　周本乐</td><td>1990.5—1992.12</td></tr>
<tr><td rowspan="2">张福寿　周本乐</td><td>1993.1—1999.5</td></tr>
<tr><td rowspan="2">程庆美</td><td>1999.6—2001.4</td></tr>
<tr><td>巢运初　葛章友</td><td>2001.5—2004.4</td></tr>
<tr><td rowspan="4">罗坝村</td><td rowspan="2">蔺荣炳</td><td>程庆美　李　林</td><td>2004.5—2005.3</td></tr>
<tr><td>余蔚霞　程庆美</td><td>2005.4—2008.4</td></tr>
<tr><td rowspan="2">余蔚霞</td><td>程庆美　胡世斌</td><td>2008.5—2018.6</td></tr>
<tr><td>程庆美　胡世斌
李　林　蔺翰林</td><td>2018.7—</td></tr>
</table>

第二节　村委行政管理

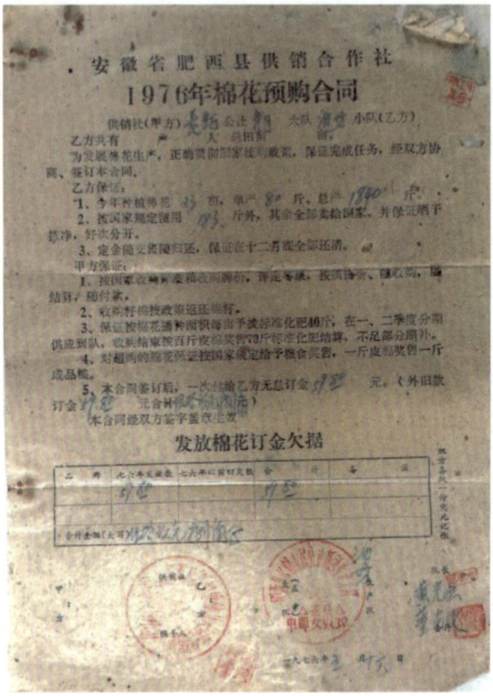
安徽省肥西县供销合作社
1976年棉花预购合同
供销社(甲方) [illegible] 公社 [illegible] 大队 [illegible] 小队(乙方)
乙方共有 户 人 总田亩 亩。
为发展棉花生产，正确贯彻国家[illegible]政策，保证完成任务，经双方协商、签订本合同。
乙方保证：
1、今年种植棉花 [illegible] 亩，单产 [illegible] 斤，总产 1840 斤。
2、按国家规定留用 [illegible] 斤外，其余全部卖给国家，并保证晒干拣净，好次分开。
3、定金随交售随归还，保证在十二月底全部还清。
甲方保证：
1、按国家[illegible]，评定等级，按质论价、随收购，随结算，随付款。
2、收购籽棉按政策返还棉籽。
3、保证按棉花播种面积每亩予拨标准化肥40斤，在一、二季度分期供应到队，收购结束按百斤皮棉奖售[illegible]斤标准化肥结算，不足部分[illegible]。
4、对超购的棉花保证按国家规定给予粮食奖售，一斤皮棉奖售一斤成品粮。
5、本合同签订后，一次付给乙方无息订金 [illegible] 元。（外旧欠订金 [illegible] 元合计[illegible]）
本合同经双方签字盖章生效
发放棉花订金欠据

1976年棉花预购合同

一、农产品订购征购合同管理

1953年11月，贯彻中央《关于实行粮食计划收购与计划供应的决定》，村境取消粮食自由市场。1954年4月，实行油料、棉花统购统销和生猪派购任务。1955年5月，开展粮食定产、定购、定销的“三定”到户工作，8月底结束。1957年，国家对重要木材、重要中药材、水产品等农副产品，统一委托国营商业和供销合作社收购。是年，货源充足，敞开供应，取消派购。

1958年“人民公社化”运动，开办集体食堂吃大锅饭，社员饲养的畜禽非杀即卖。是年，收购量及销售量大增。1959年，对生猪、家禽、鲜蛋等农副产品的派购，采取“统一经营、统一收购、统一屠宰、统一供应”。但由于家畜、家禽饲养量锐减，生猪、鲜蛋收购量大减，因此又恢复对生猪、家禽、鲜蛋的派购。由于硬性摊派，收购过头，影响农民生产积极性。在恢复派购的同时，实行农副产品超购加价奖励；次年，大幅度提高农副产品收购价格，同时适当减少统购派购任务。

1961年实行“先留后购”，将一部分小产品退出派购范围。是年，对粮食、经济作物、土特产品等136种农副产品实行工业品综合换购。1962—1963年，奖售的品种逐步增加到169种，包括棉花、油料、麻类、茶叶、蚕茧、各种畜产品等。1962年5月起，对完成向国家交售任务的农副产品，允许供销合作社以低于集市价格进行议购，运到大、中城市议价销售。1964年年初，生猪购销调拨指标偏低，出现卖猪难现象。国家调整农副产品收购政策，逐步增加统购派购任务、缩小奖售范围和降低奖售标准，并将换购改成超产、超购、超奖，逐步取消农副产品的议购议销。“文化大革命”期间，片面强调“以粮为纲”，限制多种经营，影响经济作物的生产和收购，副食品供应再次出现紧张。

1978年改革开放后，国家多次提高生猪、家禽、鲜蛋、水产品、棉花等主要农副产品收购价格，购销差价缩小，农副产品多种经营方式迅速发展。1980年后，畜禽饲养量大幅增长。1984年，国家将猪、禽、蛋列为三类物资，取消派购，采取市场调节下的自由收购。

1985年，中共中央、国务院决定自4月1日起取消粮食统购，改为合同定购。此后，县政府每年下达粮食合同定购计划，由粮食部门与农户签订购销合同，按国家规定的价格收购，合同定购计划以外的粮油可以进入粮食市场自由流通。1992年9月宣布取消粮油定购制度，放开粮食经营和价格，价格随行就市。1994年恢复粮油定购。1995年，肥西粮食定购和议购均由粮食部门统一收购。2000年，实行粮食“订单收购”，采取“一次收购、二次结算、高补低不退”等交易方式。

自2003年6月1日起，实施国务院出台的放开粮食收购价格、放开粮食购销市场、调整粮食补贴方式（简称“两放开、一调整”）政策，粮食、油菜籽收购走向市场化。至此，前后实施近50年的粮食、农副产品派购、征购、定购政策取消，农民负担大为减轻。

二、土地管理

基本农田保护 根据《中华人民共和国土地管理法》《中华人民共和国土地管理法实施条例》和《基本农田保护条例》等法律法规，对耕地实行特殊保护。1986年8月下旬，为保护土地资源，在全县范围内开展了1982年以来非农业用地的全面检查，于11月底结束。2000年开展全县基本农田保护区调整划定，将规划确定的基本农田分解落实到村、组、农户、地块。对划定基本农田保护区的，不得改变土地承包者的承包经营权。基本农田调整划定后，进一步强化基本农田的管理，禁止占用基本农田挖鱼塘、种树和其他破坏耕作层的活动，禁止以任何名义占用基本农田变相从事房地产开发。2002年，根据合肥市政府印发《合肥市农村村民住宅用地审批暂行办法》精神，加强全村农户住宅的统一管理，实行一户一宅制，结合旧村改造、土地整理和新农村建设，充分利用原有的宅基地、空闲地，统一规划，实行计划指标管理，严格控制占用耕地，严禁占用基本农田，对违法占地建房的依法予以查处。

2016年，村开始建立罗坝村控制和查处违法建设工作制度。成立罗坝村控制与查处违法建设组织机构领导小组，村总支书记任组长，村民委员会主任任副组长，成员由村其他两委及后备干部组成，建立罗坝村查违控违网格化包保责任制，由网格长（包片干部）、网格员（村民小组长）组成，配备一名专职信息员。加强日常巡查和监管，及时发现、制止、上报辖区内违法占用、破坏耕地等行为，协助相关部门开展拆除违法建筑、调解矛盾纠纷，开展耕地保护政策法规宣传教育工作，负责维护永久基本农田保护标识牌和有关耕地保护宣传的设施。

建设用地征用管理 1986年4月开始，在县委、县政府和乡镇领导指导下，全村清查非农业建设用地。1987年，县政府下发《关于加强城乡建设用地管理的决定》。1994年2月，县政府出台《肥西县城镇、集镇规划区建设用地管理暂行办法》，标志着全县进入依法管地、依法用地新时期。

土地确权发证 2016—2017年，为进一步稳定和完善农村土地承包关系，开展农村土地承包经营权确权登记颁证试点工作，主要任务是解决承包地块面积不准、四至不清、空间位置不明、登记簿不健全等问题。全面落实承包地块面积、合同、权属证书全面落实到户，实现承包面积、承包合同、经营权登记簿、经营权证书相符合，承包地分配到户、承包地四至边界测绘登记到户、承包合同签订到户、承包经营权证书发放到户、基本农田标注到户（“四相符、五到户”）。2017年，全村为532户2476人，经实际测量后土地确权面积为7692.32亩，其中水田4615.39亩、旱地3076.93亩，村民人均耕地面积3.11亩。2017年，合安九路征地193.35亩（其中山场47亩）；2018年，引江济淮一号弃土场临时用地1920.08亩。至2020年，全村实有耕地面积5531.17亩。

三、村民户籍管理

民国时期，以乡、保、甲制户口册、壮丁册，清查、登记户口。建县初，农村户籍仍归保甲管理。土改后，由区、镇、乡民政部门统计、上报。1950年，县城设户籍办事处，配户籍警2名。乡镇设户籍办事处，由民政人员管理。各区民警班配合民政人员不定期抽查户口。1956年，每农业社、自然村聘请1名义务户口员，登记人口出生、死亡、迁出、迁入。次年，乡文书办理户口迁出、迁入。人民公社化后，各公社秘书、大队会计、生产队统计员办理户口登记、人口统计、管理户口簿。1982年后，农民进集镇务工经商渐多。后此类人口纳入暂住人口管理，一度经公安机关审批为自理口粮，迁入城镇。

常住人口管理 登记办理村境常住人口的出生、死亡、迁出、迁入人口相关证明。1992年，肥西县开展了捐资“农转非”工作，即农村户口的居民交纳一定数额的城镇建设费用后，将其转为非农业户口。境内有少数村民捐资“农转非”。

1993年以前，肥西县公安机关户籍管理部门主要管理非农业户口，农业户口委托乡镇管理。1993年5月,乡镇设立派出所以后,县公安局开始对农业户口进行规范化管理。1993年6月,公安部门到村,逐组逐户进行户口登记,填写常住人口登记表,建立户口档案,在此基础上签发居民户口簿,发到每家每户。

1995年,为进一步规范户籍管理工作,在户籍管理上实行“四个一、四统一”的管理模式,即一户一簿(居民户口簿)、一人一表(常住人口登记表)、一村一图(自然郢及住户方位图)、一户一牌(门牌),且四项内容统一。

2000年以后,肥西县实行小城镇户口制度,对在城镇规划区内购买商品房、经商两年以上,投靠亲属等符合条件的农业户口人员,根据本人申请和有关证明材料可将其转为非农业户口。

2004年,开展居民身份证重号纠错工作,实现户口、居民身份证信息化管理,县内户口迁移实行网上办理,提高效率。

居民身份证管理 1985年,根据《中华人民共和国居民身份证条例》规定,年满16周岁的公民均应申领居民身份证。罗坝村于1989年组织人员,配合公安等部门逐户登记受理群众的办理居民身份证申请,填写居民身份证底卡后,报县公安局治安科审核后统一制证。1993年5月,全县乡镇设立派出所后,全部改由各派出所受理办证申请,乡镇村不再受理。2004年1月1日施行的《中华人民共和国居民身份证法》规定,未满16周岁的公民也可以申领民身份证。

四、农村税费改革

传统社会农村税收除田赋、地丁、漕粮等正额之外,还有名目繁多的加征、杂捐等,农民负担繁重。

中华人民共和国成立后,农村税收主要为农业税。农业税依据人口、田亩、计税常产、税率,计算出应征税额。1950年初期,农业税实行累进税制,土地多累进税率翻高。1956年以后,农业税以高级社为基本单位征收,根据土地面积定产定率计征,平均税率15.8%;1962年以后恢复按常年平均产量计征,平均计征率11.9%。农业税的征收以主粮(稻谷、小麦)为主,由粮食部门接收,称作

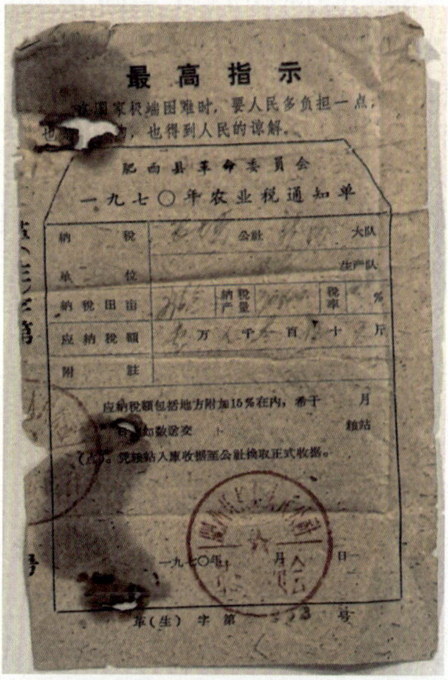

1970年农业税纳税通知单

"公粮"。1978年后,农村家庭联产承包责任制相继实行,农业税进行调整,实行依率计算,分户缴纳,到1985年平均计征率稳定在5.5%的水平上,平均每亩年征公粮18.5千克。

1985年4月1日起,粮食取消统购,改为合同定购,农业税征收由过去以粮为主,折征代金。1986—2005年,农村征收农业税、农林特产税、耕地占用税和契税4个税种(简称"农业四税")。

20世纪80年代,在农业税、农林特产税、耕地占用税、契税等"农业四税"之外,还要增加征收"三提五统"。即用于村级维持或扩大再生产、兴办公益事业和日常管理开支费用的三项村提留费用,用于乡村两级办学、计划生育、优扶、民兵训练、修建乡村道路等民办公助事业的五项乡统筹费用。除此之外,还有"摊派""集资"、兴修水利的出资出劳等各种负担,加上教育附加费等项,全村年人均负担高达260余元,农民负担较重。

2000年,为解决农民负担问题,全省试点实行农村税费改革,主要为"三取消、两调整、一改革",即取消统筹费、农村教育集资,取消屠宰税、取消农村劳动积累工和义务工,调整农业税和农业特产税政策,改革村提留征收使用办法。这一改革被广大农民称为是1949年以来继土地改革、家庭承包经营制之后的中国农村的"第三次重大改革",是减轻农民负担的治本之策。

2004年,国家全面取消农业税附加,并将农业税正税税率由7%调减至4.8%,同时执行社会减免"先减后征"政策。2005年,全面取消农业税。2017年1月1日起,国家规定对农村集体土地所有权、宅基地和集体建设用地使用权及地上房屋确权登记,不再征收契税。

农业税取消后,国家为保护种粮农民积极性,每年按田亩发放粮食种植补贴。罗坝村1995年二轮承包耕地3676.83亩,全村补贴总额每年达322825.67元,平均每亩补贴87.8元。2017年土地确权发证后,以实际确权亩数7692.32亩发放补贴。

五、村级集体经济和村集体资产产权股份合作制改革

(一)村级集体经济

罗坝村由于地处丘陵山区,根据本地实际,不宜兴办大型工业企业。村级集体经济收入主要有:山地流转2092.08亩,每年承包租金收入5.58万元;村办合作社承接村小额公益性项目,如2020年新增保洁清运等6个集体项目等。2020年村集体经济收入达42万元,与上年相比,增长较多,村级集体经济规模得到壮大。

（二）村集体资产产权股份合作制改革

2018—2019年，罗坝村开展集体资产产权股份合作制改革，将村级集体资产量化到户到人，建立集体资产"确权确股到人（户）"村级集体资产经营机制，由组建立村股份经济合作社统一经营和管理。2019年年底，向村民发放股权证665户2579人，每人10股计25790股。

通过股份合作制改革，保护村集体经济组织和村民的合法权益，向村民颁发股权证书实现"资产变股权，村民当股东"，明确资产份额，固化村民利益，规范集体资产收益分配。组建村股份经济合作社，按现代企业运行制度，通过承包、租赁、参股、入股、联营等方式参与市场竞争，促进集体资产的保值增值；同时，建立股东代表大会、董事会、监事会"三会"机构，规范资产管理。股份合作制改革后，村股份经济合作社注意化解历史遗留及当前的难点热点问题，取得明显成效。

六、村务公开民主管理

1998年7月，全县推行村务公开民主管理工作。1999年年初，全县在推行村务公开民主管理工作的基础上，对农村基层组织建设实行"包、帮、挂、联"制度。2000年，围绕创建"五好"村党支部，狠抓"村务公开"治理。2002年年底，根据全县出台指导村务公开的实施意见，对公开的内容、程序时间等进行了规范，积极开展村务公开工作。2004年，罗坝村规范村务公开内容和强化民主管理，为切实发挥村民对村务监管的主体作用，确保村务公开和民主管理工作落到实处，不断完善公开内容，依据村务公开目录对本村党务、政务、自治事务、财务等项逐项公开，同时向村公共事务公开延伸，由一般性问题公开向实质性问题公开延伸。做到村务公开"横到边，纵到底"，将群众关心的内容全部交底亮相，接受群众监督。公开时，严格监督程序，充分发挥村务监督委员会对村务公开事项事前、事中、事后的监督，认真审核村民委员会提交的村务公开方案，广泛收集村民对公开事项的意见和反映，督促村民委员会对群众反映的问题在10日内予以解释和答复，坚决防止和纠正不公开、假公开、不及时公开等问题。规范档案管理，村民委员会文书负责管理村务公开资料，全面、适时、详细地记录村务公开的有关事项，相关资料要按规定按时整理归档。2005年村级党组织设置思想工作、村（党务）监督、公开事务、经济发展等4类14个岗位。

在开展村务公开民主管理工作中，罗坝村落实完善"四议两公开"工作法，即农村所有村级重大事项都必须在村党组织领导下，按照"四议"（党支部会提议、村“两委”会商议、党员大会审议、村民代表会议或村民会议决议)、“两公开”(决议公开、实施结果公开)的程序进行决策和组织实施。“四议两公开”工作法把村级重大事务和涉及群众切身利益的事情交由群众,通过规范的程序自己议、自己定,让群众干自己想干的事、愿意干的事,既保证党的方针政策在农村贯彻落实,保护群众的合法权益,又能改善党群、干群关系,是一个科学有效的基层工作方法。对于加强农村基层组织建设,巩固党的执政基础,拓宽党员群众参政议政渠道,推进农村民主政治建设,密切党群、干群关系,促进农村和谐稳定具有十分重要的意义;通过实施“四议两公开”工作法,既能把农村改革发展稳定的许多难题和矛盾解决好,又能体现党的先进性,充分调动党员干部、群众发展农村经济建设和谐农村的积极性、主动性和创造性。

第三节　村级财务管理

1992年,村开始实行“两公开一监督”制度,即村务公开、财务公开、群众监督。每年年底村干部进行述职报告,财务人员向村民代表公布财务收支情况,村民代表进行评议,提出意见和建议。

1996年11月20日,县委决定对全县农村财务实行“村筹乡(镇)管”,该政策是理顺村级财务关系,改变村级财务混乱局面,充实健全农经站职能的重要举措。

2008年7月,成立廉勤监督委员会。由3人组成,1名监督委员会主任,2名监督员。至2020年,监督委员会主要工作为协助村两委工作,进行村务、财务公开监督,对村务收支发票单据进行补核签章等。

第四节　社会治安管理

罗坝村位于肥西县紫蓬镇南部,与三岗花木城交界,地理位置优越,交通方便,流动人口多,社会治安情况复杂。中华人民共和国成立前,罗坝村一带土匪、恶霸横行乡里,危害人民,乡民一旦遇到紧急情况,仅靠呼叫众人求救,村民安全无法保障。

中华人民共和国成立初,曾建纠察队、防护小组等临时性治安组织,巡逻打更,盘查行人,反匪防盗,维护当地治安。1950年10月至1953年春村设治保小组,紫蓬山设公安特派员,村配公安员负责农村治安管理;之后,村(大队)建立治保委员会,设治保主任,党和政府依靠人民开展反匪反霸斗争。1950—1954年间,在土地改革后,开展"镇反"运动,对罪行轻微的"四类分子"(即地主分子、富农分子、反革命分子和坏分子)实行群众管制改造。

1956年起,治保组织开展"四防"(防火、防盗、防特、防破坏)、"五护"(护仓、护路、护线、护林、护桥)防范工作。各单位制定防护公约。1958年提出"五防"(增加防谣)、"八护"(增加护牛、护田、护水库)、"三禁止"(禁赌博、迷信活动、投机倒把)公约。20世纪60年代,治保组织开展向坏人坏事斗争活动。1968年后,受"文化大革命"影响,基层治保组织瘫痪,实行"群众专政"。1971年,组建治保会。1972年后,建立帮教小组,由治保干部、贫下中农、违法人员亲属组成。

1979年,贯彻中共中央《关于地主、富农分子摘帽问题和地富子女成分问题的决定》的文件精神,罗坝、墩山大队对带有"地主、富农、反革命分子及坏分子、右派分子"帽子的人员,经群众评审,逐级上报批准后,全部摘掉帽子。1982年后,制定"村规民约",创建"文明村",均将社会治安列为重要内容。

2014年,罗坝村开始组织开展冬季治安巡逻,对辖区村庄、重点路段进行夜间巡逻,有效遏制犯罪,保护人民群众的生命财产安全。

禁赌 1949年以前,附近集镇设有赌场,赌博公开。农村赌博多在冬春农闲季节,有打麻将、推牌九、摸牌、押宝等形式。大的赌场常为当地有权势人把持,地痞恶棍坐地抽头、敲诈勒索,许多人因赌博倾家荡产而妻离子散,从而走上偷盗、抢劫和谋财害命的邪道。中华人民共和国成立后,人民政府查封赌场,严禁赌博活动,赌博现象得到遏制,但仍有暗地赌博。县政府常在春节期间布告禁赌,公安机关和村治保组织适时组织人员查禁,农村赌博逐渐减少。1980年后,赌博现象有所抬头,少数村民多在农闲季节参与打麻将、推牌九、摸牌、押宝等赌博形式,危害社会和家庭。1981年,县公安局组织村群众治安保卫人员、民兵巡回禁赌,并会同县纪律检查委员会,查禁基层干部、党员赌博。1986年后,全县多次开展城乡禁赌专项行动,农村赌博现象逐年减少。

进入21世纪以来,农村青年逐渐外出打工,农村多为留守老人,个别村民以娱乐为名,进行赌博活动,经过治安干部连年不断地宣传、教育、引导和警告,没有出现恶性赌博案件,赌博不良风气得到制止。

禁止封建迷信 中华人民共和国成立之初,人民政府依法惩办"巫婆"

“神汉”等会道门首恶分子，封建迷信活动受到严厉禁止，至20世纪70年代已基本消失，80年代后，迷信活动在个别村庄有所出现，有不务正业者装神弄鬼，骗财害人；20世纪90年代至21世纪初，各级政府广泛开展科普教育，加强村民对科学知识的认识，提高科学意识和防骗识别能力，村治保干部坚持走村到户开展宣传，同时开展有效打击，制止不法分子利用封建迷信的行骗活动。

打击刑事犯罪活动 中华人民共和国成立初，村境一带社会秩序尚未稳定，土匪伺机作案，公安机关配合剿匪、肃特、镇反等开展全面打击，整治农村治安薄弱地区，贯彻“治安管理从严”和“以防为主”“防破并举”的方针，注重群众性防范工作。至1965年，肥西县境出现“治安好，发案少，捕人少”的局面，罗坝村治安环境良好。“文化大革命”开始后，社会秩序日渐混乱。1973年恢复公安机关，治安工作得到加强。

20世纪80年代初，极少数地痞流氓横行乡里，社会治安形势严峻。1983年8月，按照上级部署，统一开展严厉打击刑事犯罪活动（简称“严打”斗争或第一次“严打”战役），拘捕一批社会治安犯罪分子。“严打”斗争对犯罪分子产生巨大震慑，鼓舞教育人民群众，社会秩序明显好转。1985年，开展“严打”第二战役，主要针对侦破团伙、大案要案，并积极开展对失足青少年的帮教活动。

社会治安综合治理 2000年以来，为努力构建“平安罗坝”，进一步推动社会治安综合治理工作的深入发展，保障全村经济社会又好又快发展，罗坝村不断完善治保制度和治安承包责任制，建立网格化管理制度；定期开展治安乱点和突出治安问题排查，确保信息准确及时，积极配合上级相关部门开展集中整治活动，保证村内治安环境良好；深入开展矛盾纠纷排查调处工作，落实和完善解决“急、大、难”矛盾纠纷的化解责任，防止矛盾激化，杜绝影响稳定的群体性事件发生；深入开展公共安全隐患排查治理；深入推进平安建设，广泛开展形式多样的平安创建活动，以人民群众安全感明显上升、人民群众满意度大幅上升、违法犯罪率下降（简称“两升一降”）为目标，实现村居内和谐稳定；完善流动人口管理和服务工作机制，加强出租房屋和流动人口管理；完善治安防控机制，抓好群防群治组织规范建设。加强普法和平安建设宣传，增强群众的法律意识和参与综合治理的积极性，弘扬正气，狠刹歪风，坚决扫除“黄、赌、毒”等社会丑恶现象和邪教组织活动，净化社会风气，全面提升治安防控水平。至2020年，罗坝村未发生恶性治安案件，保障了村民生产生活安定祥和的良好环境。

1958—2001年罗坝村（大队）年治安主任姓名一览表

表2-6

村（大队）	治安主任	任职年月
罗坝大队	李书明	1958.9—1966.10
光明大队	王传松	1966.11—1972.12
墩山大队	刘明举	1973.1—1987.5
罗坝大队	范国定	1973.1—1976.12
	周本乐	1977.1—1983.12
墩山村	程本富	1987.6—1990.3
	刘仁清	1990.4—1994.12
	胡世斌	1995.1—2000.12
罗坝村	周本乐	1984.1—2001.4

注：治安主任在大队被列为副职干部。2001年4月以后，未设置专职治安委员

第五节　人民调解

1954年，区、乡、村三级调解组织开始建立。1958年罗坝大队成立调解委员会。历届村党支部书记兼任调解委员会主任，村治安主任兼任调解委员会副主任，成员有村妇女主任和团支部书记。1959年，调解组织从治保组织中分离。1965年，村调委会调处法院交办的一些轻微的刑事案件及家庭、宅基地、抚养、水利等方面的纠纷。“文化大革命”期间，大队调解组织名存实亡。1973年始，恢复调解组织，调解人员多为基层干部兼任。20世纪80年代后，在党支部和村民委员会领导下，村调解委员会受乡镇司法助理员指导人民调解工作。人民调解委员会由村两委干部兼任，人民调解委员会主任由村民委会主任兼任，其他两委成员为委员。每个村民小组至少有一名调解纠纷信息员，信息员一般由村民小组长担任，没有村民小组长的村民小组由党员来担任。开展对村民内部矛盾进行处理和调解，多为村民日常生活矛盾，主要为一些土地纠纷、牲畜家禽矛盾纠纷、婚姻纠纷和为闲杂事项吵嘴打架等事务。经过村调解委员会的及时调解，避免小矛盾升级或激化为刑事犯罪案件。

2018年，紫蓬镇在罗坝村挂牌成立“余蔚霞调解工作室”。2020年，罗坝村辖区内治安环境较为稳定。

1958—2008年罗坝村（大队）历届调解委员会负责人姓名一览表

表2-7

村（大队）	调解委员会主任	任职年月
罗坝大队	吴成方	1958.9—1962.12
	吴宏长	1963.1—1966.10
光明大队	李德恩	1966.11—1972.12
墩山大队	李德恩	1973.1—1979.12
	李书明	1980.1—1983.6
罗坝大队	周孝乐	1973.1—1979.12
	周本付	1980.1—1983.5
墩山村	李书明	1983.7—1985.4
	蔺荣炳	1985.5—1996.2
	刘仁清	1996.3—1999.5
	胡世斌	1999.6—2004.4
罗坝村	程家有	1983.7—1987.3
	张俊环	1987.4—1990.4
	张道法	1990.5—1999.5
	程庆美	1999.6—2004.4
罗坝村（合并后）	蔺荣炳	2004.5—2008.4
	余蔚霞	2008.5—

第六节 脱贫攻坚

一、帮扶脱贫对象

2014年建档立卡困户34户53人，主要致贫原因为因病11户、因残11户、缺劳力12户。2015年实现全部脱贫。经过动态调整与自然增减，截至2020年年底，下剩建档立卡贫困户20户36人，其中特困供养户6户7人、低保户11户25人。

二、精准扶贫

认真贯彻落实习近平总书记关于扶贫工作系列重要讲话精神和县委、县政府的安排部署，进一步理清思路、强化责任，切实在精准扶贫、精准脱贫上努力下功夫，扶贫攻坚工作扎实稳步推进。2014—2020年，罗坝村落实镇、村干部责任人结对帮扶，实现精准帮扶、精准脱贫。

扶贫项目建设 2019年，修通罗坝村乐源生态园林扶贫产业基地扶贫路，长2100米，宽4米。项目投资232.38万元，可为159户扶贫户带来分红，共计分红26万元。2020年，修建新店村民小组、二房郢等4条水泥路工程，全长约2400米，宽4米。项目投资275.41万元，带动112户苗木销售，增加广大村民经济收入，方便群众出行，改变村民生活质量。

产业扶贫 纵深推进"四带一自"产业扶贫，加快推进特色种养业扶贫，罗坝村2020年共申报了5户特色种养业，共计奖补1.09万元。

金融扶贫 坚持"户贷户用"自我发展、户贷户用合伙发展、户贷社管合作发展、户贷社管合营发展的"一自三合"扶贫小额信贷模式，把金融扶贫与产业发展紧密结合，做到"能贷尽贷"，罗坝村有3户贫困户办理小额信贷"户贷户用"5万元，用于发展特色苗木种植；1户贷款2万元入股肥西县半月山柑橘农民专业合作社。

就业扶贫 深化帮外出务工困难人员尽快返岗、促稳定就业，帮本地企业复工复产、促就近就业，帮开发临时性公益性岗位、促灵活就业，帮企业扩产扩能、促增岗就业(即"四帮四促")举措，支持贫困群众外出务工与就近就业的方式。跟踪已务工贫困群众就业情况，确保稳定就业。对新增想就业未外出务工的，进行"一对一"帮扶，帮助尽快就业。至2020年年末，罗坝村适龄就业人员全部就业。

精准帮扶 按照"一村一规划、一户一方案、一人一措施"要求，持续加大帮扶力度，确保困难群众基本生活不受疫情、汛期影响。对因疫情、汛期影响造成收入减少的困难群体，及时制定并落实针对性帮扶措施，确保不发生返贫致贫。

落实"两不愁、三保障" 开展帮扶责任人按月开展脱贫户不愁吃、不愁穿，义务教育、基本医疗、住房安全有保障(即"两不愁、三保障")排查，多次排查贫困户住房安全情况，落实住房安全，确保不发生失学辍学情况，开展饮水安全排查。积极落实健康扶贫政策，所有贫困人口新农合费用由政府代缴，家庭医生做到应签尽签。2020年，罗坝村共签约36人，加强对慢性病患者的

续表2-9

序号	组别	户主姓名	家庭人口数	贫困户类型	帮扶联系人姓名	帮扶联系人职务	村包片干部
16	蔺郢	刘国群	2	低保户	孙立能	镇卫健服务中心主任	孙露露
17	官塘	康家金	2	低保户	柏梅	镇财政所副所长	李慧敏
18	黄小郢	梁华武	4	低保户	柏梅	镇财政所副所长	李慧敏
19	黄小郢	刘守根	1	低保户	柏梅	镇财政所副所长	李慧敏
20	新庄	王建芳	2	一般户	解光银	镇政协联络组长	余蔚霞
21	上冲	周孝明	1	一般户	吴宪胜	镇国土所干事	蔺秀秀
22	许郢	刘正英	1	一般户	孙立能	镇卫健服务中心主任	孙露露
23	蔺郢	解光芝	1	边缘户	吴宪胜	镇国土所干事	蔺翰林

第六章 民兵 兵役

第一节 民兵

一、民兵组织

1949年1月，罗坝乡开始建立民兵组织。1951年春，区建立民兵大队部，乡设民兵中队部，各村设民兵分队部，负责地方治安，配合开展反匪反霸等工作。

1958年9月，响应党中央"大办民兵师"和实现"全民皆兵"号召，民兵大队改为民兵营，各生产小队为民兵排，大队和生产队里的大部分青壮年都参加民兵组织。9月下旬，罗坝大队成立民兵营，周孝乐任民兵连指导员。

20世纪60年代，按照民兵工作条例，对全大队民兵组织构成进行整顿，将身体健康的16～45周岁男性青年、16～35周岁女性青年编入民兵组织。其中，男性16～30周岁、女性16～25周岁编入基干民兵，其余编入普通民兵，实现民兵组织建设、政治教育和军事训练的"三落实"政策。

1981年，取消县民兵师和公社民兵团建制，减少组织层次。1985年，对民兵组织进行结构性调整，实行以乡建连，几个村联片建排。2004年4月，墩山、罗坝村合并后，仍为民兵营建制。

1958—2004年罗坝村（含墩山、光明大队）历任民兵营长一览表

表2-10

村（大队）	民兵营长	任职年月
罗坝大队	周孝乐	1958.9—1962.12
	许为田	1963.1—1966.10
光明大队	王传松	1966.11—1967.2
	张具习	1967.3—1972.12
墩山大队	蔺荣炳	1973.1—1985.5

续表2-10

村（大队）	民兵营长	任职年月
罗坝大队	周本付	1973.1—1979.12
	程家有	1980.1—1983.6
墩山村	孙永仓	1985.6—1987.5
	刘明举	1987.6—1991.11
	刘仁清	1992.1—1994.12
	胡世斌	1995.1—2000.12
	李林	2001.1—2004.4
罗坝村	张道法	1983.7—1990.4
	程东胜	1990.5—1995.12
	周本乐	1996.1—2001.4
	张大香	2001.5—2004.4
罗坝村（合并后）	胡世斌	2004.5—

二、民兵训练

1951年始，贯彻中央“劳武结合，以劳为主、军政并重、不脱离生产”的民兵训练方针，由上级武装部门组织，利用农闲或生产空隙，开展小型就地、分散训练活动，每年训练8～10天。1956年始，冬、春两季对民兵进行有组织、有系统的军事训练。1958年，村部分民兵在县参加统一训练，主要进行国防观念教育，熟悉多种兵器性能，为战时动员打基础。1962年，对基干民兵进行队列、射击、平息反革命暴乱、围歼空降特务等课目训练，进行步枪第一、二练习和轻重武器第一练习实弹射击。1964年，参加全县开展的群众性练兵活动。20世纪70年代，上级要求每年民兵营长训练10～15天，民兵训练7～10天；1974年后，对专职民兵干部和民兵实行分级训练。大队民兵营营长由县人民武装部集训，每年10～15天，武装基干民兵由公社武装部集训，每年15天左右，基干民兵由大队民兵营训练，每年7～10天，并拨发步枪10支，用于军事训练。

20世纪80年代，一般以公社组织民兵集中训练，以公社武装部办民兵训练点。在春耕前，集中时间、人员，训练一个科目，验收一个科目，实行训练与考核并举，一次完成年度训练任务。其中，军事训练12天，政治教育3天，科技培训6天。通过“一体化”训练，涌现出一批爱民兵、懂技术、会致富的典型。训练中，按照“减少数量、提高质量、抓好重点、打好基础”的要求，提高民兵作战能力。90年代，围绕民兵工作“三落实”，以“政治合格、军事过硬、作风优良、纪律严明、保障有力”和“打得赢，不变质”的总体要求，抓好军事训练，提高军政素质。

进入21世纪后，民兵训练以应急和救灾任务为重点，以协助公安部门抓捕逃犯等为内容，提高支援突发应急事件的能力。

第二节 兵役

1950年，青年桂友山等踊跃报名参加中国人民志愿军，抗美援朝。叶明六在朝鲜战场上英勇牺牲，成为革命烈士。

1953年2月，《中华人民共和国兵役法》颁布实行，肥西县首次实行义务兵役制。罗坝村广泛宣传，胡先瑜、王家权、桂友松等积极报名应征入伍。

1978年，实行义务兵和志愿兵相结合的兵役制度。此后，每年有部分专业技术骨干在义务兵役期满后，自愿申请并经部队批准，继续留部队当志愿兵。1983年，调整征集办法，实行划片轮征，罗坝村每年都有适龄青年报名，坚持政治、身体、年龄条件，严格组织审查和批准后应征入伍，部分人员在部队立功受奖。1985年，墩山村入伍的蔺大元在部队被提拔为干部。大部分入伍人员服役期满后退伍回乡，参加经济建设，为建设美好乡村做贡献。

退役军人复员回罗坝村后，积极参加村经济建设，发挥骨干作用。退役军人蔺荣炳退役回乡后，先后任原墩山村民兵营营长、村民委员会主任、村党支部书记，2004年5月两村合并后，任罗坝村村民委员会主任；退役军人张福山退役回乡后，任中共罗坝大队支部副书记兼团支部书记；退伍军人张俊武回乡后，任罗坝村民兵营副营长，退役军人周本乐退役回乡后，先后任原农兴镇罗坝村治安主任、村民兵营营长；退役军人程家有、张道法退役回乡后，先后任罗坝村民兵营营长、村主任、村支部书记。他们为家乡建设发展做出贡献。

2008—2020年紫蓬镇罗坝村获得县级以上荣誉一览表

表2-11

获奖年份	荣誉称号	颁奖单位
2008	“一村一品”专业示范村	中共肥西县委、县人民政府
2008	人口与计划生育工作先进村	中共肥西县委、县人民政府
2009	平安示范村	中共肥西县委、县人民政府
2010	“五个好”村级党组织	中共肥西县委
2010	2010年度和谐村(居)	中共肥西县委、县人民政府
2011	安徽省“一村一品”示范村	安徽省农委
2013	千万亩森林增长工程巾帼林基地	安徽省妇联、安徽省林业厅
2013	安徽省森林 村庄	安徽省林业厅
2013	省级生态村	安徽省环保厅
2014	安徽省农村生态教育示范基地	安徽农业大学，省环境保护局，省发展与改革委员会
2015	第三届合肥市“文明村”	合肥市委、合肥市人民政府
2018	2017年度“全县五四红旗团（总）支部”	共青团肥西县委员会
2018	肥西县食品安全示范村	肥西县食品药品安全委员会
2019	2018年度“全县五四红旗团（总）支部”	共青团肥西县委员会
2019	肥西县最佳志愿服务组织	中共肥西县委宣传部
2020	合肥市第五届文明村	合肥市委、合肥市人民政府
2020	合肥市卫生村	合肥市爱卫办
2020	合肥市村庄清洁行动先进村	合肥市美丽乡村建设工作领导小组
2020	肥西县防汛救灾工作突出贡献集体奖	中共肥西县委、县人民政府
2020	肥西县先进基层党组织	中共肥西县委

第三编

经济

JING JI

第七章　农业经济

第一节　农村土地经营体制变革

一、封建租佃制

新中国成立前，土地为封建土地私有制，大都集中在地主、富农手中。晚清、民国年间，罗坝村境有大、中、小地主和富农若干户。其中的周氏家族建有罗坝圩、康湾圩等地主庄园，占有大量土地、山场，并设仓库、管事、收租、管租。而广大农民只有少量田地，很多雇农没有土地，靠租赁地主、富农家田地或帮工维持生计。据1933年《合肥租佃调查》（以罗坝距离较近的合肥西乡雷麻店附近吴小郢等8个村庄为调查地点）显示，当时合肥西乡地主人均占地9.7亩，占耕地总数的93.8%；而广大贫雇农人均占地不足0.5亩，仅占耕地总数的6.2%。当时，土地可以买卖，贫困农户往往因走投无路而将田地出卖给地主、富农，更加陷入困境。

贫雇农租赁地主、富农家的土地，田租按田地好坏付给东家，一般每年每石田的田租三石五斗至四石稻谷（每石稻约150市斤），约占总收成的五成。收获结束就要以头等好稻谷付给东家，租田之前还要交押租金，租牛交牛租，收租时还要送交各种礼、费。农民终年劳作不得温饱，每逢灾年，往往“租子过了斗，两手空空泪双流”。帮工劳力按年计算，每年多在农历二月初二上工，十月初一下工，按人头和出工多少、劳力强度、技艺程度、勤劳态度等给予报酬。

二、土地改革

新中国成立后，实行了以消灭“封建剥削的土地地主所有制”为宗旨的土地制度改革。1950年11月，肥西农村全面开展土改运动，依靠贫雇农，团结中农，中立富农，消灭封建制度，没收地主财产，征收富农部分财产，将土地、粮食、农具、钱财分给贫雇农，1951年底基本完成，并为农民颁发土地证，实现了“耕者有其田”目标。土改之后,农民手中有了自己可支配的土地,生产积极性大大提高,农业经济得到迅速恢复和发展。

三、农业合作化

土地改革后,为了解决农民分得土地后的劳力、耕牛、农具等困难,1951年起,罗坝地区干部群众响应政府“组织起来、发展生产”的号召,开始成立多个农业生产互助组;1952年起,试办初级农业生产合作社;1955年前后成立新光高级农业生产合作社与位置稍北偏西的“星火社”相对,俗称“南新光”。

四、人民公社化

1958年9月,本地实行人民公社化,原新光等多个高级社组成群光人民公社(次年3月改名为农兴人民公社),下设生产大队,各自然村庄为生产队。一平二调,土地和生产资料归公社集体所有,农田生产统一计划、统一安排,并开办公共食堂,取消家庭锅灶,按人口定量分配粮食,大刮“浮夸风”,粮食亩产要达到吨粮田等,破坏了生产力,严重挫伤了社员生产积极性,加之随后而来的三年自然灾害,粮食产量大幅度下降,出现饥荒现象。1961年春季,由点到面推行“包产到队,定产到田,责任到人”的责任田制度。农业生产力得到恢复,农民生活有所改善。1962年秋,责任田制度被取消,实施以生产队为单位集体安排农活,评工、记工分,年终决算工分值。按人口分口粮和按劳动工分分工分粮。1964年开始持续10多年的“农业学大寨”,各生产队大搞农田基本建设,兴修水利,整修机耕路,取得一定成效。1966年,罗坝大队取消农户自留地,每户只保留少量自留菜地;不准搞家庭副业,每户限养四五只家禽;要求“劳力归田,‘五匠’归队”。把农民束缚在田地上,偏废经济作物和林牧副

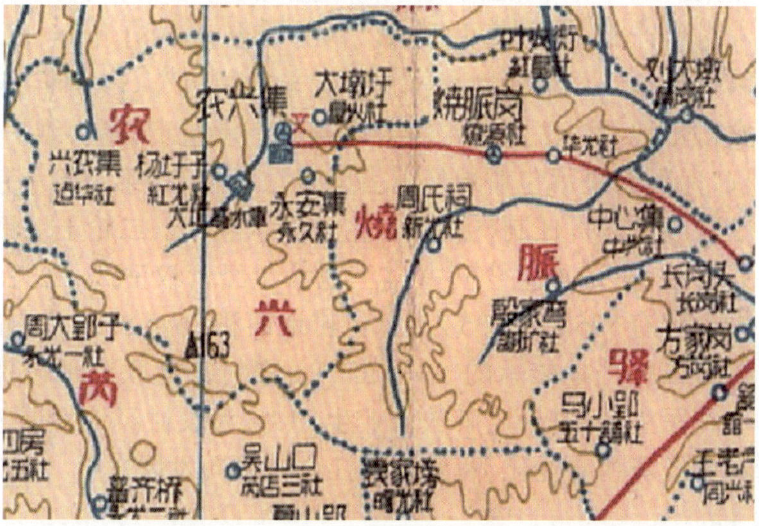

农业合作化时期罗坝周边地图(1956),图中标示周氏祠(即罗坝所在地)为新光社,附近有星火社、燎原社、华光社、永久社、中心社、谢塘社、芮店三社、五十埠社等高级社名

1995年肥西县人民政府颁发的《土地承包合同书》

渔业。

人民公社“一大二公”的所有制体制，制约了农村生产力的发展，严重挫伤了农民的积极性和创造力，农村始终没有解决生产管理中的计酬与产量密切的关系。生产队劳动，社员出工不出力，“上工一条线，下工一窝蜂”，“生产靠贷款、吃粮靠返销、用钱靠救济，分配一拉平，你穷我也穷”。

此时的罗坝村和本地绝大多数农村地区一样，经济落后，物质贫乏，群众生活困难。居住房屋为黄泥墙茅草房，缺衣少被，家具简单，冬季床上铺垫厚厚稻草以保暖。每逢四五月青黄不接时，往往缺粮断炊。一日两餐“瓜菜代”，缺荤少油，常常忍饥受饿。

五、家庭联产承包责任制

1978年秋遭遇大旱，中共安徽省委出台“借地度荒”让农民种“保命麦”的政策。当年9月，肥西山南推行包产到户改革，调动农民生产的积极性，解放农村生产力，产生巨大影响。1980年冬至1981年春，罗坝大队普遍实行家庭联产承包到户责任制，是为“一轮土地承包”。1995年，依据《中华人民共和国农村土地承包法》，稳定完善家庭联产承包责任制，维护农村土地的集体所有权，保障农民承包耕地经营者的合法权益，在第一轮承包期满后，继续稳定家庭联产承包责任制（史称“二轮土地承包”）。二轮土地承包期延长30年不变，并发放《土地承包合同书》《土地承包经营权证》。二轮承包时，原罗坝、墩山村合计有525户、2035人，承包耕地面积3676.83亩（一轮承包时，土地面积计量多依据当地传承的“口号亩”）。农村家庭联产承包责任制的普遍实行，调动农民生产积极性，解放农业生产力，为农村经济发展创造了条件，促进传统农业经济朝专业化、商品化和社会化方向发展。

第二节 种植业

长期以来，罗坝村经济以农耕为主，种植业、养殖业为传统产业，盛产稻米、小麦、油料等。新中国成立前，本地农业生产水平低下，粮食亩产仅75～100千克，棉花亩产5千克（皮棉）左右，油料亩产25～50千克，1949年村民人均收入49元，1957年增至55元，1965—1980年，增至70元左右。

20世纪70年代以前，农村耕作制度几经长期周折，粮食生产有所发展，但产量增长缓慢。1981年罗坝村实行"包产到户"农业生产责任制，次年夏粮喜获丰收，秋粮大幅增产，农村经济有了大的发展。1995年，进一步深化家庭联产承包责任制改革，农业经济进入新时期，农民生活发生了巨大变化。1998年罗坝村全面鼓励推广广大农户调整产业结构，改变传统种植模式，逐渐增加苗木花卉种植面积，苗木产业成为农村经济收入的主要部分，农民收入得到较快增长。1985年罗坝村年人均收入362元，2005年人均收入达3209元。至2020年，全村年人均纯收入26062元，比改革开放初期的1985年增长近72倍。

20世纪前，罗坝村农村经济以种植业为主体，主要种植水稻、小麦、棉花、油菜、花生、山芋等。20世纪80年代种植结构改革后，多以水稻和油菜、小麦、花生为主，其他杂粮玉米蔬菜为辅。1998年全村全面推广调整产业结构兴种苗木花卉。之后传统种植业逐渐被苗木花卉替代。

一、水稻种植

水稻品种 水稻是罗坝村主要粮食作物，占总种植面积的60%。民国年间多种一季稻，主要品种有早灿稻，还有小红稻、早中秋、中秋稻、晚白稻、晚稻、大小籼等。现在种植的水稻按米质黏性分有籼稻、粳稻、糯稻。按栽培先后分为早、中、晚（包括单晚和双季晚）3种。籼稻，三季皆种，为主要品种类型；粳稻多属单晚，糯稻在早、中、晚稻中皆有，种植量少。20世纪50年代前，农户用种多自繁自用，多余种子自由买卖、串换，难以保证提纯复壮，年复一年，老品种不能增产。50年代后，县人民政府推广育种技术，品种不断更新，组织农业、粮食部门由外地引进水稻"胜利籼""南特号"等优良品种，试种类高产成功，打开良种推广的局面。1959年贯彻自繁、自选、自留、自用，辅以调剂的"四自一辅"方针，建立县、公社、大队三级良种繁育体系，全县良种供应自给自足。1976年开始推广杂交稻品种。1978年常规良种以县农场、棉种场和预约的社队繁殖为主，其他社队良种繁育体系逐渐消失。历年来，按早、

农户种植西瓜始于20世纪七八十年代，一户种植三五亩，多送市场交易。90年代中期，罗坝村部分农户培育优良西瓜制种，曾带来较好经济效益。主要品种为“西龙8号”，进行花对花法人工辅助授粉，将西瓜的雄花摘下后，露出花蕊，然后擦拭雌花的柱头，让花粉黏附在柱头上。西瓜授粉需在天气晴朗时进行，而且采集花粉要在清晨进行。清晨摘下雄花放在容器杯中盖好，雌花前一天傍晚用纸筒套好，授粉后仍用纸筒套好，如果授粉后西瓜遭受雨淋，应该再次授粉。每亩可产种子15千克，一级瓜种每千克64元。一季西瓜制种后，还可再种一季晚稻或玉米等作物。

八、肥料与农（林）机具

（一）农业肥料

传统种植用肥多以农家肥和绿肥为主。20世纪60年代开始用氨水，70年代化肥用量不断增加，80年代化肥与有机肥的用量比重为3∶2。20世纪90年代后，市场活跃，种地主要靠购买化学肥料，淘汰碳铵（化肥），市场出现的是尿素和复合肥。20世纪末以后，苗地施肥主要使用复合肥料，部分苗木大户配用养殖场的禽畜粪。

有机肥 以圈肥为主。多用畜禽粪尿连同垫圈的干土、杂草沤制成肥，作基肥施用。人粪尿，一般在播种、栽插时施用。土杂肥，群众有积造习惯，几乎家家有粪堆、粪窑，大田有的设“田头窑”“扫帚响，粪堆长”，积各种垃圾，堆沤成肥。50年代中期推广种植双季稻，用肥量大，全村在每年春秋两季有组织地开展积造有机肥运动，提出熏（锅土）、烧（碎草）、挖（塘泥）、换（墙土、锅土）、扫（垃圾）、铲（草皮）、沤（青草、秸秆）、堆（土肥）、拾（野粪）、捞（湖靛）的“十字”积肥法。土杂肥性温，有利改良土壤，用作栽秧前撒施，或用作旱作物掩籽（盖种）。毛（鸡毛）肥，群众习惯用作下秧（稻种）肥，绿肥，初春时“打秧草”“砍青”沤制。种植绿肥中有大麦、豌豆、红花草和红萍，固氮能力强，养分释放慢，特别有利促进下季作物生长。

化肥 有氮、磷、钾肥及复合肥，以及各类微量元素肥料等多种。

氮肥 20世纪30年代，肥西三河等地有售进口硫酸铵，俗称“肥田粉”，至50年代国产硫酸铵推广使用，多作追肥。1961年县化肥厂建成后，生产氨水，1963年普遍使用。氨水气味浓烈，运输不便，使用不当会“烧苗”，后来用量渐少，以碳酸氢铵、尿素为主。1978年全村普遍使用氮肥，1985年每亩用量达70千克，农家肥用量减少，使一部分土壤理化性状受到破坏。据调查原来每千克标准氮可增产水稻4千克，后降到1～2千克，有的施用过多，反造成

“肥灾”减产。

磷肥 1963年经多点示范，表明磷肥对小麦、油菜、花生、棉花有增产效果，其后使用量逐年增大；1979年后成了农民点种麦菜的必施肥料。有的把磷肥与碳铵混合点穴，肥效更好。

钾肥 旧时，农民以含钾量较高的草木灰代替。20世纪80年代开始使用氯化钾、硫酸钾和氮磷钾复合肥。1985年普遍使用。

复合肥 根据需要以氮磷钾等肥料复合使用，肥效更为明显。

微量元素等肥料 20世纪50年代普遍推广使用“5406”抗土菌肥作花生、红花草拌种肥料。1983年进行锌肥、硼肥的肥效试验，硼肥对防治油菜开花而不结籽有一定效果，1985年开始普遍使用，可作基肥，也有在抽薹、初花期喷施，增产效果明显。

（二）农（林）机具

1.传统农具

传统农具经过千百年使用后，根据使用效果、生产方式等因素不断进化，一般以铁、木、竹、麻等材料制作。主要有耕整土地类，播种、插秧、施肥类，提水引水类，农作物收割类，谷物脱粒类，净谷类，农作物运输类，粮食加工类的各种农具以及苗木生产所使用的工具。随着社会进步、科技发展，一些传统农具逐渐消失。

农业生产农机具传统工具很多，春播类有犁、耙、耖，粪桶、粪瓢等。夏管类有锄头、铁锹、薅耙、尿桶等。秋收类有镰刀、石磙、铁杈、筛子、风车等。农产品加工类有石磨、石对窝、舂锤、加工稻米的�子、脚踏打割机、连枷等。

1963年以后，机械化半机械化开始进入农村，双人脚踏打稻机、脱粒机、粉碎机、拖拉机进入田间地头，粮食加工有了碾米机。20世纪80年代初，电动打稻机普及使用，粮食加工用上了磨面机。21世纪以来，旋耕机、挖掘机用于翻地栽种苗木，把人们从繁重的体力劳动中解放出来，大大提高了生产效率。

犁 为传统的较大型耕具之一，一般使用牛力牵引，它的主要部件是犁弯。犁底由中柱和犁头、犁耳、犁把组成。犁头是翻土的主要部件，犁把调节方向，犁头上装上犁耳能把翻过来的土分向一侧，保持地面平整。20世纪70年代，由于机耕的出现，传统样式的犁逐步减少。

耙 是农业生产中传统的翻地农具。以铁、木或竹子为材料制作，用于耕后碎土整地、分水旱两种。一种是用来平整土地的，一种是用来归拢或散

传统农具

耙

草耙子

稻擂子

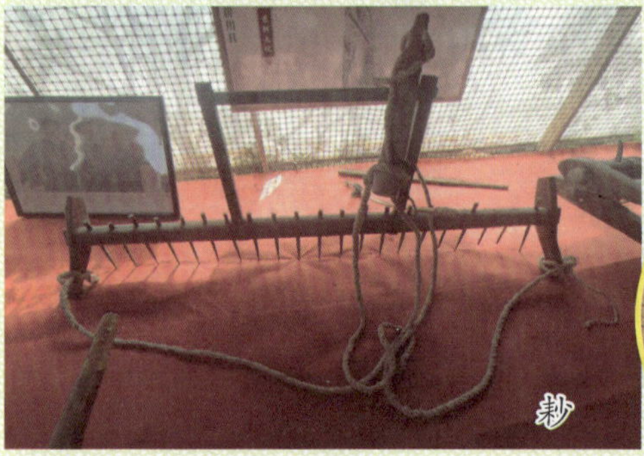
耖

犁

笆斗

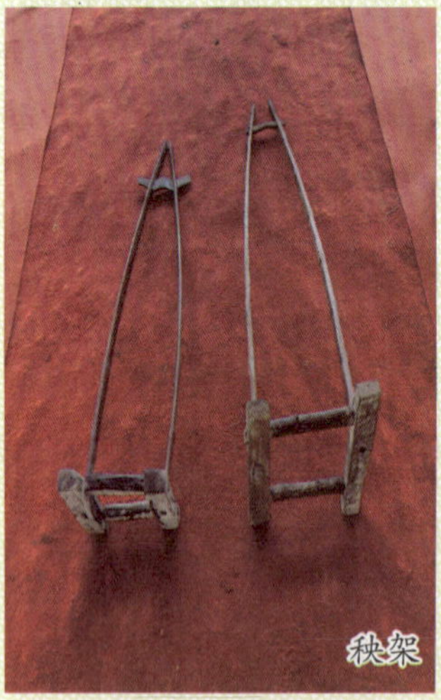
秧架

镰刀

竹篮

拔秧凳

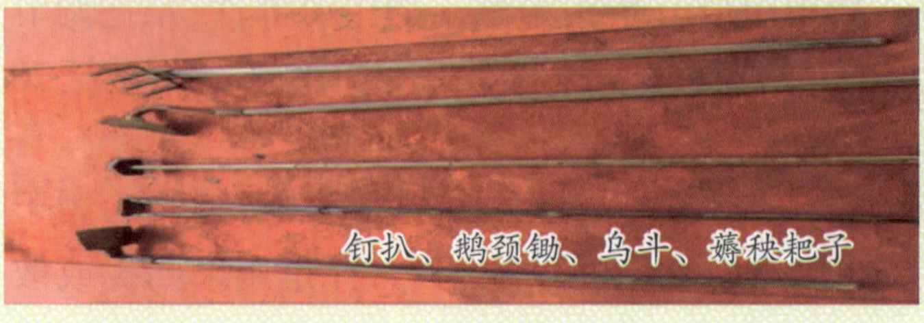
钉扒、鹅颈锄、乌斗、薅秧耙子

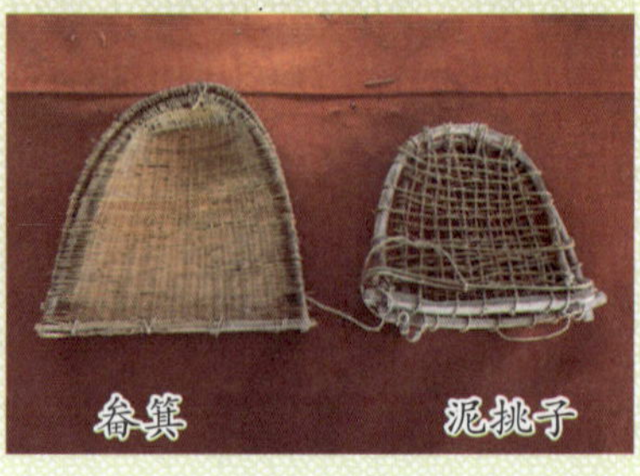
畚箕　泥挑子

龙骨水车

板车

独轮车

木锨

碓窝 碓嘴

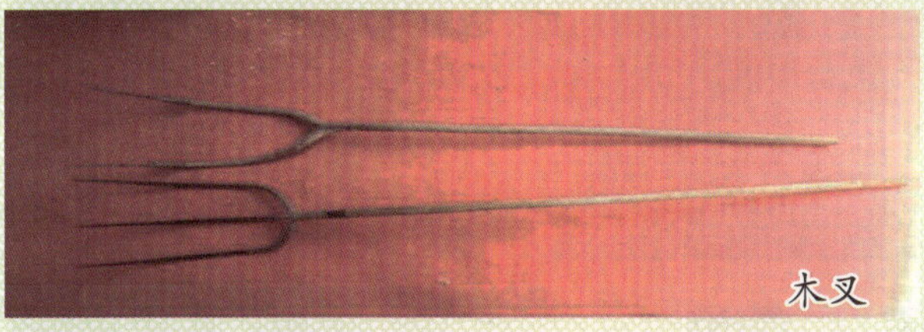
木叉

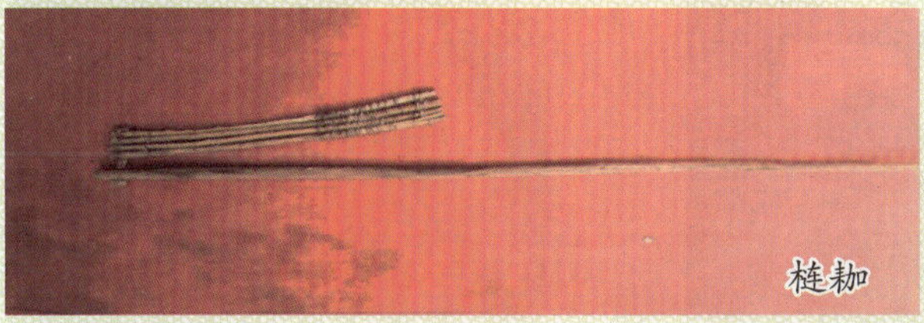
梿耞

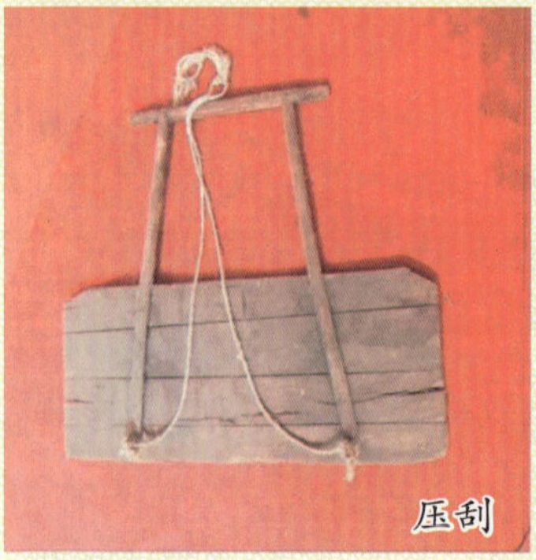
压刮

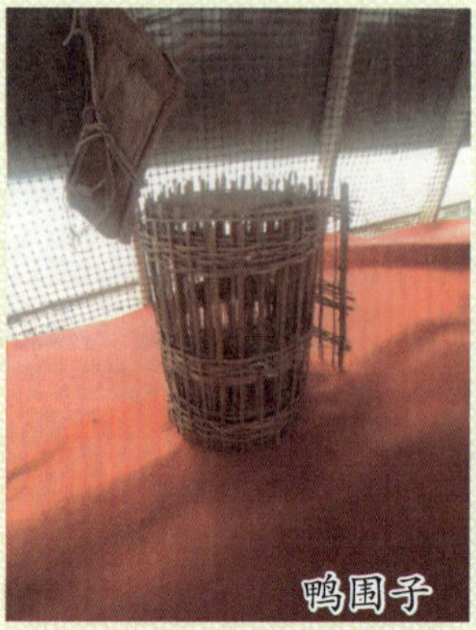
鸭围子

鱼罩

打稻机

草鞋耙子

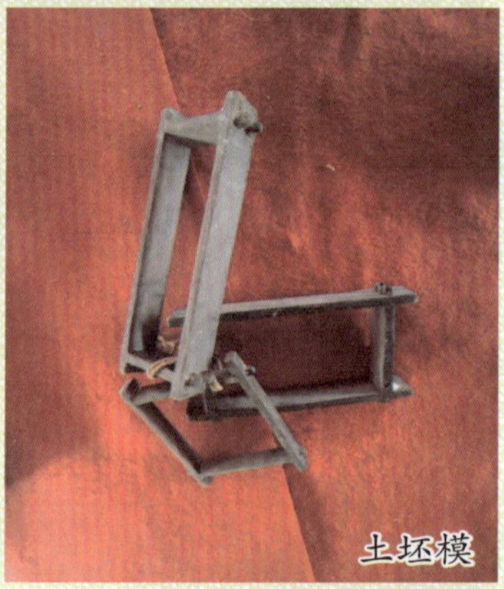
土坯模

喷雾器

石磙

粪桶 摺瓢

铡刀

风车

石磨

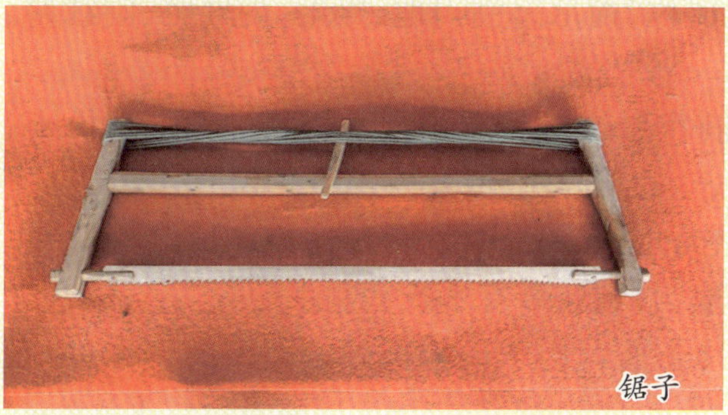
锯子

鱼篓

斧头

推刨子

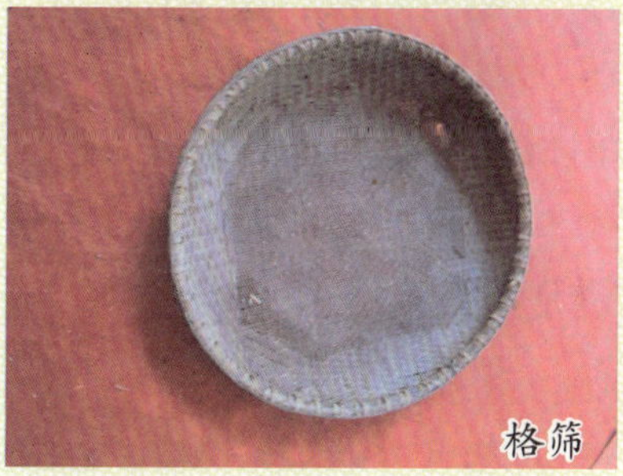
格筛

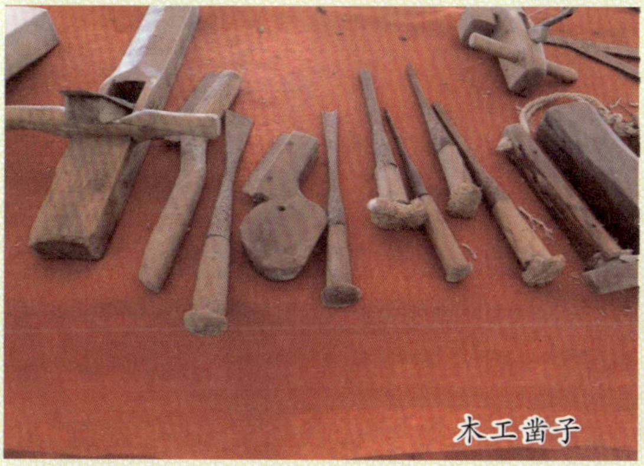
木工凿子

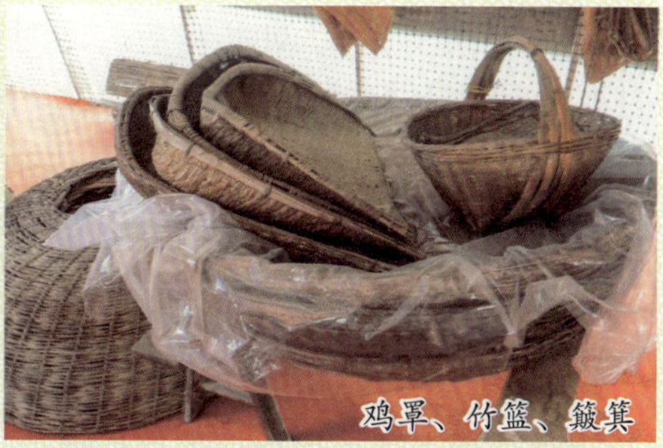
鸡罩、竹篮、簸箕

开谷物、柴草。

耖 以铁、木为原料制作，用于水田耕后碎土平田。

锹 以铁、木为原料制作，有泥锹、大锹（俗称洋锹）等数中，用于田地的挖地翻土。泥锹又有踩锹、圆锹等多种。近年来有一种专用挖树锹——踩拐锹，以铁、钢为原料制作，锹头长约30～35厘米，锹头上方旁焊接有拐角便于用力踩，锹把是铁、钢管材料焊接，不易折断。

镢头 铁木结构，头部是铁制，木制手柄，可用于田间中耕、除草、挖地、松土。

钉齿耙 以铁、木为原料制作，用于菜园等小块地整地育苗。

抓钩 以铁、木为原料制作，俗称“稀爪”，刨田地、碎土、刨堆肥、刨红薯、花生和泥块等用。

长形板锄 以铁、木为原料制作，长木柄，用于旱地作物生长期间松土、锄草、间苗、保墒。另有扇形板锄、空心锄等不同式样。

耘锄 以铁、木、竹为原料制作，用于水稻田秧苗行间的耘田薅秧除草。

铲 松土、起土常用农具，一般为铁制，装有木或铁制手柄。

秧镬、乌斗 农民薅秧的工具。前者用于比较板硬的稻田的薅作，后者用于泥土较为松软的冲田薅作。

秧马 以木料制作，是拔秧、插秧时的一种辅助工具。

畚箕 竹篾编成，多为三角形盛具，三角系有绳索，一副两只，可使用扁担挑（抬），运送粪土肥料等物。

粪桶 木质，圆形桶状，有提梁，一副两只。可用扁担挑运水质农家粪肥。

撂瓢 木质，长柄，有斗，可以泼施水质粪肥或稀释的化肥、浇水。

龙骨水车 木质。因为其形状犹如龙骨，故名“龙骨水车”，据传始于东汉，历经改造完善。以木板为槽，尾部浸入水流中，一端有小轮轴，另一端有大轮轴，固定于堤岸的木架上。用时二人摇动拐木，驱使大轮轴转动，带动槽内板叶刮水上行，倾灌于地势较高的田中。又有以双脚踩动的，本地不多见。随着柴油机泵、电动水泵的出现，龙骨水车已不再使用。

镰刀 传统农业中主要的收割工具，又叫“锯镰刀”，形状似“7”。以铁、木为原料制作，还有一种刀头为月牙形，刃口错有细齿，装上手持木柄，主要用于收割稻、麦、油菜或砍草用。

牛勾头或名“牛勾措、牛跑索” 使用耕牛犁田、耙地时，凭牛勾头与犁、耙等农具相接。系用一曲木配一直木，用一根绳索串起来，做成近乎平行的方形套具，搭在牛胛骨(牛脖子靠前腿那个隆起地方的坡面)上，再用一根细绳穿过牛脖子下面加以固定，牛即可用力拉着犁耙前行。

石磙 石质，以整块岩石刻凿而成，圆柱形，一般九根齿，一头大，一头小，两头各凿一个眼，用来安装磙枷，以使牛拉着自由转动。用于给小麦、稻谷、油菜等打场脱粒。历史悠久，早在南北朝时期就有记载，为古老的“打谷机”。

石磨 用于粉碎粮食、食物及其他物品的传统器具。石质，有上下两块磨盘，中有轴相连。磨盘间錾有浅齿，增加摩擦效果。上盘有进料口。大磨上盘边沿有推，与磨担相接。使用时，人力推动磨担旋转上盘，反复碾压，挤压摩擦来使颗粒状的稻米等物品加工成细面、粉末状。是电器化出现之前常用粉碎工具。小磨不须磨担，手柄摇转即可。

掼稻床 木、竹材料制作。形似床，长方形。床面为竹条制成，有宽缝，用于稻谷人工脱粒。

打禾斛 木质制作，倒锥体，正方形，用于收割稻子时田间稻谷脱粒。

脚踏式打稻机 稻谷成熟收割后需要脱粒，最初原始使用掼床，费工费力。后来发明脚踏式打稻机。一般是两个人每人单脚站立地面，然后另一只脚踩在踏板上面用力踩踏，驱动仓里滚筒飞速旋转，然后将稻谷从稻秸秆打下来。农村通电后，普遍使用电力脱粒机脱粒。

梿枷 以木、竹、麻绳制作，主要用于晒场上打脱油菜籽、麦粒、豆类、芝麻等作物。

铁杈(木杈) 铁杈俗称“洋衩”，为木杆铁头；木杈多为桑木等硬质杂树制成，用于田间、稻场谷物积集、摊晒、翻转，搬运谷物秸秆，将经过脱粒的谷物籽粒与秸秆初步分离。

竹扫帚 竹篾制成，俗称“大条把”，用以清扫场上尘土脏物，脱粒扬场时，清除堆土的糠皮和细碎秸秆。

稻擂子 加工稻米的工具，类似磨子，但磨盘用竹木制成，圆形，内空，装有竹篾制造的多层擂条，可以使用推杆转动。稻谷装入后，推动擂条转动，在相互摩擦中，搓去稻壳。为机械碾米机出现前最主要的碾米工具，今已消失。

碓窝、碓嘴 石质，加工糙米的工具，稻擂脱去糠壳后只是糙米，需在碓窝内舂才成熟米，可以饭食。碓窝为倒锥体，正方形，朝上一面中央有半球状深窝，放入稻谷，以碓嘴反复冲砸，以去除稻壳和糙米表皮。机械碾米机出现后不再使用。

推板 有大、小两种，木质制作，打场或晾晒谷物时，作积集、分布和翻晒谷粒用。大推板可有另一人在前面拖拽。

木扬锨（木铣） 或称“扬场铣”，木质，长柄，铣板较宽阔，用于打场时扬场净谷。

风车 木质，用于稻麦谷物净谷。中有风页，外装摇柄，摇转时产生较大风力。稻麦谷物由进口徐徐倒入，经风吹后除去灰尘、杂草等。经过改良，除手摇式外，还有以电驱动的风车。

稻褶子（茓子） 亦称“粮囤”或“围子”，农村用来存放粮食的工具。通常系以竹、高粱秆或芦苇的篾片粗编而成长条状席子，宽约1米。粮食收获后，以褶子一圈一圈相套缠绕围成圆柱状，其内囤放粮食。随着塑料袋盛行，农村已不再使用稻褶子囤装粮食。

簸箕 亦称“团簸”。竹篾或柳荆条和麻绳编制，本境居民除去粮食中糠壳的工具。圆形，平底，浅沿。有大簸箕、小簸箕两种，可以作为净粮工具，也可以作为晾晒谷物的盛具，农村各户皆有使用。

筛子 竹篾编制，圆形，类似于簸箕，但底为网格，筛面有孔，可以将泥沙灰土筛除。有大中小三种规格，其中小格筛为农家必备用具。

罗筛 本地加工麦面的重要工具。大竹片圈边，马尾丝网底，网眼极细密，直径尺余。

稻箩 竹篾编制的人工短距离担运粮食工具。圆形，一般一副两只，四角有绳子，可用于挑运农作物。

拐磨 加工面粉的主要工具，由上下两块、青石打凿而成的磨盘、木制磨架、磨单三部分组成，现在有些人家加工副食品时仍然用它。

扁担 竹或木质，长条形，与稻箩、粪箕等配合挑（抬）运农作物等重物。

竹篮 以竹条编制作而成的，上有提梁。为农家择菜、装物日常用品，容量稍大的俗称“大框篮”，小的为“小提篮”，编制细密可以盛米的为“淘米篮”，另有一种编为圆形，装有系绳，篾孔较疏，用于田野盛草和杂物的，名为“大花篮”。竹篮式样繁多，经济而实用。

筐 指竹子或柳条等编成的盛东西的器具。

板车 木制车面，下有钢圈胶皮轮胎，前有长拉杆，人力拖拉运送重物。

园林剪刀 主要产品有高枝剪、整篱剪（篱笆剪）、剪枝剪（整枝剪、修枝剪)、多用剪、摘果剪、剪花剪、剪刀剪。

花卉工具 园林花具,小套花具有花铲、花耙、花锄、花叉等,具体有两头锄(两头花锄)、平锄、平耙、三齿花锄、三齿花耙、锄耙、锄镐、大花铲、小花铲、三字花铲、一字花叉、六齿花耙等。

嫁接刀 是用来嫁接树木、枝条、切开树木形成层从而使嫁接的刀。嫁接刀要求锋利,刀口平整,嫁接刀主要用途是嫁接繁殖苗木和花卉,一般分为芽接刀和枝接刀。芽接刀主要用于嫩枝、嫩芽的芽接和嫁接草本植物,枝接刀主要用于枝接木质化程度较高的树木。芽接刀与枝接刀的区别在于前者的刀片较薄,嫩弱的植物组织不易被挤伤。除此之外,在芽接刀刀柄的后部安装有角质片,可以在芽接时将砧木切口的韧皮部撬开。

木锯 主要是木工师傅锯木料所用,以用于林业苗木柯芟杂枝。是由锯条、木制弓和接头组成的。可以分为框锯、板锯、截锯和顺锯。框锯中腰锯(腰肩)、截锯等。

油锯 为一种用来采伐树木的园林机械,可用于修剪多余枝蔓。短导板的油锯用作间歇性树枝修剪,长导板油锯用来采伐树木。

割草机 主要用来修剪草坪、田间及路旁杂草,是园林绿化过程中的"美化工程师"。

绿篱机 是一种专门美化植被的园林机械,主要修剪对象有黄杨、石楠、红花檵木等树木和植物。根据植物修剪形状不同,绿篱机又有双刃和单刃之分,而单刃绿篱机主要修剪墙状的绿篱,双刃绿篱机主要修剪球状的绿篱,其实都是出自绿篱机之手。

斧头 木匠工具,铁制,木柄。斧的头部厚重,刃口锋利,主要用于砍削木料。

锯子 木匠工具,是用来锯截木料。大小型号多样,不同型号的手锯可以锯出不同用途的木头。

推刨 木匠工具,用来刨平木头、出光的一种木工工具。宋朝时已经发明。实木制作,平底,两边有手柄,内腔装入刨刀,固定后可以抛光木板表面。根据使用要求不同,还有大小不同、形状各异的异型刨子。

木钻 木匠工具,用于给木头钻眼,现已被电钻所代替。

墨斗 木匠工具,斗盒里填充有墨汁,由一根绳子蘸墨汁拉出来,用来标直线锯木头。

芘子 为木匠使用的工具之一,用来画直线。

火链挑子 为焗锅、焗碗、焗大缸的工具。旧时，村庄街巷常能听到“焗盆啊，焗碗啊，焗漏勺子钉眼啊！”的吆喝声。

铡刀 木质底座，钢刀一头和底座铰链在一起，刀另一头有手柄。旧时农村饲养的牲畜家禽，多喂以草料，需将植物秸秆、杂草用铡刀切碎喂食。故铡刀使用较多。

篦子 骨、木制作，细齿密排，用以篦梳头发。以前的农村卫生条件差，头发中生虱子时，就使用篦子梳虱子，今已少见使用。

土坯模 20世纪80年代以前，农户盖房子多使用土坯砌墙，这个工具就是用来制作土坯。泥巴加水踩熟后，刮起一块，用力摔进模里，踩实后将上面多余泥巴去除，再将土坯倒出来码好，晾干后即可砌墙。制土坯的另一种方法是在收完庄稼的熟田里，先用牛拉石磙将表层土压实，再用锹按照土坯大小，划线铲出，晾干成型后即可砌墙。

纺棉车 木、麻材料制成。可将棉花等纤维材料，通过人工机械运动，利用旋转抽丝纺成纱线的设备。纺车通常有一个用手或脚驱动的轮子和一个纱锭。

织布机 织布工具，木、麻材料制成。通过设置经纬线，使用人力完成织布的较大型工具。旧时村民穿衣，往往靠自己织布。

织梭 木制，为织布机上的重要部件，带动纬线来回穿梭，完成织布。

2.现代农机具

水泵 水泵是输送液体或使液体增压的机械。主要用来输送水、油、酸碱液、乳化液、乳化液、悬乳液和液态金属等，也可输送液体、气体混合物以及含悬浮固体物的液体。按其动力可分为柴油机水泵、汽油机水泵、电动机水泵、微型电动机水泵等；按其抽水方式可分为离心泵、混流泵、轴流泵、深井泵、潜水泵、水轮泵、水环真空泵、自吸泵、喷灌机等多种。离心泵在当地农村应用最为广泛。

拖拉机 拖拉机分农用拖拉机，大型拖拉机，四轮拖拉机。是一种用于牵引和驱动作业机械完成各项移动式作业的自走式动力机，也可做固定作业动力。在农业拖拉机中轮式拖拉机占绝对优势。20世纪90年代开始小型拖拉机包括手扶拖拉机和小四轮拖拉机在农村使用广泛，可用于农村短距离运输。

手扶拖拉机 是一种小型拖拉机，流行于中国乡镇的一种运输工具和农业机械，以柴油机为动力，其小巧灵活且动力强劲的特点使其很受农民的欢迎。手扶拖拉机结构简单，功率较小，适用耕地或短途运送货物、播种、打场、带动水泵抽水浇地等。

收割机 收割机分为侧挂式、背负式、手扶式、卧式、立式。新式收割机一次可完成收割、脱粒，并将谷粒集中到储藏仓，然后再通过传送带将粮食送到运输车上。

喷雾器 1958年使用的喷雾器是手提式，单筒喷雾器，喷洒药液。20世纪80年代，用背扶式手动喷雾器，其主要部件有药桶、液压泵、喷杆、喷头及背带组成。90年代后使用了机动喷雾器，2010年以后，使用的是背式电动喷雾器。小型汽油机动喷雾器，效率高、方便、易操作，每天能喷30～50亩，是电动喷雾器的10倍。

农用运输车 俗称“杂交车”。包括三轮农用运输车和四轮农用运输车两类，是中国特有的一类机动车辆，主要用于农村道路货物运输。农用运输车是在20世纪70年代末80年代初诞生的。三轮农用运输车是指发动机为柴油机，功率不大于7.4千瓦，载重量现调整为2000千克，最高车速调整为不大于50千米/小时的三轮机动车。四轮农用运输车是指发动机为柴油机，功率不大于28千瓦，载重量现调整为4500千克，最高车速调整为不大于70千米/小时。

电动脱粒机 脱粒机为收割机械，指能够将农作物籽粒与茎秆分离的机械，主要指粮食作物的收获机械。根据作物的不同，脱粒机种类不同，如“打稻机”用于水稻脱粒的俗称“打谷机”，为最常见水稻脱粒机械。需要先将水稻收割以后，通过这种机械将水稻谷粒与茎秆分离。电动脱粒机的出现大大降低水稻收割的劳动强度，提高农业生产力。

机械碾米机 主要由固定扳手、加紧螺帽扳手、毛刷、下料斗、砂轮、钢丝刷等组成。运用机械设备产生的机械作用力对糙米进行去皮碾白，可将稻谷一次性加工成大米，同时完成米、糠、碎米的分离。

小钢磨 80年代以前，村民多用石磨磨米面，后来换成带电钢磨，简便、快速。

挖树机 挖树机挖树速度快，采用高频振动旋刀式挖树，刀具选择性大，带有多种规格的刀片可以更换，可挖各种规格的树球，满足不同规格的树木使用。适用范围广，伸缩履带式设计，可挖乔木、灌木、丛木等多种树木。挖树机刀片是标准规范性制式刀片，因此挖出的每一颗土球都为标准的苹果球形，大大提高了树木移栽的成活率。挖树机相对“人挖手抬”的传统作业方式，是一种经济有效的专用机械，一台机械可以至少替代100个人工。

园林自备吊车 主要适用于苗木吊重，有园林自备三轮平板吊车，园林农用四驱平板吊车、四驱液压自御随车吊等。

土木挖掘机 罗坝村树木栽种量大。移苗整地，尤其在山地，单靠工人徒手挖坑，不仅工作效率低，而且也特别劳累。现在大部分用挖掘机移苗、翻土、清沟、挖穴、整地等深挖调糟田地，省时省力，又疏松土壤利于苗木生长。

园林用切割机 园林绿化分为软景绿化和硬景绿化两类，软景绿化就是树木花草的栽种、修剪，而硬景绿化就是景观设施、造型方面的设计。切割机常作为各种设施的切割工具，不仅将硬景绿化项目化繁为简，同时可以大大提高绿化的效率。

无人机 无人驾驶飞机简称"无人机"，是利用无线电遥控设备和自备的程序控制装置操纵的不载人飞机。随着我国农业生产种植规模的不断扩大，传统种植方式已经不能适应大规模种植，而通过无人机可以更好地进行农业生产，节约了劳动力，提高了工作效率。在农业生产中应用无人机是一种新型技术方式，通过电话、微信等"无接触式"远程操作，利用植保无人机播种、施肥、灭虫、喷药、除草等。相比传统人工植保无人机施肥、喷药的效率提升了近10倍，也更精准、节约成本。另外通过无人机可监督作物长势、有效预估作物产量、诊断农作物营养状况、有效监控病虫害、加强作物田间管理。

第三节 养殖业

罗坝村畜禽、水产资源主要用于自给自足。畜牧水产养殖品种均系当地土种。猪主要有土杂交黑猪、土杂交长白猪。鸡有土鸡、杂交土鸡、三黄鸡等。鸭有大麻鸭、混水鸭、洋鸭。鹅有本地小南鹅，皖西大白鹅、侉鹅。鱼类主要有青鱼、草鱼、鲢鱼、鳙鱼、鳊鱼等种类。这些鱼种抗病力强，疫病少，但产量不高。20世纪90年代，畜牧业生产发生很大变化，先后出现了一些养殖专业户，科学养殖水平也在不断提高，市场需求量也在不断增大。生猪、鸡、鸭、鹅和水产品等，一般出售给烧脉岗菜市场和外地市场，每年的端午、中秋、春节等，菜市场都有本地农户提供的鸡、鸭、鹅、蛋、鲜鱼等。

一、家畜养殖

过去的畜牧业为农家副业，家畜主要有牛、猪，牛为耕田动力，羊、兔养殖少见。

猪 本地养猪品种主要有土杂交黑猪和土杂交长白猪。杂交黑猪，毛色全黑，很少有白毛。杂交长白猪，毛色全白，黑毛很少，额部有菱形皱纹，耳下垂，嘴长而直，单脊背，长鬃毛，胸部发达。20世纪60年代前，罗坝村养猪全为家庭散养，早晚放牧，昼夜圈养。养殖繁育母猪户数不多，畜养的公猪（俗称“撅猪”）户更少。饲养母猪户上门施配，一年两窝，每窝产仔12～14头，小猪成活率在90%左右。养猪的饲料较为粗放，精饲料大多是大糠、米皮、麦麸等三合糠料，拌和水塘里生长的水萍、野花生草等喂养。生长期需要10个月，净增重90～100千克，出肉率最多60%，多板油、五花肉居多，但肉质纤细，味道鲜美。20世纪80年代，农户家养均不足1头猪，品种是本地杂交黑猪和杂交长白猪。农户专养繁殖公猪、老母猪只有个别户；90年代罗坝村有农户相继办起2家养猪场、1家养羊场。其中周先平的养猪场规模最大，猪舍5610平方米，猪仔自繁自养，养殖量多达3000～4000头。2017年因生态环境保护予以拆除。

牛 养牛品种主要是水牛，体多为中型牛，毛色青苍者居多，白色者极少。角向内弯，头粗重，肩胛高，胸围大而深，四肢粗壮。善于深水泥田耕作，日耕地黏土板田1.5～1.8亩，旱地3亩以上，年负耕量，公牛60～80亩/头，母牛40～50亩/头。全村耕牛159头，母牛占45%。幼牛通常1.5岁开始调教，能服役11～12年，一般不超过14年，更新率与淘汰率常年持平。20世纪50年代至70年代末，农业大集体时，牛归村民小组集体饲养，以村民小组为单位建盖牛舍集中管理，队按出勤由劳动人员轮流看管，专人放牧。秋冬两季养牛饲料以干稻草喂养，数九寒天加点棉籽并泡化喂食。1981年，农业生产实行了包产到户，耕牛归个体户饲养，看管更为细心，人与牛同室。此后，农业机械化发展较快，罗坝村不少农户购买了手扶拖拉机，耕牛逐渐减少。1998年后，罗坝村逐渐种植苗木，实行挖机机械化翻土，农户饲养水牛逐渐减少，2007年已无养牛户。

羊 背毛为白色、黑色，棕色者少，体形近似正方，头上宽下窄，嘴尖，颌下有须，耳小劲短尾小上翘，四肢坚实，耐热耐渴。2015年路东组沙乔年自建羊舍301.75平方米，养殖100头羊，2017年因生态环境保护全部予以拆除。

兔 兔身白毛，除耳鼻脸脚外，毛皆长，耐寒，食草性广泛。繁殖率高，年产4～5胎，平均每胎产仔6～8只，多至10只以上。20世纪80年代，曾有农户少量养殖。2000年后，没有农户养兔。

其他畜类如猫、犬，户多养，也有农户饲养。

二、家禽养殖

罗坝村农户大多擅长养殖家禽，主要有鹅、鸭、鸡等。养鹅、鸡居多，养鸭次之，个别户还饲养番鸭、鹌鹑等禽类。20世纪90年代后，因逐渐改种苗木花卉，农户家禽养殖逐渐减少，只有零星户养，少数用栅栏圈养鸡、鸭。

鸡 原先，罗坝村家家户户都要养鸡。主要有本地品种麻黄土鸡(肥西老母鸡)、三黄鸡、杂交土鸡等。鸡蛋肉兼用。母鸡羽毛多为麻黄淡黄色，公鸡主尾绿色直尾，毛色淡黄或灰白。鸡有大型、小型两种。大型公鸡体重2.2～2.7千克，母鸡1.9～2.5千克，小型公鸡成年体重1.8～2千克，母鸡1.4～1.8千克。产蛋量比大型鸡高，母鸡年产蛋80～120枚。春季产量高，故有“春鸡大似牛”之说。鸡群结构，公母比为1:10至1:15，历来是自然交配，自然孵化。鸡舍建在家内或院内，舍顶封实，长到1斤以后，放入笼里，早出晚归，任其野游觅食，天黑前归家。小鸡在家孵或到孵坊孵化，在家孵鸡一窝孵蛋25～28枚，20天出幼鸡。20世纪90年代后，因改种苗木花卉，养鸡逐渐减少，只有零星户养少量成品鸡用栅栏圈养。2016年末，有4家苗木大户在山场建大棚办起了养鸡场，其中规模最大的是许有稳和温氏合作的养鸡场，建有2184平方米标准化鸡舍。2017年夏，因生态环保整治全部拆除。

鹅 罗坝村家禽饲养管理较为粗放，鹅、鸭以水塘、沟渠放牧为主。鹅的品种主要有当地小南鹅，后引进皖西大白鹅，白鹅羽毛纯白丰满，头顶肉瘤大圆而光滑，嘴橘黄色，颈长呈弓形，公鹅身与颈长约1米，鸣声惊人。白鹅耐粗料，善觅食。早期发育快，农谚“三月鹅，驮秤砣”。3月龄鹅，即近成鹅，公鹅体重5.5～6.5千克，母鹅5～6千克，阉公鹅育肥(俗名“栈鹅”)可达6.5～7千克，冬天多养冬鹅，冬鹅鲜嫩，鲜食为主。村人习惯孵鹅，一只老母鹅一年孵4窝，春上3窝，冬季1窝。每窝上蛋15～16枚，30天出幼鹅，幼鹅成活率达90%以上。后因种植苗木，农户养鹅极少。

鸭 主要有麻鸭、北京鸭、番鸭等品种。麻鸭头颈上部毛色为孔雀绿，背腰胸部为灰色，臀部为黑色，腹部为灰白色，嘴壳青绿带微黄，黑爪。有大小两种类型，大型成年体重2.25～2.5千克；小型1.75～2.25千克，一般90天成熟，有“三个月鸭动刀杀”之说。母鸭9个月开始产蛋，“春分”至“立秋”前可产蛋百枚，有“百鸭万蛋”之谚。北京鸭，体重1.25～1.5千克，产蛋率高。番鸭，羽毛白或花白，公鸭重4千克，母鸭重2.5～3千克，产蛋量低，番鸭与麻鸭杂交，体重更大，但无繁殖性能。鸭在家孵化很少，春季在孵生场孵化，鸭舍盖在家内或家院。幼鸭喂青拌碎米，鸭出红后，有儿童或妇女早晚赶到野外水沟、池塘放牧，秋收后赶到稻田放牧。成群饲养户有300～500只，鸭在野外荒岗头或大塘埂旁，用围棚饲养。现因种植苗木，农户养鸭极少。

番鸭 又名麝香鸭、巴西鸭、洋鸭，当地俗称为“zhi”。似鹅非鹅，似鸭非鸭的鸭科家禽，体重比鸭大比鹅小。其肉质好、脂肪少，瘦肉多，蛋白质含量高，为优良的肉用鸭，素被视为补壮身体的珍品。因其营养丰富而受到消费者的欢迎，经长期驯化，早已成为良种肉用鸭。番鸭体型与家鸭不同，体型前尖后窄，呈长椭圆形，头大，颈短，嘴甲短而狭，嘴、爪发达；胸部宽阔丰满，尾部瘦长，成年公番鸭体重平均为3千克。羽毛一般为白色，嘴甲粉红色，头部肉瘤鲜红肥厚。番鸭喜群居，食饱后常成群伏卧，适合集约化、大群饲养。番鸭原产于中、南美洲热带地区，传入中国约300年，在中国已完全本土驯化。村境有农户散养。

三、水产养殖

罗坝村地处江淮分水岭地带，靠降雨蓄水，干旱时期常常塘口全部干涸，不易养鱼。1981年，罗坝村农业生产实行包产到户，塘口也分到各村民小组承包管水，水面积550亩。池塘多以部分村民小组集体放养，放养数量不大，不投食自然生长，每年节日期间村民从塘中捉鱼分给每户过节改善生活。一直以来没有真正经营性养殖渔业。

家养鱼品种有青鱼、草鱼、鲢鱼、鳙鱼、鳊鱼、鲤鱼、鳜鱼、金鱼等。

野生鱼品种有乌鱼、白鲟、胭鱼、鲌鱼、鳅鱼等。

甲壳类分布在塘、沟、水渠里，常见的有秀丽白虾、日本沼虾和蟹。秀丽白虾，体形修长，营养丰富。日本沼虾，又叫青虾、小龙虾。

贝类品种有河蚌、田螺等。

爬行类品种有龟、鳖。

水生植物品种有蒲草、莲藕、菱角等。

四、动物防疫

20世纪50年代初期，有民间兽医到各村民小组，为家畜家禽医治及防疫。1963年烧脉乡成立了兽医站，生产队有防疫员。2002年镇成立动物防疫办，罗坝村有防疫员1人、协防员5人。每年分春秋二季，对村境的家禽家畜上门到户进行防疫，注射、口滴防疫药物，为鸡、鸭、鹅注射接种禽流感疫苗。

2000年以后，县畜牧水产局对县以下的防疫员和协防员每年进行1～2次培训，传授家畜家禽防治防疫技能。

附载：罗坝村规模养殖场简介

张浩养猪场 位于蔺郢组，2007年张浩在自家宅基地旁办养猪场，占地面积0.5亩186.32平方米，每年养猪80头左右，用米糠和饲料搭配喂养，每年盈余8万元。2012年张浩去宿州买5个母猪和1个公猪自繁自养。2017年因生态环境保护给予拆除。

周先平养猪场（养鸡场） 位于上冲山场，2009年周先平自筹资金80万元，兴建一座养猪场，占地面积15亩，建有13幢标准化猪舍、3幢管理用房。猪、鸡共养，2011年散养3万只土鸡（公母鸡各占一半），当年产值近100万元。2012年散养1万只土鸡，2013年散养5000只土鸡，2014年停止养鸡。2012年周先平去宿州买30头原种猪，其中27头印度长白母猪，3头美国杜鲁克公猪，自繁自养，日夜圈养，用配合饲料喂猪，2013年后，繁育仔猪800多头，市场销售顺畅。2014年，改进科学饲养方式，加大环保措施，改善饲养条件，年养猪3000～4000头，用配合饲料喂猪，生产快，日增重0.85千克，小猪在120天左右就成肥壮猪出栏，重在130～140千克。年产值达500万元。2017年因生态环境保护给予拆除。

许有稳养鸡场 位于上冲组山场，占地面积10亩，2016年冬许有稳自筹资金30万元建有标准化鸡舍2幢45间2184平方米。2017年春夏之交，许有稳给温氏集团代养鸡苗6万只，2017年夏因生态环境保护给予拆除。

第四节 农业税费

传统社会农村税收为田赋（土地税，最基本税源）、地丁（人口税）、漕粮。农民除向地主缴纳地租，还要负担“皇粮国税”和名目繁多的苛捐杂税、徭役，残酷的压榨剥削使人民生活十分艰难。新中国成立后，农村税收一般为农业税和农林特产税。

一、农业税费征收

农业税 农业税计征依据是人口、田亩、计税常产、税率，求得税额。农业税征收以主粮(稻谷、小麦),称为“公粮”,由粮食部门代收。新中国成立初期,农业税实行累进税制,土地多累进税率翻高。当时以人均151斤为起征点。1956年以后,农业税以高级社为基本单位征收,根据土地面积定产定率计征,平均税率15.8%。1959年至1961年按包产指标征收公粮,因“浮夸风”现象产生,农业税负较重,1962年恢复按常产计征,平均计征率11.9%。1979年后农村相继实行家庭联产承包责任制,农业税进行调整,实行依率计算,分户缴纳。至1985年,平均计征率稳定在5.5%的水平上,平均每亩年征公粮18.5千克。1985年4月1日起,取消粮食统购,改为合同定购,农业税征收由过去以粮为主,折征代金。2005年,全国正式取消农业税,结束了农民千百年来缴纳“皇粮国税”的历史。

农林特产税 1983年前,农林特产税是农业税的一个组成部分,按照农业税进行组织征收。从1983年开始,农林特产税从农业税中分离出来,作为一个独立的税种,直至农业税全部取消。

耕地占用税 1987年4月1日起,肥西县开征耕地占用税,对占用耕地建房或从事其他非农业建设的单位和个人的征收。

契税 1998年9月起,肥西县全面开征契税。除农村集体土地承包经营权转移外,农民集体所有的土地权属转让和农村房屋权属转移,按规定征收契税。2017年1月1日起,国家规定对农村集体土地所有权、宅基地和集体建设用地使用权及地上房屋确权登记,不征收契税。

二、减轻农民负担

1986—2005年,农村征收农业税、农林特产税、耕地占用税和契税4个税种。除农业税费之外,为了满足地方乡镇村相关开支,还普遍列有“三提五统”(村提留,即用于村级维持或扩大再生产、兴办公益事业和日常管理开支费用的总称;乡统筹,指用于乡村两级办学、计划生育、优抚、民兵训练、修建乡村道路等民办公助事业等款项)外,还有其他不同名目的“摊派”“集资”,加上教育附加费等,最高时,罗坝村人均负担260元,亩均负担113.9元。

对遭受自然灾害及社会上的五保户、烈军属和困难户,依照农业税减免政策和合理负担的原则可给予减免税照顾。因水、旱、风、雹等自然灾害造成歉收绝收的,根据农业歉收成数,按照轻灾少减、重灾多减、特重灾全免的原则,给予受灾户减免照顾。1952—1958年控制在计征税额的3%以内;1979年改为5%以内。1986—1999年,社会减免总额控制在计征税额4%以内,2000

年税改后按依率计征税额5%减免。

2000年，农村税费改革在安徽进行试点，实行“三取消、两调整、一改革”政策，取消统筹费、农村教育集资，取消屠宰税，取消农村劳动积累工和义务工；调整农业税和农业特产税政策；改革村提留征收使用办法。农民称之是1949年以来继土地改革、家庭承包经营制之后的中国农村的“第三次重大改革”，是减轻农民负担的治本之策。

第八章　苗木花卉产业

第一节　种植面积

罗坝村苗木花卉产业可溯源于1960年代。1958年1月肥西苗圃在罗坝圩复建苗圃,圃地占林地308亩,隶属县紫蓬山林业站。1963年单独建制,定名肥西苗圃。当时位于罗坝圩的县苗圃每年生产出大量苗木且效益较好,吸引外地客商前来购买苗木。周边的罗坝村村民,受其影响,开始在自家房前屋后少量育有苗木。1979年,康湾圩、周岙与罗坝大队签订协议,承租村集体的4.6亩林地种植嫁接的桂花、红梅、月季、海棠等花木,次年收入达万元。

罗坝村地处江淮分水岭地带,沿分水岭岭脊一线及两侧,岗冲交错,地形破碎,全村总面积13156亩,耕地面积7692.32亩,山地面积2311亩。尽管降水总量偏丰,却难以大量蓄用,雨水从天而降,不作稍停,使"南入江、北入淮,留下十年九旱"。土壤贫瘠、水资源的相对匮乏,使罗坝村的农业种植业发展始终较为缓慢。1981年开始包产到户打破了持续20年僵滞的"大锅饭"体制。观念一旦挣脱了束缚,土地也跟着活泛起来,人们将耗水多、难培管的水稻,换成耐旱、易成效的果树花卉苗木,在市场上自由交易。

20世纪八九十年代,罗坝村的个体苗农逐渐发展。1985年,罗坝村路东组村民蔺顾能开始从江浙一带,购回水杉小苗在自家田地培育栽植对外销售,收入很高。1998年以后,罗坝村大部分群众开始种植各种苗木。2005年苗木面积达5000余亩,群众收益明显增加。随着传统种植观念改变和产业结构特别是种植业不断调整,特色产业苗木花卉种植推广,罗坝村苗木花卉产业迅速发展。

20世纪50年代初,罗坝村有林地2311亩,以乡土树种马尾松、国外松等用材树种为主。1966—1970年护林组织、制度再遭破坏,国营林场被盗林木2万多株,材积1500立方米。烧脉公社周岗、光明、罗坝3个大队千亩松林于

1968—1969两年间全部砍光。

1990年1月，肥西县制定"三年消灭荒山，五年绿化肥西"规划。同年9月，按照县制定的规划，罗坝、墩山整理开挖宜林荒山2311亩。1991年3月全部种上湿地松，栽植松苗30万株。1992年3月上旬，村属所有林地补植完成通过验收。至1992年全村基本实现消灭荒山目标。

1995—1997年，开展林业二次创业；2005年实施退耕还林工程，在路上村民小组新造林170亩意杨，2006年开始通过山地流转，引进龙头企业亚新园林绿化有限公司等16家苗木大户入驻，开展标准化生产、规模化经营，发展精品苗木，极大地促进苗木花卉产业的发展，同时就地解决了农民务工就业问题，增加了农民收入。至2010年，有16家苗木大户承包2057.8亩低产林山地砍伐开垦种植苗木，全村苗木花卉种植达7725.8亩。

2020年，全村除引江济淮1号弃土场临时用地1920.8亩、合安九铁路征迁193.35亩外，还有苗木花卉种植面积达7765亩、林地有200亩。

在罗坝村，目之所及，一片郁郁葱葱，苗木是罗坝一张崭新的名片。

第二节　苗木花卉品种

罗坝山为花岗岩石山体结构，山上为薄层砾石土和麻骨砂土。旧时本地苗木花卉多为零星栽植的榆、柳、槐、椿、楝、柿、枣、竹、桑等乡土树种，地主庄园和祠堂庙宇植有观赏花木。村庄多以落叶阔叶林为主，山地则针叶林和针阔混交林较多，混生少量常绿阔叶树种。木本植物有61科231种（含变种）。苗木花卉产业发展起来后，不断引进优良树种、果木、花卉，品种繁多，蔚为大观，其中观赏花木品种为主导品种，以香樟、红梅、蜡梅、红头石楠、鸡爪槭、法梧、红叶李、桂花、广玉兰、玉兰、银杏、三角枫、红枫、栾树、海桐、红花檵木、紫薇为主。因适销对路，逐渐成为主要苗木品种。择其要者记录入志。

一、主要树种

银杏　亦称白果树、公孙树。银杏科落叶乔木，叶扇形，雌雄异株，种子椭圆形或倒卵形，系孑遗植物。生较慢，寿命极长，可达千余年，被誉为"活化石"。木质细腻，浅黄色可供建筑、家具、雕刻及其他工艺品用。亦是优良观赏树木，秋叶金黄十分美丽。紫蓬镇周老圩一株

银杏

百年树龄银杏，高20米，胸径0.75米。

垂条桧

垂条桧 柏科圆柏属，为圆柏变种。生长在县罗坝圩苗圃老花园内，树高9米，冠径东西6.4米，南北5.9米。鳞片、针叶茂密，小树下垂，粗枝垂而外翘，似宫殿飞檐。此树原栽在周老圩（清末淮军将领周盛波庄园）里。1950年，原周老圩花师颜文轩将此树移栽到国营袁新圩苗圃，1958年随颜的工作调动又移栽到罗坝圩苗圃。1980年，苗圃工程师张焕德与安徽农学院教授李书春鉴定其为垂条桧。据陈植编著《园林植物学》载，北京颐和园有此树1株，为全国稀见。

马尾松

马尾松 松科松属。常绿乔木，高可达40米。叶二针细柔。球果圆锥状卵形。种子有翅。可为观赏树木。马尾松为本地传统林种，20世纪50年代，占有林面积的七成以上。

黑松

黑松 松科松属。乔木，高达30米，胸径1米以上；大枝条轮生斜展，形成广圆锥形树冠；树皮灰黑色，呈不规则鳞块片状深裂。黑松幼龄期生长健壮，后期生长较慢，常有结顶现象。本地约于1954年引进，肥西苗圃和康湾圩有零星分布，大部分作为盆景栽培。因土壤气候条件不适宜其生长，有被逐渐淘汰趋势。

火炬松 又名泰德松。松科松属。乔木，高达30米；树干圆满通直，树皮棕褐色，树冠圆头状。树优美挺拔，枝条层层上展，形似“火炬”，为绿化树种。

湿地松

湿地松 俗称国外松。松科松属。乔木，高20米左右；树干圆满通直，树冠卵状圆锥形，树皮初为灰褐色，后变为红棕色，裂成鳞状大块片剥落。生长迅速，可作为园林绿化树种。罗坝村境于20世纪70年代中期引进栽植约2300亩，速生丰产，取代马尾松。主要栽植于罗坝山场，2006—2009年，淘汰低产马尾松林木2100亩。2020年，仅有黄小郢、陶郢等部分山地尚存200亩中成林。

雪松

雪松 松科雪松属。大乔木，原产地植株可高达75米，胸径4米；树皮灰褐色，裂成不规则鳞块固着树上；枝不规则轮生，平展，其顶部枝梢常下垂。花期2月中下旬，球果次年9—10月成熟。喜光，稍耐荫，适生于凉润温暖气候，具有一定的耐寒性和耐旱性。树形优美，为重要的园林观赏树种。

五针松

五针松 松科。常绿针叶乔木。叶针状，长3～5厘米，细弱而光滑，每5枚针叶簇生为一小束，多数小束簇生在枝顶和侧枝上，因五叶丛生而得名。树皮灰褐色，老干有不规则鳞片状剥裂，内皮赤褐色。五针松姿态端正，是观赏价值很高的树种，适合庭园点缀布置；又因植株较矮，生长缓慢，叶短枝密，姿态高雅，树形优美，成为制作盆景的上乘树种。

罗汉松

罗汉松 别名土杉。罗汉松科罗汉松属。常绿针叶乔木，高达20米，胸径达60厘米；树皮灰色或灰褐色，浅纵裂，成薄片状脱落；枝开展或斜展，较密。叶螺旋状着生，条状披针形，微弯。花期4—5月，种子8—9月成熟。有短叶罗汉松、狭叶罗汉松、柱冠罗汉松等变种。树形优美，多作为绿化景观或制作盆景。

杉树

杉树 亦称杉木。杉科杉木属。常绿乔木，高可30米以上。叶基部扭转成二列，线状披针形。杉树为本地重要用材树种。1940年代，合肥西乡南分路口陈发财引进扦插十余亩成功。1952年引进柳杉，因不适应本地环境，长势差，仅有少量栽植作风景树。1954年引进水杉，1958年引进池杉，后因生长缓慢，常被毁坏，现已逐渐被淘汰；20世纪70年代水杉大量栽植，生长快、干形直，为群众喜爱树种，有散栽。

红豆杉 红豆杉科红豆杉属。落叶乔木，高

20～30米，胸径可达1米；树皮灰褐色或暗褐色，条片状开裂。种子生于肉质杯状假种皮中，卵圆形，红褐色。花期每年4月，种子每年10月成熟。红豆杉为第四纪冰川遗留下来的古老稀有珍贵树种，因其生长缓慢、发育困难而极为稀少，被称作“植物界的大熊猫”。科学家利用红豆杉提取物紫杉醇制成了抗癌药物。由于叶子四季常青，本地引种多作为庭院观赏植物种植或盆栽盆景树种。

红豆杉

樟树 亦称香樟。樟科。常绿乔木。叶互生，卵形。初夏开花，核果小球形，紫黑色。植物全体均有樟脑香气，而提取樟脑和樟油，可供工业及医药等用，木材坚硬美观。多为绿化、行道树。本地约于1950年代末引进，现普遍栽植，为罗坝村主打苗木品种。

樟树

三角枫 又名三角槭，别名丫鬟树。槭树科槭属。落叶乔木。叶纸质，通常浅3裂，裂片向前延伸，稀全缘，中央裂片三角卵形，急尖、锐尖或短渐尖。喜光，稍耐阴，喜温暖湿润气候，稍耐寒，较耐水湿，耐修剪。入秋叶变暗红色或橙色。宜作庭荫树、行道树及护岸树种。也可栽作绿篱。罗坝圩壕沟边有一株，树龄无考，树高18米，胸围220厘米，冠幅11米，主干明显，树势苍劲。

三角枫

五角枫 又名秀丽槭、五角槭、丫角枫等。槭树科槭属。落叶乔木，叶薄纸质，叶片中央裂片与侧裂片卵形或三角状卵形。入秋叶变亮黄色或红色，适宜做庭荫树、行道树及风景林树种。

五角枫

鸡爪槭 槭树科槭属。落叶小乔木。树冠伞形。树皮平滑，深灰色。小枝紫或淡紫绿色，老枝淡灰紫色。叶掌状，常7深裂，密生尖锯齿。后叶开花；花紫色。喜阳光，但忌灼射，灼射会焦叶。较耐阴，在高大树木庇荫下长势良好。对二氧化硫和烟尘抗性较强。其叶形美观，入秋后转

鸡爪槭

为鲜红色，色艳如花，灿烂如霞，栽培品种红槭、羽毛槭常作园林树种，为优良的观叶树种。

红枫 槭树科槭属。落叶小乔木。树高2～4米。树皮光滑，呈灰褐色。枝条多细长，偏紫红色。叶掌状深裂，春秋季叶红色，夏季叶紫红色。嫩叶红色，老叶终年紫红色。喜温暖湿润、气候凉爽的环境，不耐烈日。红枫树叶入秋由绿色变为红色，古人有“十月霜叶红似火”“霜叶红于二月花”等诗句。

红枫

枫香树

枫香树 又名枫树、路路通。大乔木，高达40米，胸径可达1米以上。花期4—5月，果期10月。入秋叶变红，耐火力强，为林区防火带及绿化观赏树种。

枫杨 俗称大叶柳，胡桃科枫杨属。乔木，高达30米，胸径1米；树皮深灰色，纵裂。叶偶数羽状复叶。花期5月，果熟期8—9月。喜光，耐水性强。常作行道树栽培。

枫杨

青檀 又名翼朴。榆科青檀属。落叶乔木，高可达20米以上，胸径可达1米以上。树皮灰色或深灰色，不规则的长片状剥落。叶纸质，根系发达，适应性较强，喜钙，喜生于石灰岩山地，也能在花岗岩、砂岩地区生长；喜光，抗干旱、耐盐碱、耐土壤瘠薄，耐旱，耐寒，-35℃无冻梢；但不耐水湿。对有害气体有较强的抗性。树形美观，树冠球形，蟠龙穹枝，形态各异，秋叶金黄，季相分明，极具观赏价值，是不可多得的园林景观树种和优良的盆景观赏树种。

青檀

黄檀 别名不知春、望水檀、檀树、檀木等。蝶形花科黄檀属。落叶乔木，高10～20米。树皮暗灰色，羽状复叶，花果期5—10月。喜光，耐干旱瘠薄，不择土壤，但在深厚湿润排水良好的土壤生长较好。是园林应用优质树种。

黄檀

蚊母树 别名文母树、米心树、蚊母、蚊子树、中华蚊母等。金缕梅科蚊母树属。常绿灌木或中乔木，嫩枝有鳞垢，老枝秃净，干后暗褐色。叶革质，椭圆形或倒卵状椭圆形。喜光，稍耐荫，喜温暖湿润气候，耐寒性不强。能适应城市环境，对烟尘和二氧化硫、氯等多种有害气体抗性很强，城市园林中常有栽培。

蚊母树

杨树 杨柳科杨属。落叶乔木；枝条圆柱形或具棱角，小枝较粗，叶形较宽，卵圆形、三角状卵形或卵形，全缘或具缺刻及锯齿；叶柄长，扁平或圆形。种子细小，基部有絮毛。杨树品种40余种，本地有意杨、大官杨、毛白杨等。大官杨于1972年引进，多作路边绿化，后因生长不良，多已淘汰；意杨于1976年引进，速生，群众喜栽。2002—2004年大面积退耕还林时多栽植杨树，全村共有杨树面积170亩，主要树种有69杨、72杨、中林46等，在罗坝村生长良好。2018年引江济淮1号，弃土场临时用地施工时砍伐。

杨树

鹅掌楸 又名马褂木。木兰科鹅掌楸属。落叶乔木，叶马褂状，花杯状，花期4—5月；小坚果木质，10月果熟。喜温凉湿润气候及深厚肥沃的酸性土壤。树形高大，生长迅速，叶形奇特，为世界著名观赏绿化树种，原种为国家二级重点保护植物。引种为城市园林树种。

鹅掌楸

垂柳 杨柳科柳属。落叶乔木，高10米左右。小枝细长下垂，淡黄绿色或淡褐色，叶狭披针形或线状披针形。喜光、喜水湿，本地树种，生长迅速，萌生力强，可做河堤、公路两旁行道树，林荫和防护效果显著。

垂柳

楝树 又名苦楝、楝枣子、楝果子、森树等。楝属楝科。落叶乔木，叶2～3单数羽状复叶，互生。花紫色或淡紫色，长约1厘米。核果圆状，近球形，淡黄色。本地树种为苦楝，20世纪70年代

楝树

引进川楝,生长胜于苦楝。

油桐 落叶小乔木,树皮灰色,叶卵状圆形,花白色略带红,单性,雌雄同株。核果近球形,种仁含油达70%,为主要木本油料之一,桐油是油漆、印刷等的好原料。20世纪50年代,油桐在本地山丘地带发展较好,后因管理粗放,树木早衰、老化严重,不断减少,罗坝附近县苗圃原有栽植,现逐渐淘汰。

油桐

梧桐 又名青桐、桐麻。梧桐科梧桐属。落叶乔木,树皮绿色,平滑。阔叶,花单性,无花瓣;种子球形。该树原产我国,木材可制乐器;种子可榨油。

梧桐

泡桐 亦称白桐。玄参科。落叶乔木。小枝粗壮。单叶对生,长卵形或卵形,较大,全缘,下面有密生细毛。先叶开花、圆锥花序顶生,花大型,唇形,白色。蒴果椭圆形,无毛。种子多数为长圆形,小而轻,周围有薄翅。喜光,生长快。木材轻软,供制箱匣、乐器、救生器械、木屐等用。小枝可制炭笔。又为庭院树、行道树。另一种紫花泡桐,花淡紫色。多为人工栽培。20世纪70年代初推广全县,罗坝村境农户散植较多。后因生长不良,多发丛枝病而逐渐淘汰。

泡桐

乌桕 又名木油树、皮油树。乔木,高达15米。叶菱形至宽菱状卵形,纸质,长和宽约3～9厘米;叶柄细长,长2.5～6厘米,顶端有2腺体。花单性,雌雄同株蒴果梨状球形,直径1～1.5厘米;种子近圆形,黑色,外被白蜡层。种子的蜡层是制蜡烛及肥皂原料;种子榨油可制油漆等。乌桕为本地土著树种,自然分布山野、村落,普遍栽植。由于乌桕树入秋彩叶艳丽,成为城市园林绿化美化畅销树种,罗坝村乌桕树育苗逐渐成为栽植面积最大的树种。2020年,全村共计220亩,年销售收入22万元。

乌桕

侧柏 亦称扁柏。柏科。常绿乔木,高可达20米。小枝扁平,直展,成一平面,两面相似。叶小鳞形。球果长卵形,种鳞长形,木质较厚,背部具一反曲的尖头。种子长卵形，无翅。喜光，生长较慢。种子繁殖。木材坚实，细致，有芳香，耐腐朽。可供建筑、家具等用。种子、根、枝叶供药用。树形优美，耐修剪，为园林化的优良树种。

侧柏

椿树 原名樗（chū），俗称臭椿。苦木科臭椿属。落叶乔木，树皮灰色至灰黑色，因叶基部腺点发散臭味而得名。叶为奇数羽状复叶。此树生长迅速，可作石灰岩地区的造林树种，也可作园林风景树和行道树。椿树为本地乡土树种，农家房前屋后较常见。

椿树

香椿 楝科香椿属。落叶乔木。幼枝有柔毛。偶数羽状复叶。有特殊香气。木材可供造船和建筑用。木屑和根可提取芳香油。种子亦可榨油。根、皮、果均可入药。春季嫩叶可食，是园林绿化的优选树种。香椿虽与臭椿同为椿树，但不是同一科属。古代称香椿为椿，称臭椿为樗，差距较大。

香椿

麻栎 又名青刚、橡椀树等。壳斗科栎属。落叶乔木，叶长椭圆状披针形，边缘具芒状锯齿。壳斗杯形，包围坚果约二分之一，坚果卵状球形至长卵形。多生于山地、丘陵地带。种子含淀粉。罗坝村附近的紫蓬山国家森林公园多有百年树龄以上麻栎。

麻栎

栓皮栎 又名软木栎、粗皮栎等。壳斗科栎属。落叶乔木。叶长圆状披针形至长椭圆形，边缘具锯齿，齿端芒状。木栓可作软木。主要分布在肥西苗圃和罗坝林地。

栓皮栎

青冈栎 山毛榉科。常绿乔木，高可达20米。叶互生，短圆形或短圆状卵形。叶缘中部以上有粗锯齿，下面有白粉及平伏细毛。花单性同株，雄花有柔荑花序细长下垂。坚果卵形。可作为薪炭林。

青冈树

榆树 亦称白榆，榆科榆属。落叶乔木。树皮暗褐色，叶椭圆状卵形、椭圆形至椭圆状披针形，喜光，生长快，适应性强，耐干冷气候，亦耐轻度盐碱，但不耐水湿，在肥沃深厚的沙壤土上生长迅速、为平原四旁绿化的习见树种。自然分布山野、村落，罗坝村境普遍栽植。20世纪70年代初，当地引进白榆树种，速生、易繁殖、多零星栽植，有少数小片林。园林培育品种有金叶垂榆，枝条下垂，树叶嫩黄，为优美园林树种。也可使用老桩造型，为高档园林景观。

榔榆 又名小叶榆、秋榆。榆科榆属。落叶乔木。叶革质，椭圆形、卵形或倒卵形，边缘具单锯齿。花秋季开放，种子位于翅果的中部或稍上处。喜光，适应性强。树形优美，姿态潇洒，树皮斑驳，枝叶细密，在庭院中孤植、丛植，或与亭榭、山石配置都很合适，也可选作街区园林绿化树种。

榔榆

朴树 榆科。落叶乔木；树皮平滑，灰色。叶革质，宽卵形至狭卵形，中部以上边缘有浅锯齿，花生于当年枝的叶腋。核果近球形，红褐色。

朴树

蜀桧 又名塔柏。松杉目柏科。常绿乔木或小乔木，树皮褐灰色，鳞叶在小枝上交互对生，有香气，坚韧致密，紧贴小枝，偶见三叶轮生。球果卵圆形或近球形，熟后紫黑色或蓝黑色。花期4月，球果当年10月成熟。为园林优质树种。

蜀桧

榉树 榆科榉属，落叶乔木，树皮深灰色或棕褐色，叶椭圆状卵形、长圆状椭圆形或卵状披针形。喜光，多生于肥厚湿润、排水良好地方，在酸性、中性及石灰性土壤均能生长，尤喜石灰岩土壤。

榉树

栾树 别名木栾、栾华等，无患子科栾树属。落叶乔木或灌木；树皮灰褐色至灰黑色。花淡黄色，稍芬芳；蒴果椭圆形或近球形，淡紫红色，老熟时褐色，每年7—9月开花，8—10月结果。栾树可生长于石灰石风化产生的钙基土壤中，耐寒。栾树树形端正，枝叶茂盛而秀丽，春季嫩叶多为红叶，夏日黄花满树，入秋叶色变黄，季相鲜明，是完全的绿化、观叶树种。

栾树

桑树 落叶乔木或灌木，高可达10米，人工栽培

的桑树，常因剪枝呈头状作业而低矮，树冠扩展成球状；树皮厚，黄褐色，不规则浅纵裂。单叶，互生，纸质或厚纸质。桑叶可喂蚕。聚花果卵圆形或圆柱形，通称“桑椹”。花期4—5月，果熟期5—7月。桑树适应性强，耐干旱瘠薄，耐轻度盐碱及严寒，不耐涝。萌芽性强，耐修剪，本地栽植历史悠久，经长期培育有很多变种。

梓树 又名花楸、水桐等。紫葳科梓属。乔木植物，树冠伞形，主干通直；嫩枝具稀疏柔毛；叶对生或近于对生，有时轮生，阔卵形；花为淡黄色，有紫色斑点；蒴果线形，下垂；花期5—6月，果期10—11月。梓树抗污染能力较强，常栽种作庭荫树及行道树及农村四旁绿化树种。

喜树 别名旱莲、水栗、水桐树、天梓树等。蓝果树科喜树属。落叶乔木。树皮灰色或浅灰色，头状花序近球形，直径1.5～2厘米，常由2～9个头状花序组成圆锥花序。花期5—7月，果期9月。喜光，不耐严寒干燥。较耐水湿，在酸性、中性、微碱性土壤均能生长，在石灰岩风化土及冲积土生长良好。1999年8月，经国务院批准，喜树被列为第一批国家Ⅱ级重点保护野生植物。喜树为中国特有高大落叶乔木，也是一种速生丰产的优良树种。罗坝村于20世纪70年代引进，现有零星栽植，村境县苗圃一株30年生喜树高达20米。

中华槐 因原产于中国，又称国槐。落叶乔木，皮暗灰色。羽状复叶。圆锥花序顶生，花冠乳白色，旗瓣阔心形，有短爪，并有紫脉，翼瓣龙骨瓣边缘稍带紫色。花果期6—11月。花蕾可食。

龙爪槐 别名垂槐、盘槐。豆科槐属。为国槐的芽变品种，落叶乔木，树皮灰褐色。当年生枝绿色。喜光，稍耐阴，能适应干冷气候。树冠优美，花芳香，是行道树和优良的蜜源植物。因生境不同，加之人工选育，树种形态多变，产生许多变种和变型。

龙爪槐

刺槐　又名洋槐。豆科刺槐属。落叶乔木，树皮灰褐色至黑褐色。树叶根部有一对1～2毫米长的刺；花为白色，有香味，穗状花序，原生于北美洲，现被广泛引种到亚洲、欧洲等地。刺槐花可食用。罗坝村境农村房前屋后有种植，生长旺盛。

刺槐

金枝槐　别名黄金槐。豆科槐属。为槐的栽培品种，乔木。当生枝条秋季逐渐变成黄色、深黄色，两年生的树体呈金黄色，树皮光滑，羽状复叶，椭圆形，光滑，淡绿色、黄色、深黄色。锥状花序，顶生，花冠黄色，种子椭圆形。5—8月开花，8—10月结果。

金枝槐

红叶李　别名紫叶李，蔷薇科李属。落叶小乔木。喜阳光，耐水湿。早春开花，核果近球形或椭圆形。叶常年紫红色，为著名观叶树种，孤植群植皆宜，能衬托背景。在青山绿水中形成一道靓丽的风景线。

红叶李

重阳木　大戟科秋枫属。落叶乔木。树皮褐色，树冠伞形状，大枝斜展，当年生小枝绿色。三出复叶。花雌雄异株，春季与叶同时开放，组成总状花序。果实圆球形浆果，成熟时褐红色。花期4—5月，果期10—11月。适应性较强，喜光照，耐干旱、耐水湿，具有一定的抗寒能力。罗坝村20世纪70年代引进后普遍栽植。

重阳木

皂荚树　又名皂角。豆科皂荚属。落叶乔木或小乔木，有刺，多呈圆锥状。叶为一回羽状复叶，边缘具细锯齿；花黄白色；荚果带状，劲直或扭曲，果肉稍厚，两面鼓起，弯曲作新月形。花期

3—5月；果期5—12月。常栽培于庭院或宅旁。荚果富胰皂质，煎汁可代肥皂用以洗涤丝毛织物及贵重家具，不损光泽。罗坝村书房郢有2株，从根部现分两主杈，树龄约100年，树高15米，胸径0.4米。

皂荚树

二球悬铃木 俗称法梧。落叶大乔木，树皮光滑，大块薄片状剥落，内皮呈黄绿色，树干呈大块花斑；嫩枝密生黄色短星状绒毛，老枝无毛，红褐色。叶大，阔叶形。花期4—5月，果熟期9—10月。本种为三球悬铃木与一球悬铃木的杂交种，在英国育成，后广植于世界各地。我国自晚清时期据传由法国引种栽植。肥西张老圩门前存有两株百年树龄以上的法梧，其中1株树高25米，胸径3.1米，冠幅27米。高大罕见，为华东地区现存最大的法梧。

二球悬铃木（法梧）

合欢树 别名夜合树、马缨花、绒花树等。豆科合欢属。落叶乔木，自然分布山丘岗地。二回偶数羽状复叶，小叶甚多，呈镰状，夜间成对相合。夏季开花，头状花序，合瓣花冠，雄蕊多条，花色粉红冠，花期两月不败，合欢树有很高的观赏和医疗价值，罗坝村普遍栽植。

合欢树

黄连木 别名楷木、楷树、黄楝树等。漆树科黄连木属。落叶乔木。冬芽红褐色。偶数羽状复叶互生，披针形或卵状披针形。花小，单性异株；核果球形，成熟时红色或紫蓝色。生长较慢，寿命长。喜光，适应性强，耐干旱瘠薄，对二氧化硫抗性较强；枝密叶繁，秋叶变为橙黄或鲜红色；雌花序紫红色，可一直保持到深秋，甚为美观；宜作庭荫树及山地风景树种。黄连木为观赏、用材两优树种，罗坝村普遍栽植。

黄连木

竹类 有毛竹、刚竹、紫竹、园竹、慈孝竹等。1970年代，始有零星栽植，自然分布于山野、村落。

二、灌木类

红叶石楠 蔷薇科石楠属杂交种，为常绿小乔木或灌木。叶片革质，长圆形至倒卵状、披针形，花多而密，复伞房花序，花白色，梨果黄红色，5—7月开花，9—10月结果。红叶石楠经修剪造景，千姿百态，可为球状、篱笆长条状等，景观效果美丽。其新梢和嫩叶鲜红，叶色鲜艳夺目，观赏性佳。春秋两季，红叶石楠的新梢和嫩叶火红，色彩艳丽持久，极具生机。在夏季高温时节，叶片转为亮绿色。另有一种椤木石楠，常见栽培于庭园附近，冬季叶片常绿并缀有黄红色果实，颇为美观。随着城市园林绿化美化，红叶石楠成为适销对路苗木品种，罗坝村2000年代初开始引进。2010年代全村大规模发展，2020年，栽植面积增加至600亩，年销售收入240万元，成为罗坝村销售收入最高的苗木品种。

红叶石楠

椤木石楠

红花檵木 金缕梅科檵木属。通常为灌木，偶有小乔木，高达12米；小枝密生锈色星状毛，老枝近无毛。叶卵形至卵圆状椭圆形。花先于新叶或与嫩叶同时开放；花瓣红色条形，长1～2厘米。原产大别山区和皖南山区。早春红花繁盛，供观赏用。红花檵木易繁育，园林绿化用苗量大，罗坝村于2000年初引进，2010年全村大规模发展。2020年，栽植面积增加至300亩，年销售收入150万元，成为罗坝村苗农收入主要来源之一的苗木品种。

红花檵木

冬青 亦名冻青，“冬月青翠，故名冬青”。冬青科冬青属。常绿乔木，树皮灰色或淡灰色，小枝淡绿色，叶薄革质，花瓣紫红色或淡紫色。果实椭圆形或近球形，成熟时深红色。冬青为常见的庭园观赏树种；冬青是园林绿化中使用最多的乔木，其本身清脆油亮，生长健旺，葱郁可爱，观赏价值较高，是庭院中的优良观赏树种。或采取老桩或抑生长使其矮化，用来制作盆景。园林栽培品种又有色

冬青

甲冬青、法国冬青等品种。

龙柏

龙柏 又名刺柏、红心柏、珍珠柏等，是圆柏（桧树）的栽培变种，龙柏长到一定高度，枝条螺旋盘曲向上生长，好像盘龙姿态，故名龙柏。树冠窄圆柱形，大枝扭转向上，小枝密集；叶全为鳞形叶，紧密。有匍地龙柏、球柏等多种。木材有香气，常用于园林绿化。

黄杨

黄杨 亦称瓜子黄杨。黄杨科。常绿灌木或小乔木。茎有四棱。叶革质，春季开花，雌雄同株，花簇生。木材坚韧致密，可供雕刻和制木梳等，人工栽培供观赏。有大、小叶黄杨之分。

女贞

女贞 又名小白蜡树、楝青。小灌木，高2～3米；小枝条有微短柔毛。叶薄革质，花白色，香，无梗。核果宽椭圆形，黑色，长8～9毫米，宽约5毫米。园林培育品种有金叶女贞、晶森女贞等品种，均为优良畅销的城市园林绿化树种。

小果蔷薇

小果蔷薇 别名山木香、小金樱，是落叶蔓生灌木，花多朵成复伞房花序，花瓣白色，倒卵形；果球形，红色至黑褐色，萼片脱落。花期5—6月，果期7—11月。多生于向阳山坡、路旁、溪边或丘陵地带，具有较高的栽培观赏价值和经济价值。

海桐

海桐 海桐花科海桐花属。常绿灌木。叶多数集生枝顶，倒卵形或狭倒卵形，花白色或带黄绿色，芳香。蒴果圆球形，有棱，常呈三角形，径1.2厘米，成熟时3瓣裂，果瓣木质；种子红色。为本地城镇绿化常见树。

阔叶十大功劳

阔叶十大功劳 小檗科十大功劳属。灌木，高1.5～4米；全株无毛。奇数羽状复叶，厚革质，每边有刺齿2～8个，边缘反卷，有叶柄。花黄褐色。繁殖方法有扦插繁殖、分株繁殖、播种繁殖等，通常以扦插繁殖为主。据传其有十种以上的药用价值，可以作为药材使用，故称“十大功劳”。为城市园林观赏树种。

棠梨 蔷薇科梨属。落叶乔木。枝常有刺。叶片边缘有尖锐锯齿。梨果近球形,褐色,外有浅色斑点。

石榴 石榴科石榴属。落叶灌木或小乔木。小枝顶端呈现刺状,叶对生和簇生。花橘红色,鲜艳,俗有“石榴花开红似火”之说。9月前后果熟。浆果可供食用。居民庭院多有栽培,为观赏树木。

中华猕猴桃 亦称杨桃。猕猴桃科猕猴桃属。大型落叶藤本。叶卵形或圆形,先端圆或突尖。夏季开花,聚伞花序,花白色,后黄色。浆果夏秋间成熟,卵形至近球形,黄褐绿色。果味甜,含多种维生素,可食。村境有人工栽培。

山楂 亦称红果。蔷薇科。落叶乔木。叶广卵形或三角状卵形。伞房花序,花白色。果实近球形,红色,有淡褐色斑。可用分株、嫁接等法繁殖。果实味酸微甜,多用以制糕、酱和糖球等,亦可生食。罗坝境内山上有野生,山麓有人工栽培。

山楂

枇杷 蔷薇科。常绿小乔木。叶长椭圆形,边缘有锯齿,叶厚,革质,表面皱缩,背面密被茸毛。圆锥花序,密被锈色绒毛,花冠淡黄白色,有芳香。果球形或椭圆形,橙黄或淡黄色。性喜温暖湿润。用播种、嫁接或压条等法繁殖。果供生食,树供观赏,花为良好蜜源。

枇杷

拐枣 别名万寿果、鸡爪连、枳椇子等。鼠李科枳椇属。落叶乔木,叶片椭圆状卵形、宽卵形或心状卵形。果实形态似万字符,故称其树为万寿果树。果实熟透可生食,果肉多浆,无果核,种子裸露在果肉之外,味浆甜略有甘涩。罗坝圩内有一株树龄数十年的拐枣树。

拐枣

木瓜 蔷薇科木瓜属,灌木或小乔木,叶片椭圆卵形,果实长椭圆形,暗黄色,木质,味芳香,果梗短。花期4月,果期9—10月。木瓜果实可供食用,可入药。木瓜对土质要求不严,但在土层深厚、疏松肥沃、排水良好的沙质土壤中生长较好。

木瓜

四、观赏花卉

桂花 学名木樨。木樨科木樨属。常绿灌木或小乔木。叶对生，椭圆形，革质。秋季开花，花簇生于叶腋，黄色或黄白色，极芳香。久经栽培，变种较多，常见按开花颜色划分，有金桂（丹桂，花橙黄色）、银桂（花黄白色）；按开花时间划分有四季桂、八月桂等。在肥西苗圃和罗坝圩、康湾圩即有十多种，四季桂中的大叶桂为省内罕见；八月桂中有一种结实的小叶桂，树型矮小，枝条紧凑，花多而密，年开两次，为园艺盆景栽培良种。桂花是中国传统十大名花之一，集绿化、美化、香化于一体的观赏与实用兼备的优良园林树种，桂花清可绝尘，浓能远溢。仲秋时节，阵香扑鼻，令人神清气爽。本地之初桂花稀见。20世纪60年代起，罗坝花师周焘成功采取嫁接繁殖，大大扩大苗木种植面积，成为本地苗木花卉主打品种；20世纪80年代初，国营苗圃罗坝圩、康湾圩等地开始规模生产嫁接苗，2010年全村大规模发展嫁接苗和规格栽植。2020年，全村桂花栽植505亩，当年桂花销售收入155万元。

桂花

紫玉兰 又名辛夷、报春花。木兰科木兰属。落叶灌木或小乔木。小枝紫褐色。叶倒卵状长椭圆形。早春先叶开花，花型大，芳香，紫色或紫红色。花期3—4月，果熟期9月。花蕾入药，为中药“辛夷”。为优良庭园观赏树种。又培育有白玉兰、红花玉兰、黄花玉兰、二乔玉兰等品种。

紫玉兰

二乔玉兰

樱花 又名钟花樱、垂枝樱、冬海棠、山樱、日本樱花等。蔷薇科樱属。落叶乔木，树皮灰色，小枝淡紫褐色。冬芽卵圆形；叶片椭圆卵形或倒卵形，花每枝3～5朵，成伞状花序，花色多为白色、粉红色。花常于3月与叶同放或叶后开花，随季节变化，樱花花色幽香艳丽，樱花色鲜艳亮丽，枝叶繁茂旺盛，是早春重要的观花树种，常用于园林观

樱花

赏。可以群植于山坡、庭院、路边、建筑物前。盛开时节花繁艳丽，满树烂漫，如云似霞，极为壮观。可大片栽植造成“花海”景观，也可三五成丛点缀于绿地形成锦团，也可孤植，形成“万绿丛中一点红”之画意。樱花还可作小路行道树、绿篱或制作盆景。进入21世纪，樱花成为罗坝村花卉苗木的主要产品之一。2020年，罗坝村樱花栽植168亩，年销售收入16.8万元。

广玉兰 又名荷花玉兰、洋玉兰。木兰科木兰属，原产美洲，常绿乔木。树皮淡褐色或灰色，薄鳞片状开裂；小枝粗壮，叶厚革质，椭圆形，长圆状椭圆形或倒卵状椭圆形。花白色，有芳香，花期5—6月，果期9—10月。清末本地即有栽培。著名淮军将领张树声、刘铭传、周盛波、周盛传的圩堡都有百年以上的广玉兰树木。1984年9月25日，广玉兰树被列为合肥市树。

广玉兰

含笑 木兰科含笑属。常绿乔木或小乔木。叶革质，长圆状椭圆形、矩圆形或卵状椭圆形，花单生枝梢叶腋；花白色、紫红色，芳香，花期3—4月，果熟期9—10月。树形端直，叶色浓郁，花白如玉，引种为优良观赏绿化树种。又有小叶含笑、深山含笑等品种。

含笑

垂丝海棠 蔷薇科苹果属。落叶小乔木，树冠开展；叶片卵形或椭圆形至长椭卵形，伞房花序，具花4～6朵，粉红色，花期3—4月，果期9—10月。垂丝海棠是中国特有植物。宋代杨万里诗有“垂丝别得一风光，谁道全输蜀海棠”之句。又有西府海棠、贴梗海棠、北美海棠等品种，均为本地苗木花卉优势品种。

垂丝海棠

牡丹 芍药科芍药属。落叶灌木。分枝多，粗短。叶通常为二回三出复叶；叶纸质。花单生枝顶，花瓣5片或为重瓣，大而美丽，直径10～20厘米，为观赏名花。花色有玫瑰色、紫红色、粉红色至白色，变异多。花期4—5月。牡丹根皮称“丹皮”，可供药用。

牡丹

芍药　芍药科芍药属。多年生草本。茎下部叶为二回三出复叶，上部为三出复叶；小叶狭卵形、椭圆形或披针形，花数朵，生茎顶或叶腋，亦有仅顶生一朵开放。花期5—6月，花供观赏，根可入药。

芍药

杜鹃花　亦称映山红。杜鹃花科。半常绿或落叶灌木。叶互生，卵状椭圆形。春季开花，花冠阔漏斗形，红色，2～6朵簇生枝端。为常见园林观赏植物，同属种类很多。

白兰

白兰　木兰科含笑属。原产印度尼西亚爪哇。常绿乔木，本地为温室越冬，盆栽呈灌木状。叶薄革质，长椭圆形或披针状椭圆形，花被片10枚以上，白色，披针形。花期4—9月，盛开时节，花洁白芳香，叶大浓绿，为著名庭园绿化观赏树种。

碧桃　李亚科桃属植物桃的变种，属于观赏桃花类的半重瓣及重瓣品种，统称为碧桃。乔木，树冠宽广而平展；树皮暗红褐色；冬芽圆锥形，花单生，先于叶开放，花期3—4月，花朵丰腴，色彩鲜艳丰富，花型多。常见的品种有红花绿叶碧桃、红花红叶碧桃，白红双色洒金碧桃等多个变种。具有很高的观赏价值，为罗坝村重要花卉苗木品种。

碧桃

紫藤　又名藤萝。蝶形花科紫藤属。落叶攀缘灌木。干皮深灰色，不裂。茎右旋，枝较粗壮；奇数羽状复叶。侧生总状花序，发自种植一年短枝的腋芽或顶芽，长达30～35厘米，呈下垂状，总花梗、小花梗及花萼密被柔毛，花紫色或深紫色，芳香。花期4月中旬至5月上旬，果期5—8月。紫藤藤条攀缘，花枝满缀，唐李白有“紫藤挂云木，花蔓宜阳春”的诗句。罗坝村附近花岗周屯寺内一株紫藤，树龄约500年，春季花开蔚然可观。

紫藤

紫薇　别名痒痒花、痒痒树、紫金花、紫兰花、无皮树等。千屈菜科。落叶灌木或小乔木，树皮平滑，灰色或灰褐色，枝干多扭曲，小枝纤细，叶互

紫薇

生或有时对生，纸质，椭圆形、阔矩圆形或倒卵形，幼时绿色至黄色，成熟时或干燥时呈紫黑色，室背开裂。花色有玫红、大红、深粉红、淡红色或紫色、白色等，花期6—9月。其树姿优美，树干光滑洁净，花色艳丽；开花时正当夏秋少花季节，花期长，有“盛夏绿遮眼，此花红满堂”的赞语，是观花、观干、观根的盆景良材。

夹竹桃

夹竹桃 夹竹桃科夹竹桃属。常绿直立大灌木。叶3～4枚轮生。聚伞花序顶生，花冠粉色、深红色或白红色，种子长圆形，花期几乎全年，夏秋为最盛；花大而艳丽、花期长，常作观赏林木。国内引种后常在公园、风景区、道路旁或河旁、湖旁周围栽培。

红梅

红梅 落叶小乔木，蔷薇科杏属。株高约10米，干呈褐紫色，多纵驳纹，小枝呈绿色。花呈淡粉红或红色，栽培品种则有紫、红等花色，于早春先叶而开。每节开花1～2朵，芳香，花瓣5枚，水红至深红，也有重瓣品种，品种很多。一般花期在2—3个月。喜温暖气候，耐寒，花期对气候变化非常敏感。红梅为重要园林苗木，可孤植、丛植、群植。红梅象征坚韧不拔、不屈不挠、奋勇当先、自强不息的精神品质。2020年，罗坝村红梅栽植130亩，年销售收入39万元。

蜡梅

蜡梅 别名然黄梅、黄梅花。蜡梅科蜡梅属。落叶灌木，单叶对生，叶片椭圆状卵形或卵状披针形，两性花，单生于一年生枝叶腋，被黄色，带蜡质，具芳香，每年12月至次年3月间开花。栽培变种品种较多。据统计在罗坝村境有12个培育品种，其中如“十月黄”，十月开花；“玉蝴蝶”外瓣白，内瓣紫；“珍珠梅”花型小而密生；“磬口素心”花色纯黄，瓣不外张而内收如磬；“金盘”花色纯黄，瓣张似盘；“荷花梅”花色黄白，瓣端微翘似荷；“虎蹄”外瓣黄，内瓣紫，瓣端外翘；“花到梢”秋梢着花到梢端等。成年树桩可制作盆景。

紫荆 豆科，紫荆属。落叶乔木或灌木。叶圆心形。早春先叶开花，4～10朵簇生于老枝上，紫红色。木材金黄色，为优良家具用材。是常见庭院栽培观赏植物。

栀子 亦称山栀。茜草科。常绿灌木。叶对生，革质，广披针形至倒卵形，先端和基部钝形，全缘，表面有光泽。春夏开白花，顶生或腋生，极香。有大叶栀子、小叶栀子之分。扦插繁殖。农户房前屋后多有栽植。

山茶花 山茶科山茶属。灌木或小乔木，高达11米；树皮灰白色，平滑。叶倒卵形或椭圆形，有浅细锯齿。花大，常大红色，栽培品种有白色、玫瑰红、淡红等色，多为重瓣，单生于枝顶或成对生于叶腋。花期2—4月，花大艳丽，为庭院习见观赏树。

金银花 亦称忍冬、二花。忍冬科。多年生半常绿缠绕灌木。叶对生，卵形，有柔毛。夏季开花，苞片叶状，花唇形，成对生于叶腋，初白后黄，黄白相映，故称金银花。花芬芳。花、茎(称“忍冬藤”)可入药。

木莲 木兰科。常绿乔木。叶革质，倒披针形，全缘。初夏开花，花单生枝顶，白色，似玉兰而花被较狭。种类达十余种。为珍贵观赏花木。

兰花 亦称春兰、山兰、兰草花。兰科兰属。多年生常绿草本。根簇生，肉质，圆柱形。叶线形，革质。早春由叶丛间抽出花茎，花淡黄色，清香。多野生于山坡林荫下。又为盆栽观赏植物。常见种类有建兰、墨兰、蕙兰等。

蔷薇 蔷薇属。攀缘灌木；小枝圆柱形，有短、粗稍弯曲皮束。小叶片倒卵形、长圆形或卵形，边缘有尖锐单锯齿。花瓣宽倒卵形，先端微凹，基部楔形；果近球形。蔷薇的种类、变种、品种很多，花色有乳白、鹅黄、金黄、粉红、大红、紫黑多种，花朵有大有小，有重瓣、单瓣，但都簇生于梢头。

凌霄花 紫葳科凌霄属。攀缘藤本植物。性喜温暖湿润、有阳光的环境，稍耐阴。借气生根攀缘他物向上生长，羽状复叶，小叶卵形，边缘有锯齿，花鲜红色，花冠漏斗形，结蒴果，喜欢排水良好土壤。凌霄花之名始见于《唐本草》。

木芙蓉 又名芙蓉花，锦葵科木槿属。落叶灌木或小乔木。花单生于枝端叶腋间，花色多种，其花或白或粉或赤，皎若芙蓉出水，艳似菡萏展瓣，故有“芙蓉花”之称，又因其生于陆地，为木本植物，故又名“木芙蓉”。大芙蓉晚秋始开，霜侵露凌

却丰姿艳丽，花朵朝开暮闭，一日三变，清晨初开时，花朵洁白，午后慢慢转为粉红色，到傍晚花朵快闭合时，颜色呈深红色，占尽深秋风情。喜光，稍耐阴；喜温暖湿润气候，不耐寒。对二氧化硫、氯气、氯化氢等有害气体具有一定抗性。既可美化环境，又可改善空气，为园林绿化优良苗木品种。

1980—2020年罗坝村部分年份苗木花卉主要品种栽植面积统计表

表3-1

种类 \ 面积（亩） \ 年份	1980	1990	2000	2010	2020
一、林木类	2.5	67	312	2291	1182
乌桕	—	—	—	60	220
法梧	—	5	7	215	215
香樟	—	—	100	482	182
栾树	—	—	1	102	115
红叶李	0.5	5	30	484	102
鸡爪槭	—	1	5	46	86
榉树	—	—	1	50	70
五角枫	—	—	1	50	65
朴树	—	—	1	37	50
三角枫	—	—	1	30	45
中华槐	—	5	10	110	20
水杉	—	30	40	45	5
蜀桧	—	—	10	30	5
杨树	—	15	100	550	2
马尾松	1	3	5	—	—
国外松	1	3	—	—	—
二、灌木类	0.5	8	125	980	1172
石楠	—	—	15	380	600
红花檵木	—	—	15	45	300

续表3-1

种类 \ 面积（亩） \ 年份	1980	1990	2000	2010	2020
冬青	—	6	50	440	240
龙柏	0.5	2	20	25	20
黄杨	—	—	15	55	6
金叶女贞	—	—	10	35	6
三、林果类	82	115	101	77	59
樱桃	—	—	—	—	30
桃	16	18	20	15	20
枇杷	2	30	32	30	3
柿	20	20	12	7	2
梨	15	16	10	8	2
杏	15	16	13	7	1
枣	14	15	14	10	1
四、花卉类	6	92	315	2117	2158
紫薇	—	—	10	622	742
桂花	2	25	90	450	505
玉兰	0.5	4	20	300	340
樱花	0.5	4	30	128	168
红梅	0.5	15	15	100	130
红叶桃	0.5	12	20	205	103
海棠	0.5	6	10	40	80
广玉兰	0.5	5	90	202	60
蜡梅	0.5	15	20	50	20
月季	0.5	6	10	20	10
总计	91	282	853	5465	4571

第三节　山林权属

1949年，罗坝村林业用地有2311亩，大多为地主占有，少数为农民私有。

1951年1月，没收地主山地统一分配为耕者个体所有。肥西境内紫蓬山、元通山（亦名圆洞山）、大潜山、英山等山地3480亩，先后设立皖北肥西紫蓬山林场和国营安徽省紫蓬山林场。1955年，个体林地折价作股入农业社为小集体所有。1958—1961年，取消林地股份，为人民公社大集体所有。

皖北肥西紫蓬山林场徽章（左）、国营安徽省紫蓬山林场徽章（右）

1958年1月，在罗坝圩建设肥西苗圃，隶属于县林业局，苗圃地占用林地308亩，至2020年实际确权面积500亩。

1962年，国营林场接收公社无力经营的荒山11820亩。1963年，县人民委员会根据中央“林业18条”的规定，把14个山区公社的15万亩林地权归还生产队，社队林场恢复到116个，以油桐为主的经济林发展较好。

1966年8月3日，罗坝大队周新店生产队将旱地8亩自愿赠送给紫蓬山林场营造油桐林。

1967—1971年，由于各项规章制度遭到破坏，护林组织解散，毁林案件不断发生，林业生产萧条。1978—1979年，部分山林和渠、路林又遭乱砍滥伐。1980年1月，县林业局在农兴公社上塘大队开展林业责任制试点。发动社队干部社员讨论出生产队与承包户订立责任制合同的办法：

1. 宜林荒山和疏林地，划分到户，由承包户包造林、包补植、包管理。用材林成材后，经济林有收益时，按队一、户九或队二、户八分成。散生树点数登记，受益对半或六、四分成。

2. 柴山，为鼓励承包户抚育野生苗成材，小面积队不分成，大面积一、九分成。

3. 幼林松、杉，一般成材后四、六分成，小树，户分成略高，大树，队分成略高。

4. 留足牧场，场内散生树点数承包到户，砍伐时对半或六、四分成。

5. 山场的山草、枝丫及松林内的杂树，谁包归谁，队不分成，以利保存杂树，松杂混交，防治松毛虫。

6. 小块油桐、竹、茶、果园，分户管理，队不分成或少分成。大松洼2亩竹园，由社员轮流看管，收益2成归队，8成归看管工，按工分配，山洼队1亩竹园，由两户包管，头5年年交队15元，以后交40元，固定不变。

7. 渠、路、埂边的树木，点数分到户管，二、八分成，空地谁栽谁有。

8. 林地权属生产队集体所有。承包户只能栽树，不准开荒种粮，不准出卖、出租。承包期25年，期满再议。合同由大队监证，公社批准。这个办法，县委于1980年2月13日批转农村社队参照执行。

这一办法不久广泛推广，罗坝村也加以实施。

林业“三定”后，造林成效显著。但由于罗坝村80%以上的山林属集体所有。1981年全县开展稳定山林权，划定自留山，确定林业生产责任制的林业“三定”工作。但由于少数地方执行政策有偏差，把好的有林山场划为自留山，把杂树山、荒山划为责任山，山场分户经营，一户多山，一山多户，不便管理，乱砍滥伐严重，造成林业生产混乱。部分承包户承包林地分散，无力管理，乱砍滥伐依然严重，又出现新的荒山荒坡。

1989年秋季，县林业局在农兴乡甲塘、新农、上塘3村进行试点，将责任山、自留山按面积入股，兴建村办林场。办场原则是以生产队（村民小组）为基础，山权不动，按山场面积入股，签订合同。林场属村级集体经济组织，实行独立核算，自负盈亏。林场具有山场使用权、管理经营权、林木所有权、收益分配权，实行统一规划，统一造林，统一经营，统一管理，统一分配。林场总收益按场四队六分成，队与队之间实行按亩投劳，按亩投资，按亩分红。对现有成片林、稀疏林和零星树木合理估价，随山场同时移交村办林场，登记造册，待林场有收入时优先兑现给原林木所有人。通过试点，农兴乡3个村(包含罗坝村)共6320.1亩已分到户的自留山、责任山又集中于村办林场，配备林场场长和护林员，为山林管理和后期的荒山绿化打下良好基础。

2002年起，罗坝村实施集体林权制度改革。根据县政府于2002年8月制定的《肥西县林业产权制度改革方案》，林业产权制度改革是要求全县范围各类国有、集体林木和各类宜林地，都要按照规范承包制，倡导股份制及拍卖林木所有权和使用权的要求，进行林业产权制度改革。改革的基本方式包括承包经营、租地绿化、股份合作、拍卖林权、林随地走等，根据林木收益情况和群众意愿确定林业产权方式。

2006年，在林地用途不变的前提下，罗坝村开始通过山地流转，对林地使用权有序流转，引导林业生产要素合理流动和森林资源的优化配置，促进林业经营规模化、集约化。既增加了集体收入，又解决了管护难题。通过流转，将2057.8亩小老树林荒山出租给安徽省亚新园林绿化有限公司等16家苗木大户，承包期30～50年，更新改造小老树，提高绿化品位，提高经济效益，促进林业可持续发展。2006—2009年的数年间，流转山地全部栽上香樟、红梅、红头石楠、鸡爪槭、法梧、红叶李、桂花、蜡梅、广玉兰、三角枫、无患子、红枫、栾树、玉兰科、海桐、红花檵木、紫薇等苗木花卉。承租方获得了林地使用权和林木经营所有权，积极绿化。2002—2005年全村实施退耕还林工程造林170亩，实行“谁栽谁有谁受益”政策，2010年开始进行林权登记并发证。截至2012年，全村已审核受理林权登记上报资料13份，县发放林权证13本，完成林权登记发证面积2046.8亩。

第四节　苗木花卉营销

罗坝村苗木花卉产业，起源于20世纪60年代。当时县苗圃(罗坝圩子)每年生产大量苗木且效益较好，吸引外地客商来苗圃购买苗木。位于县苗圃周边的罗坝村民在其影响下，在房前屋后开始少量育有苗木。1980年康湾圩周春出售嫁接的桂花等花木达万元。

1980—1990年代，个体户育苗逐渐发展起来。1998年以后，肥西县苗木花卉产业大发展，在全县范围内先后开展定向育苗、实施万亩育苗工程、林业新品种新技术示范等项目。罗坝村大部分群众都育起了各种苗木，2004年罗坝村的人均纯收入达4000余元，2008年达6520元，2009年达7700元，比2008年增长18%，并且高于全县农民人均收入22%。至2010年，全村苗木面积达7725.8亩，群众收益明显增加。2020年村人均可支配收入26062元，高于合肥市人均可支配收入的24282元。罗坝村共有苗木企业及合作社68家，苗木经纪人115人。2009年罗坝村成立合肥市紫蓬镇罗坝苗木花卉农民专业合作社，以协会+基地+农户的发展模式，将分散的育苗户联合起来，推动产销一体化。

苗木花卉产品已形成观赏绿化苗、经果林苗、用材林苗和花卉、盆景、草坪地被等200多个品种，主导品种以香樟、红叶李、紫薇、桂花、蜡梅、红梅、鸡爪槭、乌桕、玉兰花、广玉兰、三角枫、红头石楠、红花檵木为主，不同规格的苗木齐全，产品远销全国各地。其中，红梅、玉兰、石楠、桂花、三角枫、黄连木、乌桕、蜡梅、红叶李等苗木更具特色，全国知名。

1980年2月，花木生产带头人周焘发明的新型花木嫁接技术“形成层切接法”在肥西县科技成果奖励大会上荣获“科技进步二等奖”。1985年罗坝村路东组村民蔺顾能开始从江浙购买水杉小苗在自家田地培育栽植对外推销，收入很高。1984年国营县罗坝圩苗圃转向花木生产后，聘请周先谷为苗木花卉技术指导员，开辟荒园，繁殖雪松、龙柏、广玉兰、桃、梅、桂、月季等花木200多种，并研究解决了桂花、蜡梅、五针松、白兰等花木嫁接技术难题，收入剧增。肥西县与浙江萧山、成都温江并称为全国三大苗木花卉生产基地。肥西县的苗木花卉总面积18万亩，有桂花、香樟、红叶李、广玉兰、女贞、蜡梅等400多个品种，行销全国24个省、自治区、直辖市。国家级“中国·合肥苗木花卉交易大会”落户肥西。在肥西县庞大的苗木花卉产业中，有罗坝村山周人开拓的足迹。

罗坝村自20世纪70年代，康湾圩村民周焘成功突破嫁接技术后，桂花、蜡梅、红梅等花卉品种嫁接繁育方便，品种大为增加，周边村镇苗农纷纷前来学习，外县市苗木种植者也到此取经。因此，罗坝村成为肥西苗木花卉产业的发源地。

旧时，当地人为了快速培育果树，都会采用通用的“劈接”方法进行嫁接。把作为砧木的树枝中央，竖着劈开一口子，然后把扦插的枝条剪成V字形，插好后再用塑料膜缠住。这种通行的嫁接方法，存在缺口难愈合、成活率不高等弊端，如嫁接桂花等树苗，冬天下雪的时候，嫁接的枝条很容易被冻死。

在传统技术基础上，根据早年参与建设合肥四牌楼街上的花鸟市场（合肥最早的花木市场）时了解的知识，周焘着手改良嫁接方法。先用刀在砧木边缘切下2～3厘米，留一层薄薄的树皮，然后把嫁接用的穗斜切45度，继续保留一边树皮，稍稍把边皮去掉，再将这个斜着的V字枝条插到刚刚切削完成的树皮里面，最后用包膜捆好。这么一来，切口更容易愈合，提高成活率，15天即可发芽。这种削切方法嫁接出的金桂在罗坝村广泛推广，一直是肥西苗木的“拳头产品”。当时，南方的桂花树苗在合肥地区栽培是难以存活的，但是经过周焘的精心护理，不仅都成活，而且可以采用剪枝、嫁接、插枝等多种方式成活。当时分管农业的安徽省副省长和省农科院院长都曾带队到此察看周焘的桂花树苗试验田，决定在全省推广引种。

1992年2月29日《安徽日报》曾报道，肥西县有400多名农民推销员常年活跃在大江南北，推销苗木3亿多株，为育苗户盘活资金4000多万元，肥西县已成为安徽产苗木最多的县份。桂花树苗在省内推广引种，周焘自然也成了最具权威的桂花栽培专家。前来向周焘学艺的徒弟众多，其中有不少人是由政府安排来学艺的。当时，肥西县招工3人进林业局下属的林场学习苗木栽培，周焘之子周先谷即为其中之一，他的工作任务就是继承父亲的苗木手艺。周焘每天忙着传艺授徒，开拓发展苗木产业之路。后来，他的一个徒弟在黄山地区建设生态园林，资产规模上亿元，周先谷经常到那里做技术指导。

周焘的形成层切接技术，为罗坝村等周边村庄日后发展精品苗木奠定了良好的技术基础，让他们走在了肥西苗木种植技术的前沿。但即便如此，罗坝村等山区村庄，因为距离肥西、合肥等分销市场较远，加之路况较差，在信息不通畅的年代里，相较三岗，其发展仍然要迟缓不少，散户种植的中端绿化苗木竞争力也要弱一点。随着城市化程度进一步加深，城市公共空间的建设也越来越受到人们的关注。

2012年，党的十八大报告中提出建设“美丽中国”，把生态文明建设放在突出地位。2015年起，城市的绿化建设也从单纯的“绿化”升级为“彩化和美化”，城市园林绿化从大规模植树造林，开始向种植四季皆可观叶观花的树种转变。罗坝村人抓住这一历史机遇，大力发展适销对路苗木花卉品种，赶上这一波浪潮,苗木花卉产业得到迅速发展。

担任罗坝村民委员会主任的余蔚霞,是罗坝村苗木种植专业合作社的发起人。她家原本也只有几亩地,种着中低价格的绿化树,苗木市场行情起伏不定,收入不高。十年前,看着国家相继出台绿化政策后,精品苗价格日益上涨,于是,全家承包荒山及田地合计300余亩。最初的荒山荆棘丛生,她们除草、挖宕,栽树、浇水,历尽艰辛,终于在承包荒山上全部种上桂花、鸡爪槭、白玉兰、红花玉兰、红叶李等当时市场适销对路的苗木。数年后,随着苗木生长旺盛,既获得较大经济收益,又绿化美化大片荒山,改善罗坝村荒山荒地的生态环境。尝到甜头后,她带动周边村民,成立合作社,帮助村民进行转型和升级。至2020年末,罗坝村苗木种植面积已达7765亩,以标准化精品苗木为主,客户多是周边更大型的苗圃和"标准化"种植基地。安徽省亚新园林绿化有限公司,合肥乐源生态园林有限公司,合肥月亮湾家庭农场,都是苗农们的目标客户。罗坝村民除在本村栽植苗木外,还在外地承租流转土地5000亩,苗木产业走向规模化、标准化、精品化、产业化发展之路。

传统苗农栽植为提高亩产数量,往往多植树苗,致使树苗间距较窄,树冠伸展不开,也难以修剪,自然价格难以走高。精品苗木,对树苗高度、树冠展开的宽度有统一的标准,对"好看"的要求很高。现在不仅只讲绿化,更要彩化、美化。过去四季常绿的苗木畅销,现在会开花的景观树好卖,像乌桕树那样,会变颜色,会落叶的'彩色树'更好卖。

罗坝通过培育大户形式,带动苗木产业发展。这些大户有的是农民经纪人,走南闯北、信息灵通,上接市场、下接农户,带动能力很强。如肥西县联发园林有限公司法人代表康家年在办好自己育苗基地的同时,通过基地对外销售苗木服务带动周边群众销售苗木。1998年起,每年销量50万元,2004—2014年,年均销量700万元,其中2004年销量达千万元。2019年以后虽受市场影响,年销量也在300万元。龙头企业和苗木大户发挥优势,带动周边苗农长期发展,提供技术指导,协助苗木销售,增收致富。

1998年前,县境内没有专业性的苗木销售市场,只是群众在合(肥)安(庆)路肥西路段两边自发形成一个交易市场,未形成规模。2003年,建成占地1.2万平方米三岗苗木交易市场,入驻经营户50多家,加上周边包括罗坝村在内的1万多公顷的生产基地,200多家企业和10万名苗农,年销售额达4亿多元。

2003年，经国家林业局批准，合肥市获得"中国·合肥苗木花卉交易大会"冠名权。肥西县人民政府作为承办单位，连续多年成功举办交易会，打造"中国·合肥苗木花卉交易大会"会展品牌。

"苗交会"的成功举办，使很多农户和企业得到实惠。由于及时了解全国苗木行情，苗农的生产经营观念发生变化，盲目跟风现象减少，理性投资增多，苗木品种由单纯造林苗向城镇绿化苗方向发展。

苗木经纪人的出现，使销售渠道得到拓展。通过网络掌握更多的货源、更多的销售渠道，罗坝村黄小郢村民周先进2000—2006年，每年销苗木150万元。2007—2020年，中标承接池州市平天湖大道绿化、合淮阜高速长丰段绿化、合肥市政府广场绿轴公园绿化、肥西县金寨南路工程绿化、江苏省南通市招商房地产项目绿化等省内外16家绿化工程，总工程量28540万元，其中苗木超过9000万元。在他们的带动下，罗坝全村开展苗木网上销售56家，年销售额达到1249.02万元。罗坝生产的苗木销售至全国29个省、直辖市（自治区）。

1980—2020年罗坝村部分年份主要苗木花卉品种销售收入统计表

表3-2

种类 \ 销售（万元） \ 年份	1980	1990	2000	2010	2020
一、林木类	0.8	20.1	101.7	691	164.45
鸡爪槭	—	0.3	1.5	13	25.8
乌桕	—	—	6	18	22
法梧	—	1.5	2.1	64	21.5
香樟	—	—	30	145	18.2
栾树	—	—	0.3	30	17.25
榉树	—	—	0.3	15	14

续表 3-2

种类 \ 销售（万元） \ 年份	1980	1990	2000	2010	2020
五角枫	—	—	0.35	15	13
朴树	—	—	0.3	11	10
红叶李	0.2	1.5	9	145	10
三角枫	—	—	0.35	9	9
国槐	—	1.5	3	33	2
蜀桧	—	—	5	15	1
水杉	—	9	12	13	0.5
杨树	—	4.5	30	165	0.2
马尾松	0.3	0.9	1.5	—	—
国外松	0.3	0.9	—	—	—
二、灌木类	0.2	0.6	48.5	397.5	424
石楠	—	—	7.5	190	240
红花檵木	—	—	7.5	23	150
冬青	—	1.8	15	132	24
龙柏	0.2	0.6	6	7.5	4
黄杨	—	—	7.5	27	3
金叶女贞	—	—	5	18	3
三、林果类	—	—	—	—	16
桃	—	—	—	—	10
樱桃	—	—	—	—	6
四、花卉类	3.6	19.46	108.1	864	420
桂花	2	7.5	45	225	155

续表3-2

销售（万元）年份 / 种类	1980	1990	2000	2010	2020
紫薇	—	—	3	186	74.2
玉兰	0.2	1.2	6	90	64
红梅	0.2	0.9	4.5	30	39
红叶桃	0.2	0.36	0.6	65	33
海棠	0.2	3	3	12	24
樱花	0.2	1.2	9	38	16.8
广玉兰	0.2	2	27	61	6
蜡梅	0.2	0.9	6	150	6
月季	0.2	2.4	4	7	2

注：1.本表部分栏目中“—”表示无此类栽植和统计数据；
2.销售额按当年实际金额计算

2020年罗坝村林地流转苗木产业化企业一览表

表3-3

项目名称	法人代表或户主	承包期限	面积（亩）	主要种植树种	年均经济效益（万元）	备注
安徽省亚新园林绿化有限公司	马晓光	50年（2006.4—2056.3）	945	栾树、红叶李、桂花、樱花、三角枫、榉树、红头石楠、法国梧桐、合欢、红花檵木等	67	
合肥玉叶绿化工程有限公司	邓守玉	50年（2006.4—2056.3）	45	法国梧桐、紫薇、红叶李等	2	

续表3-3

项目名称	法人代表或户主	承包期限	面积（亩）	主要种植树种	年均经济效益（万元）	备注
安徽省肥西县茂苑苗圃	葛茂华	50年（2007.1—2056.12）	140	白玉兰、法梧、桂花等	4	其中农户47亩，承包期19年
周基芳苗圃	周基芳	50年（2007.5—2057.5）	135	紫薇、香樟、广玉兰等	1.7	
合肥市美浓园林工程有限责任公司	刘怀霞	50年（2008.1—2057.12）	140	女贞、桂花、香樟、无患子、紫薇等	2	
周先平苗圃	周先平	50年（2008.1—2058.1）	60	红叶李、香樟、桃树、樱桃树等	6	
肥西县紫蓬供销合作社	周先兵	50年（2008.1—2058.1）	83	黄连木、鸡爪槭、红梅、玉兰等	12.07	
肥西县锦蓬花卉苗木有限公司	王光玲	30年（2008.11—2038.10）	29.8	紫薇、桂花、樱花等	2	
安徽金之路园林景观工程有限公司	倪安平	30年（2008.11—2038.10）	59	紫薇、桂花、红叶李等	6	
汤大明苗圃	汤大明	30年（2008.11—2038.11）	42.8	樱花、桂花、广玉兰等	3	
许有稳苗圃	许有稳	50年（2008.12—2058.12）	30.6	朴树、红叶李等	5	
周桦林苗圃	周桦林	50年（2009.9—2059.9）	4.6	玉兰、红枫、五针松等盆景	4	
周先整苗圃	周先整	50年（2009.9—2059.9）	2.4	蜡梅、广玉兰等	2	

罗坝村杨墩组张基有在万安建有铁匠铺,为农户加工铁制农具及家庭生活用具。1980年代后,随着改革开放经济快速发展,铁匠业逐渐转行,改为加工铝合门窗,建移动房及室内装潢等。

缝纫 新中国成立前,裁缝从业人员较少,主要是上门用手工缝制衣物。新中国成立后,人民生活改善,衣着随之光鲜,并引进脚踏缝纫机,进入半手工、半机械时代。缝纫业仍以上门为村人缝制衣物为主,成衣加工为辅。1974年缝纫机人员有许邦银、余成甫、王永景等人加入村集体综合厂,1979年解散。随着改革开放后经济繁荣,缝纫业迅速发展,王永景、蔺合林在烧脉集市办理缝纫店,长期加工缝纫衣服,并带有徒弟多人。进入21世纪以来,成品服装冲淡缝纫加工业,缝纫业逐渐萧条。

砖瓦匠 20世纪80年代前,砖匠工人数不多,主要为村民或邻村修建住房,砌灶垒坟,修漏翻盖房屋等。最早砖瓦匠巢善文、周本焕等人。改革开放以后,随着建筑业发展,农民工身份的砖瓦匠人数也快速增加,承包工头不断涌现。砖瓦匠随包工头在本地或到外地从事各种建筑工程,成为农民主要收入的来源之一。20世纪90年代中后期,社会上建筑工程增多,村民出外从事建筑装潢业进入高潮。1995年始,罗坝村民蔺大勇、张寿林、周先锋分别到毛里塔利亚、阿尔及利亚、以色列从事砖匠劳务。1990年蔺郢组村民巢良忠、周先俊等人在合肥第一建筑公司务工。1994年3月,巢良忠带领罗坝村及周边村民50多人成立罗坝建筑队进入北京承揽工程,持续发展带动周边及其他省份200多人从事建筑业劳务输出,先后参加中国社会科学院外墙装饰、奥运村建设、中国政法大学昌平校区教学楼等建设。1994年刚去北京时每人每年平均纯收入万元,2000年,年人均纯收入达7万元。2010年后陆续返乡,巢敬轩、余本兵、周先锋、张华、周章汉等30余名专业砖瓦匠,长期在本地或外地从事各种建筑工程建设。

第二节 村办企业

罗坝村综合厂 1974年村集体陆续在万安办村缝纫店、木器社、稻米加工厂、在大团山办小林场称村综合厂,当时范国定是村治安主任兼综合厂主任,许邦轩负责会计业务。缝纫机人员有许邦银、余成甫、王永景等人,木器社由周孝业等人组成。小林场位于大团山占地104亩,山洼有20亩田地可种植水稻、小麦等经济作物,山上养有20头猪、100只鸡。当时收入的30%交给村，70%给工人工资，每人每月可得18元，范国定每月25元，1979年缝纫店、小林场和木器社解散。

罗坝村万安大米加工厂 1981年罗坝村集体在万安办第一个万安加工厂，租用蔺郢组张福寿的空房，加工大米、饲料、水磨，许邦轩任厂长，由许邦轩、张福凯、周本俊3人主要经营，每加工100斤稻谷0.25元，收入30%交给村，70%给工人工资。同期罗坝村（墩山村）集体开办第一个机械碾米厂，租赁给村民另光满、蔺荣余、李玉林、张伏道4人加工。1984年解散，1993年万安加工厂解散，加工厂以10010元转卖给蔺郢组村民张成（后归张浩），当时每加工100斤稻谷加工费1.5元，后增加到2.5元。1995年购买大机加工稻米，每年盈余5万元。2017年后停加工稻米和饲料，只有水磨加工。

砖瓦窑厂 20世纪90年代，罗坝村住房条件逐渐改善，少数农户住的是土墙脊顶的草屋。1995年，路上生产队队长蔺荣奇带领村民，在一块荒地上建起砖瓦厂，方便群众购买砖瓦和改善生活。2000年停产。

第三节 商业贸易

万安小店 新中国成立前，村民蔺赤仙在罗坝村蔺大郢开办小商店，1958年转至万安开店，逐渐扩大后，主要经营生活日用品。后来由其外甥陈双全经营，1998年由陈双全之子陈永生经营，2004年已停业。

肥西县紫蓬镇张浩商店 2004年在万安注册经营，主要经营预包装食品、散装食品、烟酒、米、油、面等生活日用品，2020年盈余2.12万元。

肥西县紫蓬镇本群商店 位于三岗循环路二房郢路旁，1999年注册经营，主要经营预包装食品、散装食品、烟酒、米、油、面等生活日用品，2020年盈余2.1万元。

第四节 外出务工经商办企业

一、外出务工

农民工 截至2020年，罗坝村长期外出务工人员723人，其中女性252人。短期务工打零工有123人，他们在忙完自家农活后，又在村庄附近帮人挖树、栽树、除草、修剪苗木，收入可观。老家组村民王家春夫妇长期组成26人的专业挖树、栽树队伍，尤其在山地挖树有专业技术经验，远近闻名，每年劳务收入4万至7万元,多年来没有间断。

也有农民工经过打工后,自己投资兴业创办各类企业。罗坝村书房组村民程本扣、程本标、程本华兄弟3人,1993年前后到位于合肥的安徽省装饰公司打工。后公司经营经济不景气,兄弟3人1998年辞职,各自经营发展。至2014年12月,兄弟3人合伙成立安徽健丰建筑装饰工程有限公司,从事工程建设施工专业作业、装饰装修等业务。公司位于肥西县上派镇金寨南路与仙霞路交口华地紫金府,注册资本为5300万元。2018年12月,他们再次成立一家从事建筑劳务分包、房屋建筑工程施工、市政工程施工等业务的公司——安徽铭兆建筑劳务有限公司,注册资本500万元。兄弟3人多年来抱团经营,公司业务不断发展。公司管理人员总计有30名,劳务人员200名,带动本村一批农民工进城务工兴业。2020年安徽健丰建筑装饰工程有限公司营业额达6000万元,安徽铭兆建筑劳务有限公司营业额达5000万元,带动村民增收致富。

经营出租车　1999年9月高塘组村民李德财等3人,前往厦门开出租车载运客人,每年纯收入5万~6万元。由于在厦门收入可观,2000年路东组村民吴学勤、谢守林、程舟、蔺军琪、陈永生等14户44人陆续去厦门经营出租车生意,由李德财牵头形成一支出租车专业队伍。2000年后,每年收入逐年增加,2009年因子女上学,李德财、王永伏、吴学勤等人陆续返乡在本地开公交车或开出租车等其他行业。胡照才、胡照宏兄弟等4户携家人一直在厦门开出租车。

二、外出经商办企业简介

厦门优贝达电子科技有限公司　许郢组村民程文林,2006年毕业于滁州学院经济管理系,2015年,程文林创立厦门优贝达电子科技有限公司,担任公司总经理。公司注册资本500万元,其在厦门的工厂面积超过3000平方米,员工人数100余人,年产值3000万至4000万元。公司主要从事于航空航天、统一通信、呼叫中心市场的耳麦、会议等通讯类产品研发、生产和销售,在厦门集美区、同安区各有一个生产基地,并在北京、上海、广州、合肥设立办事处及分公司。公司创办以来公司致力于研发的大幅投入、市场开发的精心布局,取得了客户市场的赞誉,同科大讯飞、中航工业、京东、携程等上市公司建立长期的合作关系,产品畅销欧美等国内外市场。

东莞鼎鑫泰科技有限公司　负责人刘红林为罗坝村高塘人。企业原名“深圳市鼎鑫泰科技有限公司”,创建于2010年6月。2017年8月搬迁至广东东莞。厂址东莞市长安镇乌沙社区兴一路268号顺策创客中心二楼A区。厂房面积3200平方米，拥有生产设备19台，员工120人。该公司专业研发生产各类耐磨、耐油、耐高温阻燃等橡胶配件、电子电器导电硅胶原件、密封、防尘、防水乏O形环、异形密封圈、电脑键鼠零配件等，产品广泛使用于汽车、电脑、电器、音箱、键盘、鼠标、玩具、医疗器材等行业配件，产品100%为绿色环保产品，符合欧盟电子电气设备中限制使用某些有害物质(ROHS)标准。2018年，公司营销额3800万元，2020年营销额达到4500万元。

紫蓬镇罗坝村2020年各类企业一览表

表3-4

序号	经营类型	企业注册名称	法人代表	所在村民小组	2020年全年营业收入（万元）
1	园林苗木类	肥西县紫蓬镇顺达苗圃	周先春	黄小郢	1600
2		合肥市锦辉林业种苗有限公司	王彧翰	罗坝圩	612.3
3		肥西县紫蓬镇罗坝伟宏苗圃	康家柱	官塘	326
4		肥西县紫蓬镇鼎盛苗圃	程庆林	许郢	316
5		安徽程氏园林有限公司肥西分公司	程忠	小卫	310
6		肥西县紫蓬镇福勤苗圃	张福勤	河东	301.6
7		肥西县联发园林有限公司	康家年	张郢	295.51
9		安徽省云平园林有限公司	程云	高塘	237.97
10		肥西县景琦园林苗木有限公司	巢昌禄	杨墩	209.9
11		肥西县寿玉园林绿化工程有限公司	张寿玉	下湾	201.09
12		合肥月亮湾家庭农场（合肥市紫蓬镇罗坝苗木花卉农民专业合作社）	周根苗	上冲	193.8
13		肥西县紫蓬镇文发苗圃	徐文发	官塘	156.95
14		梦阳苗圃	董万忠	桂郢	150
15		肥西县瑞琼翔园林景观工程有限公司	王建琼	杨墩	126.35
16		肥西县紫蓬镇永红苗圃	陈永红	张一	126
17		肥西县紫蓬镇伏礼苗圃	张伏礼	高官塘	120

续表3-4

序号	经营类型	企业注册名称	法人代表	所在村民小组	2020年全年营业收入（万元）
18	园林苗木类	肥西县康堰园林绿化有限公司	叶成保	康堰	105.64
19		肥西县紫蓬镇景源苗圃	周伦安	陶郢	90
20		合肥丰阔园林绿化工程有限公司	周先保	康堰	89.78
21		合肥正翊园林工程有限公司	王胜勇	张一	81
22		肥西县紫蓬镇程健苗圃	程健	高塘	67.9
23		安徽省亚新园林绿化有限公司生态科技示范园	马晓光	高塘	67
24		肥西县紫蓬镇锋华苗圃	周先华	黄小郢	63
25		合肥友春园林绿化工程有限公司	蔺荣友	新庄	62
26		合肥永正园林绿化工程有限公司（肥西县永法苗圃）	张永法	河东（下湾）	58
27		合肥德润园林工程有限公司	康大为	张郢	56.96
28		肥西县紫蓬镇先树苗木花卉场	周先树	康堰	56.26
29		肥西春山园林绿化有限责任公司	张寿文	张二	56.19
30		肥西张湾园林绿化有限公司	张婷婷	张一	46
31		肥西县紫蓬镇叶华苗圃场	叶华	康堰	45.92
32		肥西县贵盛花木有限责任公司	王永好	蔺郢	26.72
33		肥西县紫蓬镇玉林苗圃	王玉林	高塘	26.51
34		合肥田野风园林工程有限公司	张福洲	张一	26
35		肥西县紫蓬镇庆美苗圃	程庆美	杨郢	25.1
36		肥西县紫蓬镇世斌苗圃	胡世斌	桂郢	24.6
37		肥西县紫蓬镇森源苗圃	吴善华	新店	22.66
38		肥西县景利达绿化园林建设有限公司	吴善成	官塘	22.6
39		肥西县紫蓬镇罗坝大香苗圃场	张大香	官塘	21.6
40		安徽世慧园林景观工程有限公司	刘世保	岗东	18.6
41		肥西县紫蓬镇张军苗圃	张军	新店	16.75

续表3-4

序号	经营类型	企业注册名称	法人代表	所在村民小组	2020年全年营业收入（万元）
42	园林苗木类	肥西县紫蓬镇张浩苗圃	张浩	蔺郢	16.58
43		合肥和奇园林有限公司	周桦林	张郢	16.56
44		肥西县紫蓬镇泉清苗圃	张寿清	张郢	16.5
45		合肥乐源生态园林有限公司	宋永忠	老家	16.5
46		合肥傻乐家庭农场	董强伟	老家	13.6
47		合肥博朗园林绿化工程有限公司	张海峰	张一	12.9
48		肥西县紫蓬镇张平苗圃	张平	路东	12.8
49		肥西县紫蓬镇墩山苗圃	李林	高塘	12.6
50		肥西县紫蓬镇平川苗圃	张大勇	下湾	11.26
51		肥西县绿锦园林绿化工程有限公司	张大文	官塘	10.92
52		肥西县紫蓬镇寿南苗圃	张寿南	小卫	10.86
53		合肥市蔡伟园林绿化有限公司	蔡伟	康堰	8.13
54		安徽跃鲲园林绿化有限公司	徐贤波	官塘	7.97
55		合肥鼎辉园林工程有限公司	康家银	官塘	5.68
56		肥西县紫蓬镇罗坝德财苗圃	李德财	高塘	5.6
57		肥西县紫蓬镇啸天苗圃	王程	陶郢	2.96
58		肥西县程肥苗圃	程肥	小卫	2.72
59		肥西县紫蓬镇百日红苗圃	卞国来	大卫	2.1
60		肥西县青芳园林绿化示范园	周基芳	上冲	1.57
61		肥西县紫蓬镇华达苗木场	李华	上冲	1.56
62		肥西县紫蓬镇杨灯苗圃	王建双	杨墩	1.26
63		肥西县红大苗木有限公司	张大红	杨墩	1.23
64		肥西县锦蓬花卉苗木有限公司	王光玲	书房	1.17
65		肥西县本彪苗圃	周本彪	陶郢	1.17
66		肥西县紫蓬镇恩苍苗圃	王恩苍	桂郢	1.1
67		肥西县锦森苗圃	张福山	小卫	0.61

续表3-4

序号	经营类型	企业注册名称	法人代表	所在村民小组	2020年全年营业收入（万元）
68		肥西县紫蓬镇凝峰苗圃	张凝峰	官塘	0.13
69	服贸易类	肥西官塘劳务有限公司	方家茂	官塘	1214.79
70		合肥三洽源餐饮管理有限责任公司	康家稳	官塘	720
71		安徽伏礼劳务有限公司	张伏礼	高官塘	91
72		合肥墩山工程机械有限责任公司	叶华	康堰	69.52
73		安徽大泰企业管理集团有限公司	张克兵	杨墩	51
74		安徽峭雄建设有限公司	余强	杨郢	50
75		合肥胜大贸易有限公司	王立胜	杨墩	21
76		肥西县紫蓬供销合作社有限公司	周先兵	蔺郢	12.07
77		肥西县万庵农产品加工场	张浩	蔺郢	3.46
78		肥西县紫蓬镇张浩商店	张浩	蔺郢	2.12
79		肥西县紫蓬镇本群商店	周本群	高塘	2.1
80		肥西县紫蓬镇蔺荣文百货商店	蔺荣文	–	0.51

注：1.本表登记为注册地点为罗坝村的各类企业。未包含罗坝村籍人士在外地创办的企业；

2.以2020年营业收入为序分类排列。

第四编

社会

SHE HUI

第十章　村民生活

第一节　收入分配

新中国成立前，罗坝村95%以上是贫农、佃农，村民终年租种地主田地为生，年底，除掉地租、纳税、还债，再加上必要的农业开支，就所剩无几，人民生活极端贫困。乡间曾流传歌谣："镰刀响，锅盖热，热热闹闹一个月。镰刀上墙，家中无粮。"若遇上旱灾和病虫害等荒年，造成粮食减产或绝收，当年的生活就了无着落，有的人家只得外出乞讨度日。冬闲时，有少数农民到附近的肥西县城及周边集市做点贩卖萝卜、青菜和小农产品等小生意，补贴家用。人们虽然终年劳碌，但也难以糊口度日，村民生活民不聊生。

中华人民共和国成立后，人民生活水平得到逐步改善。20世纪50年代初土地改革后，贫农、佃农们分得田地。耕者有其田，干劲倍增，粮食逐年稳产增产。1951年，农村成立互助组，互帮互助，生产效率得到提升。1952年，农村成立初级社，生产规模有所扩大。依靠集体力量，抵御自然灾害能力得到加强。从1949年农民年人均收入的49元，到1957年农民年人均收入达到55元。1959—1961年，农业生产力受到损害，粮食紧张，生活困难。1961年初实行"责任田"后，农民生活有所改善。1978年秋，肥西农村出现百年不遇特大旱灾，罗坝村地处江淮分水岭地带，有9个月没下过一场透雨，水塘干涸，人畜用水困难，田地开裂，庄稼枯萎而颗粒无收，灾害十分严重。1965—1978年，全村年人均收入在70元上下。

改革开放后，调动农民生产积极性，农业生产力得到较大发展。1981年，罗坝、墩山大队在山南小井庄"包产到户"的带动下，也开始实行包产到户，调动农民生产积极性。当年，所有田地顺利播种、补种庄稼。1981年，罗坝村山区大、小麦获得大丰收，比上年同期增长2倍多，粮食产量大增，村民生活水平迅速提高，当年人均收入达159元。1985年全村年人均收入为362元。1986年，全村年人均收入403元，人均生活消费支出357元。一些农户家中开始购买自行车、缝纫机、钟表、手表、电风扇、大型家具、收音机、黑白电视机、录音机等，生活水平得到提高。

1995年，全村实行第二轮土地承包改革，不断完善经营承包责任制，广大农户不断调整农业产业结构和种植业结构，大力发展苗木花卉产业，农民收入稳定增长，当年人均年收入1305.9元。2003年5月，全面取消农村劳动力承担的义务工和劳动积累工，减轻农民负担。同年10月，国家为提高农民的种粮积极性，向农民发放种粮直补资金，农民收入保持稳定增长。2005年，罗坝村各村民小组通沙石路，通电话、电视，很多农户住上楼房。高档家具和农机具、摩托车、彩电、冰箱、空调器、太阳能热水器、汽车也进入平常农民家庭。

罗坝村苗农正在田间收获苗木

2006年1月1日起，国家废止农业税条例，终结我国沿袭两千多年来向农民征税的传统。同时，国家还不断推行一系列惠农政策，农民人均纯收入继续保持快速、稳定增长。2005年人均纯收入3205元，2008年人均纯收入6520元，2009年人均纯收入达7700元，比上年增长了18%，高出全县平均水平22%。2011年人均纯收入10200元，首次突破万元关口。2015年人均年纯收入15205元，年支出约12384元，其中食品支出约占40%，其他生活支出约占43%，农业生产支出8%，医疗支出5%，教育支出4%。至2020年，全村年人均纯收入达到26060元，是改革开放之初有记载的1985年的163.9倍，变化巨大。

罗坝村人历经改革开放40年的光辉路程，在经济社会文化生活等各个方面都发生了翻天覆地的变化，实现了“住房从草房到楼房，生活从温饱到小康富裕”的幸福生活。

2020年紫蓬镇罗坝村人民生活基本情况一览表

表4-1

<table>
<tr><th colspan="2">项目</th><th>数值</th><th colspan="2">项目</th><th>数值</th></tr>
<tr><td colspan="2">村域面积（公顷）</td><td>877.07</td><td colspan="2">村庄建设用地面积（公顷）</td><td>19.2</td></tr>
<tr><td colspan="2">自然村数量（个）</td><td>28</td><td colspan="2">农村住房总户数（户）</td><td>624</td></tr>
<tr><td colspan="2">户籍总户数（户）</td><td>624</td><td colspan="2">村集体总收入（万元）</td><td>42</td></tr>
<tr><td colspan="2">户籍人口数（人）</td><td>2417</td><td colspan="2">农民年人均纯收入（元）</td><td>26060</td></tr>
<tr><td colspan="2">常住人口数（人）</td><td>2417</td><td rowspan="4">公共基础设施建设情况</td><td>通村道路已硬化自然村庄数（个）</td><td>28</td></tr>
<tr><td rowspan="3">其中</td><td>0～14周岁数（人）</td><td>465</td><td rowspan="2">通宽带的自然村数（个）</td><td rowspan="2">28</td></tr>
<tr><td>15～59周岁数（人）</td><td>1543</td></tr>
<tr><td>60周岁以上数（人）</td><td>409</td><td>使用卫生厕所的户数（户）</td><td>339</td></tr>
</table>

第二节　社会保障

一、特困户五保户供养

1954年，人民政府动员互助组、合作社，对孤老残幼实行代耕、包养、寄养等。1956年，对无依无靠的孤寡老人实行五保（保吃、保穿、保烧、保医、保葬）。一般采取“补助工分，按劳所得”的供养办法，以当地社员中等收入为基准，缺多少补多少；一般每人每年补助粮食265千克；补助现金最高100～150元，最低为50元。

1982年，调整五保供养政策，采取由社、队统一提留供养、集体供养、划田代耕、包产代养等方式。改革开放后，主要采取敬老院集中供养、分散供养方式，按标准补助基本生活费，并予以大病救治、医疗保险的补助。至2020年，罗坝村特困供养户有19人，其中女性2人；分散供养有12人，集中在敬老院供养有7人。

2020年罗坝村特困供养户情况统计表

表4-2

村民小组名称	人数（人）	姓名	性别	民族	出生年月	供养方式	月供养标准（元）
下湾	2	孙增林	男	汉	1946.7	分散供养	724.4
		张福业	男	汉	1948.6	集中供养	1144
大卫	1	葛章友	男	汉	1942.10	分散供养	724.4
老家	3	孔祥和	男	汉	1941.11	分散供养	724.4
		周本超	男	汉	1960.9	分散供养	724.4
		周孝珍	女	汉	1938.10	集中供养	1144
陶郢	3	王本新	男	汉	1945.10	分散供养	724.4
		周本林	男	汉	1955.11	分散供养	724.4
		周本恕	男	汉	1952.3	集中供养	1144
河西	1	张福增	男	汉	1948.12	分散供养	724.4
路西	3	沙开花	男	汉	1946.7	分散供养	724.4
		杨月娥	女	汉	1944.1	分散供养	724.4
		程国瑞	男	汉	1943.10	集中供养	1144
康堰	1	周本坤	男	汉	1946.8	分散供养	724.4
张一	2	张寿宝	男	汉	1953.4	分散供养	724.4
		张福升	男	汉	1956.7	分散供养	724.4
路上	1	蔺维宏	男	汉	1940.3	集中供养	1144
岗西	1	何书信	男	汉	1940.10	集中供养	1144
官塘	1	吴成才	男	汉	1940.8	集中供养	1144
合计	19人，其中分散供养12人，集中供养7人，月供养标准合计16700.8元						

二、社会养老保险

20世纪90年代后，随着计划生育工作的深入推进，中国进入老年化社会，农村养老保险迫在眉睫。自2010年开始，全县推行年满18～60周岁的人群，每年自愿购买养老保险，存入自己的账户，县财政再给予一定的缴费补贴。购买标准为100元起点，对计划生育独女、二女户选择每年100元、200元缴费档次的分别补助30元、40元；选择300元、400元、500元及以上缴费档次的分别补助90元、120元、150元；连续购买15年，对于独男户给予30元的缴费补贴。至60周岁，投保者可领取自己的养老金，原则是多存多得、少存少拿。2010—2017年最低缴费标准为每人100元，2018年最低缴费标准为每人200元，2019—2020年最低缴准为每人300元。2020年，全村购买养老保险1047

人，参保率达99%。2020年，罗坝村60周岁以上享受养老保险409人。

三、最低生活保障

农村实行家庭联产承包责任制后，有些农户遇到天灾、人祸，或重病、残疾等情况失去生产能力，没有经济来源的鳏寡孤独者，由乡镇、村及民政部门统筹安排，纳入最低生活保障，确保困难群众吃、穿、住得到保障，体现社会主义制度的优越性。至2020年，罗坝全村有低保户25户39人（女性16人），其中因病4人、残疾26人、无劳力9人。

2020年罗坝村低保户情况统计表

表4-3　　　　单位：人

序号	户主姓名	家庭人口	村民小组名称	原因
1	许家良	2	许郢	因残
2	张明	1	河西	因残
3	周先好	4	陶郢	缺劳力
4	葛茂虎	1	大卫	因残
5	张具友	1	小卫	缺劳力
6	蔺大林	1	岗东	因病
7	蔺大壮	1		因残
8	董照朋	1	下湾	因残
9	刘守根	1	黄小郢	因残
10	周本芝	1		因残
11	周固生	1		因病
12	梁华武	1		因残
13	周正福	2	新店	因残
14	王庆兵	3		因残
15	王朝兵	3	桂郢	因残
16	桂叶钱	1		因病
17	张福树	2	张一	因残
18	康家金	1	官塘	因残
19	张具才	2	路东	因残
20	蔺荣自	1		因病
21	孔祥伍	1		因残
22	蔺光满	2		年老体弱
23	程德珍	1	路西	因残
24	余本继	2	杨郢	意外摔伤
25	刘国群	2	蔺郢	因残

四、残疾人生活补贴

全村困难残疾人生活补贴23人，其中女性10人。一至二级残疾人每月生活补贴134元，三至四级残疾人每月生活补贴67元。重度残疾人护理补贴29人，其中女性17人，每月护理补贴120元。精神残疾人药费补助9人，其中女性5人，每年每人补助1000元药费。

五、无人抚养儿童生活保障

对因父母重残、重病、服刑在押、强制隔离戒毒、被执行其他限制人身自由的措施、失联、患有精神病及完全丧失劳动能力情形而无法履行抚养和监护责任的儿童、未满18周岁的未成年人给予救济。2020年罗坝村事实无人抚养儿童2名，月补贴1000元。

第三节 优待抚恤

一、群众优待

对于军烈属给予群众优待。解放初期，采用工票、包工、派工办法代耕。1953年5月，改由互助组签订合同，包耕包产，由互助组确定专人代耕。人民公社时期，采取优待劳动日的方式，以平均每人每年所得劳动日为标准，除去优待对象本人经民主评议应做的劳动日，不足部分补齐。改革开放后，采取统筹发放优待现金。1984年以前，由村统筹资金；1984年后，每年由乡统一评定，统一负责，统一筹款，统一兑现。每年春季，经群众民主评议，评出优待对象，评定优待金额，并做到“保证烈属，优待军属，适当照顾其他优待对象”。2001年农村费税改革后，优待金由县乡财政承担。2020年，全村有军属1户，按每年590元标准发放优待金。

二、烈军属定期补助

对在各个时期为革命牺牲的革命烈士的直系亲属发放抚恤金。烈军属优抚对象中，经过群众优待，生活上仍有困难的，国家每年发给定期定量补助金，补助金额不断提高。1955年，农村每户每月补助2～4元；1979年，农村每人每月补助6～10元。至2020年，给予罗坝村许郢组张明桂烈士的亲属张正良每月生活补助590元。

三、农村退役军人生活补助

2020年，罗坝村有农村籍60周岁以上退役军人8人，每人按每月200～400元不同标准发放生活补助费；对2名带病回乡军人，按每月705元标准发放生活补助费；对2名伤残军人按相应标准发放伤残抚恤金。

第十一章　医疗卫生

第一节　医疗

罗坝村地处丘陵山区，人民生活困难，长期温饱难以解决，更是缺医少药，群众患病多是依靠游医郎中使用"草头方子"，或者干脆不治，人口死亡率较高，预期寿命短。中华人民共和国成立后，医疗条件有所改善。改革开放后，随着新型农村合作医疗、城乡合作医疗制度的实行，农村医疗状况得到根本改善。

一、农村合作医疗

为改变农村医疗条件相对落后的面貌，1970年起开办农村合作医疗。开始由生产队办，后发展到农业社办和社队联办。合作医疗经费由社员筹集，每人每年1元，大队从公益金中补助一部分。社员在当地医疗站看病，只收挂号费，若必须到外地治病，医药费报销一部分或全部。合作医疗本着自力更生、勤俭办医的原则，推广中草药和针灸术治病。

1969年，光明大队推荐张俊环、王传英参加上派区卫生院学习。1970年1月，二人担任罗坝村大队卫生员，背着药箱下小队为群众看病。1970年7月，建立大队合作医疗室。

1974年，墩山大队推荐蔺荣生，罗坝大队推荐张俊环到农兴公社参加培训。次年，墩山大队在二房郢以大队配电房为地址开办合作医疗室，罗坝大队在万安办合作医疗室。卫生员以记工分为主，大队给予一定补助，收入相当或略高于当地同等劳动力。区乡卫生院经常对卫生员进行技术培训和辅导。

1976年，墩山大队14个生产队，按人口筹资97元，在二房郢配电房开办大队合作医疗室。社员每年每人缴纳1元钱为合作医疗费用，由大队统筹购药使用。病人看病，每人每次收取0.05元挂号费。卫生员为蔺荣生，保健员为程国凤。当时，卫生员一般只能治疗常见病、普通外伤等，较大病症需转至公社卫生院或县医院治疗。至1978年，因筹资困难、缺医少药，难以为继，合作医疗无法继续维持，遂解体停办。随着农村经济体制改革，原大队集体办卫生室逐步变为私人诊所，群众看病时收取费用。

1983年对个体行医进行整顿，由省命题，对符合个体行医条件的人员举行统一测试，经考核合格，发给行医许可证。蔺荣生考核通过一直在行医。1989年成立乡村医疗室，蔺荣生招为乡村医生防疫员。

2000年，按照乡村卫生服务一体化管理的要求，对村卫生室设置进行调整，在罗坝村万安建立村卫生室，规范行医，调整一村一室布局。2001年蔺荣生进卫生室，肥西卫校毕业生张萍、六安卫校毕业生李健相继于2002年、2003年招录至卫生室。

二、新型农村合作医疗

2001年，国务院办公厅转发《关于农村卫生改革与发展指导意见》，肥西县制定《肥西县农村合作医疗统筹试点管理办法》及相关措施，并在花岗镇、董岗乡进行试点。肥西县2002年被列为全国合作医疗大病统筹试点县，2003年被列为安徽省新型农村合作医疗试点县，正式建立农村新型合作医疗保险制度。

2003年11月，全县新型农村合作医疗制度（简称“新农合”）正式运行。县政府先后两次修订《肥西县新型农村合作医疗实施办法》，规定新型农村合作医疗制度实行个人缴费、社会扶持和政府资助相结合的筹资机制，以及参加新农合的农民个人缴纳保金的标准、补偿的个体标准和比例等。新农合创立之初，农民缴费标准较低，每人每年仅需10元，后根据实际需要，全县统一标准有所增加。2003年10月，罗坝全村共有2040人参加新型农村合作医疗，参合率达91%。

村卫生室 2006年秋，县卫生局拨款筹建设村卫生室。卫生室的重要任务是做好村民的公共卫生，即负责全村村民慢性病的摸底、随访、诊治，建立慢性病人员的健康档案，定期给老年人、慢性病人测血压、血脂、血糖等，负责村民常见病防治，送医上门，方便村民就医等。卫生室有两张床位，蔺荣生、李健、张萍3人为医生，蔺荣生为负责人。2000年以后，随着卫生事业的发展，设备有所增加与改善。2014年6月，蔺荣生退休后，李健任站长。

2015年，罗坝村新农合参保2082人，参保率97.8%。2015年起，村卫生室的药物实行销售零差价，药物的调拨与配送由农兴卫生院负责，确保村民用上放心药、平价药。卫生室的一切经费由卫生局统一拨款到中心院统一支配使用，医务人员的工资由卫生局统一补贴核发。同时，卫生室还承办村民急、慢病的检查、上报工作。

2016年，罗坝村卫生室配备多功能“一体机”一部，一机多能，集测量血压、血脂、血糖，做B超等功能于一体。实行新型合作医疗制度后，村医疗室按照“基层首诊，双向转诊，急慢分治，上下联动”机制，保障新农合经费的精确使用，合理开支新农合经费，村民健康水平有较大提高。

医保缴费与报销 2010年每人每年交费30元，2011年每人每年交费50元，2012年每人每年交费70元，2014年每人每年交费90元，2017年每人每年交费180元，2019年每人每年交费250元，2020年每人每年交费280元。在个人交费的同时，各级政府相应配套新农合资金，同时不断提高报销给付率。根据分级诊治原则，报销给付率也分别不同，其中乡镇中心医院70%～75%、县医院为70%、县以上医院为60%。

2020年，全村新农合参保2184人，参保率98.7%。全村办理慢性病卡228人，其中患高血压132人、糖尿病45人、精神病15人、其他慢性病36人。当年，对23名贫困户慢性病患者，实行“四保障一兜底”（即基本医保、大病保险、商业补充保险、医疗求助和“351”“180”政府兜底）的政策。

第二节 公共卫生

一、饮水卫生

新中国成立前，一般每个村庄都有一个大口井，村民饮水取用井水；也有的村庄取用塘坝水。20世纪70年代时，村民家家打手压井，偏僻村庄无大眼井的，则在有泉眼处挖土井。1973年以后进行两管（管粪、管水）、五改（改水源、改炉灶、改厕所、改环境、改畜圈）。1978年全村对大口井、手压井水质抽样化验，合格率100%。

1980年代以后，村民改打机井，家家户户陆续打井供自家使用。2003年，全省启动农村饮水安全工程，当年秋，县乡拨款在本村岗东、岗西、中心、路上4个组中，打一眼深水井，解决群众吃水难的问题。2019年7月全村开始安装自来水，当年底，全村各村庄自来水全部安装到户，饮用上自来水厂干净卫生的自来水。

二、食品卫生

村民不仅重视饮水卫生，对食品安全也极为关注。购买食品、饮料时，注意其保质期、生产时间，不购买不合格食品，不吃霉烂变质的食品。2016年，村成立食品安全工作领导小组。村主任担任食品安全协管员负责本村食品安全协管工作，配有一名食品安全信息员，负责本村的食品安全信息收集报送工作，将食品安全工作纳入村目标责任考核内容。2018年罗坝村获评肥西县食品安全示范村。

三、环境卫生

改革开放后，罗坝村按照“特色保护型”村庄建设要求，建设高标准新村，实施村庄水系整治。

2019—2020年，罗坝村实施村庄清洁行动，清理村内塘沟，清理畜禽养殖粪污等农业生产废弃物，清理乱搭乱建、乱堆乱放，清理废旧广告牌，清理无功能建筑，改变影响农村人居环境的不良习惯(简称“五清一改”)，动员全村群众参与整治，解决村庄“脏乱差”问题。其间，实施旱厕改造339座，原有的旱厕全部拆除；拆除16户无功能建筑699.99平方米；清淤塘口15口，清理沟渠6条；清理村庄主干道沿线、山体周边的散落垃圾，塘沟河坝内淤泥垃圾，农业生产废弃物以及废旧广告标语。同时，全村配备保洁员13名，做到户户门口配置垃圾桶，道路、村庄路口配备垃圾筒集中收纳垃圾，垃圾车定时到村头路边清运垃圾，落实常态化管理；建立镇村组三级网格员制度。开展“回头看”，对发现的问题及时整改。2020年罗坝村获合肥市村庄清洁行动先进村，成为绿树环绕，环境优美宜人，实现“村美、民富、社会和谐”的美丽新农村。

第三节　妇幼保健

2017年，因卫生健康工作转型需要，村居配备一名妇幼保健员，负责开展妇幼保健工作，主要工作包括：

开展新生儿出生登记。本村出生的新生儿，均及时登记于《合肥市基层妇幼卫生信息登记本》，按月上报镇卫健办。负责“三网”监测工作。即5岁以下儿童死亡监测、孕产妇死亡监测、出生缺陷人群监测，发现后及时填表上报乡镇妇幼保健计划生育中心、乡镇卫生院。做好孕产妇保健和儿童保健及育龄妇女信息资料管理。每月对本辖区新婚夫妇、待孕妇女及孕情进行摸底、登记、上报；及时更新《合肥市基层妇幼卫生信息登记本》内容，确保资料的完整性、准确性和连续性，按月上报；对所有信息实行电子化管理；及时与乡镇妇幼保健计划生育中心、卫生院进行核对，确保信息一致；开展辖区内产妇、新生儿的产后访视工作；督促新生儿家庭及时在户籍地（或常住地）公立医院及时建立儿童保健手册，并按时体检；对流出本地的孕产妇及时向乡镇妇幼保健计划生育中心、卫生院报告其流出地和联系方式；对新婚、准备怀孕及已怀孕妇女（孕早期3个月）免费发放叶酸片并随访，上报叶酸随访表；对高危（含高龄）待孕妇女及时上报，对其服用情况进行随访和监督管理；配合做好35～64岁适龄妇女参加乳腺癌、宫颈癌（简称为“两癌”）筛查，49岁以下已婚育龄妇女免费孕前优生健康检查，协助开展0～6周岁儿童“先天病”筛查。

第四节　爱国卫生运动

20世纪50年代起，开展爱国卫生运动，男女老少动手除“四害”、净环境、灭疾病。1958年，广泛宣传个人卫生，人人讲究勤洗衣服、勤洗澡、常刷牙、常剪指甲；公共场所查比四净（室内净、厨房餐具净、被服家具净、沟渠厕所净）、五不（不乱倒垃圾、不乱泼污水、不乱丢果皮纸屑、不随地吐痰、不随地大小便）、五有（人有厕、粪有坑、牛有栏、猪有圈、禽有窝）。1958年、1959年，动员全村男女老少动手除虫害，净环境，灭鼠，清除垃圾。

1981年以来，城乡推行“五讲”（讲文明、讲礼貌、讲卫生、讲秩序、讲道德）、“四美”（心灵美、语言美、行为美、环境美）和门前“三包”（包卫生、包秩序、包绿化），村内环境卫生大改观。

多年来，罗坝村组织人员进村入户开展爱国卫生宣传，对村民定期开展健康教育培训，倡导全民健康生活方式。开展以“文明健康绿色环保”为主题的爱国卫生月宣传活动，世界无烟日开展“承诺戒烟，共享无烟环境”的专题活动；进一步推动开展爱国卫生法制宣传周活动，营造“依法科学治理共建健康家园”的良好社会氛围；围绕抓好改水改厕，做好环境整治，深入开展村庄清洁行动，营造干净整洁的居住环境；扎实开展除四害工作，通过广播、电子屏、微信群等新媒体宣传，结合入户发放宣传材料、面对面进行宣教的方式，倡导清洁环境、健康卫生、自我保健等健康知识。

2020年，罗坝村开展爱国卫生月活动与疫情防控宣传相结合，共发放《安徽省爱国卫生条例》《中国公民健康素养66条》《抽烟知识宣传》《健康膳食“三减”知识》《病媒生物防治方法》等宣传材料400余份。着力提高全村人民群众健康素质，营造文明、健康、和谐的人居环境。同年，罗坝村获得“合肥市卫生村”称号。

第十二章　村落建设

第一节　村庄民居

一、村庄

20世纪80年代初开展第一次全国地名普查时，罗坝村境内有万庵、蔺郢、许郢、蔡何庄、李郢、康湾圩、大魏庄、官塘拐、汪郢、康郢、杨郢、张湾、张小郢、小魏庄、新庄、张下湾、杨墩、(以下原属墩山村)蔺大郢、牛尾巴岗、张二房郢、黄小郢、高塘塝、桂郢、油坊冲、书房郢、陶郢、面坊郢、老家郢、周新店、李小郢，共计30个村庄。80年代以来，少数村庄因重点工程建设需要征迁而消失；也有新建的居民点而成为新的村庄。2020年开展第二次全国地名普查时，蔺大郢、牛尾巴岗、新庄已于2018年拆迁。至2020年末，全村有村庄27个。

二、民居

旧时，一般人家住房多为土墙草顶，只有少数富裕人家才住得起砖墙小瓦盖顶的房屋。20世纪80年代前，本地居民住房变化不大。房屋结构区别不大，土草房多为土垒墙，实山，一般土垒到窗台，上端干土坯砌成，外周加秸秆蓑衣；有毛石垒砌成基，上以土坯砌成。屋顶用稻草盖顶。罗坝村地处江淮分水岭半岗区丘陵地带，也多用麦秸秆或山草盖顶。

20世纪六七十年代，有少数农户盖起土墙瓦顶或砖墙瓦顶的基建房屋。改革开放后，随着农民收入不断增加，农村经济逐渐好转，砖瓦结构的标准基建房渐多，至80年代中期，全村1/3农户盖起新瓦房。到2000年罗坝村所有家庭都建有砖瓦房，居住条件大为改善。部分质量好的草房则用于厨房或堆放杂物。卫生设施使用户外旱厕。

第二节　公共设施建设

一、村部建设

1992年，原墩山村在官塘组山地盖3间二层楼房及1间附属房，共140平方米。原罗坝村无办公场所，一直借用原罗坝小学3间简陋校舍办公。

2004年，原罗坝、墩山两村合并后，仍集中于罗坝小学房屋办公。2009年，因该房屋墙体开裂安全隐患大，争取镇党委、政府支持后，多方筹资40万元，于2010年建设占地1.6亩、建筑面积400平方米的村部，方便办公和为民办事。

二、村广播电视网建设

1956年4月，县内各区乡接通广播，利用电话线作为传输线路，电话点安上喇叭，清晨和傍晚各播放约1小时，电话让线给广播，乡乡通广播。

1969年5月，县成立普及农村广播网办公室。是年秋，各公社镇广播站相继建立，各地架设公社至大队的广播专线杆。至1974年夏，罗坝大队和墩山大队通广播。此后各生产小队安装舌簧小喇叭到农户，入户率为60%。后因很多线杆粗劣，农村广播线路大幅度损坏，广播随之受阻。

1993年起，全县掀起“村村通广播”建设热潮。1995年11月，县委、县政府规定：“乡镇要在农民人均负担5%的范围内提取不少于0.1%作为广播电视事业经费。”在此政策实施后，农兴镇广播建设加速。至2000年底，农兴经省广播电视厅批准为乡（镇）广播站先后建起“小调频”，用房及站内设备均达省厅要求的“甲级站”标准。所属罗坝、墩山各村都建有标准化的广播室，实现无线传输，通播率达100%。2003年5月，罗坝村、墩山村开通有线电视，接收频道多，有部分农户开始安装。

2016年，村广播室升级改造后，不仅转播中央、省、县台节目，本村还能自行控制播放。至2020年，罗坝全村全面实现每个自然郢通广播电视。村设广播室，配备广播员。通过村村通广播和有线电视建设，快速、高效、全面地传播党和国家的惠民政策，提高村民政治意识，传播农业科技、农村信息，服务三农，加强农村精神文明建设。

三、村公共文化设施建设

农家书屋　2008年10月，罗坝村建立农家书屋，初期农家书屋目录有500册，后逐年增多。农家书屋对外开放，书屋有政经类、科技类、生活类、文化类、文化类、少儿类和其他类等图书，内容丰富。2020年，农家书屋收藏各类图书1500余册，另外，还有大量杂志和报刊等供村民阅读。

村民文化活动广场 为村民提供健身娱乐活动场所。2010年建设占地100平方米的文化活动广场，为村民提供健身娱乐活动场所。先后开展“送戏进村”“送电影进村”等各项文化惠民工程，把优秀的文艺表演带给村民，让大家在家门口就能享受到丰盛的文化大餐，丰富了农村广大村民的文化生活。

残疾人工作站 2019年12月，为关心本地残疾人身心健康，罗坝村残疾人工作站建立。工作站建筑面积80平方米。配备相关残疾人器具、设施，围绕“人人享有康复服务”目标，开展残疾人康复训练，统筹开展日间照料、文体活动，丰富残疾人娱乐生活，为他们提供学习条件，助力推进和谐村居构建。

四、公共通信设施建设

1997年，完成电信光缆架设工程，实现村村通程控电话。当年完成固定电话装机235部。2001年，村民最初开始使用手机。2008年起，村境先后建有中国移动、中国联通移动基站2座，相继实现4G、5G无线网络全覆盖，全村各村民小组均可联通有线、无线网络。为乡村数智化转型发展，推进乡村治理能力现代化，推进平安乡村、智慧乡村、美丽乡村建设，助力乡村振兴奠定坚实基础。

第三节 道路交通建设

一、县道

经过村境的县道有三岗循环路。自紫蓬镇白衣村小林场入境，经过高塘、高官塘、路西、黄小郢4个村落，至罗坝村黄小郢村民小组出境。境内全长3千米。此条县道20世纪80年代修为沙石路，路面宽4米，2005年10月建成水泥路，2017年道路拓宽为7米，加铺为柏油路面。

二、乡镇间联通道路

为实现乡镇间公路网络贯通，2017年、2018年，经县政协委员余蔚霞提案，县交通部门修通紫蓬镇罗坝村上冲山场至紫蓬山管委会陀龙村长1.7千米、宽3.5米的水泥路。2018年，修通罗坝村老家组至花岗镇叶岗村长1.3千米、宽4米的水泥路。打通与外乡镇联通的“最后一千米”。

三、村道

罗坝村最早于2008年开始修建康堰—苗木大道村村通水泥路，一改过去晴通雨阻交通不便的状况。2019年，罗坝村乐源生态园林申报建设为扶贫产业基地。为完善园区基础设施，带动苗农对外经营销售，促进经济发展，修建乐源生态园林扶贫路，道路为长2.1千米、宽4米的水泥路，共投资232.38万元。至2020年，全村有村村通道路16条，总长度22.2千米。其中，康堰—苗木大道路基为柏油路面，其余均为水泥路面，宽度一般4米左右。

罗坝村"村村通"道路建设情况一览表

表4-4　　单位：米

序号	道路名	规格	长度	修建过程
1	康堰—苗木大道	柏油路面	3000	1973年修建土路，2004年改建沙石路，2008年浇筑为宽4米的水泥路面，2017年浇筑为长3000米、宽5米柏油路面
2	许郢—杨郢—新庄—万庵的许杨郢路	水泥路面	1500	1975年土路，2005年建沙石路，2013年浇筑为长1500米、宽3.5米的水泥路面
3	罗坝商店—高塘—桂郢—陶郢路	水泥路面	1500	2010年建长1500米、宽3.5米的水泥路面
4	罗坝商店—路东、路西组—新庄路	水泥路面	1500	2014年建长1500米、宽4米的水泥路面
5	上冲—紫蓬山管委会陀龙村湾堰路	水泥路面	1700	2017年建长1700米、宽3.5米的水泥路面
6	运渣通道—下湾路	水泥路面	500	2018年建长500米、宽4米的水泥路面
7	陶郢—老家—花岗镇叶岗村路	水泥路面	2440	2018年建长2440米、宽4米的水泥路面
8	陶郢—周新店（李小郢）路	水泥路面	1200	2018年建长1200米、宽4米的水泥路面
9	罗坝乐源生态园林扶贫产业园路	水泥路面	2100	2019年建长2100米、宽4米的水泥路面
10	书房郢内路	水泥路面	217	2020年建长217米、宽4米的水泥路面
11	许郢—杨郢组路段	水泥路面	230	2020年建长230米、宽4米的水泥路面
12	乐源生态园林扶贫产业园路—新店—李郢路	水泥路面	1186	2020年建长1186米、宽4米的水泥路面

续表4-4

序号	道路名	规格	长度	修建过程
13	三岗循环路—上冲—书房郢	水泥路面	2500	2017年建长2500米、宽4米的水泥路面
14	三岗循环路—黄小郢组路段	水泥路面	356	2020年建长356米、宽4米的水泥路面
15	三岗循环路至二房路段	水泥路面	403	2020年建长403米、宽4米的水泥路面
16	运渣通道—张湾（张郢）路	水泥路面	1870	2020年建长1870米、宽4米的水泥路面

四、铁路

2016年起，罗坝村境开始建设合安九（合肥—安庆—九江）高速铁路，自康堰入境，经过张一、张二、河东、河西、下湾、杨墩、高塘、高官塘，至新店出境，境内全长3.037千米，全线为高架桥梁。建设占地共193.35亩。拆迁31户126人。

五、运输

货物运输 旧时，村境道路均为土路，晴天一身灰，雨天一脚泥。村民出行困难，主要靠步行。货物运输主要是肩挑、筐背，少量手推车推、平板车拉。

20世纪70年代中期，公路沿线村庄，有村民购买自行车，用以代步或带货。70年代末，全村半数村庄开始用手扶拖拉机拉货。此后，四轮拖拉机、农用车拉货渐多。至80年代，村民张基有、周本彪分别购买一辆四轮拖拉机，开始跑运输。90年代，村民周木现、周自玖、张伏礼、张贝庭等12户，各购买一辆大货车，专门外出跑运输。主要业务为对外运输石子，号称“月亮车队”。21世纪初，路东组村民程先荣购买一辆大客车，营运县乡镇村村通线路客运，至2018年公交开通后停业。

至2020年，实现小康目标的罗坝村，已是户户有电动车，组组有小轿车，其中蔺郢组小轿车最多，达30余辆。全村共有各类车辆1004辆，其中大卡车9辆，小轿车721辆，农用汽车20辆，渣土运输车3辆，农用手扶拖拉机30辆，各类摩托车、电动车221辆。

公交客运 2019年，罗坝村开通公交车。113路公交车，经高塘、高官塘、路西、黄小郢可直达上派县城和紫蓬山管委会，村境里程3千米，设置有凤凰水库、二房郢、黄小郢公交站台。公交车的开通大大方便了村民出行。

第四节 水利设施建设

罗坝村地处江淮分水岭，历史上缺水易旱，“把水留住”修筑当家塘等水利设施是发展农业的命脉。1957年，罗坝村建成水面约80亩的桃树堰。1995—1996年，组织每个村民小组至少修建一口当家塘。2003年修建凤凰水库，水面70亩。连年兴修，全村水利状况得到改善。1998年之后，由于全村通过调整产业结构，苗木花卉产业快速发展，95%以上土地兴种苗木花卉，农业用水量大为减少。种植结构的改变，也改变了全村农业用水结构。全村塘水自给自足，基本满足田地灌溉。部分沟渠由于引水线路远、损耗大、成本高，渐渐淤塞废弃。

一、水库

罗坝村境修有凤凰水库，属长江流域派河水系，位于罗坝村杨墩组、五老堰南沟旁。凤凰水库建成于2003年5月。水库集水面积0.23平方千米，总库容13.35万立方米，兴利库容10.26万立方米，是一座以灌溉为主，兼有防洪功能的小Ⅱ型水库。水库设计洪水标准20年一遇，校核洪水标准200年一遇。水库主体工程有大坝、溢洪道、放水涵等。水库大坝为均质黏土坝，顶宽4米，最大坝高7.8米，大坝全长500米。水库可灌溉杨墩、路东、路西、下湾、河东、河西等13个村民小组部分田地，灌溉面积1600亩。水库溢洪道位于大坝北侧，为开放式宽顶堰，堰顶宽3米。放水涵1座，为钢筋砼圆管涵，管径0.4米。2015年、2017年分别实施水库大坝除险加固工程，完善堤坝硬化及配套设施建设。

凤凰水库

二、水塘堰坝

中华人民共和国成立前，农村是一家一户的小农经济，修水塘工程耗时费力，因此水塘很小很少，“碗大塘、碟大堰”，那时一般小村一口塘，大村2～3口塘。中华人民共和国成立后，农村走上合作化集体道路，集中力量办大事，修建水塘才越来越多，越来越大。实行合作化成立互助组后，利用冬春季节，村民自发大修当家塘，互相换工，修筑塘坝层层垒土，再用石夯压实，个别还要用耕牛反复踩踏，使之层层密实，以防漏水。至20世纪60年代，以生产队为单位兴修塘坝，有三四十个劳动力的较大生产队，每年冬天能修成1口当家塘。20世纪70年代后，每个生产队至少有2口以上当家塘。进入21世纪，开始采用机械化兴修水利，能够深挖塘、挖大塘、建新塘，充分拦截地面径流，蓄水防旱。大旱年代启用凤凰水库，可灌溉13个村民小组。

至2020年末，全村有大小水塘130口，水面积910亩。最大的水塘是位于黄小郢组的桃树堰，水面约80亩；其余较大的塘口堰坝水库有冲塘、范大塘、柳树塘、杨大塘等。全村20亩以上水面共有10口。

罗坝村蓄水塘坝（15亩以上）一览表

表4-5　　　　单位：亩

序号	水塘名	所在村民小组	面积	修筑年份
1	桃树堰	黄小郢	80	1957
2	冲塘	大卫、小卫	35	1995
3	范大塘		31	1995
4	柳树塘	老家、陶郢	30	1991
5	杨大塘	杨郢	28	1967
6	康大塘	官塘	27	1968
7	草塘	新庄	26	1996
8	张大塘	张郢	25	1995
9	桂大塘	桂郢	25	1995
10	许郢大塘	许郢	20	1996
11	大官塘	官塘	15	1978
12	月亮湾大塘	高官塘	15	1988
13	门口大塘	高官塘	15	1989
14	伍塘	蔺郢	15	1995
15	大堰塘	书房	15	1995
16	杨三濠	书房	15	1996
17	蔺大塘	上冲	15	2012

多数塘口为封闭式，只有进水缺口，没有放水涵闸，旧时取水使用水车抽水，现在可使用电力或柴油机水泵提水灌溉。每口塘坝均安排专人管理。部分塘口还承包给私人户养鱼，增加水利收益。

三、沟渠

引水沟渠 1967年,设二级灌溉泵站装机,自英山电灌站提水。罗坝村组织开挖抗旱沟渠,全长15千米,平均宽3米、深1.5米。沿新店、老家、陶郢、桂郢、高塘、高官塘、黄小郢、路东、路西、牛尾巴岗至许杨郢。因沟渠绕山道远,渗漏严重,输水有限,加之水费高昂,于1996年停用。沟渠大部分已淤积堵塞。

灌溉沟渠 五老堰河,源于道士山,中纳源自罗坝村的支流水,贯穿罗坝村新店、桂郢、老家、陶郢、桂郢、高塘、高官塘、杨墩等18个村民小组,至康堰出界,总长10千米、河底宽3～4米。部分河段因历年未清淤治理,堵塞淤积严重。

四、水利管理

2017年8月,罗坝村以保护水资源、防治非污染、改善水环境、保障灌溉水为目标,坚持以“生态优先、保护绿色发展”的理念,在村境范围内的渠、塘、堰等建立河长制。村总支书记任河长,村主任任副河长,成员为村委会成员。全村17处水面,计573.07亩,实行一河一策、一塘一策河长责任制。

小Ⅱ型水库凤凰水库是罗坝村重要水利设施,镇级河长为党委政府班子成员,村级河长为村党总支书记,河警长为紫蓬山派出所所长。职责是加强水资源保护,管理河(塘、渠)水岸线生态环境及设施安全的日常巡查与治理,保障水环境健康、有序、安全,镇级河长每月至少开展1次巡查任务,对巡查发现的问题及时督促村居落实整改,村级河长和村其他干部具体负责日常管理,每月至少4次、每周1次巡查,查看水面有无漂浮垃圾,水质有无异味变色,岸线有无垃圾固废、垦殖等现象。发现问题及时组织清理等,防治水污染,治理水环境,修复水生态,管护覆盖全村境河流、渠道、塘坝等。至2020年,全村无黑臭水体,水环境面貌明显提高,水生态明显改善,水景观明显提升,有效保障农田灌溉用水,逐步实现“河畅、水清、岸绿、景美”的水环境治理目标。

第五节　村居规划

为着力改善农村整体环境,提高农村居民生活质量,促进农村经济、社会、环境的协调和可持续发展,结合紫蓬镇总体规划,坚持以人为本、可持续发展的原则,尊重民意的原则,实事求是、因地制宜、量力而行的原则,集约用地、保护基本农田的原则，区域协调发展的原则。通过规划的制定，建设“生态宜居村庄美、兴业富民生活美、文明和谐乡风美”的美丽乡村；保障生态建设，形成生态效益；完善村庄的功能；改善村域的交通体系；保障全村环境品质的提高和人居环境的提升。

一、总体规划

2010年投资40万元、占地面积1067.2平方米、建筑面积400平方米的村部，为徽派四合院式院落。

2013年，因淮南至上海100万伏塔高压贯穿罗坝村，有13户41人需征迁搬离。经镇村规划集中统一安置，每户按160平方米统一户型建两层楼小院。

2017年，合安九铁路工程建设，罗坝村有31户126人征迁；2018年引江济淮1号弃土场工程建设，罗坝村拆迁岗东、岗西、中心、路上、路东、路西和新庄7个村民小组195户658人，经规划，统一集中安置于紫蓬家园（二期）。

二、村庄布点规划

2019年，根据合肥市农村人居环境整治建设规划和肥西县城乡村建设规划要求，紫蓬镇村庄布点规划，保留中心村蔺郢组，保留许杨郢、大小卫、张湾3个永久居民点，其他自然村为近期保留自然村。申报在中心村蔺郢新建占地2亩的党员活动中心办公室。

2020年，申报中心村蔺郢组，大自然郢大、小卫人居环境改造提升项目，上冲、书房自然郢人居环境改造提升项目。

第六节 供电 供水

一、供电

罗坝村民在20世纪60年代中期之前，照明依靠点油灯，后使用煤油灯。1976年，罗坝村境内坐落在罗坝圩的肥西苗圃最早通电。1978年春，罗坝、墩山分别在万安、高塘塝各架设一台变压器，年底全部通电。

全村通电后，电灯照明在村民家中逐渐普及。此后，人们开始使用电动水泵抽水灌溉农田。粮食加工厂、砖瓦厂等陆续出现，使村民从繁重的体力劳动中解放出来。

2017年至2020年底，罗坝村农村电网改造全面完成。全村安装100千伏安非晶合金配电变压器2台，160千伏安非晶合金配电变压器4台，安装200

千伏安非晶合金配电变压器7台，架设10千伏及低压架空绝缘线路。村庄电网供电能力不足问题得到解决，为今后全村经济发展对电力的需要提供保障。

二、供水

中华人民共和国成立前，罗坝村民吃水依靠水井，如在塘头、田头挖土井来供水，后来家家户户打有机井，用井水，电动水泵提水，但饮水安全卫生不能保障。2019年，对全村铺设自来水管道。2019年底全村居民喝上了自来水。

第十三章 民俗风情

罗坝村民风淳朴，历史悠久，各类节庆、服饰、饮食起居、婚丧喜庆等构成一幅幅色彩斑斓的皖中民俗风情图画，具有浓郁的生活气息，展示人们追求幸福、安居乐业的美好愿景和独特风貌。

第一节 生产习俗

开秧门 一年农事中栽秧这天最热闹，俗称“开秧门”。有钱人家置办酒席招待请来的帮工，一般人家早晨要吃油炒饭，意谓秧苗滑络好拔插。拔秧前还要鸣放鞭炮。头天插秧称“发黄泥”，最后一天则叫“泥秧门”。秧插完后，人们总要抓住其中的一个人，用泥巴抹涂在他的脸上身上，戏乐相庆，祈求秋后丰收。晚上主人家还要给来帮活的人一对咸鸭蛋，俗称“黄泥果子”。由于水稻种植面积减少，此俗已经少见。

开镰 旧时午季收割，要鸣炮相庆，俗称“开镰”。通常要置酒席请人帮忙，请来的人要日待4餐。

“双抢” 种植早晚稻两季时，每逢早稻收割，为不误晚稻栽插的农时，需要抢收抢栽，谓之“双抢”。此段时间农活十分紧张，大小劳力全力以赴完成农活。

放牧 农家耕牛放牧、出耕，不得随意踏过别家门口、田埂，只准走规定的“牛路”，夏季“汪牛”(牛浴水中)，各家备有汪牛涵塘专用，不得在别家涵中汪牛，更不得在村庄的公塘和溪沟汪牛，以免污染生产生活用水。

封山伐木 本地为丘陵山区，初春封山，禁人入山砍伐放牧，秋季开山，人们始可进山。开山通常要放炮庆贺。砍伐树木，俗称“放树”，多在大寒后才能进行。

第二节 生活习俗

一、衣食住行

衣着 旧时穿衣、穿鞋全靠自己纺织缝制。在农村,男子一般穿对襟衣,下穿大腰裤。夏天,男子多穿白土布褂、土布短裤。没有汗衫、背心之类。天热忙农活时,男子脱去上衣,肩膀搭一条三尺长的白土布或蓝土布大手巾,用来遮日擦汗。由于农村家庭子女多,一般家庭2～3个,甚至4～5个子女,常常是“新老大,旧老二,缝缝补补是老三”。男性日常以长衫为主,冬季棉袍、棉袄,春秋着夹袍,外罩长衫。农妇冬季多穿大襟衣,围围巾。少数富户人家穿着长袍外罩马褂、皮袄,女性穿着旗袍等。

中华人民共和国成立后,民众穿着衣料、样式随时代逐渐变化,以棉、麻、丝绸等料制成中山装、列宁装、人民装等。“文化大革命”时期,草绿军装风尚一时。1970年代,化纤面料服装大量出现,逐渐占主导地位。服装样式有中山装、青年装、西装、牛仔装、滑雪衫等。改革开放后,纺织品逐渐丰富,质地更加精良,人们使用了30多年的布票自然废止。年轻人着装日趋时尚新颖,讲究品牌。女性偏爱紧身上衣,甚至露肩、脐,以显苗条,男性有西服、夹克衫、休闲装、运动服等。20世纪80年代前流行的中山装逐渐消失,“西装革履”已成为男性常服。90年代后,丝绸、毛呢、真皮服装充斥市场,款式不断更新。中青年服装中,西装逐渐普及,春秋季女性以裙子为主。2000年前后,牛仔装、休闲装成为青年男女流行的服装,年长者偏爱休闲款式,也有少数爱穿红、绿、蓝等鲜艳之色,以弥补岁月带给人的遗憾。过去司空见惯的“补丁”衣服已经罕见。

进入21世纪,服装的质地不仅有化纤合成纤维,人们更偏爱选择健康无害的天然棉、麻、丝、毛织品。随着交通、信息的便捷,人们大多选择购买成品衣裳,过去曾经兴盛的裁缝店日渐萎缩。成品针织羊毛衫、毛绒衫替代过去手工编织的内外衫裤。农村、城镇居民的衣着方面已没有太大差别。

旧时穿的鞋子,一般都是自纳鞋底的布底鞋,款式有方口、圆口、松紧口、蚌壳片棉鞋等。雨天穿的有用布做的油钉鞋、木屐。冬季有草蒲鞋、棉鞋。20世纪70年代中后期,本地农村时兴家做松紧口布鞋。80年代后,各种新款式的皮鞋、旅游鞋为青年人所喜爱。90年代,新式运动鞋逐渐普及。如今,青少年以穿运动鞋为主,成年人以真皮、人造皮鞋为主。女青年皮鞋样式多种多样,从方头厚底到长尖高跟时尚不断更新。男女鞋样式变化不很大,多以优质皮革的休闲新款较受欢迎。

旧时袜子多为布料缝合成的家做袜，后渐为纱绵袜取代。20世纪70年代前后穿腈纶、尼龙袜。20世纪以来，袜子为机械加工，质地为合成纤维、混纺或纯棉。

旧时，男性戴的帽子有毡帽、黑棉纱老头帽、兵帽，农村妇女则用花布或蓝布兜头或“横捆”，儿童戴狗头帽、兔头帽。中华人民共和国成立后，男性盛行解放帽、八角帽、军帽，女子用色彩鲜艳的方巾包头。“文化大革命”时期，男女青年一度流行黄绿色军帽子。21世纪后，帽子式样越来越多，有太阳帽、运动帽、工人帽、鸭舌帽、绒线帽、皮草帽等。一般在夏、冬季为遮阳挡风御寒保暖戴帽子，以儿童、老年人为主。村民夏季户外劳动多戴草帽遮阳。

饮食 中华人民共和国成立前，本地农民终年劳作，缴租纳赋后所剩无几，一日三餐难以温饱。隆冬时节，有的农户改为一日两餐，晚上常常不吃晚饭，过着“瓜菜填肚皮”的艰苦生活。

中华人民共和国成立后，人民生活得到改善，基本解决温饱。改革开放后，农村实行农业生产责任制，人民生活水平逐年提高，村民生活从吃饱向吃好方面转变，村民日食佐饭菜肴渐渐丰盛。随着经济日趋繁荣、科学知识的普及，人们更注意主食(大米)与五谷杂粮的搭配，条件好的家庭以牛奶、豆浆、点心为早餐，中餐、晚餐大米干饭为主，餐桌上时有鸡、鱼、肉、蛋。逢年过节或红白喜事待客备有冷盘热炒，煎炸点心；排场大的甚至有海鲜野味、鱼鳖虾蟹、水果茶点，加之名酒名烟、高级饮料，丰盛无比。过去家庭宴客大都在自家操办，现今每有婚丧寿喜、乔迁升学，多数家庭都在酒店办席酬客，动辄数十桌。喜欢饮酒者也能日常“想喝就喝”。过去曾有俗谚：“鸡三天，肉一吃，干鱼蒸蛋日保日”，形容生活富足。而今讲究科学健康，注重养生，认为“白肉(鱼、鸡)比红肉(猪、牛)营养好”，多吃蔬菜瓜果，少吃重油重荤。

住房 中华人民共和国成立前，村境人家住房多为原始人字形土墙草房，用土垒墙，实山，稻草(或麦秸秆)盖顶，少数富裕人家才住得起砖墙小瓦盖顶的房屋。20世纪80年代前，村民住房变化不大。改革开放后，农民收入增加，农村面貌焕然一新，90%的农户盖起砖瓦房屋，还有10%的农户建起钢筋混凝土结构的两三层小洋楼，其内卫生设备、新式家具、家用电器一应俱全，外贴墙砖，安装塑钢门窗。村民住房建设向新村小区型楼房发展，套房、客厅、卧室、厨房、卫生间一体模式，安全、卫生一体化管理。至2020年，全村80%以上农户在周边集镇、肥西县城和合肥市内等地购买商品房，也有少部分外出打工者在当地购房。

出行 过去，罗坝村地处丘陵山区，交通不便，去集镇和县城只能靠徒步行走，运送货物靠人挑肩扛或用牲畜驮运。20世纪80年代，部分农户开始购置自行车。至2008年，随着农村道路建设的加快，村村通水泥路，自然村有机耕路，交通大为改善。2010年，电动车（电瓶车）代替自行车，多数农户购有二轮、三轮电动车，30%的家庭还有小轿车。2020年，全村各自然郢道路已全面硬化为水泥路，其中有15个自然郢实现水泥路直通到户。全村80%的家庭都有小轿车，户户有电动车。2019年，肥西县公交公司开通上派县城经罗坝村至紫蓬山的公交车，村民出行更为方便。

二、生活器具

（一）传统家具

旧时，罗坝村村民家庭家具仅有较为简单的木、竹质家具。有木床、站柜、香火柜、夹柜、大桌、长条板凳、担几、箩窝等，多数村民家庭家具很少。随着生活改善，农户家具逐渐变多。改革开放后，村民家具逐渐齐全，样式也有较大变化。21世纪以来，农户新置家具一改过去的榫卯结构，改为气钉乳胶连接，从可移动的组合型落地式到固定在墙上的吊挂式不等。流行的款式从夹克式、凹凸式到今天的丰富多样性。面板流行水曲柳、红黑胡桃木、白橡等。餐桌以西餐桌最为流行，也有圆桌、方桌，居民家中添置有沙发、实木椅、电视柜、酒柜、装饰柜、衣橱，厨房里有整体橱柜等。

炉灶具 2000年以前，本村农户做饭多用铁锅、煤炉。至2020年，多用电磁炉、液化灶，家家都有电饭煲、微波炉等，代替旧有的柴草锅灶。

纳凉取暖用具 20世纪70年代以前，居民夏季纳凉使用蒲葵扇、羽毛扇、竹凉席、竹床（俗称凉床）；冬季取暖多用橡胶热水袋和医用盐水瓶装热水取暖。进入21世纪后，家家户户都用上电风扇、电热毯，不少家庭安装了空调。

条案 或称“供案”“香火案”“香书案”等，为本地村民家庭常见家具。木制，长条形，一般摆放于家庭堂屋靠北墙正中的中堂之下。上面摆放花瓶、镜子，寓意“平静”。有的家庭在条案中间摆放家谱或先人神位、相片或画像，以示尊宗敬祖和忠孝。或有摆放香炉的，逢年过节烧香拜祭。条案下设有八仙桌和座椅，是接待客人的地方。条案台面有翘头和平头两种，脚的造型除直立外，还有马蹄、卷纹等多种形状。因条案有摆放香火、祈盼后裔为“书香门第”之意，故亦称“香火案”“香书案”。现代家居房子空间普遍较小，条案多数改小规格，或作玄关，或放于走廊、客厅、书房等地，台面上摆设装饰品，衬托一种和谐、温馨的家庭气氛。

八仙桌 即大方桌，为农户家庭常见家具，木料制作而成，桌面正方形，边长约1米，高度一般等同。每边可坐2人，全桌8人，故雅称“八仙桌”。旧时，各户八仙桌主要摆放在堂屋客厅正堂朝南位置，桌后配供案或供桌，两边配靠背座椅，可用于接待客人，平时可作为家庭就餐餐桌。另有规格较的小方桌，四边可坐4人，亦称“四仙桌”。

架子床 也称“棚架床”，因床顶有架，故名。床四角各有一根立柱，上承床顶，三维有框栏，四角立柱带顶盖，可以挂床帐。顶盖四周装有楣板，两侧和后背装有围栏，围栏常用小木块作榫卯拼接成几何图样。床前面正中为上床的门户，或迎面安置门罩，更有在前面设踏步并加设一罩（拔步床）等。床正面多加装饰，做工考究的架子床还雕饰有鸟兽花纹图案等，式样颇多，结构精巧，油漆精细，装饰华美。装饰多以历史故事、民间传说、花鸟山水等为题材，雕龙刻凤，寓意和谐、平安、吉祥、多子多福等。风格或古朴大方，或堂皇富丽。床屉较为简单的为一层木板，还有分为两层，上层藤席，下层棕屉。

百子柜 木制方形小柜，顶端开门，置床头，类似现在的床头柜，盛放换洗单衣及内衣。

站柜 木制双开门立柜，似现在的大衣柜。

大板凳 或称“条凳”，长条形木凳，两端各安装一幅杈马腿。其长度一般略长于八仙桌的边长，四条即可围桌而坐，也可分开使用，较为方便。另有小板凳（方凳），为正方形的木凳；大方凳，带有靠背；小竹椅，竹制，竹子做椅面，有靠背，方便携带搬离。

躺椅 别称睡前椅、暖椅、逍遥椅、春椅等。农家躺椅主要是竹或藤编制，可供躺卧休息，使得劳累者舒缓筋骨，放松身心休息。有的躺椅还可以摇动，称为“摇椅”。

箩窝 又称“摇窝子”，即婴儿睡的摇篮，为竹木制成，整体由3件组成：木制框摇架（多用枣木或梨木）、竹篾编的篓箩和睡篮。冬天在篓箩捺上稻草和旧絮，上铺被子，可保暖；夏天则拿去篓箩，放上睡篮，铺上篾席，透风凉爽。两根弯木制成的脚，可以摇晃，使婴儿易于入睡。

木盆 木料箍制，盛水具，型号有大有小，可用于洗澡、洗脚、洗衣服等。以前农村嫁女必备的嫁妆，塑料用品普及后，都改用塑料盆或铝盆。

脸盆架 农户家具日常物件之一，一般为木制。中间放面盆洗脸，衣架上有的装有一面镜子，用来梳妆打扮；上面还可以晾毛巾。今多为不锈钢制造。

传统家庭用具

担几

香火柜

火球

香书案

火炉

热水瓶

烘篮罩

自行车

箩窝

酒奘

瓦罐

家用陶器

油罐

煨罐

窑锅

瓷茶壶

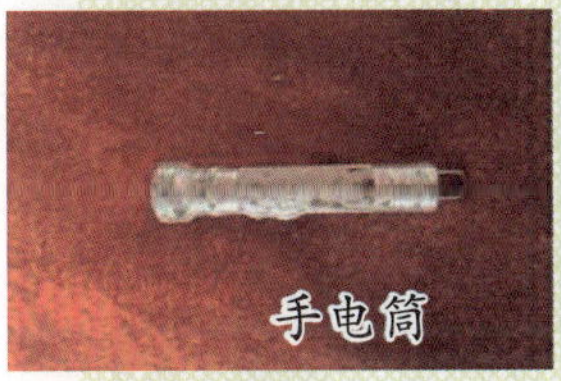
手电筒

小量子

挽子

木澡盆

水缸

拔锤

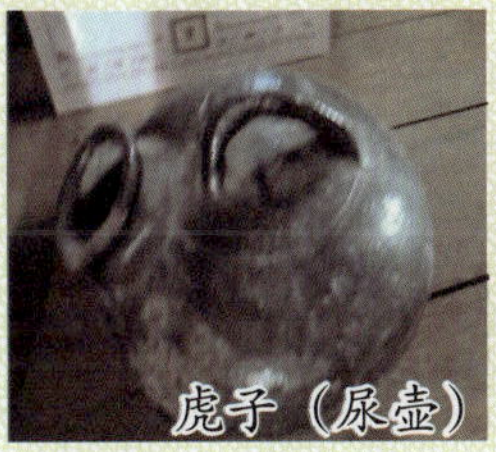
虎子（尿壶）

小木凳

杆称

马灯

煤油灯

桐油布伞

箩筛

木箱

木屐

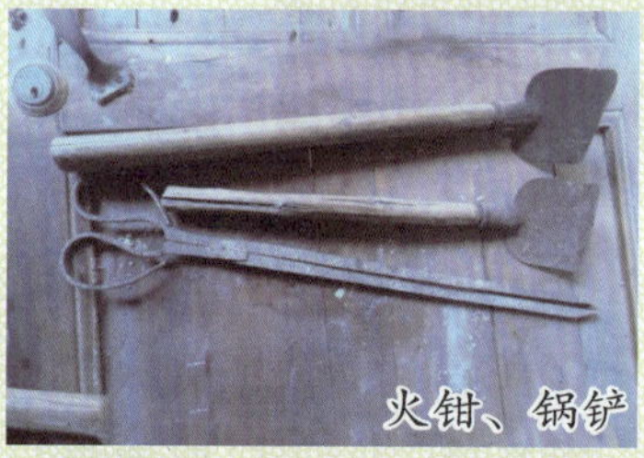
火钳、锅铲

碗筷杯勺

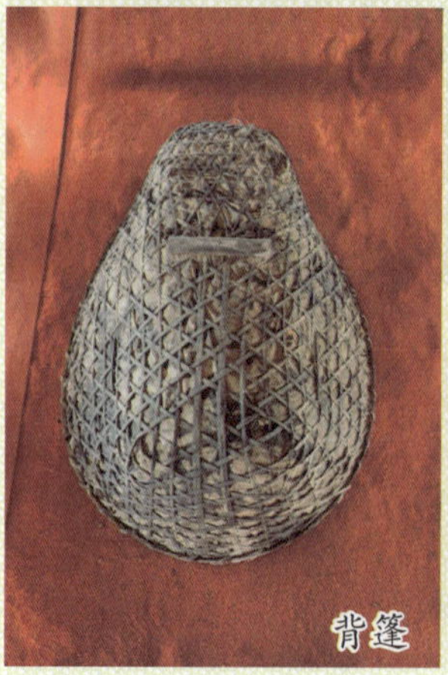
背篷

斗笠 蓑衣

锅叉 笼格子

架子床

锣鼓

钹

茶机

缝纫机

纺棉车

水焐子

针线篮

晾晒鱼、肉的竹篮(俗称“猫叹气”)

织布机

（二）家庭传统用具

老式烫斗（熨斗） 旧时衣服都是请裁缝制作，制作出来的衣服不平整时，用来熨斗熨平衣服。老式熨斗，铁制，中空，平底，上有手柄。使用时，里面放入烧红的木炭加热。熨烫衣服需快速轻压，稍不留意就会把衣服烫坏。今多使用电熨斗。

木制搓衣板 木制，平板版面可有棱槽，洗衣时在上面搓洗。今多用塑料制成品。

升 本为古代容量基本计量单位，10合为1升，10升为1斗。制成实物则一般为木制，上大下小锥体、平底、正方形，农户家米缸里用来装米、量米，1升米重约1.5～2千克。20世纪80年代基本消失。

斗 旧时用来计量粮食的工具或者盛放粮食的容具，1斗10升，大米约15～20千克。

土灶铁锅 农家以前做饭多是烧柴火，煮饭烧水就是一口大铁锅架在柴火灶上。锅的大小分牛一、牛二锅等几种。

风箱 旧时农村用来给大锅饭烧火用的辅助工具。木制，箱型，有拉杆，箱体设有进出风口，内部采用活塞原理，一拉一推间可以给土灶炉膛吹风催火，使之旺盛。是乡村铁匠铺不可或缺的催火工具。

木锅盖 木制锅盖，现在土灶还有用，也有很多家庭将木锅盖换成轻便的铁锅盖。

锅圈 稻草制成，大小和锅沿相等。煮饭蒸菜时放在锅沿与锅盖之间，减少漏气。

托盘 木制，方或圆盘形状，家有红白喜事宴席时，用于端菜上席。

糍粑槽 木制，刻有不同形状深槽，把煮熟的糯米捣成泥状后放入糍粑槽中，制作成糍粑。

灰耙子 农家的必备，也是20世纪70年代前的用具。

针线蒲篮 农村妇女、老人做针线活用来放针线的篮子。

拔锤 亦名"拔离锤子"，用牛腿骨在中间穿一根铁丝制成。用于捻麻绳用，用手拨动旋转可以打麻绳。

锥子 纳鞋底用的，20世纪90年代中期以后逐渐消失。

顶针 铁制，圆圈形。农妇做针线活时戴在手指上，用来顶针穿线。

鞋楦子 木制的旋子放在做好的鞋里面撑开鞋的空间。

咸菜坛子 陶制，腌咸菜用的坛子，腰粗口小，有大小之分，旧时为农户家家必备。

水缸 陶制，家庭储水用具。罗坝村未通自来水前，村民各户都用大小不等的水缸储水，每天去水井打水担回，装满水缸。20世纪80年代出现手压水井，用水逐渐方便。随着自来水普遍接通，手压水井淘汰，水缸也很少使用。

黄盆 陶制，浅口器皿，类似现在的菜碟子，有大、中、小3种，多用来盛放食物。

窑锅子 陶制，体较黄盆深，可用来盛汤汁。

小菜筒 用粗毛竹筒制成，带盖子，用来盛放咸菜。

蒸盘 圆形，一般竹木制造。直径略小于铁锅锅沿，为农村柴火灶蒸粑粑、蒸馒头、蒸菜所用。

杆秤 称具，一般木制秤杆，杆身嵌有计量标志（旧时均以市斤计算重量），铁制秤砣、秤钩。有大小不同型号，可以对不同数量级的物品进行称重。有的小型杆秤将秤钩改为秤盘。随着电子秤的出现，慢慢取代杆秤，但杆秤尚多见。

手压水泵 20世纪80年代，罗坝村民家家户户院子中，都要打有一口10余米深的水井，井头装有手压水泵，铸铁制造，圆筒状，上有长柄，利用活塞原理从地下深处汲水。

蝈蝈笼子 用竹或草编，农村儿童逮捉蝈蝈放入笼中，听其鸣叫，以为乐事。

火球 泥陶质，以形似半球得名，上有提梁。内放锯末、干牛粪或草苞、谷壳为燃料，从灶膛内取些燃烧的柴草灰放上即可取暖，烘手暖足皆宜，可随手提带。

火筒 小儿取暖具，有木板圈制和稻草编成的两种。形似筒体，中间有隔板，下放火球或火盆，上半部分供小儿站立取暖。

烘篮罩 竹篾编成，为婴儿烘尿片的专用具，形似半球形竹篮，反扣火盆或火球上。

油灯 又称"香油灯"，旧时代农村的主要照明用具，由灯台、灯盏（有陶制和铜制两种）和灯芯三部分组成，燃香油或豆油，光暗多烟。20世纪60年代后随着煤油灯、电灯的普及而绝迹。

罩子灯 俗称"洋油灯""煤油灯"。以煤油燃料照明，因为有玻璃灯罩，光亮少烟。民国期间出现在本地，后来逐渐取代油灯，成为主要照明用具。现早已为电灯取代，但不少人家或留存一二盏，停电时用其照明。

灯笼 传统照明用具，篾编框架，纸糊外壳，内燃矿腊，形状一般为圆柱体、球体或长方形。现在不少人家年节期间也爱悬之于门前,点缀节日气氛。

马灯 铁座架,燃煤油、有玻璃罩可防风的照明用具。一般用于夜晚出门做事或赶路照明所用。后为手电筒取代。

汽油灯 以汽油为燃料,下有一汽油罐兼打气筒,用苎麻灯泡,发光颇似电灯。旧时多用于群众集会场合照明或为演出场地照明之用,20世纪70年代后随电灯普及而极少见。

草帽 农村以麦秸或稻草编制的大檐帽,以及城镇男子所用草编的礼帽都可称为草帽,为旧时夏天主要遮阳用具。

斗笠 用竹篾编制的遮雨用具,主要用来遮挡头部,所以一般和蓑衣配在一起用。

蓑衣 用茅草编成的遮雨用具,分上下两截,中间用线连接。20世纪六七十年代以后,塑料雨衣兴起,蓑衣遂为少见。

背篷 用茅草编成的防雨用具,结构比蓑衣简单。披在肩上,两隔分开很大,类似篷帐,因而得名,是旧时做农活时的专用雨具。

阳伞 旧指一种竹骨油纸小伞,多为城镇和富裕人家妇女遮阳之用。亦有布面,桐油油漆以防渗水。20世纪六七十年代,出现钢骨布面遮阳伞,渐渐取代旧式阳伞。

木履 木制雨鞋,类似木屐,但齿较深,能保证不陷入泥中。

带钉油鞋 冬季专用雨鞋。其制作即在普通棉鞋外刷上较厚的桐油,起到防水的作用,并且为防止打滑,在鞋底上钉上木钉,其名称也由此而来。

第三节 人生礼俗

一、婚姻礼仪

旧时,本地农村多为包办婚姻,有童养媳、箩窝亲、换亲、等郎媳、指腹为婚等,买卖婚姻严重,存在重婚、纳妾、干涉寡妇改嫁、妇女离婚不出村(或出姓)、改婚(转亲)、抢婚等多种陋习。社会上重男轻女、虐待妇女、弃婴等现象普遍存在。如娃娃亲,也叫箩窝亲,是指男女双方家长关系相处亲近,孩子出生后,就把亲事定下来,待长大成人后,再举行结婚仪式。一般不需要彩礼定亲。童养媳,旧时女方家庭经济不景气,且儿女多,养不活,自愿把女儿送到知根知底的男方家庭寄养;男方家庭情况也不十分富裕,怕儿子长大后娶不到媳妇,愿意接受女方要求抚养其女。等儿女长到十八九岁时,举行结婚仪式。男女在一起磕头、拜堂就算完婚。1950年5月1日,《中华人民共和国婚姻法》颁布后,废除包办强迫的封建婚姻制度,实行男女平等,婚姻自由,一夫一妻,保护妇女和儿童的合法权益。随着婚姻法的实施,童养媳已经禁绝,全社会婚姻风气根本好转。20世纪70年代后,倡晚婚晚育计划生育。1980年新的婚姻法颁布实施后,残存的封建传统观念进一步削弱,家庭结构变化,父姓、母姓并存,入赘现象增多,弃婴绝迹。其他婚俗至今流传。

说媒 男方家先托人至女方家说媒,女方家同意后开出年庚帖,与男方年庚帖一起请先生合年庚,如不犯冲即可结亲,称为合年庚。

看门楼 互换庚帖后,选定双日,女方父母带女儿及重要亲戚到男方家看看家庭情况,女方若有意留下吃午饭,则表示同意,饭后走时男方要给见面钱,钱数必须带"半"(伴)。

定亲 双方同意后,正式订婚约,俗称订婚,选定日期,男女双方请亲戚好友,各自准备酒饭名叫"待准饭"。女方索要彩礼,通过媒人同男方协商。中华人民共和国成立后,自由恋爱的男女双方,也举行定亲仪式,赠送礼物及彩礼。

定婚期 俗称"起红""下日子",即男方家在征得女方家同意后,择定成婚之日,请人选择吉日,在一个月前通知女方家,好让女方家准备嫁妆,适时嫁女,故名"下日子""对月礼",也有下10天、20天的日子。"下日子"时要带上礼品:白肉3千克,食品、糕点数十包,数字不等,但须双数;还要几百欢团(糯米做的圆子)、粘粑粑,俗称"茶礼"。媒人再把女方家的要求、意见带回男方家,便于男方家筹办喜宴。

迎娶 吉日前一天晚上请媒人进门,男方家族亲长辈作陪,安排迎娶事宜,吉日早宴后,媒人带着礼品(白肉14千克,猪蹄两个,衣服、裙带、请帖,欢团、粑粑若干,还有盖头巾、银器、首饰等)、轿子到女方家迎亲,风雨无阻。男方家人到时,女方家紧闭大门,以示女儿不是随便嫁出去的,媒人先得递上开门钱,又称开门封。然后进门,放梳妆炮。新娘梳理穿新衣,闺房中间放一大团簸,上放米斗,新娘坐在米斗上对着梳妆台,由人慢慢地梳妆打扮。催妆炮放后,紧接着催嫁炮鸣放,新娘站到米斗上由娘家兄弟背出门上轿。新娘的脚必须从米斗里带下一些米,用红布包好,由媒人带到男家,以示女儿到婆家来不是白吃饭的,而是踏着米来的。上轿前与家人告别要哭泣,谓"哭嫁"。女儿出嫁的头一天晚上要"洗澡",一则卫生,再则"洗澡"谐音"喜早"。澡盆内放铜钱、银角、红枣、莲子、花生,让小孩们哄抢。起轿上路必由娘家兄长押轿慢行送到半程。陪嫁物品有百子柜、梳妆台、条桌、马桶(俗称"子孙桶")。轿到男方家,男方家往往也闭门不纳,俗称"抑性子",以使媳妇日后温顺乖巧。下轿时必须由寿高福大的一老太和一年轻妇女搀扶到堂屋香案前拜堂。新郎要等新娘下跪后再下跪叩拜,否则被认为将来怕老婆。

铺床 新房里的喜床要找"全科"的福人(指父母健在、儿女双全、夫妻圆满)来服侍新郎及铺床叠被。婆家把喜床铺垫得很厚,寓意新娘"厚道",床上的被子、垫褥、枕头都要撒上染红的棉籽、花生、枣子,意为早生贵子,图个吉利。闹新房的客人散后,服侍人将蚊帐挂好,婆婆送上红糖水或晚饭让新娘吃,意为甜甜蜜蜜、幸福美满。

回门 俗称"看三",婚后3天由娘家兄弟接新娘回家看看父母,新郎必须陪同一道。这天,娘家要置办酒席招待新姑爷,还要请长辈至亲作陪,叫"陪生亲"。新郎要做首席,陪桌客人依次给新郎敬酒。席间舅嫂们给新姑爷夹菜夹饭,也有的给新姑爷脸上抹红,加上饭抹到红,大家都笑逐颜开,加不上饭,抹不到红,说明新姑爷眼尖灵活。新媳妇结婚后的第一个祭节时,由婆家长辈领着去坟地烧纸钱、上坟、磕头,意在敬重祖先,认祖归宗。

新式婚礼 20世纪五六十年代后渐兴新式婚礼,男女自由恋爱,定亲时男女双方互赠一些简单的物品作纪念,如钢笔、笔记本、毛衣、围巾等。登记结婚,婚礼简单,一切从俭。

20世纪70年代末到80年代初,以赠送手表、自行车、缝纫机为时尚,定亲时送给女方手表、上海永久自行车、飞人牌缝纫机等,后来加上录音机,俗称"三转一响",以示婚姻隆重。

20世纪与21世纪之交,男方为女方购赠金银首饰甚至钻石戒指成为不可缺少的订亲信物。进入21世纪,时兴新式婚礼,为讲排场,请婚庆公司操办礼仪,要求一定的婚车数量,在酒店操办喜宴,婚礼隆重热烈。竞相攀比,索要彩礼等陋习,使农村不少家庭背负债务。男女双方还要携带有效证件到民政部门进行婚姻登记。程序为申请、审查和登记。改革开放以来,罗坝村倡导婚事新办、文明节俭新风,破除愚昧落后、大操大办的旧婚俗,也倡导组织集体婚礼。

二、生育礼仪

催生 孕妇生前,至亲多有送催生菜(或称"催生茶",有鸡肉、挂面、鸡蛋、红糖)给孕妇吃,寓意早日顺生,俗称催生。

洗三 婴儿出生后的第三天，通常由接生婆或奶奶、外婆，用艾叶、金银花藤和椒刺煮水给婴儿洗澡，俗称“洗三”。洗三这天要答谢接生婆，请吃喜蛋、给喜钱（接生费），走时还给染红的熟鸡蛋。

报喜 婴儿洗三后，女婿向岳父母报喜信，生男带公鸡，生女带母鸡。生男孩将报喜的礼品放到岳父家堂屋大桌上，生女孩则放堂屋的地下。此为重男轻女旧习，现已没有。

做九日 娘家接到报喜信后，必须为婴儿准备衣物用具，小到尿片，大到箩窝。第一胎小孩九天时，亲戚好友都要携带母鸡、鸡蛋、挂面、红糖等礼品来吃喜蛋，并包上见面钱。主家置办酒席招待，亲友返回时回送喜蛋（红鸡蛋）。

抓周 小儿满周岁时，给孩子贺周岁，俗称“做周”或“抓周”。这天外婆带娘家舅母等亲戚，带着礼品，并将其放在一个大团簸内，小儿坐在中央（物品有笔、本、算盘、果点、刀、枪、钱钞）任小儿抓取，以首次抓取的东西预测小儿前程。

三、寿庆礼仪

旧时，除少数富裕人家外，一般人家不兴庆寿，即使做寿也很简单，因旧俗有“做寿折寿”之说。做寿只做整数，如六七十岁等，而且必须提前一年做，俗称“做九不做十”，又叫“偷寿”。现今生活水平提高，四五十岁的人，子女们也在生日这一天相聚而庆，以示祝贺。有的人家还给儿女贺生日，贺整10岁，称为“九撞十”，亲朋好友送来贺礼表示庆贺。

四、丧葬礼仪

报丧 旧时本地老人去世，断气前穿丧服（俗称“穿老衣”），断气后移置“老单”（在堂屋设的简铺），头朝门，再煮半生饭一碗，上倒放两个煮鸡蛋，点一盏长明灯。孝子安排人送信到亲戚家报丧（孝子不出门）。

入殓 亡后当天要入殓进棺，不然就叫“数屋椽子”。先在棺中散放泥土，放上石灰、火纸，捺入旧衣（衣服纽扣都要摘除）旧絮，再用6尺土布覆上，随将尸体置于棺中，然后吊线取中，使尸体置于棺材正中。入棺后子女、媳妇把自己贴身衣服撕下一角，放在亡者脚头。最后蒙盖脸布，放上棺盖（不盖实），抬到支架上（俗谓“升棺”），升棺后由孝子给亡者洗面。

守灵、吊孝 本地规格“平三出”，但亡者不满60岁，如父母健在，二天就得出殡。守孝期，儿女要穿孝白，头缠白布，脚穿白鞋，身穿白衣，腰束草绳。孝子头顶5尺白布，披麻戴孝，一白到底。外来吊孝的人，每人一块白头布（2

尺、3尺不等),孙儿辈孝巾上带着红点,重孙红布头巾,外孙黄布头巾。现今披麻戴孝不多见。孝子对前来吊孝之人要行跪拜礼,女儿、媳妇跪侍棺材一侧号哭。守孝期间儿女后孙不得荤腥,不能洗脸。来吊孝者要给亡者送冥纸、孝幛、挽联(现在多送花圈),给亡者行致哀礼——视与亡者亲疏上下关系而有所不同,有鞠躬和跪拜两种,并在亡者灵堂敬香。

出殡 吊丧最后一天,家人开棺与亡者见最后一面,全家哀声恸哭,然后盖棺钉实。第二天凌晨出殡,先由"举重们"(抬棺人俗称,又称"抬重",共8人)从灵堂抬棺停于野地,吊丧客人们头顶白布,随引路人在村庄周围缓缓绕一周,引路人边走边撒着纸线,此谓"浪白",浪白后即送灵柩"上山",由亡者的长孙打着引路幡(即道士用五色纸剪成挂在竹棍上的纸条)引路,孝子扶灵柩而行,家人亲属随后。一路燃放鞭炮,不时散些纸钱,有的请锣鼓乐队,直到坟地落棺。出殡当晚儿孙们还要为亡者送"灯"和火把。

烧灵 亡者死后,眼光丢在家中未带走,几天后要来家讨取,道士算好回家的日期、时辰,子女们准备3样亡者生前爱吃的菜,安静休息等候。讨过眼光最后就是烧灵,有的做"三七",有的"五七"。烧灵这天,道士将"灵"(纸扎的灵屋)摆在堂屋中央,前放一张大桌摆上女儿家送的一桌酒饭,道士摇铃念经祭灵,子女下辈跪拜。然后亲戚按规矩行鞠躬礼或跪拜。祭灵后将灵拿到预先看好的一块平坦场地,朝南安放,堆上稻草,下辈拖大条把围灵,道士摇铃燃放鞭炮,在女儿媳妇的哭声中点火燃烧。以后每逢清明、大寒给坟丘培土(但不超3次),烧纸祭拜。

20世纪80年代以后,农村普遍实行火葬。经过移风易俗,改变大办丧事的陋习,葬礼也随之简化。

五、迎来送往

本地居民历来尚礼好义,社交往来极重礼仪。旧时,晚辈路遇长辈,学生路遇先生,都要止步垂手侧立,礼迎目送尊长、先生过后才启行,同行则让长辈在先,晚辈随后。下辈外出必向父母、尊长作揖告辞,归家时则及时就前问安。平时居家,子女下辈早晚要向父母尊长问安。节假日或先生寿诞生日,学生要致礼往贺。同辈间,朋友、同学,往来讲究互敬互让,通常见面要寒暄点头问好。家中来客,主人要起座相迎、让座、敬烟敬茶,客人则要躬身承接答谢:"得罪"。客人起身告辞,主人须热情相送出门,多言"慢走",客人则回"留步"。若是留客吃饭后送别,主人必说"招待不周""怠慢",客人回答"多有得罪""打扰"等。旧时来客吃饭,家中女眷不上桌,多在灶间用饭。有些人家,来人时,若不引见，年轻女眷还要回避，居房不出。新中国成立后逐渐改变，女主人和成年子女也可上桌陪酒、陪吃，但小孩则不许上桌，否则被认为对客人不恭敬。

六、招待客人

家中来客，必倾其家所有，不能怠慢客人，俗云“人情大似债，头顶锅都卖”。

酒席上讲究程式，长幼座次严格有序。子女与父母或公婆同桌，不能对面而坐，要侧面斜身。一桌席，长辈和来客坐上席，其余依辈分或年岁大小顺序列座。即便普通酒席也入座有序，位分尊卑。通常席分四方：上首、下横、西向、东向。上首为长者之位，西向，即左席第一位为首席，为贵客或主要客人席位；右席第一位（次席）为陪客人席位（身份地位高的陪客人——或主要陪客人，通常为乡邻有名望者、家族中尊贵者）；左席第二位为三席，次要客人（从客）的席位，若无过多客人，则为次要陪客席；右席第二位为四席，一般陪席；下横两席位，主要是斟酒的人入座。入席得侧身入位顺势而入座，忌横跨椅凳和逆向入位。喜庆席，禁忌规矩较少，主人家唯求热闹。宴席忌坐8人，8人为丧事宴席人数（因抬棺木者为8人），通常9人、10人为宜，10人最佳——十全十美。人数不够时，以7人为宜；如6人时，要避免坐成“乌龟席”——上下各1人，左右各2人。

第四节　岁时节日

一、春节

春节是一年中最为重要的节日，自进入腊月（农历十二月）开始，人们就开始操心过年的事。家家备办年货，杀鸡、杀鸭、腌制鱼肉等腊菜。做年糕、磨粑粑、做元宝豆腐、缝新衣做新鞋，整个年节大的活动有送灶、吃年饭、送年、过十五。

送灶　腊月二十三日，又称小年。家家户户打扫屋宇，俗称“掸尘”，又有“掸三不掸四，掸四掸财气”之说。晚饭完毕，各户烧香、燃放鞭炮送灶神上天，祈求灶神“上天奏好事，下界保平安”。

除夕　腊月三十，又称年三十。到这一天百业停歇，远行的、谋事的都要赶回家吃团圆年饭，俗谓“有钱无钱，回家过年”“父子相聚，夫妻团圆”。全家围坐一桌，远行未归的也要留一席位置放碗筷，年饭时碗筷总要比实有人数多些。本地年夜饭的菜肴根据各户条件有所不同，但必备有圆子、粉丝、冻骨、(看)鱼。过年不准吃汤(汤汤水水不顺当),不准吃锅巴(要留锅底子),吃饭要剩碗底,剩饭剩菜取些喂给耕牛,犒赏一年劳动辛苦;还要喂狗、猫,以预测来年收获,若先吃饭则来年粮贵。年饭要煮足3天的饭,正月初四前不下生米。吃年饭的时间,当地有的兴抢早吃年饭,也有的晚上吃年饭。吃过年饭,小孩子们都试穿新衣新鞋,守岁等待长辈发压岁钱,睡前关好大门,贴上封门条(等着除夕日封门大吉、守岁达旦到初一清早开门大发的红纸条)。

年初一 新年第一天,全家人要起早迎接新年。洗脸净手后,由当家人点烛焚香,然后开大门放鞭炮,吃过早饭出门拜年。初一拜近邻,初二拜岳丈,初三初四拜远亲。亲戚往来一直到正月完。家中老人是不能轻易出门拜年的,待正月十五后才能出门拜亲访友。随着通信条件的改善,也有通过电话、视频方式相互拜年问好。三天年(初一至初三)忌杀生,忌动剪刀不拿针,初三早上放鞭炮送年;起北风则好,谓"送年送在南,十年陈债一年还"。

元宵节 农历正月十五,又称灯节,小年。俗语有:"正月十五大似年,吃块肥肉好下田"。这天,将过年期间未吃的鱼和其他菜肴都吃完,不再剩余。这天晚上家家门前挂灯笼算是"门灯"。

二、其他节令

二月二 古为春社,又叫"龙抬头"。一年的农业生产开始起头,帮工的上工,农户开始修理农具、整治田地,开始春耕生产。

三月三 俗称"吓春分",旧时这天农家早早到田间去放鞭炮,拿竹竿轰赶鸟雀,保护庄稼。当地风俗这一天晚饭家家都吃粘粑粑(俗称"粘魂粑粑")。

清明 是祭奠亡灵、悼念先人的时间。当地在清明节前3天给坟丘培土、烧纸。当日不上坟。

端午 农历五月初五为端午节。这天家家门前插艾蒲草,早上吃油炸点心,中午喝雄黄酒,给小孩子吃红糖蒸老蒜头(据说能治肚子疼),兜绣有五毒(蛇、蜈蚣、蝎子、癞蛤蟆、壁虎)图案的红肚兜。家家杀公鸡办酒席。这天,要接女儿女婿回家过节,岳父母还要买草帽、扇子、大手巾送给女婿,送阳伞给女儿。往来亲戚多送油炸馓子。如今则兴接未过门的媳妇过节。

六月六 俗称长工节、大锹把节。旧时,帮人的长工这天不干活,俗谓"大师傅晾脚丫",主人家要放假一天,给一条6尺布大手巾(小放牛是3尺)和一顶大草帽,早上款待油炸粑粑,中午要好酒好菜多杀公鸡招待。有俗语:

“大公鸡叫，小公鸡哭，跑掉五月五，跑不掉六月六。”或谓此日为“天贶节”“晒霉节”“晒富节”，如天气晴好，主妇们会把家装衣物拿出来在太阳底下晾晒，既是接受老天的赐福，也是晒除梅雨季节的潮湿。收藏家谱和书籍较多之家，也在此日曝书除湿。

七月七 又名“七巧节”“乞巧节”。女孩观巧云，晚卧辣椒棵中偷看牛郎织女相会。富户人家女孩设案点香叩拜织女，并于月下穿针引线，以乞织女赐巧。

七月半 中元节，俗称“鬼节”，家家在十五日前祭奠亡故亲属，烧纸钱供亡魂阴间使用。今仅有少数留守农户仍在这天前烧纸。

中秋节 农历八月十五，俗称中秋节。晚上备酒菜赏月，孩子们玩火把，并到田野偷花生、黄豆、大豆，用火把烧着吃，俗称“摸秋”，是一种欢庆秋收的嬉闹，农家往往不干涉。

重阳节 九月初九，又称老人节，老人漫步登高，强身益寿。这天本地农户多吃粑粑，“重阳吃粑粑，来年好庄稼”。

冬至 为一年里夜长昼短的一天，数九第一天。当地这天早上多吃南瓜粑粑或麻油炸鸡蛋下面条。“吃了冬至面，一天长一线。”

第五节 民间信仰与禁忌

一、民间信仰

本地民间信仰和宗教信仰是多神论的混合体。民间信仰，旧时在“万物有灵”的思想支配下，几乎是“满天神祇”，可谓神灵无时不在、无处不威。凡家中盖房动土、婚丧嫁娶、出门远行、喜庆宴请、搭台唱戏、下种收割、开仓装粮、医疗疾病甚至针线活计、鸡鸣犬吠、夜梦不解等，都要祭拜或祷告一番，问过神明之后，方敢行事。俗话说：无事不烧香，有事先问神。其中，祖先崇拜是主要内容。本地宗教信仰则以佛教为主，道教相对衰落式微，基督教有少量信教群众。民间信仰是在不同历史时期累积而产生的，其中也存在封建迷信的糟粕。随着时代的变迁，民间信仰之虔诚有所变化，但有些习惯依然是人们获得心灵沟通与安宁的方式，从而传承不息。

(一)宗教信仰

佛教信仰 罗坝村位于紫蓬山麓，紫蓬山西庐禅寺是当地影响较大的佛教寺院，唐开元年间(713—741)，新罗(今韩国)僧人金乔觉航海来华，开创九华山地藏菩萨道场前，曾在此驻锡，故紫蓬山亦号“北九华”。每年农历二月

十九、七月三十庙会时香客众多,罗坝村居民亦有进香礼佛之习。村境历史上曾有营元寺、万元庵两座寺庙,据〔嘉庆〕《合肥县志》记载:“营元寺,在烧脉冈南,离城六十里。旧志:元建。”①曾经香火旺盛,由此可知部分村民具有佛教信仰。

道教信仰 罗坝村道教活动较少,主要有土地、城隍、灶神信仰等。村境无道观、土地庙等。各家各户农历年末有祭灶送灶习俗。灶神也称灶王、灶君、灶王爷等,为汉族及部分少数民族民间信仰的神祇。传说灶神最初的职司仅为守灶,后来成为天帝派往人间伺察人们功过的神祇,并有了赐福降灾的职司。灶神信仰俗称祭灶、纪灶,即祭祀、纪念灶神,在民间广为流传。每逢腊月二十三日晚饭后,将灶间打扫干净,在各户灶王庙(或称“灶锅庙”)前供奉糖果等物,鸣放爆竹,焚香送灶,并默祷灶王爷“上天奏好事,下界保平安”,祈求来年丰收、全家平安顺遂。也成为年俗的一个组成部分。

基督教信仰 晚清时期,基督教传入三河、雷麻等地。20世纪八九十年代,信教群众渐多。截至2020年,本村境内未建教堂、礼拜堂,本村信仰民众尚少,少数信教群众周日或至附近集镇教堂,参加宗教活动。

(二)祖先崇拜

罗坝村古代的人们普遍认为万物皆有神灵,且加以崇奉、信仰与祭祀,以期求达护佑、驱祸免灾。在此类祭祀活动中,自己的祖先是重要的供祭与祈祝对象。祭祖是缅怀先人的重要活动,多在年节进行。清明、大寒时,扫墓祭祖;中元节(农历七月十五日),民间称为“鬼节”,家家为亡灵焚烧纸钱;旧时,也有的人家除夕子夜接祖过年,象征性地“背祖”来家,“设酒馔,焚楮币以祀祖先”。清明节扫墓祭祖是最为重要的祖先崇拜活动。除此之外,有条件的姓氏编修家谱、修建宗祠,也是一种祖先崇拜,体现人们循根溯源、追念先祖的观念。

二、民间禁忌

自古以来,由于受传统民俗文化、宗教信仰、封建迷信的影响,加之受限于对自然规律的科学认识,罗坝村人在语言、行为、婚丧嫁娶、建筑居住等方面形成了一些根深蒂固的禁忌,这些禁忌也是传统民俗的一个表现。随着村民科学文化素质的不断提高,一些旧有禁忌逐渐消失。

(一)语言禁忌

人死忌说“死”。如属长者则称“老了”“作古”“归天”,如属青壮年,则说

① 〔嘉庆〕《合肥县志》卷十四·古迹志,黄山书社,2006年,第196页。

“走了”“过世”“不在了”，要是小孩子则称“丢掉了”。

生病忌说“病”。一般称“不调和”“不舒服”“不抻坦”。如系疟疾，则说“做官”“升官”。生病买中药，则称“批香茶”。

百岁老人忌说百岁；妇女怀孕，忌说怀孕，因谐“坏运”，则称“有喜”“有了”。

春节最忌说不吉利的话。吃鸡蛋不说“蛋”，而说“元宝”；不准说“死”“坏”“断”之类字眼，如孩子误说，要用草纸擦嘴。船民、渔民用碗盛饭，因忌“盛”谐“沉”，改说“装饭”；忌说“翻”，因犯“翻船”之忌。

人际交往中，忌说“72”“84”两个年龄。民间俗语：“七十三，鬼来搀；八十四，阎王不请我自去。”传说72为孔子的终年，84是孟子的终年。一般老人对此忌讳很深，明明73岁、84岁，也要说成已经74岁、85岁，表示已经过了“节梗”。

对年长的人，忌直呼其名，应冠以“老”字等，以示尊敬；对成年人忌呼其乳名，尤其是对比自己年长或年仿的人，呼其乳名，有轻视瞧不起人的意思；询问他人时，忌直呼以“喂”“呔”等，俗谓没名没姓，是对他人不礼貌的行为。

“佘”字读音和“蛇”相同，用为姓氏时读“龙”；因“蛇”和“蚀”读音相近，故讳称蛇为长虫，讳称属蛇为属小龙。结婚买缎子叫买“云水”，因“缎子”与“断子”同音，应避讳。到商店买醋，应说买“利市”，忌说“打醋”。买“寡蛋”应说是“旺蛋”。

说合忌“散”。买地购屋请中人或结亲央媒人设宴席，忌用馓子和豆腐做菜，意思是“馓”谐若“散”，不吉；吃豆腐“嘴松”，怕说不成。平时待客问人“要不要盛饭”，忌说“要不要饭”，应说“添不添饭”。

(二)行为禁忌

待客和做客。入座忌坐“龟席”，即两方对面坐两人，另两方对坐一人。忌以3个菜待客，俗有“两个菜待客，三个菜待鳖”之说。宴客不用8碗菜，8与扒谐音，俗谓“狗上桌子扒碗席”。餐毕，忌在饭碗内剩饭菜，因剩饭菜不仅浪费，且有责怪主人饭菜不好之意，对主人有失礼敬；忌将杯、碗反扣桌上，这样做实际是对主人严重失礼。

在人家做客，忌“拣菜”“抬轿”“油筷”“咬筷”“强筷”“搁筷”等举止。“拣菜”：夹菜时，夹了放下又夹。“抬轿”：用筷夹菜翻菜。“油筷”：从较远处夹菜，且油汤滴入别的菜碗中。“咬筷”：用筷头挑牙齿。“强筷”：不顾别人的口味，为别人强行夹菜。“搁筷”：吃好饭，筷搁在碗上，主人会以为你未吃饱饭。

就餐时，忌将筷子插在饭碗上，忌使用一支筷子进食，因此法与祭祀鬼神相似。吃饭时，忌手不扶碗、忌嘴巴发出“啧啧”的声音，因此类行为与动物进食一样；忌将饭碗放在手上托着，忌用筷子捣碗底，忌将身子靠于门柜或墙壁上，因此类习惯为乞讨者的行为。忌坐在门槛上吃饭，尤忌将饭菜倒于不洁处，认为这是造孽，会遭雷劈。饭后忌用筷子掏牙缝，认为这是没有教养的行为。

小孩忌吃鸡爪，以免念书写字时撕书抓纸；忌吃鱼子，认为吃了长大不识数；忌吃孵而未能成形的家禽蛋，认为吃了“忘蛋”会发糊涂。

来客倒茶忌倒满杯；下面条打鸡蛋，每碗忌一个，习惯打三个，以避“倒头蛋”之嫌。

亲友相赠喜庆贺礼，礼品忌单数，俗称单数为不吉利；相赠礼品的包装，忌白色，亦忌系白带子，因与丧事有联系。

忌以钟作礼品赠人，因“送钟”与“送终”谐音，不吉，若迫不得已亦应改称钟为“计时器”。

相见年久，忌以手拍其肩摸其头，或揭其帽子，俗谓此是不分上下、不分长幼的轻浮和无教养的举止，对他人是一种失敬、不恭的行为。

结婚之前，男方忌送伞，因伞与“散”谐音。忌两人分食一个梨，因梨与“离”谐音，分梨同“分离”，不吉。

孕妇忌串门；产妇忌在月子里去井边打水，或到邻舍串门，否则要行祭。

忌女儿在娘家分娩，说是“血洗门庭”，对娘家不利。

忌寡妇、孕妇和服丧戴孝的人参加婚礼，尤其不能进入洞房，以免把晦气带进来；新娘良辰或丧亡入殓，禁止孕妇在场，谓忌“四眼煞”，怕犯重婚、重丧。

忌外姓夫妇在家里同住一房，即使是新女婿、女儿回娘家，也不能同房而睡，否则视为不吉。俗云“宁借给人停丧，不借给人成双”。

一年之中一家不办两件喜事，俗云“福无双至，祸不单行”。

探视病人，忌在午后。迷信认为过午即为阴，不吉利。抬送病人，忌头朝前；运送死者，忌头朝后。

男忌将肚脐露外，女人忌将上臂、大腿露外，谚日：“男不露脐，女不露皮。”男人忌将帽子戴得过低压着眉毛，谚曰：“帽子压着眉，不做强盗就是贼。”

非戴孝之人，忌穿白色衣服和鞋。

忌将衣帽、枕头、被头等坐在屁股下面，忌将女人的裤子放在男人的衣帽、枕头和被头之上;忌男女衣裤不分,合于一盆洗涤。俗谓此类做法,均会招来晦气。

做生意,忌当天第一客人不成交而去,俗谓比为开张不顺,当天生意必清淡;如遇儿童并成交,则非常高兴,谓“童男子开张,一卖净光”,当日生意一定兴隆。如清早遇到妇女买衣针,则认为“晦气”,当日做生意要和顾客吵嘴;如遇到换前一日所购物品,也认为晦气,责其下午再来。

忌店堂人员坐式面向里屁股朝外,忌坐于柜台上或躺卧店堂内,俗谓此不吉利,倒运。

有重大活动,忌单日,常择黄道吉日。1949年后,如结婚常择农历“逢双”日,尤重二月初八,腊月十八,意在成“双”能“发”。商店开业,常选择阳历1月8日、5月8日、5月18日、8月18日等,取谐音“要发”“吾发”“吾要发”“发要发”。甚至车辆牌号、电话号码等,亦不惜高价挑选“吉祥号”。

忌以手摸神像,更忌以污言秽语涉及神灵,俗谓会遭恶报;忌以人吃过的饭菜祭祀神灵,忌以不洁之手烧香拜佛。俗称此是亵渎神灵的行为,会招神灵怪罪而遭报应。

插秧时,忌秧把打在人身上,忌用手递秧苗,要抛在田里自取,否则就会“遭殃(秧)”。

手中拎着中药、猪肉、油、表芯纸,忌进别人家门,应放置门外,如拿猪肉误进别人家门,必留一点给主人。

忌随意拨弄算盘珠(算账和练习珠算除外),与“打空算盘”和“计划落空”是同义。

忌敲打装稻用的箩筐和盖稻用的笆斗,形成“打一箩筐”“打一笆斗”之义,都是诅咒他人歉收、遭灾的行为。

忌对着太阳小便,说走路会踢坏脚趾头。植树忌把人影埋进树坑里。放风筝忌落在人家屋顶上。

借药罐后忌送还,要物主上门来讨;送还,被认为是“咒人生病”。

(三)节令禁忌

春节忌将污水倾倒门外,认为此举会使“财气外流”;忌动刀剪等利器,认为会导致全年口舌不断;忌摔破杯碗,说这是破财的预兆,万一不小心打碎了杯碗,马上要说句补救的话:“岁岁(碎碎)平安”,以求化吉。

忌家人相聚不全,倘有外出未归或卧病不起者,桌上均要虚设杯筷,以示团圆。忌食除夕年饭的锅巴,认为铲根断底会致穷;且年饭要硬,一年硬似一年。饭要多煮，能吃3天，以示丰盛，初一、初二、初三不宜再淘米做饭。

年节期间若走亲访友，忌在初七、初八、初九3天动步，俗有“七不出，八不归，初九出门惹是非”之说。

大年初一忌向他人索债，俗谓大年初一向人索债为大恶，不得好报；此日忌向他人借线，谓大年初一向人借钱，是破人财气。

旧传，正月头七日依序为鸡、狗、猪、羊、牛、马、人日，故初一忌杀鸡，初二忌杀狗，初三忌杀猪，初四忌杀羊，初五忌杀牛，初六忌杀马，初七忌用刑。

二月二，忌推磨，推磨为“研龙头”；妇女忌动针，动针会“扎龙眼”。已嫁女儿忌在娘家过元宵节，俗谓“看了娘家灯，穷得当丁”。

农历七月十五是“鬼节”，忌走亲串门做客。

每月头尾忌打灶搬家，有“月初不打灶，月尾不搬家”之说。灶门、床向不得朝北。

正月不做鞋，否则会出“邪”事；正月小孩不剃头，否则会“死舅”。

（四）婚丧禁忌

正月不结婚，否则不能白头偕老。

禁忌近亲结婚、宗亲联姻，有“男女同姓，其生不蕃”之说。

本命年不宜结婚。每人的本命年要格外注意，可以腰间系一红腰带，以示祛灾就福。

新娘出嫁上轿，内衣口袋里忌装钱物，否则会被看成是从娘家往婆家偷东西。花轿行至半路，忌遇丧事，若遇要躲避；如遇结婚的喜轿，也要尽量错开。因为“福无双至”，喜冲喜，两不利，实在错不开时，要“换花”（互换纪念物）或用红布遮挡。

至婆家下轿，忌直接踩地，忌踢门槛和门，认为那是踩了男家的威严，踢了男家的门面。

新娘出嫁，第一顿饭讲究吃圆饺子、长寿面、龙凤饼、荷包蛋、喜糕等，忌吃馓（谐音“散”）子、丸（谐音“完”）子、梨（谐音“离”）、醋、蒜等。

新婚当月忌空床。

已出嫁的女儿，不得住在娘家过年，忌沾去娘家的福泽。

身死异地者，尸体及灵柩忌进家门，只能在门前搭灵棚停放。

（五）生肖禁忌

旧时，民间在婚姻方面普遍讲究生肖禁忌，认为生肖婚配有“六冲”“六害”。“六冲”是子鼠午马相冲，丑牛未羊相冲，寅虎申猴相冲，卯兔酉鸡相冲，辰龙戌狗相冲，巳蛇亥猪相冲。“六害”是子鼠未羊相害，丑牛午马相害，寅虎巳蛇相害，卯兔辰龙相害，申猴亥猪相害，酉鸡戌狗相害。凡是生肖相冲相害的人，是忌婚配的。民谣云：“白马犯青牛，羊鼠一旦休，蛇虎如刀错，龙兔泪交流，金鸡怕玉犬，猪猴不到头。”

生肖的迷信禁忌，成为封建社会婚姻的枷锁，直到今天，在某些地区、某些家庭仍然是青年男女婚姻自由、恋爱自由的极大障碍，甚至造成悲剧。

(六)建筑禁忌

相邻两家盖房子，前墙必须一致，否则造成“错山”，对两家不利，俗话说：“错山如错虎，家中有凶事。”相邻两家房屋共用山墙，忌将桁条露出山墙，俗称桁条为“木锏”，“锏”与“箭”谐音，木锏外露，会伤邻人。忌右邻的房舍高出左邻的房含，俗谓“左青龙，右白虎；宁让青龙高一丈，不让白虎抬头望”，否则会使左邻人家受伤害。

建房时，忌门窗正面对房屋的桁条，忌大门对巷口、村口，俗称此会招伤损，禳解的方法是在门窗上置一面镜子以辟邪，或砌块“泰山石敢当”石碑，以“镇邪”。

建房用木忌用桑、楝，有“桑楝不入房”之说，因桑、楝与“丧”“殓”同音，视为不利；盖房子的高、宽尺寸和用砖砌墙，都忌八，因八与“扒”同音，意即建房讲年长久远，遇扒不利。

建房、打窖、葬坟，忌在太岁头上动土。先要问明哪方“空”，哪方不“空”，太岁或其他凶神落在哪方，哪方就不“空”，称“煞方”，“煞方”条件再好，也不能施工。

(七)其他禁忌

民间认为，眼皮跳是祸福将临之预兆，有“左眼跳财，右眼跳灾”“左眼跳，酒肉到，右眼跳，灾祸到”“左跳喜，右跳财，双跟全跳祸就来”等多种说法。

民间认为，指纹能断定人的资质和命运。指纹歌云：一螺穷，二螺富，三螺四螺开当铺，五螺六螺骑花马，七螺八螺买砖瓦，九螺十螺置田庄。

民间认为，从痣的生长部位可断人的吉凶福祸。如：人中痣，一生不愁吃和穿；眼角下痣是“眼泪痣”；下唇痣是“讨饭痣”。有“一痣痣身，执棍打狗；一痣痣背，一生都累：一痣痣腰，骑马挂刀”等说法。

第六节　殡葬改革

旧时皆为土葬，中华人民共和国成立后，殡葬的礼仪和习俗随着社会经济的发展和文明程度的提高而变化，罗坝村历年来宣传倡导殡葬改革的方针、政策，积极推行火葬，改革土葬，破除旧的丧葬习俗，节俭办丧事。在改革过程中，领导干部带头宣传，认真贯彻落实殡葬改革的方针、政策，为群众做出表率，依靠群众的自觉行动，推动殡葬改革工作的发展，最终完全用火葬代替了土葬。罗坝村一直致力于改变陈规陋习，推进乡风易俗，促进农村精神文明建设，树立良好的社会主义精神文明之风。

第五编

文化

WEN HUA

第十四章　教育　体育

罗坝村地处丘陵地带，粮丰林茂，自然村庄密集，人口众多，文化氛围浓厚，堪称人文毓秀。

第一节　私塾学堂

私塾历史悠久。清末及民国期间，仍普遍存在。私塾有家塾和东馆两种。塾师在自己家里设馆教学的称为私塾或学塾。这种私塾，一般只有一个塾师，学生二三十人，少的十几人，学生自行招收，也有请乡绅出面代为招生的。塾师按学生受教课程深浅程度收费，每生每月约收米一斗，少则二三升，也可付给现金。东馆也称“坐馆”，为富豪仕宦人家所办，聘请有名望的塾师来家教子弟读书，除东家供给食宿外，每年约得学俸银两。晚清时期，周老圩即聘请著名学者李恩绶为塾师，教授子弟读书。周氏族长周方策也曾在罗坝圩中开设私塾，周氏子孙方可入学。

民国时期，村境分布有四个私塾学馆，著名的有张具甄、周问芝、胡益三和张福新等私塾老先生从事教学。他们一般学问深厚、治学严谨，受到学生家长的尊敬爱戴。私塾内设有孔夫子牌位，学生每年首次上学，要向“大成至圣先师孔子之位”行跪拜礼，再向塾师行敬师礼。私塾主要教学内容是“四书五经”之类，启蒙时读《三字经》《百家姓》《千字文》《弟子规》《龙文鞭影》《幼学琼林》等，接着读“四书”（《论语》《孟子》《大学》《中庸》），“五经”（《诗》《书》《礼》《易》《春秋》），《左传》《古文观止》《唐诗三百首》等课程。教学以死记硬背为主，一般不设年级，采取单独教授方法。读私塾到一定程度后，每天练习书法、作诗作文是必修课。因此，当时的学生一般都能写上几首诗或词。晚清光绪年间取消科举制度，实行新学，私塾逐渐没落。1952年以后，大都转为民办小学。旧时，罗坝村富户家庭重视子女读书，知识分子也有不少，基本每个庄子都有读书人，农家都以耕读为主。

第二节 小学教育

一、学校变迁

万安小学 1950年春，罗坝第一所小学建立，因校址设于旧庙“万元庵”中，故名“万安小学”。第一批招收学生八十多人，其中部分学生原先读过私塾，但未学过算术，还得从阿拉伯数字学起。先为初小，有一至四年级。1953年改为完全小学，有一至六年级。据1953年学校统计报表：学校共有学生98人，其中一年级17人、二年级24人、三年级18人、四年级19人、五年级13人、六年级7人。为方便教学，将一二年级、三四年级、五六年级分设为3个复式班，在同一教室里两个年级同时上课。98名学生中，7～9周岁16人、10～15周岁62人、16周岁以上20人。10～15周岁占学生总数的63.3%，且多为四、五、六年级，为学生中的主体。学校配有6名教师和1名炊事员，6名教师分别是周倜、周君柔、周易、丁昌祥、胡益三、方群，炊事员为方开运。学校初具规模，设有“校董会”，管理学校维修、安全及有关事务。万安小学首任校长周倜，罗坝村人，幼读私塾，早年毕业于师范学校，抗日战争时期合肥沦陷后回乡办学。周倜文化功底较深，办学经验丰富，治学治校有方，培养出不少德才兼备的学生。1955年8月，万安小学撤并至附近周祠堂的肥西县骑路小学。

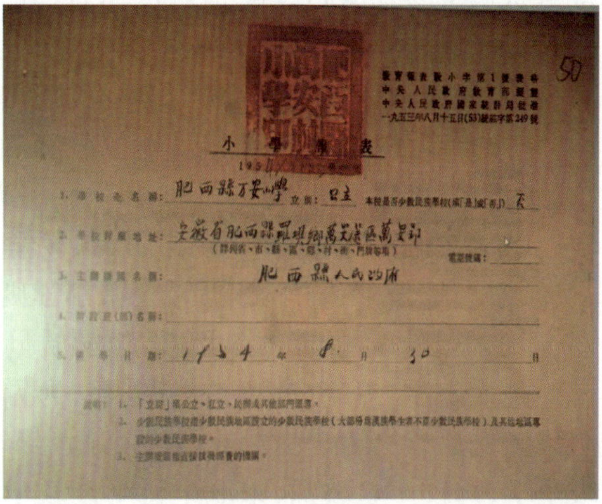
小學報表
肥西縣万安小學
安徽省肥西縣羅壩鄉萬元庵區萬
肥西縣人民政府
1954 年 8 月 30 日

1954年8月30日肥西县万安小学报表（封面）

光明小学 1962年春，在蔺大郢设立一所小学，作为骑路小学分校，选址于蔺大郢西边的一座空闲房屋，有四五间土坯草房，略加修缮后作为教室。但阴暗潮湿，条件甚差。安排张俊山（代理校长）、杨金霞（女）二位教师临时教学。约招收学生50人。没有课本、课桌、黑板，则老师油印课本，学生自带课桌，或用土坯砌成，因陋就简开办学校。孩子的年龄参差不齐，有的十一二岁了。教师无工资，仅有大队从生产队补足少量粮食补贴。1964年，因教室地势低，被大水冲倒，只好借用蔺大郢农户孔凡海家临时教学。在此情况下，大队重新选址蔺大郢西边大地，一块地势平坦，占地15亩的校址建校。全大队合力很快建成二路15间土坯茅房，加上围墙、门楼、厕所等，仍名为“光明小学”。不久，政府部门调来公办教师侯启荣（任校长）、吕锦宗、吴永3人，共5位老师。1964年秋，新学校投入使用。随着学校规模扩大，学生有了正式课本、作业本，教学也排有课程表，逐步走向正规，但学生桌椅板凳还是自带。学校共设有5个年级5个班，学生200余人。小学语文、算术等各门功课基本齐全。中高年级重视毛笔书法和珠算教学，教育教学工作开展很好，深受干群的好评。

1966年“文化大革命”开始后，学校成了大队干群搞政治活动的中心，经常组织学生参加游行、斗“地富反坏右”分子、写标语、“破四旧”等活动。教育教学工作不再是重点，学校几乎停课。这期间，侯启荣为校长，张俊山、杨金霞、吴永任教师，学生220余人。

1969年秋“复课闹革命”，学校教育教学工作逐步恢复。周先保时任校长，张俊山、杨金霞、周本友、张福保任教师，学生270多人。仍设5个年级。学生以学文化课为主，教师正常上课，教学基本正常。

1972年，罗坝小学分设后，光明小学则增调蔺荣甫、李秀芝、唐照珑、唐光熹、苏维海老师。师资力量增强，教学质量有所起色。

耕读小学　1965年至1966年初，为方便本地适龄儿童就近入学，罗坝大队集体先后兴办五一、牛岗、陶郢、蔺大郢、下湾、小卫6个耕读学校。均为初级小学，每校一名教师，采取半耕半读教学方式，以解决附近村庄儿童入学问题。据1965年11月统计，各耕读学校共有学生103人，其中女学生44名，教师共5名。

罗坝小学　1972年，为方便学生入学，罗坝大队兴办罗坝小学，在原来老校址附近建起12间草房，配有5名民办教师，次年调来1名公办教师，张俊山任校长。自此以后学校校舍逐年增添。学生人数也不断增加，最多时达到170余人。1984年“三结合”办校期间，罗坝小学在两年内全部拆掉草房，新建20余间砖瓦结构校舍，办学条件得到改善，教学

环境优美的罗坝小学

秩序稳定。

2004年5月，原罗坝、墩山村合并为今罗坝村，两所小学并存。地方政府积极开展教育布局调整，将原来的罗坝、墩山、白衣等4所小学撤并，合建为罗坝小学。新址建校规模扩大，教学条件进一步改善。学校占地面积1.1万平方米，校舍850平方米，体育用地750平方米，配置教学仪器、设备价值13万元，设有图书室，有图书2250多册，科学实验室、体育室、音乐室、美术室、电脑室等功能教室教学教具配备齐全。有教师9人，其中本科5人、专科学历3人。但随着城市化水平不断提高，农民进城和外出务工经商增多，农村学校生源逐渐减少，每年只有七八十名。罗坝小学成为紫蓬镇中心学校的一个教学点。

二、小学课程

罗坝小学教育，1950年起为初级小学，一至四年级；课程设有语文、算术、体育、音乐、美工等课，每周24～26节。1953年为完全小学，一至六年级。1955年起，增设手工劳动课，1957年起增设周会。1968年又普遍实行五年制。

1980年后，小学课程一般开设有语文、数学、思想品德、自然、地理、历史、音乐、体育、美术、劳动等学科。每周各年级课时数25～30节不等。1993年实行国家教委九年义务教育全日制小学课程计划和教学大纲，开设语文、数学、思想品德、自然、社会、音乐、体育、美术、劳动、人口与环境等课程。

2002年秋季起，小学五年制改为六年制，开设课程为语文、数学、品德与生活、品德与社会、科学（自然）、音乐、体育、美术等。2004年9月，新一轮课程改革在部分小学实施，使用新教材，并增开创新实验课。

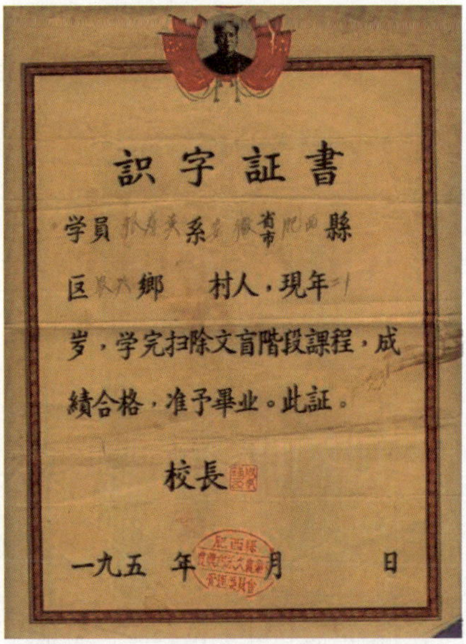
識字証書

学員　　系　　省/市　　縣

区　　鄉　　村人，現年

岁，学完扫除文盲階段課程，成

績合格，准予畢业。此証。

校長

一九五　年　月　日

扫盲识字证书

附载：扫除文盲

新中国成立前，本地村民文化程度普遍较低。多数贫苦家庭无力负担子女入学，造成大量文盲。

1949年冬，各级政府重视扫除文盲，罗坝一带开办冬季农民夜校（称为“冬学")。由有文化的农村干部、工作队员、学校教师和知识青年教农民认字,学习文化。同时也开展新中国新时代的政治思想教育。采用速成识字法,让学员做到"会认、会讲、会写、会用",较快达到脱盲标准。每到晚上,上课前,歌声不断,气氛热烈。扫盲班结业后,发给识字证书。扫盲教育吸引了一大批村民积极参与,对提高村民文化素质起到良好效果。

第三节　中学和中高等教育

罗坝村境无中学。学生小学毕业后,就近可进入烧脉中学(曾名"燎原中学")读初中或在设于农兴集周老圩内的农兴中学读高中,有的则考入肥西中学等周边学校读中学。

中华人民共和国成立前,全村仅有周伯萍、周本淳、周墨兵3人受过高等教育,他们学有所成,分别成为中国古代文学研究、文化考古领域专家。

1966年"文化大革命"开始前,品学兼优的高中毕业生,通过高考可进入高等学校学习;"文化大革命"后期,推荐工农兵学员进大学学习。

1977年恢复高考后,本村学子历年多有考入全国各地中专、大专、本科院校,罗坝学子多能勤奋好学,有的读至硕士、博士,成为国家栋梁。据统计,恢复高考后,全村共有246名学子进入高等学校学习,其中男性155名、女性97名、博士8名、硕士20名、本科学历(含正在就读)154名(其中双学位2人),大学专科学历74名。

罗坝村历年(部分)高等教育就读情况一览表

表5-1

序号	姓名	性别	出生年月	住址	就读院校	学历	专业
1	周伯萍	男	1920.3	康湾圩	外交学院	本科	国际关系
2	周本淳	男	1921.1	康湾圩	国立浙江大学	本科	中文
3	周墨兵	男	1921.8	油坊冲	安徽学院	本科	美术
					黄埔军校		步科
4	周先路	男	1942.2	康湾圩	中国科学技术大学	本科	自动化控制

续表5-1

序号	姓名	性别	出生年月	住址	就读院校	学历	专业
5	周晓蔚	女	1944.12	康湾圩	中国科学技术大学	本科	爆炸力学
					法国南特国力高特科技学院	博士	爆炸力学
6	周轩进	男	1946.8	康湾圩	南开大学	本科	外语
7	周先惠	女	1948.11	康湾圩	中央广播电视大学	专科	汉语言文学
8	周大捷	女	1949.1	康湾圩	解放军第一军医大学	本科	军医
9	周先平	女	1950.9	康湾圩	北京大学	本科	图书馆
10	陈家科	男	1954.6	官塘	安徽师范大学	本科	数学
11	周先民	男	1954.11	康湾圩	南京大学	本科	中文
					南京大学	硕士	中文
					日本名古屋大学	博士	中文
12	周先林	男	1956.1	康湾圩	南京师范大学	本科	政教
					南京师范大学	硕士	中文
					日本名古屋大学	博士	中文
13	张寿稳	男	1956.8	张湾	中南矿冶学院	本科	地质勘探与普查
14	周武军	男	1958.11	康湾圩	徐州医学院	专科	西医医疗
					北京医科大学	本科	皮肤科
					上海医科大学	硕士	皮肤科
15	魏　国	男	1962.4	万安	西北工业大学	本科	航空
16	史先涛	男	1963.6	二房郢	安徽机电学院	本科	热加工
17	周会明	男	1964.7	蔺郢	华东政法学院	硕士	法律
18	张寿俊	男	1965.9	张湾	安徽建筑工程学校	专科	经济管理
19	周先菊	女	1966.1	蔺郢	安徽商业管理干部学院	专科	商业会计
20	张险峰	男	1966.2	官塘	西北工业大学	博士	宇航工程

续表 5-1

序号	姓名	性别	出生年月	住址	就读院校	学历	专业
21	张　扬	男	1966.3	蔺郢	安徽大学	本科	外语
					中国人民大学法学院	双学位	知识产权法律
					美国休斯敦大学法学院	硕士	国际法
22	余蔚霞	女	1968.10	蔺郢	中共安徽省委党校	专科	社区管理
23	李　林	男	1968.7	高塘	中共安徽省委党校	专科	社区管理
24	王圣和	男	1969.6	张湾	安徽农学院	本科	农业系统工程
25	张凝峰	男	1970.1	官塘	中共安徽省委党校	专科	行政管理
26	屈培勇	男	1971.1	康湾圩	太原机械学院	本科	测试技术
27	蔺大胜	男	1972.2	蔺大郢	黄山学院 合肥工业大学	专升本科	英语
28	周　谦	男	1974.6	康湾圩	北京外国语大学	本科	东欧系捷克语
					中国人民大学	硕士	世界经济
29	巢盛春	男	1975.4	杨墩	蚌埠高等专科学校	专科	机电
30	张福俊	男	1975.5	二房郢	哈尔滨理工大学	本科	信息管理与信息系统
31	周巧直	女	1976.2	康湾圩	首都医科大学	博士	临床医疗
32	张　毓	男	1976.11	桂郢	安徽工商管理学院	研究生	工商管理
33	程春霞	男	1976.12	蔺大郢	安徽师范大学	本科	历史教育
34	周　娟	女	1977.1	康湾圩	合肥学院	本科	幼教
35	常　捷	男	1978.1	康湾圩	中国外交大学	本科	国际法系
					新加坡南洋理工大学	硕士	国际法系
36	周　耘	女	1978.1	康湾圩	北京师范大学	本科	生物化学
					美国怀特周立大学	硕士	生物化学和分子生物学
					美国加州大学	博士	生物统计
37	张　莉	女	1978.1	桂郢	华中师范大学	本科	工商管理
38	周建军	男	1978.8	黄小郢	安徽工程科技学院	专科	电子信息工程

续表5-1

序号	姓名	性别	出生年月	住址	就读院校	学历	专业
39	周柏林	男	1979.3	康湾圩	安徽农业管理干部学院	专科	园林
40	李　缙	男	1979.11	高塘	安徽教育学院	本科	汉语言
41	戴　睿	男	1979.12	桂郢	中央电视大学	本科	工商管理
42	张　慧	女	1980.4	小卫	安徽农业大学	专科	会计
43	许家兵	男	1980.7	许郢	合肥联大	本科	中文
44	周寅	男	1980.8	油坊冲	淮南师范学院	本科	法学
					安徽医科大学	本科	理学
					安徽省委党校	硕士	经济管理
					中国人民大学	硕士	社会学
45	周先卿	女	1986.7	油坊冲	阜阳师范学院	本科	文学
					安徽大学	硕士	文学
46	周建民	男	1981.2	黄小郢	安徽绿海商务学院	专科	视角传播制作
47	周柱林	男	1981.2	康湾圩	南京政治学院	专科	经济与行政管理
48	蔺大利	男	1981.8	蔺大郢	安徽大学	本科	中文
49	张斐然	男	1982.2	桂郢	华中师范大学	本科	工商管理
50	张　宝	男	1982.4	张湾	华东交通大学	本科	机械设计制造与自动化
51	李季茹	女	1982.6	高塘	中央广播电视大学	专科	工商管理
52	周少林	男	1983.3	书房	安徽农业大学	本科	财务管理
53	周　锋	男	1983.5	康堰	安徽中医药高等专科学校	专科	中医骨伤
54	冯　娟	女	1983.6	康湾圩	南京政治学院	专科	经济与行政管理
55	周丽君	女	1983.10	油坊冲	新华学院	专科	新闻与网络
56	解　魏	男	1983.1	新店	安徽理工大学	本科	信息管理与信息工程
57	张　兵	男	1984.8	官塘	华南师范大学	本科	体育
					解放军陆军特种兵作战学院	硕士	军事体育教学
58	周建桂	男	1984.9	黄小郢	安庆职业技术学院	专科	电脑艺术设计

续表5-1

序号	姓名	性别	出生年月	住址	就读院校	学历	专业
59	周先飞	男	1984.9	许郢	阜阳师范学院	专科	雕刻设计
60	周梅子	女	1984.12	油坊冲	安庆师范学院	本科	社会工作
61	周其云	女	1985.1	大卫	安徽大学	本科	人力资源管理
62	张　健	男	1985.2	大卫	长安大学	专升本	道桥与渡口工程
63	张　娟	女	1985.4	官塘	肥西师范学校（大专班）	专科	英语
64	蔺新华	男	1985.5	岗西	合肥工业大学	专科	机电一体化技术
65	程文林	男	1985.9	许郢	滁州学院	本科	电子商务
66	程　松	男	1986.2	书房	安庆师范学院	学士	法学
67	周亚敏	女	1986.2	陶郢	武汉科技大学	本科	工业设计
68	马腾飞	男	1986.2	新店	皖西学院	本科	食品加工与检验
69	蔺大钱	男	1986.9	蔺大郢	安徽农业大学	本科	信息与计算科学
70	张　东	男	1986.11	官塘	皖南医学院	本科	临床医学
71	蔺翰林	男	1987.1	路上	安徽大学	本科	思想政治教育
72	孔爱玲	女	1987.2	老家	中澳国际科技职业学院	专科	金融管理
73	高　兰	女	1987.3	高塘	阜阳职业技术学院	大专	护理学
74	周先正	男	1987.3	黄小郢	安徽理工大学	本科	土木工程
75	孙露露	女	1987.4	蔺郢	安徽农业大学	本科	社会工作
76	周兵兵	男	1987.5	黄小郢	安徽大学	本科	汉语言文学
77	罗丽裙	女	1987.5	路西	合肥通用学院	专科	机电一体化
78	葛宜云	女	1987.9	大卫	合肥学院	本科	外语
79	周丽萍	女	1987.1	蔺郢	安徽师范大学	本科	法律
					安徽师范大学	硕士	法律
80	王　卓	男	1987.11	陶郢	安徽财贸职业学院	专科	酒店管理
81	贺　健	男	1988.3	蔺郢	解放军陆军指挥学院	专科	法律
82	王晓强	男	1988.5	蔺郢	安徽理工大学	本科	土木工程
83	周章明	男	1988.7	大卫	安徽建筑大学	本科	英语

续表5-1

序号	姓名	性别	出生年月	住址	就读院校	学历	专业
84	周学敏	女	1988.8	桂郢	上海交通大学	本科	工商管理
85	巢昌燕	女	1988.9	蔺郢	湖北科技学院	本科	小学教育
86	李　忠	男	1988.9	陶郢	江西南天学院	本科	模具制造与设计
87	蔺圣宝	男	198810	岗西	合肥工业大学	专科升本科	机械设计制造及其自动化
88	李慧敏	女	1988.11	高塘	安徽审计职业技术学院	专科	物流管理
					安徽大学	本科	物流管理
89	张　章	男	1988.11	张二	安徽工业职业技术学院	专科	建筑工程
90	葛宜兵	女	1988.12	大卫	皖西学院	本科	机电电机
91	许久林	男	1989.1	许郢	安徽建筑大学	本科	工商管理
92	陈　然	女	1989.2	蔺郢	巢湖职业技术学院	专科	护理学
93	董　敏	男	1989.2	大卫	合肥师范学院	本科	英语
94	蔺大伟	男	1989.3	路上	安徽电子信息职业技术学院	专科	会计电算化
95	张亚会	女	1989.5	大卫	安徽农业大学	专升本	英语
96	张　颖	女	1989.7	上冲	安徽中医药大学	本科	护理学
97	许　敏	女	1989.7	许郢	池州学院	本科	信息系统与管理
98	吴其科	男	1989.7	官塘	安徽理工大学	本科	建筑环境与能源应用工程
99	康绅韬	男	1989.7	官塘	安徽师范大学	本科	新闻学
100	胡晓光	男	1989.9	桂郢	海军航空工程学院	本科	导弹测试与控制
101	蔺　伟	男	1989.11	新庄	安庆师范大学	本科	平面设计
102	张婷婷	女	1989.12	张湾	安徽农业大学	本科	园林
103	蔺　杰	男	1990.1	岗西	中国科学技术大学	博士	材料科学与工程
104	蔺圣如	男	1990.6	岗西	解放军南京政治学院	本科	经济与行政管理
105	程　如	男	1990.9	书房	南通大学	本科	土木工程
106	谢春然	男	1990.9	高官塘	安徽大学	专科	金融管理
107	程武林	男	1990.11	许郢	芜湖机电学院	本科	土木工程

续表5-1

序号	姓名	性别	出生年月	住址	就读院校	学历	专业
108	桂　聪	男	1990.11	桂郢	皖江学院	本科	广告学
109	周晓姗	女	1990.12	岗西	合肥职业技术学院	专科	机械设计与制造
110	陈劲松	男	1991.2	张一	皖西学院	本科	电子信息工程
111	李　源	男	1991.4	高塘	新华学院	本科	国际经济与贸易
112	方晓薇	女	1991.5	高官塘	宿州学院	本科	人力资源管理
113	张晓峰	男	1991.7	张一	蚌埠学院	本科	生物工程
114	牛梦婷	女	1991.8	杨郢	淮北师范大学	本科	汉语言文学
					安徽师范大学	硕士	秘书学与写作学
115	张永鹏	男	1991.8	张二	国防科学技术大学	硕士	航空宇航科学与技术
116	桑佳佳	女	1991.12	官塘	安徽师范大学	本科	汉语言文学
117	张韦华	女	1991.12	小卫	安徽商贸职业技术学院	本科	英语
118	巢昌耀	男	1992.1	蔺郢	安徽工业大学	本科	冶金工程
					北京科技大学	硕士	冶金工程
119	许　松	男	1992.2	下湾	安徽农业大学	本科	机械设计制造及其自动化
120	蔺一佼	女	1992.3	岗东	安徽科技学院	本科	工商管理
121	张克兵	男	1992.3	杨墩	合肥学院	本科	食品科学与工程
122	蔺洋洋	男	1992.4	路上	安徽财贸职业学院	专科	装饰设计
123	张浩然	男	1992.4	张湾	日本国神户大学	研究生	国际文化
124	余玲玲	女	1992.6	杨郢	湖南文理学院	本科	师范
125	董尊柱	男	1992.6	大卫	安徽农业大学	专科	农业经济管理
126	孙维兰	女	1992.8	新店	蚌埠学院	本科	应用数学
127	陈飞飞	男	1992.9	张一	安徽科技学院农学院	本科	畜牧
128	唐晶晶	女	1993.1	大卫	安徽交通职业技术学院	专科	会计学
129	李　燕	女	1993.1	小卫	阜阳师范大学	本科	财务管理
130	李　伟	男	1993.6	高塘	合肥通用技术学院	专科	数控

续表5-1

序号	姓名	性别	出生年月	住址	就读院校	学历	专业
131	张玉夏	女	1993.6	高官塘	滁州学院	本科	地理科学
132	张 艳	女	1993.9	上冲	蚌埠医学院	本科	临床医疗
133	周 悦	女	1993.9	黄小郢	蚌埠医学院	本科	护理学
134	叶 芹	女	1993.11	高塘	新华学院	本科	国际经济与贸易
135	张媛媛	女	1994.1	张一	安徽工商职业学院	专科	英语
136	张 旭	男	1994.1	蔺郢	淮北师范大学	本科	化工
						硕士	化学工业与材料
137	张 昕	男	1994.2	张湾	安徽大学	本科	汉语言文学
					合肥工业大学	本科	工商管理
138	蔺董平	女	1994.3	路西	合肥信息技术职业学院	专科	电子商务
139	王玉滢	女	1994.6	陶郢	安徽广播影视职业技术学院	专科	播音主持
140	武 俊	男	1994.7	路上	安徽芜湖职业技术学院	专科	数控技术
141	李 梅	女	1994.8	岗西	新华学院	本科	药物制剂
142	周倩倩	女	1994.11	黄小郢	宿州学院	本科	房子价经营与估价
143	张永诚	男	1994.11	大卫	安徽文达信息工程职业技术学院	专科	市场营销
144	张希强	男	1994.11	张一	安徽财贸职业学院	专科	电子商务
145	桂 娟	女	1994.11	桂郢	中国科技大学	研究生	材料工程
146	胡晓明	男	1994.12	桂郢	安徽农业大学	本科	会计学
147	周宇虹	女	1995.1	蔺郢	西北政法大学	本科	法学
					英国格拉斯哥大学	硕士	法学
148	任 艳	女	1995.1	大卫	合肥幼儿师范高等专科学校	专科	学前教育
149	周 耀	男	1995.1	陶郢	安徽中医药大学	本科	药学
150	王雪婷	女	1995.2	蔺郢	安徽工业大学	本科	经济管理
151	蔺 坡	男	1995.4	中心	黄山学院	本科	机械设计制造及其自动化
152	蔺竞雄	男	1995.7	岗东	安徽林业职业技术学院	专科	园林技术

续表5-1

序号	姓名	性别	出生年月	住址	就读院校	学历	专业
153	余　波	男	1995.7	杨郢	安徽建筑大学	本科	土木工程
154	蔺圣松	男	1995.8	新庄	安徽财经大学	本科	工程管理
155	张杨杨	男	1995.8	河西	中南大学	本科	车辆工程
156	张　坤	男	1995.9	祖籍罗坝	合肥财经职业学院	专科	金融管理
157	张荣荣	女	1995.9	祖籍罗坝	安徽师范大学	本科	汉语言文学
158	蔺秀秀	女	1995.9	岗东	合肥财经职业学院	专科	会计与审计
					安徽农业大学	本科	社会工作
159	吴其锋	男	1995.9	官塘	安徽工业经济职业技术学院	专科	工程造价
160	张子烨	男	1995.11	蔺郢	安徽审计职业技术学院	专科	会计
161	张丽君	女	1995.11	张一	安徽中医药大学	专科	临床
162	张永青	男	1995.12	下湾	安庆师范大学	本科	通信工程
163	李润丰	男	1995.12	书房	安徽工业大学	本科	经济管理
					中国对外经济贸易大学	硕士	商务管理
164	周　媛	女	1996.1	上冲	安徽农业大学	本科	测绘工程
					中国地质大学	硕士	遥感测绘
					武汉大学	博士	遥感测绘
165	吴　伟	男	1996.1	新店	蚌埠学院	本科	广告学
166	张永东	男	1996.1	高官塘	安徽农业大学	本科	财务管理
167	张　凯	男	1996.1	张郢	淮南师范学院	本科	轨道交通信号与控制
168	张　昕	女	1996.2	小卫	皖西学院	本科	财务管理
169	张　春	男	1996.4	下湾	新华学院	本科	土木工程
170	张丽茹	女	1996.4	张二	安阳师范学院	专升本	会计
171	周莉平	男	1996.5	许郢	皖西学院	本科	化学
					湘潭大学	硕士	化学

续表5-1

序号	姓名	性别	出生年月	住址	就读院校	学历	专业
172	刘　浩	男	1996.6	张二	安庆师范大学	本科	计算机媒体设计
173	陈亚飞	男	1996.7	新庄	新疆大学	研究生	应用统计
174	赵　静	女	1996.9	路上	安徽师范大学	本科	学前教育
175	杨延飞	男	1996.9	路东	安徽水利水电职业技术学院	专科	建筑工程技术
176	蔡东东	男	1996.1	康堰	黄山学院	本科	公共管理
177	巢志伟	男	1996.11	杨墩	安徽新华学院	专科	财经
178	范亚平	女	1996.11	黄小郢	亳州学院	本科	汉语言文学
179	葛健华	男	1996.11	大卫	安徽邮电职业技术学院	专科	通信工程
180	周华任	男	1996.12	书房	安徽大学	本科	信息系统与管理
181	李宇广	男	1996.12	中心	合肥财经职业学院	专科	市场营销
182	唐浩东	男	1996.12	张二	安徽财经大学	本科	物流管理
183	顾玉宝	男	1997.1	路上	池州学院	本科	人力资源管理
184	张　杰	男	1997.1	河东	安徽工业大学	本科	机电
					南京邮电大学	读研	机电
185	苏梦雅	女	1997.1	小卫	安徽中医药大学	本科	护理学
186	张　震	男	1997.2	高官塘	安徽财经大学	本科	会计
187	程　玉	男	1997.3	张一	安徽工业大学	本科	工业工程
188	周志远	男	1997.4	陶郢	皖西学院	本科	环境设计
189	张香玲	女	1997.5	杨墩	安徽师范大学	本科	美术
190	蔺露云	女	1997.6	新庄	合肥共达职业技术学院	专科	动漫设计与制作
191	武　健	男	1997.7	中心	西安交通大学	专升本	计算机科学与技术
192	张静怡	女	1997.9	官塘	西北工业大学	本科	通信工程
193	王雨竹	女	1997.9	祖籍罗坝	长沙大学	本科	物理系
194	胡亚婷	女	1997.11	高塘	大连艺术学院	本科	播音主持
195	张志伟	男	1997.11	大卫	北京交通大学	本科	城市轨道信号
196	韦明月	女	1997.11	官塘	东北师范大学	本科	学前教育

续表5-1

序号	姓名	性别	出生年月	住址	就读院校	学历	专业
197	王　程	男	1997.12	路西	黄山学院	本科	工艺美术
198	高　洁	女	1997.12	岗西	淮北师范大学	本科	旅游管理与教育
199	周鹿鸣	女	1997.12	新店	西安交通大学	本科	设计
200	朱玉娟	女	1998.2	康堰	宿州学院	本科	通信工程
201	程海宁	男	1998.6	杨郢	黄山学院	本科	土木工程
202	王蒙蒙	女	1998.8	杨墩	安徽师范大学皖江学院	本科	体育
203	周海燕	女	1998.9	陶郢	江西科技师范大学	本科	服装与服饰设计
204	巢昌立	男	1998.11	蔺郢	安徽工商职业学院	专科	计算机
205	许海峰	男	1998.11	许郢	合肥工业大学	本硕连读	材料成型与控制
206	孙娅丽	女	1998.11	岗西	阜阳师范大学	本科	英语
207	蔺宇轩	男	1998.12	路东	海军航空大学	本科	飞行
208	王张耀	男	1998.12	张一	西北大学	本科	考古
209	胡春雨	女	1999.3	高塘	肥西师范学校(大专班)	专科	美术
210	张会会	女	1999.5	小卫	皖西卫生职业技术学院	专科	统计与会计核算
211	张婷花	女	1999.5	小卫	江苏工程职业技术学院	专科	产品设计
212	周　昊	男	1999.7	康堰	解放军信息工程大学	本科	信息
213	黄贝贝	女	1999.7	路上	安徽理工大学	本科	建筑学
214	程自鸣	男	1999.11	书房	合肥涉外职业经济技术学院	专科	工程造价
215	蔺先宝	男	1999.11	岗西	淮北师范大学	本科	经济学
216	张梦成	男	1999.11	许郢	宿州学院	本科	汽电
217	余学龙	男	1999.11	杨郢	淮北师范大学	本科	财经
218	龙　敏	女	1999.11	高官塘	哈尔滨工业大学	研究生	计算数学
219	张纪元	男	2000.1	蔺郢	安徽水利水电职业技术学院	专科	水务管理
220	蔺雨成	男	2000.1	岗西	合肥信息技术职业学院	专科	会计

续表5-1

序号	姓名	性别	出生年月	住址	就读院校	学历	专业
221	桂　旺	男	2000.1	桂郢	安徽工业大学	本科	机动化
222	王漫春	女	2000.2	路西	马鞍山学院	本科	英语
223	周婷婷	女	2000.3	黄小郢	安徽师范大学	本科	动画
224	蔺胜梅	女	2000.3	路西	铜陵学院	本科	音乐
225	周玉玲	女	2000.3	老家	安徽财贸职业学院	专科	农村金融
226	张欣茹	女	2000.4	河西	安庆师范大学	本科	生物技术
227	陶吕楠	男	2000.4	路东	安徽职业技术学院	专科	动漫设计与制作
228	张俊杰	男	2000.4	张一	扬子职业技术学院	专科	高速铁路客运乘务
229	蔺　坤	男	2000.6	岗东	蚌埠学院	本科	环境设计
230	周　健	男	2000.6	大卫	皖西学院	本科	电子信息工程
231	张　伟	男	2000.6	张二	安庆师范大学	本科	计算机媒体设计
232	周艺童	男	2000.11	书房	上海外国语大学	本科	汉语国际教育
233	马文娟	女	2001.1	蔺郢	安徽阜阳师范大学	本科	数学与应用数学
234	王雨婷	女	2001.2	蔺郢	黑龙江八一农垦大学	本科	汉语言文学
235	周　可	女	2001.3	蔺郢	安徽交通职业技术学院	专科	城市轨道交通与运营管理
236	周安捷	女	2001.4	康湾圩	香港科技大学商学院	学士	量化金融
237	张博文	男	2001.6	二房郢	哈尔滨工程大学	本科	电子信息
238	桂可欣	女	2001.6	桂郢	四川卫生康复职业学院	专科	护理学
239	张宇杰	男	2001.7	张二	安徽工业大学	本科	工程造价
240	程　浩	男	2001.9	书房	蚌埠学院	本科	设计
241	张　超	男	2001.9	张二	淮南师范学院	本科	机械设计制造及其自动化
242	张亚鹏	男	2001.11	张一	宿州职业技术学院	专科	城市轨道交通与运营管理
243	周焕明	男	2002.2	老家	皖西学院	本科	光电信息科学与工程
244	殷磊	男	2002.3	杨墩	四川成都电子科技大学	本科	电子计算机

续表 5-1

序号	姓名	性别	出生年月	住址	就读院校	学历	专业
245	张齐凯	男	2002.4	高官塘	安徽工业大学	本科	金融
246	许海燕	女	2002.8	许郢	淮南师范学院	本科	新闻学
247	蔺文轩	女	2002.9	新庄	阜阳幼儿师范高等专科学校	专科	科学教育
248	沙倩雯	女	2002.9	蔺大郢	安徽文达信息工程职业技术学院	本科	幼师
249	张永硕	男	2002.9	张二	沈阳建筑大学	本科	建筑电气与智能化
250	赵新宇	男	2003.1	高塘	安徽职业技术学院	专科	商务英语
251	高　刚	男	2003.3	岗西	合肥经济学院	本科	机械设计制造及其自动化
252	周　娴	女	2003.5	蔺郢	肥西师范学校（大专班）	专科	美术

注：本表统计截至2020年12月；本表按出生年月顺序排列

第四节　传统体育竞技与游戏

一、成人游戏与竞技

棋弈　民间棋弈主要有象棋、围棋、五子棋、石子棋等。象棋在民间比较普遍，很多成年人都会下，红黑双方，分别有将（帅）、士、象、车、马、炮、兵（卒），棋盘长方形，以楚河汉界划分布局，红先黑后，以最终将死对方将（帅）为胜。石子棋又称“老牯牛赶山”，就地画棋，盘为大小相连二菱形，内画直、横斜线，两人对弈。一方为一块相对较大的石子，另一方为较小的石子为棋子。大石子为老牯牛，可以遇有两小石子空挡“挑一担开路”，吃掉对方左右各二子。小石子一方则处处设防，紧逼“老牯牛”，让其无隙可乘，直至被制困为止。此棋就地取材，规则简单易玩，在农村十分普遍。

麻将　是一种汉族发明的益智游戏，约起源于明代。以竹子、骨头或塑料制成的小长方块，上面刻有花纹或字样，每副136张。其基本打法简单，容易上手，但其中变化又极多，搭配组合因人而异。村民年节假日常聚集一起，4人一桌进行博戏。如带有彩头、数额较大，则具有赌博性质，是被禁止的。据考证其前身为一种被称为“马吊”的纸牌。

扑克牌 扑克牌传入本地虽然较迟，但由于简便易行，玩法花样繁多而在村民中较为流行。开始时使用一副牌（54张），4人可以有“争上游”“四十分”“装麻袋”“跑得快”“攻壳”“接龙”等玩法；后来增至两副牌合在一起，玩法有“斗地主”“八十分”“掼蛋”等名目。亦有少数人以扑克牌玩“推牌九”“诈鸡”“比鸡”等，多带有赌博性质。

抹小牌 亦称抹纸牌，牌为纸质，长条形。规则大约与麻将相似，有万、筒、条等名目。多为老年妇女所喜爱。

舞狮 每逢年节喜庆，群众最喜欢舞狮。舞狮有狮子两只，一雌一雄，每只狮子由两个人扮演，前面一人为狮头，后面一人抓住前面的腰，为狮腰狮尾，然后披上用麻丝或菁丝做成的狮皮、狮头和狮尾。另有一个人为武士，手持绣球，随着锣鼓声欢跳入场，把狮子引入场内。武士先做一番热场的武术表演，然后把绣球一一摆转动，两个狮子摇头摆尾，做出各种表演，如打滚纵跳、跳大桌等。

玩石锁 各地农村常见的一项体育活动。石锁以石制成，形如锁，重量大小不等。玩石锁方式通常有举锁、抓锁、抛接等几种。此外，还有比举石锁花样。

翻石滚 流传在本地农村。这项活动，运动量大，既要有力量，又要有技巧，为青壮年所喜爱。

抵棍 是两人比力量、比毅力的活动。旧时这项活动在农村常见。用木棍或扁担，由双方各持一端，用一只手抵住棍端，放在胯下大腿内侧，另一只手握住自己一方棍上，有一方先出力，双方下蹲开始对抵，前进者为胜。此外，还有撬棍、绞棍等，都是同类的活动。

投枪 原为古代搏杀禽兽、作战活动，后来作为锻炼身体的项目流传于民间。枪用坚硬木棍或竹竿制成。活动方法有两种：投远和投准。投远类似掷标枪，投准用稻草或麦秸扎成靶，距靶位约10米，划一条限制线，人站在线后持枪向靶子投去；也可利用助跑投枪，不得越过限制线，将枪投中靶子要害部位为优。周盛波兄弟在罗坝圩办团练时，常以这类竞技活动来训练，以增强体魄和战斗力。

二、青少年游戏

打陀螺　是古老的民向体育活动之一，俗称“打老鼠”。陀螺为木制，为圆锥形体，上大下小，重量及大小无规定。玩时置于地，以绳击之，使之旋转不倒、窜行。多为儿童游戏。双人或多人比赛时，以旋转时间长为胜；或在旋转中，以己方陀螺撞击对方陀螺令其倾倒为胜。

漂漂溜　又名“打水漂”，人站水追附近，手持块小瓦片，两膝微屈，身体重心降低，将瓦片向水面掷去。其接触水面时，由于惯性和水的浮力，瓦片能连续轻掠水面向前飞飘而去。瓦片接触水面的角度以及瓦片的大小、重量，也会影响飞飘的距离和越水的次数。紫蓬山附近有个天然池塘，传说香客进香后路经此处，若能用漂漂溜打块石子过塘，即可预知得子，故称为“打子塘”。

猫捉老鼠　参加人数不限，一组青少年手拉手站成圆圈，设有一猫二虎，或二猫四鼠。鼠在圈内躲藏、猫在圈外捉拿老鼠，老鼠如钻过18间(两个空间为一洞)，没被猫捉住为胜。猫乘老鼠钻洞时捉往老鼠为胜。负者被罚唱歌、跳舞，之后重新开始。

老鹰抓小鸡　是一项集体性体育游戏。参加人数无具体规定，人数过多时，可分成若干队进行，从参加者中选一人作“老鹰”，一人作“老鸡”。老鸡站在排头，老鸡后面的人成一路纵队作“小鸡”，用手搭住前面人的肩上或抱住腰部。“老鹰”站“老鸡”前面约两米处。游戏开始后，“老鹰”左右前后跑动，捕捉“小鸡”，“老鸡”则伸两翅(两手)阻挡，保护“小鸡”。“老鹰”不得从“老鸡”翅下(臂下)钻过，只能从旁绕过捉最后的“小鸡”，如“小鸡”中途脱节，则游戏暂停，重新搭好后，继续游戏。“老鹰”用手触或拍到“小鸡”，即为捉到，捉到一只得一分。

挑花棍　以长度约10厘米、有青皮的细树枝为花棍，分别环刻为一至九的数目花纹，一把二三十根。花棍一般自己制作。两人游戏猜先后，先者手攥一把花棍，在地上(或一平台上)放开手指后，花棍自然散落堆积。然后用手持的另一小棍一一挑开，挑开后即为己方所得。挑棍有挑、担、拖、顶等不同方法，但不得碰(动)到其他花棍，如碰(动)到其他花棍，则失去此轮资格，由对方接续挑棍。如此轮番，直至全部挑完为止。最后比较各自所得花棍的数目分胜负。此游戏对于锻炼儿童的耐心、平衡能力、方法技巧有一定意义。

捉迷藏　俗称“藏猫”，方法有三种。一是一人蒙上眼睛，其他人躲藏起来，然后去寻找躲藏人，找到为胜，互相交换。二是先由一人蒙上眼抓人，抓住为胜，被抓住的人接着蒙上眼睛，再去抓人。三是有一半人蒙上眼睛，其余人在规定的范围内躲藏，蒙眼人捉人，捉住谁，谁就与蒙眼人交换；还有不蒙眼人捆上一条腿，跳着躲藏，称之为“瞎子逮拐子”。

放风筝 深受儿童喜爱。风筝是用竹扎成骨架，糊上薄纸或薄布，造型多为动物，有龙、鹰、蜈蚣、燕子、鲤鱼、彩蝶等，还有几何形体，如五角星、八角等，绘制精美，有的还装有风哨。用线牵引，乘风放入空中，临场观看，令人心旷神怡。今多为购买现成的风筝放飞。

踢毽子 毽子一般是用布或软皮包铜钱做底盘，扎上鸡毛或其他羽毛而成。踢毽子场地可大可小，室内室外均可。花样繁多，有单踢、盘踢、蹦踢、间踢。踢毽子，可以用来表演，也可用于比赛。比赛有比踢的次数，也有比踢的花样。

斗膝 又叫“斗鸡”，为本地城乡的青少年喜爱。活动方法是用手抱起一条腿，另一条腿支撑上身蹦跳。两个人用膝部相斗，斗到对方双脚着地即为胜。斗膝的基本动作有砸膝、套膝、顶膝、掀膝、闪膝和假动作等。参加活动人数、场地不限，只要有两人或两人以上在一块平地就可进行。

跳皮筋 为近代兴起的民间体育活动，在小学女生中开展较普遍。跳皮筋不受场地、人数的限制。皮筋是用橡皮圈连接而成，长短不限。一人玩时，可将皮筋两端固定在两根小树或板凳上，如有二人以上，两人牵着皮筋两端，一人或两三人混跳，逐步升高，直到失误，换人再跳，循环往复。跳皮筋的跳法很多，一般有挑、勾、踩、跨、摆、碰、绕、掏、压、踢等基本技术动作，也有编排成组合动作的，配合儿歌，边跳边唱，轻松有趣。

跳绳 器材易取，场地不限。一人活动，也可双人或集体活动。可表演，又可比赛。个人活动时，只要一条六尺左右绳子，手握绳的两端，从足下经过头顶，且转且跳，连续不断。能前绕环，也可后绕环、前后交叉绕环。集体活动的绳则更长一点。两人绕绳，或把绳一荡固定在树上，一个人绕动，其余人在绳上来回跑跳，做各种表演动作，如单脚跳双脚跳、转体跳等。

跳房子 为小学生所喜爱。在一块平地上，划出相连方格组成房子，一人自开始处单腿跳入，循序渐进跳入各个房间，到顶后再返身依次跳回。如双脚落地即为负，结束让别人跳。

第十五章 文学艺术

第一节 文学创作

罗坝村籍人士创作出版书籍（作品）一览表

表5-2

书名	作者	版本	内容提要
周武壮公遗书	〔清〕周盛传原著、刘景周整理	1.清光绪三十一年（1905）刻本 2.天津古籍出版社2017年5月出版（津沽笔记史料丛刊第五辑）	该书为周盛传（谥武壮）生前身后文献汇编，在其去世21年后，由其子家驹编辑遗文成书并刊行于世。全书分内、外集。内集共九卷，分为军谟编（上、下）、御兵编（上、下）、简器编、练法编、战事编、城工编、屯政编、河务编、行实编，均为周盛传向李鸿章呈递的公文禀帖。前有卷首一卷，收有周盛传身后李鸿章的奏稿、皇帝祭文碑文、墓志铭等，以及周盛传生前自撰年表《磨盾纪实》等。外集三卷，收入其家书、函牍、生活俚言等。又有《格物琐记》一卷，还附录诗词楹联等。书前有刘秉璋、林之望、蒯光典等序（叙）。周盛传为淮军著名将领，后期统军屯垦天津小站，采用新法练军颇有成就。该书对于研究晚清淮军历史和周盛传生平事迹具有较高史料价值
檠庵诗钞	周家谦	1928年刊印	二卷，收录周家谦诗作200余首
读常见书札记	周本淳	江苏教育出版社1990年3月出版	周本淳日常读书笔记汇编，本书所收文章大体可分为三个部分：古籍点校方面的意见、考据性的文章和诗词赏析

续表5-2

书名	作者	版本	内容提要
古代汉语	周本淳	华东师范大学出版社1990年5月出版	为周本淳编著高等师范古汉语专业教材。《古代汉语》（第3版）共八章，第一至第六章为绪论、文字、音韵、词汇、词类、句式、修辞，是古代汉语课程规定必授的内容；第七、第八章为文言文的标点与翻译、辞书，可酌情列为辅导课或专题课。附录的古代文化知识举要，是教师指导学生的阅读内容，可扩大学生的相关知识面
活页文史丛刊（1990年卷）	周本淳主编	中州古籍出版社1990年6月出版	本书为淮阴师范专科学校（现淮阴师范学院）1977年创办的文史类期刊，汇集国内黄侃、苏步青、顾颉刚、李泽厚等各专业领域的来稿，是一本学术价值极高的专业期刊。1990年卷由供稿人之一的周本淳主编
诗词蒙语	周本淳	上海文艺出版社2001年1月出版	本书是故事会图书馆文库中的一册，为周本淳数十年诗词研究心得汇编。收入了周本淳关于诗词的小文章数篇。该书以深入浅出、循序渐进的方式，讲述了诗词创作的要领及特点，是一本极佳的诗词入门读物
震川先生集	〔明〕归有光著/周本淳点校	上海古籍出版社2007年8月出版	周本淳点校明代文学家归有光诗文集。归有光，字熙甫，江苏昆山人，学者称为震川先生。其著作涉及经史子集各部，其散文风格上承司马迁以及唐宋八大家的传统，下启方苞、姚鼐等桐城派的先河，文笔简洁，长于叙事，被称为“唐宋派”。《震川先生集》原为上海古籍出版社“中国古典文学丛书”之一种，初版于1981年，重版时分平、精装印出，内容版式保持不变
诗话总龟	〔宋〕阮阅著/周本淳点校	人民文学出版社1987年8月出版	周本淳点校宋代阮阅编撰的诗话类书，为“中国古典文学理论批评专著选辑”之一种。《诗话总龟》共十卷。《诗话总龟》原书《诗总》，阮阅编成于徽宗宣和年间知郴州时。孝宗乾道三年(1167）前，以《诗话总龟》之名行世，与原本已略有不同。今本前集又名《增修诗话总龟》，“得一千四百余事，共二千四百余诗，分四十六门而类之”（阮阅《诗总序》）。采自诸家小史、别传、杂记、野录，引书近百种，荟萃繁富。以内容分门的编撰体例，仿自《太平御览》《册府元龟》等宋代类书，并有晚唐《风骚旨格》等诗格著作的痕迹。作者之旨，在于对各种杂著中的诗作、诗事、诗话“类而从之，以便观阅”。《诗话总龟》不仅为后人研究古代诗歌，尤其是宋诗提供了极为丰富的资料

续表5-2

书名	作者	版本	内容提要
唐音癸签	〔明〕胡震亨著/周本淳点校	上海古籍出版社1981年5月出版	《唐音癸签》是明代胡震亨撰诗话集，周本淳点校，共三十三卷，多辑录有关唐诗的研究资料，也加入自己的论断。全书分七目：卷一为体凡，论诗体之变迁及声病等；卷二至卷四为法微，内有统论，主要论述诗歌创作的比兴体格等，必用的表现原则，并谈及字句、偶对、用事等利弊；卷五至卷十一为汇评，按时代、体裁、题材等，分别集诸家对唐代诗人和诗作的评论；卷十二至卷十五为乐通，专谈诗与乐曲、舞曲等关系；卷十六至卷二十四为话笺，专门解决唐诗的名物典故等疑难问题；卷二十五至卷二十九为谈丛，专谈唐代诗人的逸闻轶事；卷三十至卷三十三为集录，内录唐别集、总集卷数及诗话，并考辨集中的伪作与注释等
唐才子传校正	〔元〕辛文房著/周本淳点校	江苏古籍出版社1987年6月出版	《唐才子传》共十卷，作者辛文房，字良史，西域人。此书对中、晚唐诗人事迹所记尤详，也包括部分五代诗人。按诗人登第先后为序。书中保存了唐代诗人大量的生平资料，对其科举经历的记叙更为详备。传后又有对诗人艺术得失的品评，多存唐人旧说，其中颇有精辟之见。但此书亦颇有诸多讹误之处，周本淳对此加以校点，修订诸多与史不合之处，具有重要的学术参考价值
小仓山房诗文集	〔清〕袁枚著/周本淳点校	上海古籍出版社1988年3月出版	周本淳点校的清代才子袁枚所著的诗文集，共计收录袁枚所著古今体诗文3454首，袁枚（1716—1797），字子才，号简斋，随园先生。晚年自号苍山居士，清代诗人、诗论家。浙江钱塘人。他是清代乾隆年间的进士，才华出众，诗文冠江南。他与纪晓岚（清乾隆四库全书的总编纂）有“南袁北纪”之称
唐人绝句类选	周本淳 选编	浙江古籍出版社1985年11月出版	周本淳选编的唐代诗人绝句选，时间自隋末唐初至唐末五代，以作者姓氏笔画为序，对于诗文种的典故、难字、异名作者均引经据典加以点校，为诗词爱好者必读之书
苕溪渔隐丛话	〔宋〕胡仔著/周本淳点校	人民文学出版社1992年 月出版	《苕溪渔隐丛话》是创作于南宋时期胡仔编撰的中国诗话集，周本淳在1980年补正重印的廖德明校点本的基础上重新加以点校，于1992年由人民出版社出版。前集六十卷，后集四十卷。共一百卷，五十余万字。前集六十卷成于高宗绍兴十八年（1148），后集四十卷成于孝宗乾道三年（1167）。《四库总目提要》称此书继阮阅《诗话总龟》而作

第二节 民间传说故事

北腔南调

从前,北方某县有一举人,调来南方当县令。因南方夏季蚊子多,需要使用竹竿撑蚊帐。于是就喊县衙的衙役小五:“去给我到街上买两个竹竿来!”小五一听,赶忙来到闹市中心,找到卖卤菜的张三说:“老爷今晚要喝酒了,买两个猪肝。”张三随即切好猪肝,又白送小五一副猪耳朵。小五把切好的猪耳朵包好,藏在衣内,双手捧着猪肝给老爷。老爷一看大发雷霆,开口就骂:“混账,叫你买个竹竿来,你买猪肝,你的耳朵呢?”小五想,县太爷太厉害了,张三给我点猪耳朵他也知道。连忙从衣服内拎出一包耳朵,说:“老爷,耳朵在这里。”

赏　月

从前,一户人家有三个女婿。大女婿、二女婿家都很有钱,岳父母见了大女婿心里就高兴,见了二女婿也乐滋滋的,唯独三女婿家贫穷,岳父母见了他很是不悦,常常气不打一处来。

八月十五这天,岳父母趁晚上赏月之际,想来奚落三女婿,叫他在众人面前现现丑。酒菜上齐,老岳父开言道:“今晚我们吃饭饮酒以诗助兴,诗以圆又圆、少半边、乱糟糟、静悄悄为尾。如能对上,我就敬酒一杯;对不上,今晚不给饭吃。”

大女婿望着天空,作诗曰:“十五的月亮圆又圆,初十二十少半边。满天星星乱糟糟,乌云一遮静悄悄。”岳父一听大喜,连忙称赞好诗。

二女婿接着作诗曰:“十五的月饼圆又圆,吃了一口少半边。老鼠争得乱糟糟,老猫出来静悄悄。”岳父听了高声叫妙。

这时轮到三女婿了,岳父用鄙视的眼光看着他。三女婿心中恼怒,心想,我今天非气气你不可。他沉思会儿说:“岳父岳母圆又圆,死了一个少半边。全家哭得乱糟糟,一家死完静悄悄。”岳父母一听,气得背过气去。

车水与喝酒谁痛苦?

有一次,玉皇大帝在天庭忽然想起来要体察人世间的疾苦,就派遣一个小神下界巡访。

小神降落世间，只见艳阳高照，正是初夏农忙时节。已是中午时分，田间少有干活农人。忽听得一处歌声悠扬，只见两个农民正在使用一架水车从沟渠中车水灌田，他俩一手拿着一根摇拐奋力摇动，在摇拐驱动下，运转水车转轴和龙骨骨板，从下面提出上引流入田秧。车水活既是一件费力气活，又是件技术活，十分强调二人配合、均匀用力，否则握在手上的摇拐左右摆动，力气不匀往往“甩拐”，反使水车回水倒转，损坏“水车”“叶片”“龙骨”等重要部件。烈日炎炎之下，车水农夫为了协调动作一致，抑扬顿挫地唱起了“车水谣”：

车水，摇水，张家湾来水。
车半塘，留半塘，留给大姐洗衣裳……
水车(啊)千转哗哗响，汗珠打湿新衣裳，
劝你歇来你不歇，累坏哥哥(弟弟)心里慌。
想给你来揩揩汗，只恨我手短够不上。
汗珠越多越欢畅，汗湿衣裳好清凉！
你一摇啦我一拐，齐心快把水车上，车干天河幸福来。
……

悠扬的歌声也驱除了车水的劳累。

不一会儿，小神又飞临一户人家，只见正在设宴饮酒。宾主互相敬酒，饮酒者端起酒杯仰首而尽，一个个呲嘴蹙眉、痛苦不堪的样子。席中还划拳、敲杠，斗得山响。

小神回到天庭，将所见所闻向玉皇大帝作了报告。他们以为，车水的农民干活带唱歌，自然十分快乐；喝酒人愁眉苦脸，就比车水人痛苦多了。所以，玉皇大帝下令，要给喝酒者增加一些下酒菜肴。从此，人们酒席桌上就有了菜肴，而且越来越丰盛。

大庙菩萨和小庙菩萨

从前，某地山上有一座大庙，山下有一座小庙，庙里分别供着菩萨。山上的大庙金碧辉煌，整日香客众多，香火旺盛；山下的小庙则殿宇简单，香客稀少。久而久之，小庙的菩萨心生怨言：我们同为菩萨，为什么那边的光景就好了许多?！这个心思很快被佛祖知道了，于是就安排他们对换了位子。

小庙菩萨来到大庙，端坐供台上，正在高兴。一天，来了四个香客。第一个是个农民，供香后，拜求菩萨：当前正值春天育秧时节，多日无雨，无水育秧，请菩萨保佑下一场雨。第二个香客是个开粉坊的，拜求菩萨：最近加工了一批米粉，需要阳光及时晒干；第三位是种果园的果农，最近春暖花开，自己家桃园的桃树正在开花，祈求不要刮风吹落花朵影响产量；第四位则是一个秀才，近日赴京赶考需要乘船至下江，希望得到好风相助，一帆风顺速速前行。各人所求不同，一个要下雨，一个要天晴；一个不要起风，一个却要好风相助，这可怎么办？小庙菩萨一时无言相答。四人烧香后见菩萨不能答应各自的祈求，愤愤而去。

走到山下小庙旁，四人再进小庙，各自烧香祈求同样的心愿。坐在小庙供台上的大庙菩萨，略加思索，微微答道：你们四人所求各不相同，有的要下雨，有要天晴，有的要起风，有的不要风，这样吧，夜间下雨日间晴，白日阳光照射勤。好风不从山上过，偏从江上送行人。

于是，大家各得所愿，满怀高兴而去。小庙菩萨得知后，感慨道：不是庙大庙小的原因，还是自己本事不够。没过多久，又回到自己的小庙了。

书生问路

从前，有一个上京赶考的书生，走在路途，见一老者。书生说："老头儿，到京城还有多远？"

老者抬头看看说："不识十五亩（不识时务）？"书生惊奇地问："路只有讲多少里，哪里有讲多少亩的？"老者回答："你对我没讲'礼'，我对你还讲'里'吗？"

第三节 艺文选录

一、文赋

周盛波致刘盛休函[1]

子征仁兄姻大人麾下：

顷诵勋书，备悉种切，敬谂勋祺卓茂，戎祉增佳如颂。弟本拟晋省，以仍在制中，称贺诸多未便，故在营度岁。惟未得畅叙一切，无任驰怀。贵军移驻

①此函写于光绪十三年（1887），刘盛休，字子征，合肥西乡（今肥西县铭传乡）人，系淮军主力之一铭军后期统帅。

大连湾,工程筹虑,更倍勤劳。骡驼喂养必得禀复旧制,于转运一切,乃可资以驰驱。傅相当亦体恤格外,俯如所请,高明以为然否?此间一是安谧,知注附闻。

专复,敬请台安!

姻愚弟制周　顿首。

正月二十八日

《磨盾纪实》前言①

周盛传

予以布衣遭世多故,从事戎马,幸得随诸将,后所向成功,兄弟蒙恩并膺节钺,非始愿所及也。

予先世居合肥六十墩,同产兄弟六人,予次第五。家有田数项,力农自食。先君子善治生,督家人力作;太夫人勤于机杼,灯火不继犹随月纺织,终夜轧轧,鸡鸣未已。故食指虽繁,粗能自给。使非时阸②兵燹,一门之中,事亲教子,遑慕其他。

……

盾炊矛淅,万死一生。每解衣自视,刀弹之痕斑斑如刻镂。当裹创血战时,岂意今日耶!

近岁以来,中原耆足,而强邻思逞,每有责言。自维受国厚恩,当图报称。驻军海上,惟日与将士勤训练、肄器械、修城地、筑炮台、垦营田、兴水利、课树艺,幸军民绥请,上下志符,差免咎戾。于搜讨之暇,追念平生所历之境,粗草大纲,按年叙述,非敢以自表扬,聊以示我子孙,俾知起家之不易耳。

以上两文载于周盛传《周武壮公遗书》

会当凌绝顶　一览众山小

周本淳

胡耀邦同志在庆祝建党六十周年讲话中,引用了杜甫《望岳》的末两句,形象地比喻我党目前的处境和对未来事业的必胜信念。杜甫的全诗只有八

①《磨盾纪实》:原为周盛传自编年表,光绪二十八年(1902),其子家驹将其收入《周武壮公文集》,改为《年谱》。年谱起自道光十三年(1833)盛传生,讫于光绪十一年(1885)盛传殁。"前言"二字为编者收入本志时所加。
②阸[è]:有阻塞、艰危、逼迫之意。

句，是他早期的名作之一。全诗是这样的：

岱宗夫如何？齐鲁青未了。造化钟神秀，阴阳割昏晓。

荡胸生层云，决眦入归鸟。会当凌绝顶，一览众山小。

第一句用设问引起了下文（“岱宗”就是指泰山），第二句用“齐鲁青未了”表明山之广大。在古代齐鲁之境一片青青，望不到边。三句写其奇特，好像泰山是天地间的神秀之气凝聚而成，得天独厚。第四句用夸张的手法写出山之高峻，好像昼夜就以泰山来分割，山南是晓，山北就是昏。那么山之高大奇特就可以想见了。五六两句写当时登山的感觉。此时作者的立足点已到半山，平时仰望的白云在空，此时却在胸际回荡。这是近景。纵目远眺，百鸟归林，尽入眼底。作者为了饱餐景色，不觉目眥都快张裂了。这当然也带有夸张的味道。如果是安于小成的人，这“荡胸生层云，决眦入归鸟”的境界也可以满足了。但当时的诗人正是对前途充满乐观情绪，他不满足于这点享受，他仰望绝顶，层峦叠嶂，还不知要过多少险阻，这使他对自己提出了更高的要求，“会当凌绝顶，一览众山小。”题目叫《望岳》，这两句就是望而欲登其巅。传说中孔子登东山而小鲁，登泰山而小天下。作者暗用这个典故，回应首句，表现出岱宗的特色，俯视群山，所谓“众山拱立如儿孙”。这“一览众山小”是作者追求的目标，要达到这目标，必须要不畏艰难险阻而“凌绝顶”。这“会当”二字，看似虚设，实际表现了作者的豪情壮志，同时对“凌绝顶”的困难也有所估计。在今天，“决眦入归鸟”它到傍晚，来不及了，为明天提出了目标。杜甫后来实现了这个愿望，登上了观日峰（过去以为最高，实测略低于玉皇顶。请参看拙作《也谈〈望岳〉的立足点》载《南京大学学报》一九八〇年第四期）。

前人评诗要有理趣，就是说在形象描绘中给人一种哲理上的启示。杜甫这最后两句正和王之涣（或朱彬）的“欲穷千里目，更上一层楼”一样给人以哲理的启示。而王诗只谈登楼，意在不满足于二层所见。杜诗不但体现了登临的决心，估计了“凌绝顶”的困难，而且预见到达到目的时的开阔胸怀。我们正在从事的是我们的历史上从未有过的壮丽事业。我们过去的成绩只是在登山途中走过一些迂回曲折的道路，离开绝顶还有不小的距离。但是不管路途多远，山形多险，只要我们认定目标，不屈不挠，不骄不躁，一步一个脚印地勇于攀登，我们一定能如杜甫所说的那样“会当凌绝顶，一览众山小”。我们的目的一定要达到，我们的目的一定能够达到。胡耀邦同志报告中引的杜诗就给我们这样的启发和鼓舞。

原载《光明日报》1981年7月5日第4版

二、诗、词、曲

盛军训勇歌

周盛传

三军听我苦口说，教你当勇十妙诀：
第一莫结哥老会，哥老会是斩头罪。
三个成群五结党，是你自家投法网。
有何名来有何利，未必烧香就义气。
况闻老帽私令严，重则处死轻则鞭。
我今劝你学正道，学做好人有好报。

第二切莫闹粮饷，军令森严莫乱闯。
积年陕省聚溃兵，先因闹粮起坏心。
我兵打进北山口，数千之众都斩首。
筹饷本来非容易，大帅也要费心计。
朝廷哪肯差饿兵，稍有迟发莫作声。

第三切莫出怨言，我带兵勇已十年，
未冷为你制寒衣，有病捐资替你医。
米面办齐买柴草，无非想你肚内饱。
我既待你似弟昆，我的军令你要遵。
若在背地瞎议论，惑乱军心罪不轻。

第四切莫混出营，无事不准四乡行。
奸淫掳掠罪极大，枭首辕门你可怕？
人家调戏你的妻，问你居心依不依，
人家抢了你衣物，问你居心服不服。
人心己心俱一样，天理昭彰打对账。

第五切莫吸洋烟，吃上瘾来祸患连。
两眼泪痕双鼻涕，皮黄骨瘦真晦气。

又花银钱又伤身，上阵发瘾命必倾。
况且军营查得紧，躲躲藏藏难过瘾，
劝你早觅戒烟方，打碎烟灯劈破枪。

第六切莫贪嫖赌，嫖赌之人终吃苦。
好嫖必害杨梅疮，鱼口便毒痛难当。
贪赌发财世间无，久赌神仙也是输。
有钱早早寄回家，免得父母饿眼花。
保得身体聚得钱，纵然穷困有人怜。

第七技艺要勤操，操了矛杆又操刀。
洋枪磨得明晃晃，耀眼金光如雪亮。
早晚两次不可少，进退连环打得巧。
平时操得好刀枪，免得临事上阵慌。
任他冲突我不怕，贼匪自然难招架。

第八同伴要和好，些许小事莫争吵。
你恳让来我肯让，大家同心好打仗。
在营疾病相扶持，上阵队伍要帮依。
万一有时闹口角，不管是非皆责革。
自古用兵重人和，哪怕贼匪百万多。

第九买卖要公平，不可恃众欺商民。
商民将本来求利，为甚要受你的气。
你若说他价过昂，再买一家又何妨。
切莫逞强与他吵，他若吃亏不来了。
我们到处肯让人，谁说好人不当兵。

第十你要学礼貌，遇见官府须避道。
在营早晚站个班，朔望官棚请个安。
开差行路莫喊叫，上阵打仗莫嬉笑。
英雄包巾扎得紧，号衣穿着要齐整。

你若为官带了兵，人家一样把你尊。
以上十条眼前事，朝夕口诵心谨记。
兵勇照我十条行，到处传出好名声。
荫子封妻皆由分，只要大家肯归正。
班师奏凯罢远征，同沐皇家雨素恩。

哀周盛忠殉节歌①

李恩绶

累县城外坏云起，平壤一溃溃至此。
盛军素昔称劲兵，总干尪怯人发指。
桓桓周军门，善抚良家子。
一门韬略得家传，短驱廉悍勇无比。
王师六月向东征，倭氛直逼如狂兕。
主营先走无法纪，公独转战鼓声死。
炮火肉飞壮士歼，一军鹅鹳皆血水。
是时秋月涌天高，照见胔骸相枕倚。
抽刀誓殉啼向天，丈夫一死臣分耳。
仁川鹿岛多清泚，掷身洪涛万事已。
崩城不顾杞梁妻，鼓砧宁詈屈原姊。
汝南大节信轶群，庶为全军稍刷耻。
呜呼！朝廷恩重生自轻，如公不愧以忠名。

九日偕同人冒雨登紫蓬山

周家谦

肥西之山有紫蓬，盘纡茀郁灵秀钟。
我辈登眺每乐此，佳日况复重九逢。
来者几人荷雨笠，行近数里闻霜钟。
眼看尘寰隔下界，身随云气凌高峰。
怪石巉岩蹴狮象，老松槎枒蟠虬龙。
我昔避寇此山麓，佛殿荒凉尘负壅。
二十年来喜重到，四山秋静无传烽。

①此诗载《吴西云笔记》，为《李恩绶集》中所未收，亦不见文家所述录。

树发丛林定宿鸟，庙新画壁吟秋虫。
老僧枯坐补破衲，欲语不语能疏慵。[①]
无言意领倘禅理，尔原非尔侬非侬。
坐久饱我香积饭，粗粝亦自便飧饔[②]。
流连光景不能去，山门暮鼓何咚咚。
去年登高在燕市，秋烟远逗西山容。
今年淮海人何处？更偕诸子携吟筇。[③]
我生重阳近三十，过去如梦纷重重。
眼前霜树鬓边菊，负之不乐真痴聋。
性顽寡营足幽兴，出山那及归山浓。
君不见古来陶彭泽，南山尚有秋云封。

北洋军中观操口号（八选四）

周家谦

旌旗闪闪阵云开，且伴元戎到将台。
炮震殷雷惊电掣，刀光朝日涌潮来。

节制无殊射使恭，树候没鹄日轮重。
睛光一线争丝杪，罴虎都成独眼龙。

应变从心手足灵，止齐步伐见遗型。
一篇牧誓鹰扬绩，未信阴符[④]有别经。[⑤]

万骑千营独立扬，威如雷电肃如霜。
军中懔然将军令，何用新翻替戾冈[⑥]。

---

①原诗自注：是日见通元长老补衲庙门。
②飧饔（sūn yōng），晚餐和早餐，引申为吃饭。原诗自注：是日山僧饷脱粟饭。
③原诗自注：去年客京师，九日偕徐太史乃秋、祁孝廉瑞符、晏中翰诚卿陶然亭登高。
④阴符：即《阴符经》，中国古代兵书典籍，又称《黄帝阴符经》。旧题为黄帝撰，伊尹、太公、范蠡、鬼谷子等注。其书约成书于战国早期。
⑤原诗自注：用洋操脚步。
⑥替戾冈：即外文音译。原诗自注：用洋操口号。

帝阍司虎豹，国步付伶优。陛下长城坏，宫中禾黍稠。
冤沉三字狱，迹异五湖舟。已致膏肓疾，难凭药石瘳。
辛勤医国手，寂寞种瓜侯。众口金真铄，冰山气正遒。
汉宫尊石显，折槛想朱斿。古社娱奸鼠，峨冠哂沐猴。
何来尚方剑，快斩佞臣头！耿耿天仍梦，期期骨在喉。
出门思一吐，舌咋不能收。

满庭芳

周本淳

甲申正月郊行遇野梅，有词一阕。乙酉人日扶病重来，则含苞未放，惘然久之，因次前韵。

冰蕊藏春，玉容开雪，倦游经岁关情。自怜痴绝，扶病此重行。惆怅芳心不展，深深问，端为谁生。荒烟漫，攀条未折，珠泪已纵横。

沉思，能几日，鸾笺象管，暗缔诗盟。算何郎归去，尘梦堪惊。便欲移根旧国，长吟伴，凉月娉婷。空凝伫，花期易负，幽恨总难平。

曲（四首） 仙吕一半儿[①]

周本淳

愁云绕日落天低。倦柳随风弄影齐。清话缓寻归路迷。响回溪。一半儿人声一半儿水。

一春愁思梦如麻。历劫痴情饭作砂。哀乐过时空暗嗟。这生涯。一半儿聪明一半儿傻。

诗肠困酒睡初平。暑雨生窗梦不清。隔墙人唤三四声。此时情。一半儿模糊一半儿醒。

山头日色满青芜。水面繁声散小鱼。吟到浅溪真画图。巧难摹。一半儿晴天一半儿雨。

①仙吕一半儿，曲牌名，属北曲仙吕宫，用于剧曲和散曲小令。全曲(不计衬字)三十三字，末句九字嵌入两个“一半儿”，故名。

久劫后回忆生平有感

周　焘

辰逢冲破事无成，颠沛流离愧自鸣。
高举义旆归正道，挥戈浴血见丹忱。
千秋功过任评说，万里江河渐澄清。
幸喜黄花香晚节，芳菲野菊不负君。

作于1979年国庆

罗坝村春韵

巢善广

山乡罗坝景迷人，鸟语花香处处春。
沃野平川开画港，高楼别墅近芳滨。
园林硕果披红彩，道路华车穿绿茵。
水净天蓝生态好，和谐盛世乐黎民。

述　怀

巢善广

岁月蹉跎历练真，黉门卅载付艰辛。
批文阅卷曾传道，育李培桃更树人。
立世经年留墨彩，感时回笑生风尘。
归田且喜诗心在，笔下芳菲万象春。

三、铭

周武壮公神道碑文

冯　煦

（文略）铭曰：

凡民有生，曰忠与孝。繁彼哲人，维躬是蹈。
公之始孩，母疾濒危。步祷紫蓬，右股一割。
师干之试，公北母南。别母十载，中心如惔。
母存公存，母死公死。存为忠臣，死为孝子。

畿辅荐饥，振之翼之。寒被之纩，饥哺之糜。
下逮交河，全活尤远。五万余人，槁苏困蠲。
嫠者有堂，孤者有塾。何戚何疏，义正仁育。
下烛无竟，上光日星。后有考者，请视斯铭。

——赐进士出身翰林院编修年愚侄冯煦顿首拜撰

四、散文诗

故乡的风

余蔚霞

黄昏，我一踏上村头，第一个来拥抱我的是你——故乡的风。

你浑身浓郁的芬芳令我陶醉。

你一定是从田野打了滚吧，通体透出沁人的稻香；

你一定是在通往影剧院的路上或静谧的林间小道，调皮地撩过农家少女透明的连衣裙，吻了农家少女红红的脸颊，带来了珍珠霜爽人的幽香；

你一定是串过了乡村里庆丰收的酒桌间，满身沾了袭人的酒香；

不用你说，我已知道了故乡的今天。我加快了脚步，迈进了故乡人用汗水酿成的浓郁的诗情……

故乡的风啊，请把我这首小诗传向远方！

（发表于1986年9月18日《合肥晚报》）

永恒的乡魂

周先兵

你是大山孕育的第一个儿子。你沐浴了知识的春光，采摘过智慧的花朵，探索到文明的泉源，紧握着开山的钥匙。你聆听到故乡亲切的召唤，遥看母亲沧桑的容颜朝山里走来。

你知道脚下的路弯曲而又遥远，未来的途中孤独而寂寞。你执拗地沿着那条路朝这边走来，身后飞来一串冷冷的笑声。

你一走进这山的丛林，就发现这条路布满了荒草和荆条，你知道没有人与你同行。你俯在石壁之上仔细地倾听，听到了娓娓的叙述和隐隐的哭泣，你从此坚信，这荒凉的废墟之下，有无数个被压抑着的生命；你因而明白，这贫困的山野小村，有数不清等待输血的稚纯童心。

面对这个色彩缤纷而又充满召唤的世界，你深深浅浅的影子在每个日子里投下了自己的虔诚。

你忘情地播散大把大把的阳光，要让自己长成冬天里的一把火，点燃孩子们美好的梦境。

你死死地锁住在校园，而你生命和信念的横梁却牢牢地架在了山梁上，风雨中摆渡山里人希望的黎明。

因为有你油灯的闪耀，有你彻夜的耕耘，这庄户人模糊的记忆变得越来越清澈而明亮了，可你却累了。

因为有你心血的浇灌，有你辛勤的漂洗。这低矮的山村校园变得越来越秀美而年轻了，可你却老了。

你披肝沥胆耗尽了自己最后的生命之火。

终有一天，你和山里人的过去一道砰然倒下，起伏的群山，一页一页地叠高你伟岸的身影，山村的地平线上响起了一阵接一阵琅琅的书声。

凄凄的坟茔之下，是温暖的黄土，它们吐露一粒一粒的芽长成了茂密的树林，那树林是你曾经挺拔的青春。

你双目炯炯伫立讲坛的姿势永恒地矗立在大山人的心上成为一尊永不倾倒的雕塑，铸下一个永世不忘的乡魂。

发表于2003年4月出版的《紫蓬诗选》

五、楹联

发汝南，下浮梁，徙江淮，六百年光阴绵延世系；
励自我，睦家族，兴邦国，三千里大地遍绽莲花。

——周氏祠堂联

六合宁耕读传家里仁泽梓；
天下荡挥戈报国汗马从龙。

——周氏祠堂联

山之高，水之清，清高门第；
书也读，田也耕，耕读人家。

——康湾圩大门联

足食乃可足兵，勇谋兼备；
教耕必先教战，训练有方。

——天津周刚敏公祠联

秋水沟渠，万众饱夫玉粒；
春风楼橹，百重时此金汤。

——天津周武壮公祠联

衡岳纪钟英，忠勤智勇，发于性天，我公力挽乾坤，勋业焕千秋史册；
江南遍遗爱，宽厚和平，独持政体，此日哀填衢市，真灵仰万古云霄。

——周盛波挽曾国藩联

勋业亚凉州，璘阶齐名，一代雄才推伯仲；
澄清望渤海，关张无命，几时神笔会风云。

——李鸿章挽周盛传

国步历多艰，三十年勠力同心，念我平生几知己；
君恩天罔极，千百载报功崇德，如公忠孝是完人。

——刘铭传挽周盛传联

知遇荷殊恩，记夙昔中原转战，海甸留屯，廿余年鞭弭相随，训诲谆详言在耳；
暂离成永诀，想临行系念三军，关怀百姓，数千里风云忽变，悲痛惨切泪沾襟。

——周盛忠挽周盛传联

三十年王事勤劳，征于南，戍于北，臣忠可告，更兼恩周众士，泽及穷人，种种积功多遗爱，应留青史纪；

数千里亲丧奔赴，形不见，声不闻，子孝难供，乃竟痛切杯卷，悲深风木，奄奄泣血尽真魂，想附白云游。

——天津河间十七州县灾民挽周盛传联

一世雄心忠教王孙游万里；
毕生志愿唯将柏叶慰慈亲。

——周伯萍自撰联

弟子恸山颓,约礼博文,训诲犹萦耳畔;
先生观物化,光风霁月,典型长在人间。

——周本淳敬挽本师王驾吾先生联

六、吊挂

旧时,村民民居家中正屋香火堂上方贴有一组四联的对联,多为吉祥、诵福语言。择录4幅。

一炷清香达上苍,二枝明烛照家堂,
三教佛神长护佑,四时八节保安康,
五福临门生贵子,六畜兴旺大吉昌,
七星高照平安宅,八百盘祖寿命长。

拐李仙师道德高,钟离辞职别汉朝,
国舅手执云扬板,湘子丹阳品玉箫,
洞滨明月清风客,采和花篮手中摇,
仙姑来敬长生酒,果老骑驴过赵桥。

天有宝日月星辰,地有宝五谷丰登,
国有宝忠臣良将,家有宝孝子贤孙,
长生不老千年寿,命运无疆福自然,
富似海内千江水,贵是人间活神仙。

福禄还归积善家,如同锦上又添花,
东方朔献蟠桃熟,海屋添筹寿更加,
寿星一点照中堂,比得天边月色光,
南面风和林下趣,山清水秀福无疆。

第四节　方言俗语

一、谚语

（一）农事谚语

庄稼无牛空起早。
田地抛荒，吃无指望。
勤耕勤锄，日子好过。
稻薅三交胀破壳，棉锄九交白似雪。
一粒下地，万担归仓。
踏青看花，不如捕鱼捞虾。
荒山不栽树，哪有房子住。
楝树开花你不做，蓼子开花把脚跺。
五月五，是端阳，泥鳅黄鳝一般长；九月九，是重阳，泥鳅短，黄鳝长。
十成稻九成秧，秧好半年粮。
秧好一半稻，苗好三分收。
只有一时雨，没有一时秧。
好种出好苗，胖奶奶养儿一大抱。
小满栽秧家把家，芒种栽秧遍天下。
椿树打伞，棉籽盖眼。
夏至点黄豆，长不到一榔头。
头伏萝卜二伏菜。
小暑吃园，大暑吃田。
七月荞麦八月花，九月荞麦收到家。
稻出在埂，麦出在沟。
七月草，撂棍倒。
麦要风，稻要烘。
千处粪田，不如一处粪秧。
扫帚响，粪堆长。
陈土三分力。

竹子不要粪，一年长一寸。
养猪不赚钱，回头看看田。
冬耕深一寸，抵上一交粪。
穷不离猪，富不离书。
害虫不灭，工夫白搭。
除草要除根，犁田要犁深。
黄金难买五月旱。
麦到小满稻交秋，及时收获不可疏。
人怕老来穷，稻怕夹秋干。
干不死稗子，踹不死扒根。
春打五九尾，家家捞猪腿；春打六九头，家家卖耕牛。
清明要晴，谷雨要淋。
清明望晴不得晴，谷雨望淋不得淋。
三月三，蛤蟆哑，蓑衣斗笠烂成渣。
四月八，雨洒洒，岗圩种芝麻。
立夏不下，停犁歇耙；小满不满，无水洗碗。
大旱不过七月十三。
五月大，犁老茬，五月小，犁嫩草。
梅包伏，热得哭。
六月不到底，黄豆不饱米。
六月扯天阴，遍地出黄金，
三伏无酷热，五谷防不结。
七月小，烂牛草（多阴雨）。
睁眼秋（白天立秋），闭眼收（丰收）；闭眼秋（夜晚立秋），睁眼收（歉收）。
迎秋三场雨，遍地出黄金。
立秋打雷，天收一半。
八月蛤蟆叫，不是干来就是涝。
秋分天气白云多，处处歌唱好晚禾。
白露下雨麦难种。
冬至天晴无日色，来年定唱太平歌。
霜打油菜荚，到老都不发。

头雪大似被，(来)枕着馒头睡。
大雪压麦根，定有好收成。
雷打雪花星，稻米贵成金。
楝树果子挂出九，三个麦把打一斗。
蓄水如存粮，水足稻满仓。
陈粮一仓，不如腊水一塘。
春雨贵如油，就怕没塘留。
小孩要娘，做田要塘。

（二）气象物候谚语

春雾雨，夏雾热，秋雾凉风，冬雾雪。
春东风，雨祖宗。
正月初一大雪飘，全年防旱不可少。
若得立春晴一日，农夫耕田不用力。
打春晴一日，农夫不费力。
正月雷打节，二月雨不歇，三月秒干田，四月秧上节。
送九送在南，十年陈债一年还(收九起北风)。
正月二十晴，南天挂油瓶(午季收成好)。
正月二十阴，滴滴答答到清明。
春寒多有雨，夏寒水断流。
小暑起南风，大旱四十天。
六月初一下一阵，放牛岗上跑成病。
八月前后一场风，重阳前后一场雨。
重阳无雨看十三，十三无雨一冬干。
交到十月节，不是雨就是雪。
大雪年年有，不在三九在四九。
有雨四方亮，无雨顶上光。
火烧乌云盖，有雨来得快。
日出围黑云，主雨不主晴。
前月二十五(下雨)，后月无干土(阴雨)。

太阳倒照,水淹锅灶。
日落乌云长,半夜听雨响。
东虹日头西虹雨,南虹北虹干河底。
天上鱼鳞斑,晒谷不要翻。
天上鱼鳞云,地下水淋淋。
东边雨不救西边田,一救就是大半年。
西北张口大晴天,出门不要问神仙。
西风不过酉,过酉连夜走。
柱石回潮有雨,蛛网漉丝宜晴。
燕子低飞蛇过道,大雨三天就来到。
猫洗脸、狗吃草,不出三天雨就到。
大热三天要变凉,大冷三天要回阳。
饱带干粮晴带伞,多带棉衣不受寒。
鹅踩冰冻鸭踩霜,小鸡一落树头光。
日中现一现,三天不见面。
晚上火烧(云)一场空,早上火烧等不到中(下雨)。

(三)社会生活谚语

少年不知回头早,白首空悔读书迟。
宁添一斗,莫添一口。
好人怕三戳,好事怕三歇。
天亮不起,睡时不多。
非礼之财不贪,过量之酒不饮。
注意事前防患,莫等贼后关门。
只能雪中送炭,切忌推人下井。
树怕剥皮,人怕破面。
广锅(广东铁锅)虽好,久后必通。
三年河东转河西,粪堆都有发热时。
干死芝麻没锄的,饿死和尚没游的。
小洞不补,大洞二尺五。

饭有三餐不饿,衣有三件不破。
温柔天下去得,刚强寸步难移。
少杯不乱性,忍气免伤财。
家里有贤妻,生财又和气。
谁人背后无人说,哪个人前不道人。
好儿不争分家产,好女不穿嫁时衣。
黄毛丫头套头牛,发犟起来无估头。
直起腰杆说话,弯下腰来干活。
河中无鱼虾为贵。
一人拖三口,昼夜不停留。
要想发,牙齿缝里刮。
庄稼不收当年穷,算计不到一世穷。
只有大病害死人,没有生活累死人。
勤快勤快,有饭有菜;懒惰懒惰,受冻受饿。
粑粑好吃磨难推。
家有千口,主事一人。
暗中休放箭,巧处藏些呆。
积德无人见,存心有人知。
天作有雨,人作有祸。
为富不仁,必有后殃。
马行栈道收缰晚,船到江心补漏迟。
只见活人受罪,那见死人顶枷。
家产上万,做事蛮干。
生意无大小,仁义值千金。
出钱买好货,蚀本不担忧。
要想好,须起三百六十早。
赤脚烘火,忍饿放账。
有钱钱吃亏,没钱人吃亏。
冷不靠灯,穷不靠亲。
穷生虱,富生疮。

三人一条心,黄土变成金。
吃喝不计较,买卖论分毫。
天差地差,来人不差。
油多不坏菜,礼多人不怪。
井里蛤蟆井里好,乡里锣鼓乡人擂。
交朋友要讲信义,对父母要记恩情。
大娘做鞋,婶子有样。
住家住到好邻家,又吃酒来又戴花。
打人来,骂人来,亏人人不来。

二、歇后语

何仙姑走娘家——云来雾去
秀才做田——锹不如手
丫头穿妈褂子——大三拃
拉虾子过河——牵须(谦虚)
吃鸡蛋吐骨头——有意挑刺
寡妇烧灵——最后一七(吃)
南瓜花摊蛋皮——对色
年三十煮鸡蛋——越响(想)越焖(闷)
年三十卖五福——卖得慌买得慌
大牯牛打架——对头
乌龟爬门槛——会有一跤跌
老鼠骑猫——玩命
老母鸡吃骰子——一肚幺二三
嘴抹石灰——白讲
杀猪杀出屎——各有各杀法
花篮装泥鳅——跑的跑、溜的溜
馋婆娘斩鸡——块块好
叫花做皇帝——快活一时是一时
衙门口打官司——家近
穿蓑衣救火——惹火上身

裁缝熨斗——热铁(贴)
穿钉鞋拄拐棍——把稳又把滑
猫咬鱼泡——空欢喜
弹棉匠丢掉锤子——不弹(谈)
铁匠围腰子——一身火眼
豆腐渣贴门对——两不沾
豆腐渣上船——不是货
麻雀吃蚕豆——嘴小食大
卖荒草丢扁担——落个神(绳)
粉板写字——包写包擦
寡妇奶奶坐月子——自己服侍自己
屁股头搁筛子——个个眼都照
山上石头往下滚——石打石(实打实)
芝麻掉到针眼里——巧了
三尺布大手巾——没里(理)没面
正月十五卖门神——过时
豆腐渣炒猪毛——荤素两掺
猪毛炒韭菜——一团糟
九华山蚂蚱——老蚰(油)子
家住城隍庙——求得上上签
竹丝园叫亲家——越叫越远
半夜起来抱石磙——你热它不热
秤砣掉在鸡窝里——砸蛋
黄瓜打大锣——一去一大截
麻秸打狼——两怕着
老猫上锅台——熟路
黄鳝钻铁犁——尽头
舅奶奶的花鞋——老样子
骑大牯牛撵兔子——以大欺小
穿钉鞋拄拐棍——步步生根

孙猴子弹棉——一槌成功(工)

卖窑货断扁担——没一头好货

小家娶媳妇——擦黑进门

水锅炉不点灯——黑冲(瞎充)

奶妈抱孩子——人家的

待诏(剃头匠)的钱——出在人头上

戏老爷的靴子——底子厚

面糊锅下饺子——浓汤

煨罐子托土坯——拿不出

三、方言词语

一戏(事)舞排 一切就绪,安排得井井有条的样子。"戏",谐音"事"。

一一当当 一,周全、全面;当,妥当。所以用"一当"指事情周全妥当,叠用以加强语气。

一本清册 知道得清清楚楚。"册"有些地方说成"色"。

羞丑赧面 忸怩、害羞、怕丑,不敢出面的样子。

随茶便饭 家常饭菜,不是专为待客而做的饭菜。

人情往费 人际交往之间的花费。

韶道八孜 明显故意显摆的意思。韶、韶道,或写作"韶刀",实际上是古语遗留下来。"韶"有自认为美好而以此骄傲之意。古籍中有"韶韶摆摆"一词。

精味八孜 挑剔、不随和,摆架子。"精"本意为经过挑选出来的上好的米,对此仍然按照自己的口味加以挑剔,是为"精味";后缀"八孜"加重语气。

冒不拺栋 突然、陡然意。

灰不溜秋 暗灰色;灰溜溜、处境尴尬。

偷奸爱懒 耍滑、懒惰。

犁田打耙 指做农活。犁田、耙田是过去农活的主要项目,故称。

瘪噗裂折 果实、谷物不饱满。

惜疼护痒 左又舍不得右又舍不得,犹豫不决的样子。

望风随柳 根据情况变化而变化,随机应变之意。

瞧颜视(失)色 势利,看人脸色行事。

夹杈螺蛳 喻很忙时刻却有不相干的小事来打扰。“螺蛳”,言事物之微也。

轴头桠颈 多用于形容年轻人不服大人教育。轴头、桠颈:都是“头颈”昂昂状。

披斗挂悬(沿) 容器里的容物装得很满,快要溢出貌。

披披洒洒 容器里液体装得太满滴出貌,“洒”读音如“色”。

心心念念 无时无刻惦记着。

抓眉格皱 眉头紧锁,喻人愁闷、厌烦的样子。“抓”音为去声,有“紧”意;“格”当为语助词。

问客杀鸡 假客气之意,要留客吃饭又问客人杀不杀鸡。

以邪装疯 故意装疯卖傻。

倚疯作邪 因为一点点小事就装疯卖傻,大加发挥、大吵大闹。

八不到五 不明事理。八本大于五,却说八不到五,岂不糊涂。

严丝密缝 严密,毫无缝隙。除比喻于器物无缝隙外,还可引申讲话周密。

豁牙裂齿 本指人年老后牙齿脱落;也引喻器物口沿崩损不完整。

瞟吃瞟喝 瞅空到别人家吃白食。瞟,斜着眼偷偷看,这里读音为[biào]。

扎扎杠杠 壮实、结实。扎,本地有结实之意,如“板扎”;“杠”,取其坚实之意,凡杠都是坚实之木做成的。二字连在一起且叠用,强调语气。多用于对老年人的祝福。

不不拢拢 思维混乱,头脑不清楚。本地方言经常用“不拢”来形容那些没有头脑主见,处事颠三倒四的人,与其谈不拢也。叠用时加强语气。

拾拾拢拢 邋遢,不整洁;办事不利索。

惜惜拢拢 做事不果断,迟疑不决。“惜弄”,似有顾前顾后之意。

唾唾啰啰 唾啰,言语繁复、琐碎;唾,唾沫;啰唆时讲话多,唾沫自然溅出更多,引申为纠缠不休意。

须须杈杈 无关紧要,头绪纷纭;也指为小事纠缠、叨咕。

拈拈叠叠 收拾房间;爱买(收拾)别人不要的便宜货。

晕晕沓沓 磨忖、慢腾腾。含贬义。

伤伤够够 因过度而感到厌烦。

叽叽聒聒 不停地小声说话;有时引申为背后议论。

稀稀朗朗 稀少,空的地方较多。

冰冻褶褶 形容天气很冷,水都结层层厚冰。

晴光绕绕 大晴天。

雾雨瑟瑟 雾雨蒙蒙的天气。瑟瑟[sèsè]:形容风声或其他轻微的声音。

清丝刮冷 很冷。

没冬四夏 一年四季之意,用来喻指一年到头。

干急无汗 空着急而毫无办法。

黑里胡三 糊里糊涂的;胡乱。

拉瓜扯藤 本意摘完瓜后,把瓜藤拔去。口语中引申为无故牵扯到其他问题。有贬义。

假马拾级 假装。

不格式人 待人不热情,不容人,不易与人融切相处。“格式”,本意规格样式;方言中引申为“漂亮”“好看”。“不格式”则相反。

不睬九点 不买账,毫不理会。词源于“手拿天罡不睬他九点”,天罡、九点都是牌九中的大牌,天罡大于九点,故有此说。

七扯八拉 散漫胡扯,不着边际。

七谝八谝 故意显摆、夸耀。

七嗨八嗨 夸耀意;有时还有敷衍意。

七糊八糊 敷衍,应付之意。

七古八杂 东西陈旧而杂乱无章。

人五人六 喻人模人样。对儿童略有嘲笑兼爱怜的感情色彩;对成人只有讽刺意味,谓其“装模作样”。

挖五倒六 挖点生方挖空心思生坏主意。

仰巴兮交 跌倒手脚向上的样子。

虾蟆咕噜(嘟) 本指“小蝌蚪”。亦用来代指小孩子们。

眼水兮兮 泪水涟涟的样子。兮兮,语助词。

人瘦毛长 头发长,显得人更加瘦。喻人之瘦,容貌憔悴之状。

奓巴弄跨 奓,打开意。比喻人走路手脚开张,或贬有走路不稳之意。

偷吃扒拿 小偷小摸。

影渣(都)没有 喻毫无可能。影子本空无实体,何况其“渣”!

花股流垂 花里胡哨,颜色杂乱无章。

同年相仿 年龄差不多。“仿”读如“榜”。

鸡毛搭湿 喻人情绪烦躁、易怒，惹不得。鸡毛本就细软，被雨水淋湿后，更加紧张、局促不安，以此来比喻十分形象。

神嗤鬼翻 谓小孩子机灵，有嗔怪意味，或谓不够庄重。

磕头唱喏 恳求人貌，“喏”音如“尔”。磕头、唱喏均为旧时拜礼，磕头为跪拜，唱喏为立拜。

蛮哩咯尔 喻外地人说话口音较重，难听懂。旧时本地称南方人为“蛮”，北方人为“畲(tǎi)”，各地方言口音差异较大。

花迷狡嘴 形容人能说会道、能言善辩，所说多不真实，迷惑人，或者是狡辩。

匡里匡朗 套在外面的东西与装在里面的东西空隙很大，不够协调。匡同框，指框在外面，或为“晃里晃朗”。

无事阑干 无缘无故之意。

邪屁魍魉 不务正业，品行不端。“邪屁”为“邪僻”语言的粗话；“魍魉”，传说中的山精水怪、瘟鬼，含有较重的痛恨厌恶的语气。

指甲眼深 小气、抠门。

忽东倒西 心中无数，一会这样一会那样，没有主见。

吃饭家伙 工匠的工具，赖以谋生，故名。

瞧数巴拉 瞧数，本地意为“矫情”；“巴拉”当为语音助词，用来加重句意，表示“很”“非常”。整句意为十分矫情。

烂草无瓤 稻草朽烂而无筋骨(瓤)，故不堪使用。多喻人无志向、无骨气，不能干成事业。

乒乓十五 动作很快、行动很大的一连串动作，往往有失细致。

洋里三广 “洋”，外国；“广”，广州，因其开放较早，受洋人影响较多，与本地农村有较大差距，指办事不着调。

洋腔广调 不着边际的奇谈怪调，“洋”“广”同上条意。

抓把口染 口里在吃着，手里还要抓一把(食物)。多形容人贪得无厌的样子。

四、道好词

旧时举行婚礼，为了增加婚礼现场的热闹喜庆气氛，主家往往会请来一名能说会道的主事人(民间俗称为“支客师”)，按照婚礼的流程，即兴说一些祝福的话语，也叫“道好”“赞四句”，或者叫“四言八句”，表达对新人的祝福。

其词语往往是“望风采柳”，即契合“热闹喜庆”这一主题，就新郎新娘及婚礼现场实际情况，现场即兴发挥。众人附和称好！诙谐幽默，热闹非凡。

迎新娘：

一顶花轿迎门旁，相府送到贵府庄，礼炮声声震天地，挑开轿帘迎新娘。
东家叫我来道好，亲朋好友来捧场，贵府住在好地方，建在龙头凤尾上。
凤凰不落无宝地，飞来绕去落宝庄。吉日吉时吉祥地，荣华富贵到府上。

挑盖头：

小小秤杆乌油油，出自深山最东头，张果老砍鲁班修，玉皇大帝订星斗。
秤杆拿在手里头，我给新人挑盖头。
盖头挑起，公婆欢喜；盖头落地、夫妻和气。
新娘贤惠面带羞，先做媳妇后做婆，夫妻恩爱同到老，生男生女多福寿。

传口袋：

传一代龙门开披红挂彩，传二代生贵子夫妻恩爱；
传三代刘关张桃园三结拜，历史留名万千载；
传四代孔夫子背书箱走六国，留下三纲并五台；
传五代伍子胥打马韶关过，武松跨马游过街；
传六代杨六郎固守瓦桥三关口，穆桂英大破天门能挂帅；
传七代天上牛郎配织女，七月初七夫妻拜；
传八代八仙东游来相聚，各显其能跨过海；
传九代九代久合同心意，张公艺九代才把家分开；
传十代福如东海长流水，儿孙满堂福禄街。
传千代、传万代，代代都出栋梁材。

拜堂：

大红毡条七尺长，摆在华堂正中央。
夫妻二人请就位，喜结连理来拜堂。
一拜日月乾坤久，二拜天地五谷香，
三拜父母多福寿，四拜家堂香火旺，

五拜夫妻同到老，六拜子孙满家堂，
夫妻对拜感情好，八拜之交幸福长，
九拜久合同心意，十拜亲友常来往。

送洞房：
一对红烛照华堂，欢送新人入洞房。
一送新娘福禄旺，二送门庭有名望，
三送桃园三春景，四送平安两字康，
五送红梅多结子，六送麒麟送子忙，
七送天赐平安符，八送人同富贵春，
九送久久鸳鸯景，十送尚华九百春。

进洞房：
大红门帘七尺长，挂在龙头凤尾上，
挂在龙头生贵子，挂在凤尾出娘娘。
举目抬头睁睛望，一对花烛放光芒，
夫妻恩爱到白头，互敬互爱度时光。

赞嫁妆：
新床新被新罗帐，鸳鸯枕头放两旁。
新娘嫁妆一浪趟，红漆柜、黑漆箱，
江西木匠手段强，龙凤呈祥都雕上。
雕出鸳鸯同戏水，雕出幸福和安康；
雕出喜鹊喳喳叫，雕出麒麟送吉祥。

赞新娘：
新娘满脸泛红光，樱桃小口玉牙镶。
十指尖尖如春笋，凤头花鞋两脚装。
如花似玉窈窕女，好比嫦娥下凡堂。
文也会、武也强，带来家庭百业旺。

闹新房：

闹新房、闹新娘，都说新娘真漂亮。
结婚三天无大小，叔叔大爷叫兄长。
这个喊、那个嚷，今夜织女会牛郎。
新房里头闹哄哄，忽听有人大声讲。
我看新娘不是人，好似仙女下凡堂。
一对新人忙的欢，倒茶敬烟又拿糖。

撒新床：

撒喜糖。撒新床，惊动天上送子娘。
送来九男和二女，送来状元和娘娘。
良辰吉日撒吉祥，早生贵子名门望。
满堂亲朋同祝福，万代宗支日月长。
新娘新郎好福相，定能生下九个郎。
大郎威震保边疆，二郎领兵押草粮，
三郎南关领人马，四郎北关任大将，
五郎进了翰林院，六郎朝中为栋梁，
七郎东关任巡抚，八郎尚书来担当，
天资聪颖是老九，年龄尚小做文章。

贵府人丁多兴旺，一代更比一代强。
爆竹一放响当当，一班亲友来闹房。——好！
行一步，到门楼，左边栽的是松柏树，右边栽的是海棠青。
松柏树、海棠青，长生不老是万年青。——好！
走着走着就到门楼，门楼之上挂彩球。
左边彩球照四海，右边彩球照九州。——好！
三步两步就到客堂，客堂之内是喜洋洋。
朱红对联挂墙上，在天愿做比翼鸟，在地愿做连理枝。——好！

天上下雨啊，屋檐滴水啊，请新郎啦，和新娘啊，
来个泥鳅嗒嘴啊。

新娘长得是真漂亮啊，柳叶眉，杏核眼，樱桃小口一点点。
新娘头梳得是真讲究啊，左边梳着龙嬉水，
右边梳着凤彩球，中间梳着童子拜观音。
看过新娘头再看新娘手，新娘手是真漂亮啊，
指尖尖描龙绣凤梳。
看完新娘手，再看新娘腰，新娘腰好似柳枝随风飘。

五、民谣　童谣

我要韭菜不要葱

送哥送到大路东，一墒韭菜一墒葱，
刀割韭菜刀刀发，刀切大葱两头空。
我要韭菜不要葱。

大圆亮二圆亮

大圆亮二圆亮，哥哥叫我学木匠。
借我刀，砍黄蒿，借我牛，犁岗头。
借我斧，砍白土，借我马，下扬州。
扬州路上一枝花，弯弯扭扭到姐家。
姐家门口一个塘，大鱼扁担长，小鱼筷子长。
大哥大哥你别打，留给二哥娶老马。
娶个老马十八岁，又有箱子又有柜。
开开箱，拿衣裳，开开柜，拿宝贝。
二哥跟老马子一头睡。

车水谣

车水，摇水，张家湾来水，
车半塘，留半塘，留给大姐洗衣裳。

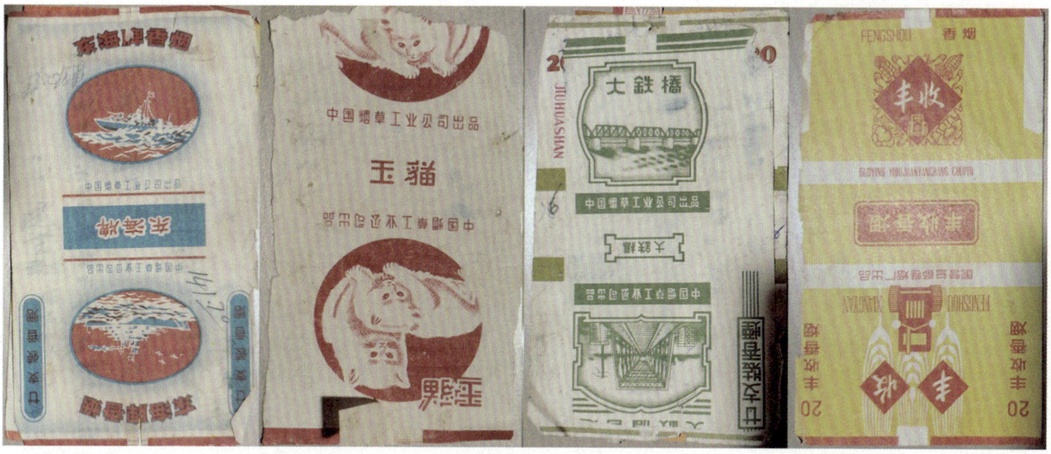

香烟烟标（左起：东海牌、玉猫牌、大铁桥牌、丰收牌）

香烟品牌

公社干部水上漂(东海牌香烟)；
大队干部猫对猫(双猫牌香烟)；
生产队干部大铁桥(大铁桥牌香烟)；
普通社员一角找(丰收牌香烟,价格九分钱,付一角找回一分钱)。

哭嫁谣

小丫头哎！你不要哭,你到人家好享福。
小锅煮饭大锅粥,耳绊锅里烀猪食。

童谣五则

小伢伢,从哪来？我从外奶家吃饭来。
什么饭？绿豆饭。什么绿？老绿。
什么老？人老。什么人,菜花人。
什么菜？牛吃菜。什么牛？牯牛。
什么牯？台鼓。什么台？戏台。
什么戏？把戏。什么把？条把。

什么条？面条。什么面？挂面。
什么挂？灯盏挂。什么灯？龙灯。
什么龙？白龙。什么白？白胡老头不晓得。

停当大姐，花篮挑水。
碓窝煮饭，葫芦瓢蒸蛋。

小板凳，三只腿，奶奶叫我捉乌龟。
乌龟乌龟没长毛，奶奶叫我摘毛桃。
毛桃毛桃没开花，奶奶叫我摘南瓜。
南瓜南瓜没下地，奶奶叫我看捣戏。
捣戏捣戏没搭台，奶奶叫我抹小牌。
小牌小牌抹不开，奶奶叫我筛大筛。
大筛大筛筛不动，奶奶骂我“这嘛丫头不中用！”

火萤虫，亮亮虫，大哥骑马我骑龙。
大麦秸，小麦秸，火萤虫，你下来。
不打你，不骂你，我们玩玩就放你。

黄泥黄泥搓搓，里头蹲个哥哥。
哥哥出来买卖，里头蹲个奶奶。
奶奶出来烧香，里头蹲个姑娘。
姑娘出来磕头，里头蹲个马猴。
马猴出来打架，里头蹲个蛤蟆。
蛤蟆出来扑水，里头蹲个小鬼。
小鬼出来车水，呼噜呼噜一大堆。

第五节　戏剧　音乐

一、戏剧

罗坝村一带流行戏剧以庐剧为主。庐剧，旧称“倒七戏”“小倒戏”。当地庐剧呈中路（合肥）流派的艺术特色。庐剧约创始于18世纪50年代。据传，其部分曲调仿照《小寡妇上坟》的哭丧调，后来演变为寒腔调，以后又吸收民间小调、越剧等部分曲调，唱腔逐渐丰富，成为当地群众喜爱的主要剧种。2006年5月20日，庐剧经中华人民共和国国务院批准列入第一批国家级非物质文化遗产名录。庐剧剧种的艺术特色主要体现在庐剧唱腔和伴奏锣鼓音乐两个方面。唱腔有主调、花腔两大类。主调唱腔曲牌有二凉、寒腔、端公调、三七、小生调、老旦调、老生调、老生衰调、丑调等，长于叙事或抒情，多用于传统折戏和本戏；花腔则为传统生活小戏所用的腔调总称，如“打桑调”“讨学钱调”等，曲调朴实，具有浓郁的生活气息。早期庐剧主要以锣鼓伴奏，包括堂锣、大锣、小锣三件打击乐器，后来逐渐增加二胡等丝弦乐器。庐剧传统剧目有《讨学钱》《小辞店》《借罗衣》《秦雪梅》《休丁香》等。

1949年前后，罗坝村有两个群众自发组织的两个“戏班子”，以村民卞仰风、张福蕴、陈大州、葛章福、张正友、张正良、张正发、范吾龙、李如点、张正山、张福海等组织的民间庐剧团，共有演员28人。冬闲时排练，农闲或正月过年时演出，走村下乡表演，有农民喜闻乐见的《秦香莲》《秦雪梅》《休丁香》《劝小姑》等剧目，家喻户晓，受到村民喜爱。下乡唱戏一般不收费，但需要安排演出人员的饮食及若干化妆开支等，饮食多由农户轮流摊派安排。看戏演戏一般在秋收后农闲季节或春节后的正月二月，或逢庙会年节，每个村庄都要请戏班子来演上几日。个别剧目内容较长，需要多日才能唱完。旧时没有广播、电视、手机，娱乐内容很少，生活比较单调，因此，听戏成为附近村庄男女老少的主要文娱项目。此外，京剧、黄梅戏在罗坝村也偶有演出。

二、民俗表演

除了戏剧之外，还有“舞狮”“玩兰花”“跑旱船”“五马破曹”等民俗娱乐项目。每年从春节正月初一起到二月初二龙抬头方才结束，前后一个月。“舞狮”每到一个村郢，挨家挨户表演节目，东家总要发一些喜糖、喜糕、喜烟，富裕人家还当场发给红包喜钱，围观群众众多，锣鼓铿锵，场面十分热闹。有当年新盖房子的农户，一般要把狮子请来家中舞玩，狮子在室内奔腾跳跃，说是可以驱除邪气，能保家宅平安。玩兰花、跑旱船等在罗坝地区流传多年，直到20世纪60年代后才逐渐消失。

2010年，罗坝村建成农民文化广场，依托文化广场平台，坚持开展广场文化、节庆文化等活动。连年举办“送戏下乡”“送电影下乡”活动。村民闲时来广场跳广场舞丰富生活。

三、大鼓书

肥西大鼓书是安徽大鼓的一部分。说书者使用的道具有三牙（板子）、咚鼓、醒木等。唱书人左手摇板，右手敲鼓，说说唱唱，绘声绘色。说唱讲究韵律板眼，曲目有传统书，也有近代英雄、名人故事。以说唱娴熟、声情并茂而赢得听众。说唱中间“卖关”时巧设悬念，扣人心弦。曲目以连场本故事为主，也有小段。鼓书曲目主要有《封神演义》《说唐》《薛仁贵征东》《七侠五义》《十把穿金扇》等，中华人民共和国成立后增加了《林海雪原》《铁道游击队》《红岩》等现代内容。肥西大鼓名家窦常胜以近代故事创作的《酒书记》风行一时。旧时秋冬时节常各户凑集资金邀请大鼓名家到村说书，也有现场聚资，一般供给饮食。

四、门歌

门歌又称“锣鼓书”。旧时，常有穷人到村沿门乞讨，手持快板，口中歌唱，故名门歌。门歌内容多使用当地的口语、典故、民间传说，望风采柳，现编现唱。因而歌词纯朴、清新、自然，朗朗上口。如见到人家门口一棵柳树，就开口唱到“老板门前一棵柳，放下柳树打笆斗，打了笆斗量大麦，量了大麦酿烧酒，五湖四海结朋友。”语言幽默风趣，乡土味十足；再如门歌《插秧歌》“楝树开花你不做，蓼子开花把脚跺”。歌词来自在江淮地区妇孺皆知的一句劝诫懒汉的警世名言，以农村常见的两种植物不同的开花季节，暗喻人们抓住农时不误庄稼。门歌表演一般为走街串户挨门演唱，东家为乞讨者略施米面饭菜或零钱后，再转下一家。这种完全取材农民生活的独特艺术表现形式，曾经是20世纪五六十年代之前本地老百姓奉为主要的“精神食粮”之一。随着人民生活改善，温饱得到解决，乞讨现象早已消失，门歌这种艺术形式也仅存于少数民间艺术工作者的表演之中。

五、电影

早在1951年，皖北行署流动放映队，首次来肥西放映《白毛女》，电影传入本地。1959年，国办放映队（除城关队外）下放各公社管理。后来，各公社多自办电影放映队，应邀在各大队村庄巡回露天放映。放映影片随时代而不同，有反映革命战争年代的《地道战》《地雷战》《小兵张嘎》《铁道游击队》等，有红色样板戏《红灯记》《沙家浜》《智取威虎山》等，有记录时代生活的《林家铺子》《羊城暗哨》《今天我休息》《李双双》《龙江颂》《青春之歌》等。改革开放后，电影题材更加丰富，戏曲片、武打片、纪录片、科教片等丰富多彩，深受村民欢迎。20世纪90年代以后，随着电视逐渐普及，电影放映逐渐减少。

第六节 书法 绘画

晚清淮军将领周盛波虽然团练出身，但晚年勤奋临习，书艺大进。清光绪四年(1878)，李鸿章倡议续修巢湖姥山文峰塔，李鸿章、张树声、刘铭传、周盛波、唐定奎等人纷纷捐资，并题字刻石。当时乡居在家的周盛波参与其事，为姥山文峰塔题写“秀挺湖山”匾额，悬挂于塔内。其为隶书字体，圆润疏朗，挺拔有力，具有深厚的书法功底。

秀挺湖山　周盛波为巢湖姥山文峰塔题匾

周盛波之子、出生于罗坝圩的周家谦，擅长书法艺术，书法风格独特，独树一帜，自成一家，为当时社会人士赏识，在本地颇有名望。时人谓其字“碑底苏面”，很有功力。据说每到年终岁末，他就有意识写些对联、中堂书法作品，送给一些贫困户，让他们拿到城里换点银两补贴家用。如此“济贫”，也是一段佳话。周家谦还精鉴赏、富收藏。《紫蓬山志》称其“尤精鉴别,若彝器、碑板、法帖、名画，一见洞其真伪,真赝不爽”。据传其家藏有送苏轼真迹法帖，惜毁于抗日战争时期日军轰炸周老圩的战火之中。在一件明代祝枝的《吴山游记诗册》草书册页上，也留有周家谦的题跋，跋文曰：“余有旧藏枝指公狂草，正前跋所谓纵而少含蓄者也，今春来京师复于厂肆得此册，风神朗润、气体清华，拗挖峭拔中雅有婀娜之态，斯为大家。光绪丙子夏日识于长安居不易之室。菉陔周家谦。”

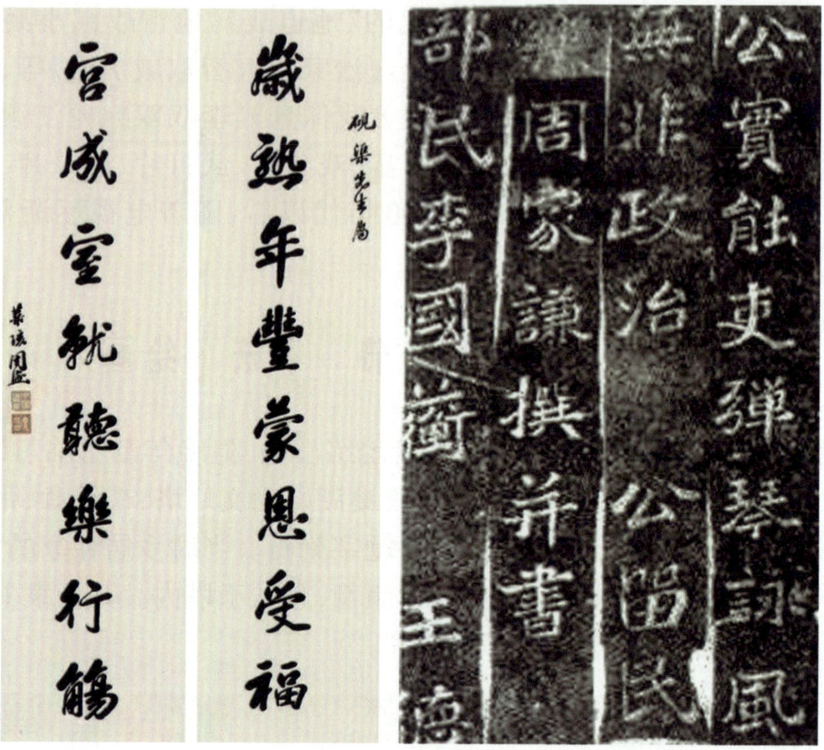

周家谦书法作品

周本淳出生于罗坝村康湾圩，国学功底深厚，也擅于书法。周本淳曾与著名书法大师林散之等交游，耳濡目染并得其指点，书艺大进。其行书作品得名帖精髓，笔法灵动、结字端庄、章法自然，全篇行气相贯，疏朗有致，不输大师风采。

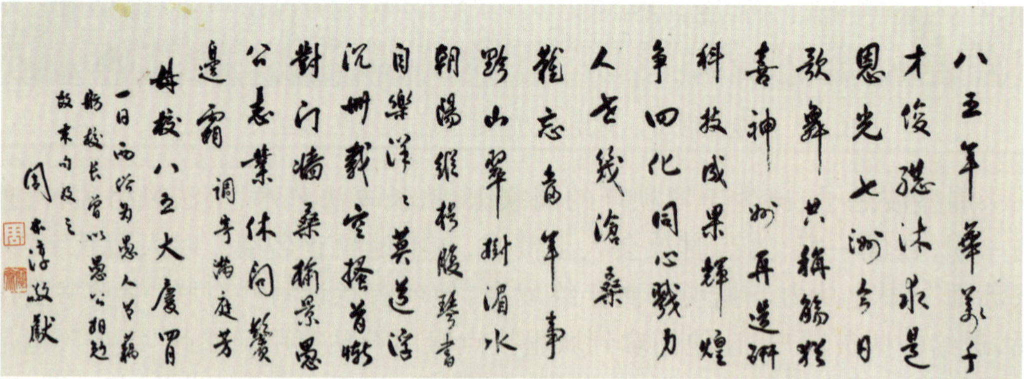

周本淳书自作词《调寄满庭芳母校八五大庆》横幅

出生于罗坝村油坊冲的画家周墨兵，早年科班学国画，曾就读于安徽学院艺术科（美术系），后又专门学习古字画鉴赏，是卓有建树的丹青妙手。早年曾师从周兰谷学习国画，专攻梅、兰、菊、竹、花鸟兼习书法、金石、篆刻。中华人民共和国成立后，长期在淮南市从事文博工作。晚年写诗作画，意境高远。其画作“墨竹”取法自然，笔墨雄健，浓淡相宜，疏密有致。他那著名的“风、晴、雨、露”四条屏就直把翠竹“一节得生节，千枝攒万叶；我自不开花，免撩蜂与蝶”的崇高气节和“直如朱丝绳，清如玉壶冰”的高尚操守刻画得淋漓尽致。周墨兵夫人唐树真也是闻名淮上的女画家，擅长画虎、画猫，笔下虎有雄风、猫有灵气，栩栩如生。

“风、晴、雨、露”四条屏　周墨兵/绘

出生于罗坝村黄郢的青年画家周建民，作品以工笔画为主，线条工整、细腻、严谨。其工笔花鸟画，画面宁静、清新，内容丰富、含蓄，格调高雅。他的画汲取传统绘画精髓，不断创新融合现代审美情趣，“不做作、不阴柔、不轻浮，也不媚俗”，糅合了数种技法和现代审美，顺应了当下中国画自我革新发扬的重要思潮。

《红色记忆》，2018年入选安徽省美术大赛　周建断/绘

《红妆》，2018年入选新时代新徽派安徽书画40年精品晋京展，获第六届安徽美术作品大展中国画优秀奖　周建民/绘

第七节 饮食文化

一方水土产一方食材,一方水土养一方人。罗坝村地处紫蓬山余脉丘陵地带,地形起伏多变,岗冲相间。山林田间出产丰富,加之本地走出众多淮军人物,走南闯北见多识广,因此产生了本地独特的饮食文化。

一、主食

村民主食以米饭为主,一般家庭一日三餐,早餐多为稀饭。过去粮食不足,常添加山芋、南瓜、豆类等杂粮以及野菜以供饱腹。困难时期曾有很多家庭只能一日两餐,饱受饥饿之苦。随着经济好转生活改善,不再有温饱之虞。一日三餐,顿顿美食,甚而营养过剩,产生新的如"高血压""高血糖""高血脂"等富贵病。

主食除米饭外,也有麦面食物。每年午季,农村里多是搅大麦糊,下面疙瘩,也学会了擀面条、煮挂面、蒸大馍、包饺子、做死面锅贴等。

逢年过节,用稻米掺入黄豆、绿豆水泡磨浆,然后在平锅上摊成"粉扎",也是当地传承下来的一道主食。

二、主要菜肴

村境耕地农作物主要以稻米、小麦、油菜、玉米、山芋为主。田间菜园栽植有白菜、豆类,以及韭、芹、苋、茼蒿、辣椒、黄瓜(菜瓜)、茄子、冬瓜、南瓜、瓠子等各类蔬菜。宽广的山林中,出产各类林果、野菜,如刺槐花、香椿头、栗、柿、桃、杏、枣,以及蕨类、荠菜、地皮菜、蘑菇、马齿苋、马兰头、枸角刺、枸杞头、鱼腥草、野葱、小蒜等。农户养殖有猪、牛、羊、狗、鸡、鹅、鸭、番鸭(民间多成为"雉")、鱼等,以及捕捉(或捕捞)的野兔、野猪、黄羊、野鸡、黄鳝、泥鳅、虾蟹龟鳖,都是村民日常生活中的主要食材。一年四季,春夏秋冬,饮食随着季节和节令而变化。农家特色菜肴的做法包括红烧、炖煮、清蒸、油炒、油炸、凉拌等,有红烧肉、炖老母鸡、烧鸡、烧鸭、烧鹅、蒸咸货(咸肉、咸鸡、咸鸭、咸鹅、咸干鱼等)、烧豆腐、炒青菜等类型。冬季往往有火锅,可以烫菜,保持菜品不凉。一些贫困家庭多以腌小菜就饭,或者蒸(炒)几个鸡蛋就算大菜。

当年乡村家家还用土灶台的时候,煨罐子煨汤是难得的美味。煨罐是一种窑烧的瓦罐,中间鼓鼓的,有手柄、盖子。一般是晚饭后,乘着灶火正旺将稻糠壳烧红,把装入洗好的肉、鸡、蹄髈等肉食品的煨罐加水后放进火中心,然后将稻糠壳四周埋上去，即可煨汤。煨罐在慢慢燃烧、余烬不息的灶灰里埋了一夜，第二天早晨起罐，罐内的肉已经稀烂，肉汁都溶在汤中。随着土灶的消失，这种稻糠壳煨汤的方式也随之消失。

至于槐花蒸干虾、香椿头炒鸡蛋、老虎爪（即蕨类嫩芽）烧土猪肉、干马齿苋蒸咸肉、酱蒸豆腐、清蒸豆角（或茄子）、清炒春笋、农家炒地踏皮、冻骨、凉拌荠菜（或马兰头）……这些带有乡土特色的菜肴，可以称得上是十分地道的“农家特色菜”。

三、宴席

逢年过节或婚丧嫁娶、小孩九天、老人做寿以及盖屋上梁、乔迁安居、子女考大学、新车到家等喜庆时分，至亲好友往往前来随礼，东家一般举办宴席加以招待。宴席菜品丰盛，有荤有素，一般都要有“鱼”，有“无鱼不成席”之说，往往最后一道还要上一道“圆子”，寓意圆圆满满。每逢“接新亲”（第一年春节新姑爷上门）等重大喜庆，还要摆设“碟子酒”宴席。

“碟子酒”有时比中午正餐还要隆重。早晨，客人到家互致问候后，第一道程序是“糕饼茶”。主人用最精美的盒盘将准备好的糕点如糖果、小麻饼、白切、黑切、烘糕、切糖、米糕、葵花子等摆上桌，礼让客人和陪客入席喝茶吃糕点，攀谈聊天，气氛逐渐浓郁起来。一杯茶后，便开始第二道程序喝“碟子酒”。摆上十多样小碟子盛放的凉菜如咸鸡肫、鸭爪、鹅肠、猪肝、猪头皮、烀冻骨、咸鸭蛋、油炸花生米、凉拌酱干、卤千张卷和红萝卜丝等荤素搭配各色菜肴素等，由于都是小碟子，分量也少，故有“碟子酒”之名。20世纪80年代开始，碟子酒菜品中或增加有一到两个火锅。主客热情相互敬酒劝菜，一席尽欢。三杯五盏之后，主人家上早点作为早餐主食，“碟子酒”方才结束。未几，又至午餐接着开席，继续饮酒欢宴。

碟子酒的部分菜肴

各种宴席除丧宴

外，菜品总数都要为双数。丧宴菜数则为单，且需食完，不能剩余。丧者为高寿的，客人各取所用饭碗餐后带回，寓有“偷寿”之意。

罗坝村为淮军中主力盛军的故里，淮军将领功成名就回到家乡定居，他们富甲一方，日常生活中迎来送往、宴席不断，逐渐形成具有地方特色的“淮军宴”。“淮军宴”又叫“送行宴”或“庆功宴”，主要是淮军将领逢年过节和打胜仗时，用家乡的烹调方法设宴招待宾客的一种宴席。根据客人层次不同，宴席的规模标准和接待的方式也不同，淮军宴的产生跟淮军子弟的饮食文化生活习惯及当时的战争环境不无关系。如今的“淮军宴”菜肴更加讲究色香味鲜，也重形式，由于战争中携带陶瓷炊具易碎，为及时加热、耐用，多用金属器皿装盘。代表菜肴有“牛气冲天”“淮军烧鹅”“锦囊妙计”“风干羊肉”“淮军大鲊肉”“家乡蒸咸鸭”“李鸿章大杂烩”……当然，家乡美味“肥西老母鸡汤”是不可缺少的一道盛宴。

四、面点

本地农户平常食用的面点多随年节而不同。如春节前后有元宵、粑粑（年糕）等，端午节新产的菜籽油和麦面上场，家家户户油炸点心，一种麦面和稀放入油中炸熟，由于稀面下锅与热油相激随意成型，没有固定形状，而且成品疙疙瘩瘩，乡人呼之为“癞癞猴”，名称虽不雅，但在当年仅能温饱的年代，也无异于珍馐美味。其他还有如油相、粘粑粑、蒿子粑粑、炒元宵、摊粑粑、欢头（欢团），以及各地交流传入的油条、狮子头、米饺、焊粑粑等，面点种类繁多。

第六编

人物

REN WU

第十六章　人物传

罗坝人杰地灵，古往今来涌现了许多知名人物。特别是淮军兴起之后，一批淮军将领建功立业，成为晚清后期重要国防力量，盛军更是其中的中坚。中华人民共和国建立以来，一大批党员干部为经济、社会和文化事业发展做出了积极贡献，许多模范人物以自己的无私奉献书写了华丽人生。本志按照“生不立传”原则，为本志下限之前已故的罗坝村籍的周方策、周盛华、周盛波、周盛传、周盛忠、周家谦、张修武、周伯萍、周本淳、徐坤、魏先贵、张俊山、周会民等13人立传。以出生时间为序排列。

周方策

周方策（1808—1893），字布之，册名宏升。罗坝圩人。周方策原居住罗坝村油坊冲，发迹后购买罗坝附近田地，修筑圩堡，为罗坝圩主人。咸丰四年（1854），时局动荡，贼匪连犯，周盛华、周盛波、周盛传兄弟在六十墩故居尽毁落难之时，携家带口投奔身为“紫蓬山周氏”族长的周方策，寄居于罗坝圩内。周方策曾主持同治五年（1867）五修、光绪十六年（1890）六修《周氏宗谱》。著名文士李恩绶为其作《赠周老世丈布之先生序》，备叙其生平事迹。配董氏，有子盛治、盛奎、盛道。

周盛华

周盛华（1826—1855），字含英，合肥西乡罗坝圩人。世耕读。兄弟6人，盛华行三，四弟盛波、五弟盛传、六弟盛春。周盛华幼而身材魁梧，耕读之余习武，嗜兵书，善击剑之术，又得高手相传，练就一身武艺，且谙熟行阵之法。

周盛波

周盛波（1830—1888），字海舲。兄弟6人，他排行第四，少时家贫以务农为生。咸丰三年（1853），周盛波与三兄周盛华、五弟周盛传等在紫蓬山下，组织团练。

同治八年(1869),周盛波以奉养老母为由回乡。不久,因受弹劾被夺职。同治十三年(1874),沙俄入侵新疆。周盛波上书李鸿章,分析军事防务策略,共数千言。光绪十年(1884),中法战争爆发,周盛波奉诏募淮勇5000人赴天津训练,防备法军由海路侵津、京,并受命总统前敌各军。次年,因弟周盛传病死,代湖南提督,后实授,仍驻防天津。光绪十四年(1888)十月初二,病逝于天津海防营,享年58岁。廷谥刚敏。妻李氏,继妻吴氏、韩氏,有子家谦(官至内阁中书,本志有传)、家麟(官至候选同知、知府衔)、家祜(官至二品衔候选道、赏戴花翎、诰授荣禄大夫)、家颐、家成、家章6人。

周盛传

周盛传(1833—1885),字薪如,晚号北海老农,为周盛华、周盛波弟,行五。

清同治九年(1870)秋,李鸿章任直隶总督,调周盛传率部屯卫京、津地区。同治十二年(1873),周盛传兴建大沽北塘炮台,以加强海防。修筑内外土城各1座,大炮台3座,环列小炮71门;同时修筑了兵营、火药库、仓库,义塾及城外的沟、河桥、闸等,由所部兵士担负工役,并捐盛军欠饷补充工费,次年10月完工。

光绪元年(1875),李鸿章奉命兴修京、津水利。周盛传专任京沽屯田事务。其间,他反复亲自踏勘天津东南纵横百余里地形地势,提出以"疏引河沟、开挖河渠、引淡排碱"为主的兴水利、改土壤、开稻田方案。光绪二年(1876),调盛军于天津镇移屯兴工。首先开挖南连运减河,自靳官屯直抵大沽海口。之后,又修两岸支河一条,横河6条,沟渠河渠密布成网,建桥闸50余座以备蓄水排涝,使淡水碱水不相掺混,开辟稻田6万余亩,并使沿河盐碱地得到水利,新增可垦田地以百万计。光绪八年(1882),周盛传升湖南提督,仍留天津镇训练士卒。他对西洋后膛枪炮研究颇深,著《操枪章程》十二篇,成为淮军军事教科书。盛传还上书李鸿章,在天津紫竹林创办北洋武备学堂。光绪十年(1884),周盛传回籍治母丧。光绪十一年(1885)六月十四日,盛传病故,享年52岁。廷谥武壮。遗著有《周武壮公遗书》十卷。

盛传妻袁氏,子周家驹(官至分部行走郎中、江苏即补道、诰授荣禄大夫)。

周盛忠

周盛忠(1834—1894),字厚卿,合肥西乡罗坝村人。行三。清同治初年投效淮军,隶盛军,管带盛字副营。周盛忠个头不高,但“短躯廉悍勇无比”,作战机智灵活。盛军主将周盛波、周盛传等对新式枪炮反复研求,颇有心得,督率部下勤恳训练,不遗余力。周盛忠积极学习西方陆军的训练操法,很快掌握了先进的外国兵械。因刻苦钻研军事,作战勇敢,被提升为盛军副营的管带官。并因在修筑天津新城炮台等海防工程中贡献突出,积功至花翎副将,诰封武功将军、覃恩诰授二品封典。光绪二十年(1894),甲午中日战争爆发。盛忠随盛军副营取海道乘轮船至营口,再由陆路辗转鸭绿江至朝鲜平壤前线,在平壤城外西南地方驻扎。

八月,日军渡江,四路来攻,清军兵力渐不支。盛军苦守平壤城南,致使日军久攻不下。八月十六日凌晨,日军发起总攻,突破平壤西北防线,大批敌人突入城内。由于兵饷缺乏、弹药不继等诸多原因,清军主帅叶志超传令撤出平壤。周盛忠决心与日军决一死战,在众将溃退、救援无望的情况下,指挥部下与日军进行殊死搏斗。在其带领下,盛军副营官兵情绪高涨,拼死阻击,“将士同殉者大半”。不幸在日军猛烈炮火中,盛忠中炮身亡,战死疆场,终年60岁。

盛忠战死疆场后,其部下冒死收尸,只觅得残躯一条腿和一只靴子,护送至家乡合肥西乡。家人悲痛万分,用木头假肢组装成全尸安葬于罗坝大团山西侧,建墓立碑,今已不存。当时,著名诗人李恩绶曾写下《哀周盛忠死节歌》:“累县城外坏云起,平壤一溃溃至此。”“主营先走无法纪,公独转战鼓声死。”“汝南大节信轶群,庶为全军稍刷耻。呜呼!朝廷恩重生自轻,如公不愧以忠名。”本次阵亡淮军诸将中,“能确指其殉节始末者”唯有周盛忠一人。但由于甲午战败,淮军裁撤,叶志超、卫汝贵等遭谴,加之战报缺失,“故淮将死绥者多不见称于世,如周盛忠军门殉节平壤,其忠烈不让宝贵。顾声施阒如,世无知者。”[①]盛忠配董氏,有侧室梁氏、黄氏、王氏。有子家定(殇)、家荫。

---

①上海《小说日报》,1917年。

周家谦

周家谦

周家谦(1853—1925),字六皆,亦作六阶、菉陔、录陔,号槃庵,为周盛波的长子。清咸丰三年(1853)二月二十日出生于罗坝圩,晚年居住农兴集周老圩。当年周家被豪强袭击几乎破家的时候,尚在襁褓之中的周家谦即遭遇血腥的惊险。其母当场被刺死,自己虽逃过一劫,但母亲的鲜血激射他的眼中,右眼落下终生眼翳。

周家谦自幼饱读诗书,同治癸酉科举人,但几次会试均未能入闱。最后纳资成为一名郎中衔候补内阁中书,赏戴花翎,诰授奉直大夫。周家谦并不留意于功名,辞官归里后,与合肥地区冯煦、李恩绶、江云龙、张子开等一班文士相友善,耽情于吟咏诗词、金石书画,富收藏,精鉴别。进入民国后未出仕,而是回到家乡埋头研究金石、书画,其"字学苏子瞻,而清和潇洒,有出尘之慨。"时人云:"书法坡仙不碍肥,若六皆固以韵胜而不以肥传者。"他的诗作也有较高水平,酬唱吟咏、抒情记事、状物写景、反映现实多有佳作。还能顺应时代发展,写入一些新词俚句,十分生动。晚年,周家谦长居农兴集附近的周老圩,著有《楙莊文录》《槃盦诗钞》《六分池馆随笔》《苏草庵杂著》等。

周家谦事父能孝,李鸿章上奏旌表:"周家谦随视在营,自父得病,亲侍汤药,衣不解带,目不交睫,割臂疗亲……实属至性过人……实堪嘉悯",虽不乏夸饰之辞,但可想见周家谦的为人。周家谦于1925年去世,乡人私谥曰文穆。妻吴氏、郝氏、程氏,有子行原、行逾。

张修武

张修武(1894—1960),紫蓬镇罗坝村万安人,农民。清光绪二十年(1894)12月出生。新中国成立后,在土改中分得土地22亩(其中水田17亩、旱地5亩)。全家男女一齐发动,参加农业生产。在增产运动中,所种植2亩稻子获得丰收,总产1660斤,亩均单产达到830斤,成为当地闻名的丰产户。还置有绞车一张,开展家庭副业生产。1954年出席全县劳动模范代表大会,被评为县三等劳模。农业合作化时为常年互助组长。1960年8月去世,享年66岁。

周　焘

周焘

周焘(1917—1997),谱名周本焘。紫蓬镇罗坝村康湾圩人,为周盛华五世孙。自幼读私塾,打下较深国学功底。1936年春,肥西籍著名将领张治中回乡省亲时来访周老圩,见到正在书斋勤奋读书的青年周焘,勉励他好好读书,将来参加军队,保家卫国。1937年七七事变后,全民抗日战争爆发,周焘遂投笔从戎,参加国民抗日部队,曾随所在部队先后参加"农蜀歼灭战"等多次战斗。解放战争时期的1948年11月,担任国民党军连长的周焘,顺应历史大势,率所部100余人向人民解放军投诚起义,被编入解放军皖西军区合肥支队,继续任连长。并积极招募当地青年170多人参军,先后参加过淮海战役、渡江战役。

中华人民共和国成立后,周焘随所在部队参加解放大西南等战役。1950年初奉命进川剿匪,周焘带领30余名战友深入虎穴,了解敌情,与兄弟部队里应外合,剿灭土匪600多人。1950年7月,周焘所在部队调赴山东青岛,组建海军青岛基地(北海舰队前身),为参谋,不久调往上海海军某部工作。1953年5月,周焘复员回乡,先任烧脉小学文体老师,后于1956年调入肥西县长安供销社工作。1958年,再调合肥市土产公司工作。此间,他参与和安徽农学院及园林园艺等科研单位,共同研发920细菌肥料,进行肥料实验和推广,学习大量园艺园林技术。1962年,被下放回原籍务农。

青年时期的周焘,就经常与堂弟周本湘(著名植物学家)等在周老圩花圃赏花游玩,对苗木花木有着浓厚的兴趣。周焘下放回乡后,在家乡康湾圩内,利用所学园林技术,引种多种中药材、果树和花卉盆景。生产之余潜心钻研桂花繁育技术,在周边寻找与桂花同科属的砧木植物资材,1964年发现小叶女贞与桂花具有较高的亲和力,在小叶女贞出苗一年后进行嫁接,容易成活。经过多次试验探索,于1966年底初步研究出"形成层切接法",后又改良芽片砍接方法,苗木嫁接繁育技术不断成熟。

1975年,周焘引进和嫁接生产蜡梅、月季、碧桃等各类品种,除供花友们观赏实践交流外,开始对外销售。1978年引种木兰科品种苗木,采用压条繁殖紫玉兰、二乔玉兰,以此作为砧木嫁接白玉兰、广玉兰、白兰和含笑等木兰科植物。还利用康湾圩内的林地大量引种梅花、碧桃、茶花、海棠、樱花、松柏、红枫等系列植花木种上百种。邻近县市和周边苗农纷纷前来学习技术,多年培养苗木花卉繁育栽培技术人才近千名，为肥西苗木产业发展做出了重要贡献。

1983年春，时任中国科技大学教授、安徽省副省长杨纪珂率专家一行到康湾圩现场观摩学习，对周焘在花木生产中取得的成绩给予肯定。并称形成层切节法为全省首创，应该大力推广。同年10月，周焘研究的“形成层切接法”荣获肥西县科技进步二等奖、合肥市科技进步三等奖。当年，周焘成为全县第一家花木专业万元户，他带领乡亲共同致富的事迹也在《合肥晚报》等媒体作了广泛报道。闲暇之时，周焘爱好诗词创作，为肥西县“雪花吟”诗社的骨干会员之一，创作发表大量的诗词佳作。1997年12月，周焘病逝于康湾圩，享年80岁。

周伯萍

周伯萍

周伯萍（1920—2012），原名本厚。1920年3月出生于紫蓬镇罗坝村康湾圩。1938年4月参加革命工作。1941年3月加入中国共产党。曾先后任泗县皖东北进出口货物检查处处长，涟水等县税检局局长，苏皖边区政府第六专署财粮处处长兼淮海军分区（新四军三师十旅）供给部部长、华中行政办事处粮食局局长兼华中支前司令部粮食部部长等职。新中国成立后长期从事粮食工作，1952年首任中央粮食部党组成员、办公厅主任。1967年5月出任驻坦桑尼亚大使馆临时代办、党委书记。主管使馆工作期间，坦赞铁路开始勘测设计、开工建设。1973年3月出任中国驻希腊国首任大使。任满后，又先后担任驻阿尔及利亚和扎伊尔等国大使。1981年回国，先后任国家计生委副主任，计生协常务副会长、顾问，中国人口福利基金会副会长等职。曾是第七届全国政协委员，曾任世界名国际组织“争取更好世界协会”中国理事。2001年8月离休，2012年6月29日在北京逝世，享年92岁。

周本淳

周本淳（1921—2002），字蹇斋，罗坝村康湾圩人，1921年12月生。周伯萍弟。1945年毕业于国立浙江大学中文系，1949年4月参加革命工作，长期从事教育和学术研究工作。先后在遵义师范学校、贵州省立高中、南京市一中、南京教师进修学院、南京师专和淮阴师范学院等校任教，是我国

周会明

历，在职法律硕士学位。自幼读书，1984年9月考入华东政法学院法律系学习，1988年7月大学毕业后，进入合肥市人民检察院工作。历任合肥市检察院书记员、法纪检察处副处长、反贪污贿赂局指挥中心主任、反渎职侵权局局长、检察委员会专职委员等职；2011年任西藏自治区山南地区（市）检察院副检察长；2017年调任安徽省宣城市检察院党组成员、副检察长，正处级检察员。1996年加入中国共产党。

2011年8月，周会明积极报名参加援藏工作，成为安徽省人民检察院选派的第一批援藏检察业务专家。2013年，两年的援藏时间结束，但山南市人民检察院领导希望他"能再留一任，带出一支队伍，打出一块招牌。"于是，周会明本着对检察事业的无限忠诚，服从组织安排，在家人的支持下，克服青藏高原低压缺氧的艰苦环境和母亲年高、夫妻分居、孩子入学等家庭困难，继续留任三年，连续两批挂职于西藏自治区人民检察院山南市分院。

援藏工作期间，周会明践行党的宗旨，坚守法治精神，发挥共产党员和领导干部的先锋模范作用，为山南检察事业做出突出贡献。在山南市人民检察院任职5年多时间里，带领山南检察干警查办多起渎职、职务犯罪案件，创造多项历史最好成绩。自2013年开始，连续四年实现查办职务犯罪案件量排名全自治区第一，且连续三年办案量位占自治区检察机关的一半以上，为国家和集体挽回经济损失2000多万元。个人先后荣立二等功2次、三等功1次，并荣获全国模范检察官、"中国好人"、西藏自治区民族团结进步模范个人、安徽省优秀共产党员、安徽省五一劳动奖章等荣誉。

2018年1月12日，周会明因病去世，年仅55岁。当年2月25日，最高人民检察院和中共安徽省委联合召开追授周会明荣誉称号命名表彰大会，追授其为"全国模范检察官""安徽省优秀共产党员"。中共安徽省委号召全省广大党员干部向周会明同志学习。

第十七章　人物简介

周墨兵　1921年8月出生，罗坝村人。安徽学院艺术科（美术系）肄业，黄埔军校18期步科毕业，中国民主同盟盟员。长期从事文教、考古、博物馆等相关工作。曾为中国考古学会、中国博物馆学会、中国楹联学会、中华诗词学会、安徽省美术家协会会员，安徽省考古学会常务理事，安徽省黄埔同学会理事，安徽老年书画联谊会高级书画师、研究员，淮南市第七、八、九届政协常委，淮南市诗词学会会长，《红叶》诗刊主编。美术作品多次在国内外展出、出版和获奖。著有《历代诗人咏淮南》《中国豆腐起源与东传》《百里煤城话古今》《寿州窑浅析》《八公山漫谈》《颖口散记》《洛涧沧桑》《硖石寻胜》《淮上吟草》等。

张具习（1931—2015）　罗坝村张湾人。1931年5月出生，小学文化。中共党员。曾任光明大队民兵营长、罗坝大队主任。1977年获县委表彰“优秀基层干部”称号。2015年12月去世，享年84岁。

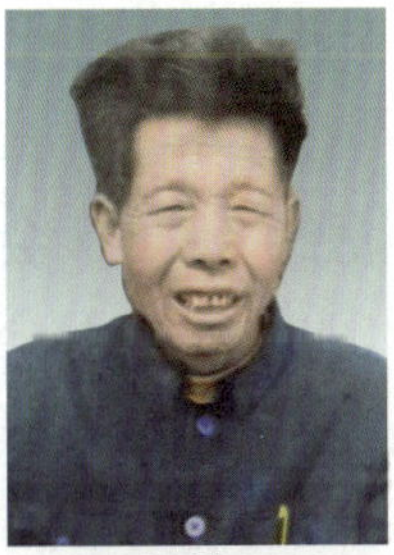

张具习

周本伦（1932—1986）　罗坝村万安人。自幼帮工、放牛，高小文化程度。新中国成立后，分得土地6亩，勤奋劳动，家庭生活得到改善。1950年起参加基层工作，担任民兵班长。1951年为选区代表，因积极进步，于1954年9月加入中国共产主义青年团，1955年7月经魏先贵、周孝铸介绍加入中国共产党。1955年9月由乡团支部书记提拔为新光高级社办社指导员，正式参加工作。后历任农兴公社党委政法委员，星火公社党委委员、监察主任，山口、芮店公社武装部部长，馆驿公社团委书记，农兴公社经委主任，燎原乡（后改为烧脉乡）党委副书记、经委主任等职。1985年12月曾出席中共肥西县第六次代表大会。1986年9月因病去世，享

周本伦

年54岁。

张谱韫

张谱韫 1936年3月出生，罗坝村蔺郢人。中学文化，中共党员，1953年参加工作。曾参加安徽省财贸干部学校学习。历任营业员、保管员，花岗粮站人保干事，四合粮站防化员，烟墩乡粮管员，燎原粮站站长等职。曾当选为肥西县第八届人民代表大会代表。退休后，晚年主持《(罗坝)张氏宗谱》的修谱事务。

巢善广

巢善广 1936年7月出生，罗坝村万安人。中共党员。中专学历。自幼入学读私塾，1953年就读于肥西第一初级中学，1956年考入合肥市林业学校，学习林产化工专科。1958年毕业后，分配至安徽省林业厅工作。其间，曾参加在安徽黄山召开的“全国野生植物综合利用现场会”。1962年下放回乡后，担任大队统计员等职。1974年参加教育工作，历任罗坝小学教师、教导主任、校长等职。1982年加入党组织。工作期间，多次荣获全县、全镇“先进教育工作者”“优秀党员”等荣誉称号。1999年退休后，老有所为，积极从事诗词创作，参加肥西县诗词学会编务工作。任肥西县诗词学会副秘书长、肥西县楹联学会副秘书长，《雪花吟》诗刊副主编。是安徽省楹联学会、安徽省太白楼诗词学会、合把市诗词学会、六安皖西诗词学会、芜湖诗词学会会员。创作的诗词楹联，多次发表于全国各地报刊。著作有《紫蓬碧窗诗钞》《碧筠斋诗钞》《碧筠斋余韵》等诗词集。

周先路 祖籍安徽肥西罗坝村康湾圩，周伯萍长子。1942年2月出生于江苏省淮阴县。中共党员，中国科学院高级工程师。中国科学院遗传研究所党委书记(正厅)。自幼在北京读书。1960年加入中国共产党。1961年考入中国科学技术大学自动化系(后改为无线电子学系自动化专业)。毕业后，1967年被分配到中国科学院一〇九工厂任技术员。1968年8月在人民解放军某部队农场劳动锻炼，1970年3月在农场参军入伍，先后任排长、副指导员，侦察连指导员。1975年3月转业至中国科学院一〇九厂，先后任技术员，工程师，厂纪委书记(副厅级)等职。一〇九厂改为中国科学院微电子研究中心后，先后任微电子中心党委副书记兼纪委书记、副主任。其间，曾发现线索，配合朝阳检察院破获了北京市重大贪污案。1985年9月，响应号召下基层支教，任中国科学院赴山东讲师团潍坊分团团长。1989年调任中国科学院遗传研究所任党委副书记，1990年被选为党委书记（正厅），常务副所长。主管党务工作和人事、财务工作。其间，曾于1985年和1993年两次在中共中央高级党校培训部学习。1994年任中科院机关科技政策局正局级巡视员，负责联系研究所工作。1999年调任学部联合办公室（先后改名为院士工作局和学部工作局）任副主任（正厅级），主持日常工作。除每两年一次院士大会和院士增选的组织工作外，还主管院士咨询工作，直接向党中央和国务院提供咨询报告。2002年2月退休。退休后，2003年10月作为科技体制改革与国家创新体系研究专题组专家参加了国家中长期科学和技术发展规划战略研究。2004年协助组建中国科学院JG重大项目监理部，任办公室主任。除组织监理工作实施外，还参加了若干项目的监理工作。2004—2012年，担任届科学院机关离退休干部局党总支委员会委员，离退休干部党支部书记。

周晓蔚　女，曾用名周小慰，1944年12月24日出生。祖籍罗坝村康湾圩，周伯萍之女。中共党员。研究员级高级工程师。1962年北京师范大学附中毕业，考入中国科学技术大学近代力学系学习。1968年预分配到中国人民解放军某部1108所，不久前往解放军第6293部队劳动锻炼，1970年正式分配到解放军某部1106所参加工作。1974年后，单位先后更名为兵器工业部第203研究所、中国兵器工业第203研究所、中国兵器工业第三研究院。历任技术员、工程师、高级工程师、研究员级高级工程师和引进办公室副主任、主任（正厅局级）等职，为中国兵工学会应用力学委员会副主任委员。1985—1988年，被国家教委选派到法国南特国立高等科学技术学院进修，获法国科学博士学位。工作以来，长期从事国防科技重点项目的研制工作，其中，某型号已装备部队，并在1988年及以后的历次国庆阅兵中受阅。科研成果先后获得第一届国家科学大会奖、国家科技进步三等奖、国防工业办公室颁发的二等奖等多项奖励。2005年退休。

周大捷　女，1949年1月出生于江苏涟水，祖籍紫蓬镇罗坝村康湾圩。周伯萍之女。自幼随父母生活。1968年5月北京师范大学一附中高中毕业后入伍，1972年毕业于广州第一军医大学医疗系，历任助理军医、军医、主治军医，副主任医师。2007年于二炮总院退休，退休时为军队文职三级，技术五级。

周大捷

周本标 1949年6月出生，罗坝村万安人。自幼入骑路小学读书，后辍学放牛，在蔺郢生产队务农。1965年12月应征入伍，历任中国人民解放军石家庄某炮兵部队战士、班长、排长、副连长、连长；其间于1967年8月加入中国共产党。1982年春，自部队转业至肥西县人民检察院，历任县检察院法纪科副科长、科长等职务，为四级高级检察官。2009年6月退休。

李秀芝 女，1952年5月出生，罗坝村高塘村民小组人。中等师范学历，小学一级教师。1972年3月参加工作，长期扎根于乡村教育，任教于肥西县光明小学。1983年7月至1991年8月间，担任光明小学校长。其间，在抓好教育教学同时，开展校舍改建。依靠地方政府和村队干部，发动群众多方筹资，实行“三结合”建校。以校为家，带领全体师生搬砖拉瓦，苦干实干，终于根治危房，重建20多间砖瓦结构的新校舍，让学生们安全舒心上课，赢得广大干群的称赞。在教学工作中，坚持自学、培训，钻研业务，不断提高自己的教学能力，多次在教育刊物发表论文。曾多次受到肥西县、紫蓬镇和县教育主管部门表彰。从教三十年，桃李满天下。2002年1月退休。

李秀芝

张具树 1953年3月出生，紫蓬镇罗坝村墩山二房郢人，中等师范文化，中共党员。曾任村团支部委员、光明小学教导主任、校长等职务。1995年被评为肥西县“优秀教师”，1997年被评为优秀共产党员，还多次获得“先进工作者”称号。

张具树

周先民 1954年11月出生于南京，祖籍紫蓬镇罗坝村康湾圩，周本淳之子，行四。1984年南京大学中文系获硕士学位后，留校中文系任教。1990年留学日本，1995年在日本名古屋大学取得博士学位后，在多所日本大学里任教，为旅日学者。著作有《司马迁的史传文学世界》等，论文有《李商隐无题诗构思特点》等，译著有《中国学文薮》等。

李永贵 1955年5月出生，紫蓬镇罗坝村高塘人。中共党员，中师学历，小学高级教师。1973年2月农兴中学高中毕业，1974年8月参加工作，在光明小学担任民办教师。1986—1989年考入肥西县师范学校学习，1989年7月毕业后为国家正式在编教师，继续回到光明小学任教。1994年8月

李永贵

至1999年7月任教于原罗坝小学;1999年8月调任白衣小学校长;2006年8月回到在新罗坝小学,担任校长职务。多年来,全身投入到乡村教育事业,把自己的全部奉献给党的教育事业。担任白衣小学校长期间,于1999年9月,重建改造白衣小学陈旧教室,校容校貌焕然一新。2003年6月,又配合政府部门精心谋划,重选校址,重建占地2.5亩的新罗坝小学,并率先使用智能化教学,大大提高教学质量,深受广大干群的好评。曾多次受镇、县教育主管部门的表彰。先后在教育刊物中发表30多篇教学论文,成为一名合格教师。2014年7月退休后,积极参与村"关心下一代""五老"活动,发挥余热,继续为群众服务。

周先林 女,1956年10月生于江苏南京,祖籍罗坝村康湾圩,周本淳之女。中国民主同盟成员。中国古典文献学硕士、文学博士,著名语言学家徐复的关门弟子,南京师范大学文学院副教授,硕士生导师。1978年10月考入南京师范学院政教系。1982年7月毕业,被分配至淮阴专区清江市教育局,任教研室教研员。后调入淮阴教育学院任中共党史教师。1984年9月考取南京师范学院中文系中国古典文献专业研究生。1987年6月获硕士学位后留校工作。1991年10月自费赴日本名古屋大学留学。1997年3月获文学博士学位。同年12月重返南京师范大学文学院任教。1998年由导师徐复介绍加入中国民主同盟。2017年3月退休。合著有《徐文化研究》,参编《金陵成语故事》,发表学术论文多篇。

蔺大元 1957年11月出生,紫蓬镇罗坝村牛尾巴岗人。中共党员。1976年2月应征中国人民解放军某部服役,先后为战士、班长、排长;1983年9月至1985年3月,被选派进入人民解放军装甲兵学院政工队学习;学习结业后,回原部队先后任连指导员、团宣传科群众干事等职。1994年10月从部队转业地方,先后任合肥市房地产经营公司铜陵路房管所所长,市房地产经营公司立达物业公司副书记、副经理等职。2017年11月退休。

周武军 1958年11月日出生,祖籍罗坝村康湾圩,周本淳之子,行六。江苏省医学会皮肤性病专业委员会委员,江苏省医学会皮肤性病专业委员会治疗学组成员,淮安市医学会理事,淮安市医学会皮肤性病专业委员会主任委员,从事皮肤性病科临床工作30多年,曾在北京大学第一医院和复旦大学华山医院和中国医学科学院皮肤病研究所三次专科学习培训。兼任徐州医学院附属淮安

周武军

医院皮肤性病学教研室主任；南京医科大学讲师。参加翻译皮肤病专著三部，有多篇论文在《中华皮肤科杂志》《临床皮肤科杂志》等皮肤性病专业期刊发表，获市政府科技进步奖1项。

黄基银

黄基银 1961年6月出生，紫蓬镇白衣社区黄油坊人，中共党员，大专学历，小高职称。1984年4月参加工作。1989年9月担任白衣小学教导主任，2006年9月调任罗坝小学教导主任，2014年7月至2020年12月任罗坝小学校长。在任期间，罗坝小学办学条件、教学环境、教育教学都得到大幅提升；义务教育均衡发展提到突出位置，顺利通过了国家义务教育均衡验收。2016年9月学校被合肥市教育局授予“合肥市德育先进集体”称号，2017年12月学校被肥西县政府授予“园林式单位”称号，2018年10月学校参与县级课题“农村小学生学困生成因与转化对策”顺利通过结题，2018年12月，学校被教体局评为肥西县教研先进单位。黄基银执教30多年来，为家乡教育事业默默奉献，受到广大师生和村民的好评。2004年被肥西县委县政府授予“优秀教师”称号，2015年荣获肥西县献身农村教育成就奖，2017年3月被肥西县委宣传部、县文明办评为肥西县第三批岗位学雷锋标兵，2018年7月，被县教体局评为2018年度优秀共产党员。

魏国

魏　国 1962年4月出生于罗坝大队万安生产队。中共党员。幼年随外祖母在牛尾巴岗居住成长。入学后勤奋苦读，1978年肥西中学读高中时参加全县数学、物理和化学竞赛，其中化学获得了全县第二名，并代表六安地区参加了全省化学竞赛。1979年9月考入西北工业大学学习。1983年大学毕业，恰逢空军在招收大学生飞行学员，经严格体检考察合格，应征入伍参加人民解放军空军某部为飞行员。1985年停飞后，转入理论教学。1991年在蚌埠特大水灾抢险中，荣立个人三等功。2005年由部队技术七级（副师级工资待遇）转业到蚌埠市人大常委会工作，历任会务科科长、行政科科长、信访室主任，三级调研员。

唐继权

唐继权 1962年12月26日出生于肥西县罗坝圩（原肥西县苗圃）。幼年就读于罗坝小学，1981年考入安徽省六安农业学校农学专业学习，1984年7月分配至合肥市司法行政系统工作。曾参与组建合肥市劳改独立大队，长期在合肥市监狱系统工作。先后任民警、大队长、副监狱长、合肥市义城监狱监狱长。参与并组织民警教育改造罪犯2万余名，为建设美好安徽、平安合肥做出贡献。

张扬

张　扬　1966年3月22日出生，紫蓬镇罗坝村张湾人。1988年考入安徽大学外语系，攻读英语专业，获英语文学学士；1992年毕业后，任肥西中学英语教师。1994年在中国人民大学法学院攻读知识产权法律，获法学第二学士；1996年，担任北京石油化工工程有限公司英语翻译；1998年起，先后担任北京中信律师事务所、环球律师事务所律师。2002年，进入美国休斯敦大学法学院，攻读美国法学研究生（LLM）学位。张扬掌握英、俄、法、德、西班牙等数种外语。2004年学成回国后，先后担任北京多家律师事务所律师，曾代理德国阿迪达斯、英国宾利汽车、英国美洲虎车辆等多件涉外知识产权案件诉讼以及美国、埃及、阿根廷等国针对中国企业发起的国际贸易反倾销调查案件。

张险峰

张险峰　1966年2月出生，紫蓬镇罗坝村官塘村民小组人。自幼先后就读于罗坝小学、燎原中学、上派肥光中学至高中。1982年考入西北工业大学宇航工程系导弹设计专业，读本科、硕士研究生；1999年5月8日凌晨，美国悍然轰炸了我国驻南斯拉夫联盟共和国大使馆，5月16—23日，经过组织挑选，张险峰等人奔赴南联盟被炸大使馆，置生死于度外，夜以继日奋战，出色完成祖国交给的任务。2004—2012年，就读于北京航空航天大学并获博士学位。参加工作后多年从事航空航天相关工作，硕果累累，多次获得党和国家领导人接见和表彰。历任中国航天科工集团航天第三研究院副主任、航天三院研发中心主任助理、三部副主任、航天三院科技委常委、航天三院院长助理、中国航天科工集团科技委副主任、中国航天三院科技委主任等职务。2004年享受国务院特殊津贴，2007年获中国航天基金奖，2007年获国防技术进步特等奖，2008年获国家科学技术进步奖特等奖，2009年获全国五一劳动奖章，2013年获航天科工集团公司高新二期工程特等功。曾获工业和信息化部颁发的"国防科学技术进步奖"等。

余蔚霞 女，1968年10月1日出生，中共党员，紫蓬镇罗坝村人，1987年7月在肥西县第三中学高中部毕业。2001年5月至2020年12月先后担任罗坝村计生专干兼妇女主任，中共罗坝村总支副书记、罗坝村委会主任、中共罗坝村总支书记等职，2003年获肥西县“双学双比”女能手，2007年元月当选为肥西县第十五届人大代表，2007年9月至2010年6月在安徽省委党校函授大专班社区管理专业就读，2018年10月在中央党校参加由中共中央党校妇女研究中心举办的“综合治理出生性别比问题”试点地区领导干部培训班学习，2008年获安徽省未成年人思想道德建设示范家庭、肥西县“敬老好儿女”称号，2009年获肥西县优秀共产党员。2011—2013年度获评肥西县先进个人，2012年获评县“优秀村主任”，2014年获评合肥市“五美女性”，2015年12月增补为肥西县第九届政协委员，2016年12月为肥西县第十届政协委员，2018被评为肥西县第二季度敬业奉献类身边好人和肥西县妇联系统身边好人，2018年12月荣获纪念改革开放40周年合肥市“最美女性”，2018年肥西县“优秀协管员”，2019年12月被评为全国优秀基层政协委员，2020年荣获肥西县“百姓学习之星”。

余蔚霞

周　谦 1972年4月出生，祖籍紫蓬镇罗坝村康湾圩，周伯萍之孙。1995年本科毕业于北京外国语大学东欧系捷克语专业，2005年获得人民大学经济学院世界经济专业硕士学位(在职学历)。中共党员。1995年进入外交部，曾先后在中国驻捷克、斯洛文尼亚、斯洛伐克使馆工作，2018年任外交部服务中心党委副书记，后被派任中国驻格鲁吉亚大使。

周　谦

周巧直 女，1976年2月出生在上海市，祖籍紫蓬镇罗坝村，周伯萍之孙女。医学博士。1994年考入首都医科大学医疗系学习。1999年毕业后，分配至首都医科大学附属北京友谊医院工作。先后为医师，主治医师。2005年获医学硕士学历学位，2008年获医学博士学历学位。2012年任首都医科大学附属北京友谊医院消化内科副主任医师。

周巧直

李孟军 紫蓬镇罗坝小学教师。1979年7月出生于肥西县上派镇。中共党员。1997年9月考入安徽广播电视大学汉语言文学教育专业学习。2000年7月参加工作，先后在紫蓬镇周祠小学任教师、教导主任、校长等职。2010年9月调罗坝小学任教，先后为教师、教导主任。从教20余年来，李孟军扎根乡村教育，爱岗敬业，多次被评为“优秀教师”“德育先进个人”“教研先进个人”。李孟军平时多次参与公益宣传，践行“奉献、友爱、互助、进步”的志愿精神，先后无偿献血5次。2021年五一前夕，北京红十字会通过大数据匹配联系到李孟军，告知有一名患者急需他捐献造血干细胞救助，李孟军当即表态同意。并于6月28日在安徽省立医院成功捐献造血干细胞，成为合肥市第80例造血干细胞捐献者，也是全市教师中捐献造血干细胞的第一人。

李孟军

周建民 1981年2月出生，肥西紫蓬镇罗坝村黄小郢人。2001年毕业于山东泰安艺术学校，2003年入职育才文化艺术学校，多年从事中国画教学工作。为安徽省美术家协会会员，安徽省青年美术家协会理事，安徽省水彩画学会会员，合肥市美术家协会会员，肥西县美术家协会副秘书长。所创作的美术作品《牡丹系列》《栖息》《荷趣》《山居图》《鹌鹑图》《听风》《红妆》分别发表于《美术报》艺苑、美育栏目，有多幅作品参加或入选安徽省青年美术大展、庆祝改革开放40周年——安徽省美术作品展、新时代新徽派安徽书画40年精品晋京展、上海第十届美术大展、第二届“红色风景线”大别山区域县市优秀美术作品邀请展等，并多次获奖，为当代知名青年画家。

周建民

第十八章　人物表录

本章设“罗坝村革命烈士表”“罗坝村出席历届县党代会、人民代表大会代表，县政协委员姓名一览表”“罗坝村籍知名企业家表”，以表格方式记录在罗坝村籍革命烈士6名，历年出席县党代会代表2名、县人民代表大会代表3名、政协肥西县委员会委员1名，罗坝村籍知名企业家3名。

列有罗坝村籍盛军主要将领名录，收录盛军参将以上将领名录30人（不含本志已入人物志3人）。

罗坝村革命烈士表

表6-1

序号	姓名	性别	出生年份	牺牲年份	事迹简介
1	张明贵	男	1904	1944	1939年入伍，后任解放军华野二纵班长，1949年在肥东作战牺牲，时年45岁
2	叶明六	男	1932	1953	1949年入伍，任中国人民志愿军第一九七师某部组长，1953年在朝鲜战斗中牺牲，时年22岁
3	阮仁义	女	1931	1950	1949年入伍，任中国人民解放军皖北军区医院实习生，1950年因长期生病坚持工作，致使病情恶化医治无效于1950年9月去世，时年20岁
4	朱绍清	男	1921	1953	1949年入伍，任中国人民解放军一军九十二师二师战士，1953年在福建省病故，时年33岁
5	许国田	男		1964	1960年入伍，班长，1964年在临水牺牲

罗坝村出席历届县党代会、人大代表，县政协委员姓名一览表

表6-2

序号	姓名	性别	出生年月	代表类型
1	张俊环	男	1941.10	中共肥西县第八次党员代表大会代表
2	张　发	男	1966.4	中共肥西县第十二次党员代表大会代表
3	程家有	男	1951.9	肥西县第九届、第十届人大代表 中共肥西县第七次党员代表大会代表
4	张道法	男	1956.10	肥西县第十一届人大代表
5	程庆美	男	1965.3	肥西县第十四届人大代表
6	张福保	男	1945.4	政协肥西县第五届委员
7	余蔚霞	女	1968.10	肥西县第十五届人大代表 政协肥西县第九届、第十届委员

罗坝村知名企业家表

表6-3

序号	姓名	性别	出生年月	政治面貌	企业名称	职务	企业年产值（万元）	备注
1	刘红林	男	1977.9	—	东莞鼎鑫泰科技有限公司	总经理	4500	股东
2	程文林	男	1985.9	中共党员	厦门优贝达电子科技有限公司	总经理	2000	股东
3	周安平	男	1977.10	中共党员	弘晟建筑装饰设计工程（上海）有限公司	设计师	200	股东
4	周桂林	男	1981.2	中共党员	苏州智通拓展文化有限公司	执行董事	60	股东

罗坝村籍盛军主要将领名录

李鸿章组建淮军时，任周盛波为“盛字营”主将，周盛传为亲兵营哨官，后来周氏兄弟官至湖南提督，先后统领盛军驻防天津。下列本村籍“盛军”参将以上将领名录（已有传记、简介者不录）：

周盛和，字煦亭，行二。生于道光七年（1827）十二月初十日，咸丰间在乡参加团练为团勇。同治初年投效盛军。官至二品封典、两江补用参将、诰授武功将军，赏戴花翎。卒于光绪二十三年（1897）五月十一日，时年71岁。

周盛佑，字荫堂，行三。生于清道光十二年（1834）三月初九日。咸丰间在乡参加团练为团勇。同治初年投效淮军，隶盛军。官至提督衔记名总兵，赏戴花翎，统带淮军勇丁，诰授振威将军、骑都尉世职。光绪四年（1878）六月初一病故于营次，时年45岁。

周家瑞，字祥臣，行五。肥西人。生于道光十七年（1837）九月初十日。同治间投效盛军，功擢提督衔记名总兵，赏戴花翎，诰授振威将军。于光绪二十年（1894）正月十七日卒，时年58岁。

周盛春，字锦三，号茂园，行六。生于道光十八年（1838）五月十九日，咸丰年间与盛华诸兄筑堡练团。同治元年（1862）投盛军。功保副将。同治三年（1864）留守无锡。是年八月二十七日卒于军营，时年27岁。诏赠总兵、诰封武显将军、荣禄大夫、赏戴花翎、予七品荫生世职，入祀原籍及立功地方昭忠祠。

周盛长，字介春，行三。生于道光十九年（1839）正月初三日。咸丰年间在乡参加团练为团勇。同治初年投效淮军，转战多年，官至花翎提督衔记名总兵、诰授武显将军。光绪二十五年（1899）正月初五日卒，时年61岁。

周盛鼎，字象臣。罗坝村老家郢人。生于道光二十年（1840）二月初五日。咸丰间在乡参加团练为团勇。同治元年（1862）投效盛军。官至花翎提督衔遇缺题奏总镇、诰授振威将军。赏伟勇巴图鲁勇号。光绪十年（1884）十月初九日卒，时年45岁。

周盛武，字纬堂。生于道光二十一年（1841）八月二十日。同治初投效盛军。功擢总兵衔两江补用副将，赏戴花翎，骑都尉世职。同治五年（1866）六月二十一日卒于军中，时年26岁。

周盛朝，字瑞廷。生于清道光二十一年（1841）十月二十二日。咸丰末年在乡参加团练为团勇。同治元年（1862）投盛军。官至提督衔记名总兵、赏戴花翎、诰授振威将军，赐敢勇巴图鲁勇号。卒于光绪十七年（1891）九月十七日，时年51岁。

周行发，字滋园。生于清道光二十四年（1844）十一月十五日。咸丰间在乡参加团练为团勇。同治元年投效淮军，积功保至副将加总兵衔、赏戴花翎、赐扬勇巴图鲁勇号、诰授武功将军。同治七年（1868）作战时受重伤，于十月初四日身故，时年25岁。

周家泰，字静轩，行三。肥西人。生于清道光二十五年（1845）十月十八日。同治间投效盛军，功至记名总兵、两江补用副将，赏戴花翎、诰封武显将军，赏彦勇巴图鲁勇号。卒于光绪十八年（1892）九月十三日，时年48岁。

周家标，字复裕，号敬亭。生于清道光二十七年（1847）八月初八日。同治间投效盛军，官至花翎副将衔尽先参将，诰授武显将军。卒年未详。

周家麟，册名占鼇，字阁臣，号冠英。生于清道光二十九年（1849）八月初八日。同治间投效盛军，因功至副将衔两江督标尽先推补参将，随带加三级，赏戴花翎，诰授武功将军。卒于光绪二十七年（1901）七月初七日，时年53岁。

周家齐，字可均，光绪丙子科举人。生于清咸丰二年（1852）十二月二十七日。国史馆誊录，议叙知县、花翎、四品衔、在任补用直隶知府。正任高唐州知州，历署泗水、莒州、城武、巨野等州县。钦授二品封典。卒于民国五年（1916）八月二十六日，时年65岁。

周家德，字载福，号仲明，行二。生于清咸丰四年（1854）二月十七日。青年投效盛军，管带津防盛字正营，官至三品衔补用道，赏戴花翎。光绪三十三年（1907）五月二十三日卒，时年54岁。

周家驹，字天衢，号子昂，附贡生。生于清咸丰四年（1854）八月十五日。同光间参加盛军。奏派总理北洋海军营务处。官至分部行走郎中，江苏即补道，钦加三品衔，诰授荣禄大夫。著有《河防辑要》《漻河骊唱》等书行世。卒于光绪三十一年（1905），时年52岁。

周行彪，字树敏，行三。生于清咸丰四年（1854）六月初三日。同光间投效淮军，隶铭军。统带铭军马队。积功保副将衔尽先补用参将、赏戴花翎。卒于光绪三十年（1904）正月十七日，时年51岁。

周家梁，字楣伯，号栋臣。生于清咸丰七年（1857）八月二十一日。荫七品。光绪间投效盛军。官至盐运使衔，随带加二级遇缺题奏道，赏戴花翎、二品封典。原任北河石景山河府，诰授通议大夫。卒于光绪二十九年（1903）五月十五日，时年47岁。

周家麟，字瑞卿，号玉符，行二。附贡生。生于清咸丰九年（1859）九月二十四日。光绪间投效盛军，官至候选同知，补后以知府用。卒于光绪十八年（1892）十一月十一日，时年34岁。

周家祜，字肯堂，号笃因，行三。生于清咸丰十一年（1861）十一月二十八日。光绪间投效盛军，官至二品衔候选道、赏戴花翎、诰授荣禄大夫。卒于光绪二十年（1894）十一月初八日，时年34岁。

周家鼎，字荐汾，号潜泗，晚号哀苍老人。生于清同治元年（1862）五月二十九日。未弱冠即随伯父盛传军中，历署直隶安州知事、开州知事。特旨起用知府、三品衔记名道、赏戴花翎。创办京师八旗工艺厂，两届主考全国工业。赏从一品封典，诰授荣禄大夫。著有《澶渊治谱》《高江救灾大要》等书行世。卒年未详。

周行乐，字畅亭。生于清同治元年（1862）七月十五日。光绪间投效盛军，官至五品衔候选知州。民国时授二等文虎章，陆军中将衔，陆军少将。卒年未详。

周家熙，字曙岩，又名家澍，字雨亭。生于清同治二年（1863）十一月十七日。光绪间参加盛军。官至运同衔，江苏即补直隶州，赏戴花翎，诰授奉政大夫。卒年未详。

周行成，字韶九，袭云骑尉世职。生于清同治五年（1866）十二月二十一日。投效盛军，官至同知衔候补知县、赏戴花翎。卒于光绪三十三年（1907）七月十七日，时年42岁。

周家泳，字鱼川，号邃船，袭骑都尉世职。生于清同治七年（1868）五月二十一日。青年投效盛军，官至直隶补用知府。民国时为陆军上校衔，步兵中校。卒年未详。

周行浚，原名行浩，字久香，号绳薪。生于清同治十二年（1873）十月初九日，光绪丁酉科举人。隶盛军，官至三品衔，江苏候补道、赏戴花翎。卒于光绪三十三年（1905）四月二十一日，时年33岁。

周行广，字业勤，号心余，亦号庄康。生于清同治十三年（1874）十二月十一日。投效盛军。官至四品衔山东候补知县，调署云南富州通判，赏戴花翎。卒年未详。

周行逵，字渐宇，号桐生。生于清光绪二年（1876）九月初十，投效盛军，官至四品衔候选知州，赏戴花翎。卒年未详。

另外，罗坝村其他姓氏中，也有多位淮军将领：

张玉海，以军功封游击衔、赏戴花翎、尽先补用都司、世袭云骑尉。生卒年月未详。

阮贞祥，官至守备。生卒年月未详。

程肇洛，官至提督衔记名总兵钦加提督衔记名遇缺简放总兵，赏戴花翎，诰授振威将军，晋封建威将军，覃恩一品封典。生卒年月未详。

附　录

一、文献辑存

合肥市肥西县紫蓬镇罗坝村《村民自治章程》

（2010年12月12日罗坝村村民代表大会通过）

第一章　总则

第一条　为了保障本村村民依法实行自治，保证各项村务工作促进两个文明建设，根据《中华人民共和国村民委员会组织法》《安徽省实施〈村民小组织法〉办法》和国家法律、法规及政策的有关规定，结合本村实际制定本章程。

第二条　村民委员会是由村民直接选举产生的群众性自治组织，对村民会议和村民代表会议负责并报告工作。

第三条　村委会实施村务管理必须在村党支部领导下，在国家法律、法规和政策范围内进行，必须体现民主决策、民主管理和民主监督的原则，实行自我管理、自我教育、自我服务，积极协助当地政府做好工作，完成当地政府布置的各项任务。

合肥市肥西县紫蓬镇罗坝村村民自治章程

第四条　建立村民代表会议制度、村务公开制度、村规民约、财务管理制度，预防违规决策、违规管理、违规审批行为的发生，并明确违规行为发生后的法律责任。

第五条 本章程在广泛征集本村村民意见基础上，由村民会议讨论通过。该章程是村委会实施村务管理的工作规定，也是全体村民的行为规范，必须严格遵守。

第二章 村民会议、村民代表会议和村民委员会

第六条 村民会议是本村最高权力机构，由本村18周岁以上的村民小组成。召开村民会议，应当有本村十八周岁以上村民的过半数参加，或者有本村三分之二以上的户代表参加，所作决定应当经到会人员的过半数通过。村民会议每年至少召开一次。

第七条 受过刑事处罚的村委会成员，其职务自然消失。

第八条 村民代表由村民小组推选产生。在每户确定一名18周岁以上有选举权和被选举权的户代表中推选产生。

第九条 村民会议除选举、罢免村委会成员以外的下列重大事项，授权村民代表会议讨论决定：

(1)本村建设规划，经济和社会发展规划、年度计划；

(2)乡统筹的收缴方法，村提留的收缴及使用；

(3)本村享受误工补贴的人数及补贴标准；

(4)从村集体经济所得收益的使用；

(5)兴办学校、道路、水利等村公益事业的经费筹集方案；

(6)村集体经济项目的立项，承包方案及村公益事业的建设承包方案：

(7)村民的承包经营方案；

(8)国家计划生育政策的落实方案；

(9)宅基地的使用方案；

(10)土地征用及各项补偿费的使用方案(法律另有规定的除外)。

(11)村民代表会议认为应由村民代表会议讨论决定的涉及村民利益的其他事项。村民代表会议向村民会议负责。

第十条 村民代表会议一般每半年召开一次，由村委会召集并主持。村委会、上级部门认为有必要，或有三分之以上的代表提议，可随时决定召开。

第十一条 村民代表会议下设村务监督小组。监督小组在村党支部领导下开展工作，负责对村务公开的全程监督。

第十二条 村民代表会议应制定议事规则(村民代表会议议事规则另

附)、村委会议事规则及财务管理制度。

第三章 村干部过错行为承担民事责任

第十三条 村委会成员候选人在选民投票选举前,应当向村民公开做出书面承诺(承诺书另附),明确表示愿意承担由于对村级重大事项违反村委会(村民代表会议)议事规则或村民自治章程违规决策、违规管理和违规审批给村集体经济造成损失的民事责任。

第十四条 当选后的村委会主任、副主任和委员,按照投票前以个人身份分别与村委会签做出的书面承诺内容,签订协议书(协议书另附)。另选他人当选的村委成员也应根据前款规定,与村委会签订协议书。

第十五条 村委会主任、副主任及村委会委员违反村民自治章程和村委会、村民代表会议议事规则的有关规定,对下列事项违规决策、违规管理,给村集体经济造成损失的,应当承担民事责任:

(1)村集体建设项目的确定和发包;

(2)土地规划和宅基地的分配、使用;

(3)土地征用及各项补偿费的使用(法律另有规定的除外);

(4)集体资产出租和其他收益的管理与使用;

(5)建设资金筹集管理与使用。

由上级党委政府做出决定,导致损失的个人不负民事责任。

第十六条 村委会主任、副主任及村委会委员因下列行为违反村民代表会议、村委会议事规则和财务管理规定给村集体经济造成损失的,承担赔偿,返还责任:

(1)违反规定报销的;

(2)以集体资产为其他单位或个人提供担保的;

(3)超过接待标准又不能说明理由的;

(4)挪用集体资金的;

(5)公款私存或违反现金管理规定的;

(6)侵占其他集体资产的。

第十七条 违反村民自治章程的规定,超额报销、挪用公款等侵占集体资产行为,或在工程承包等村务活动中私自受贿索贿,接受财物、构成犯罪的,由司法机关依法处理。

第十八条 村委会主任代表村民进行对外事务的交往和诉讼活动;在前

届村委会主任或本届村委会副主任及其他委员违反村民自治章程和有关议事规则违规决策管理，给村集体经济造成损失时，由本届村委会主任代表全体村民按照协议，依法提起民事诉讼。

第十九条 村委会主任或村委会成员集体违规决策、管理、审批给村经济造成损失，且未被改选或罢免的，授权村务监督小组组长作为诉讼代表人；村务监小组组长不履行或不能履行职责的，由村务监督小组副组长作为诉讼代表人；村务监督小组副组长不执行或不能履行职责的，由村民代表会议另行推选诉讼代表人。村党支部书记作为全体村民代表与当选后的村委会主任签订协议书。

第二十条 拟定诉讼代表人对村委会主任、副主任及村委会其他成员的违规行为提起民事诉讼前，应充分听取村民代表的意见。

第四章 民主管理

第一节 公共事务、公益事业管理

第二十一条 逐年增加教育投入，每年从村财政中拨出专款用于发展本村教育事业，办好幼儿园、学校。村财政投入教育的经费，主要用于幼儿园、学校等设施建设，教师补贴、学生奖学金以及减免部分学生学杂费。

第二十二条 办好村卫生室，实行合作医疗，开展医疗保险。

第二十三条 组织村民参加养老保险，保费缴纳以个人为主，补助为辅。集体搞好农村五保户统筹供养，供养标准不低于本村一般村民生活水平。

第二十四条 为了确保本村各项公共事务和公益事业的经费投入，实行义务工、劳动积累工制度，由村民义务出工，用于本村公共建设和公益事业。村委会办理本村公共事经务和公益事业所需费用，经村民代表会议决定，也可以向本村经济组织或者村民筹集。具体集资办法、集资对象和数额，由村委会提出方案，村民代表会议讨论通过。

第二节 集体经济管理

第二十五条 本村集体经济包括村集体企业、村集体种养殖业、第三产业等经济实体和集体资产，属全体村民集体所有，由村委会或村经济合作社管理，任何组织和个人不得侵占。

第二十六条 村集体企业或者属村集体所有的鱼塘、果园、山林等实行承包或者承租经营，以及公房、资产等出租，村委会或村经济合作社应当采取公开竞标方式确定经营者,竞标过程和竞标结果向村民公开。承包或承租合同及承包情况应记录备案,由村委会或村经济合作社统一保管并监督执行,年终公布合同执行情况,接受村民监督。

第三节　土地规划（山林、滩涂、矿产）管理

第二十七条　本村区域内所有土地(山林、滩涂、矿产),除依法被征用外,均属村民集体所有,由村委会或经济合作社统一管理,土地承包者和依法使用者只有使用权,没有所有权。

第二十八条　耕地承包者经村委会同意,可将耕地转给新的承包者,由新的承包者交纳土地承包费,履行合同规定的其他义务。

第二十九条　凡使用集体所有的土地、自然资源和各种设施,要向村委会缴纳承包费或租赁费,使用公用设施的,还要缴纳折旧费。

第三十条　为加强村镇建设规划管理,村统一编制村镇规划,经村民代表会议通过后报镇政府、县(市、区)政府审批实施。村民需要新建、扩建、改建任何建筑物,铺设道路和管线,都必须向村委会提出建设申请,经村委会同意后报镇政府审批。严格服从建设规划管理。

第四节　计划生育管理

第三十一条　办理解婚登记手续的男女双方,应当同时与村委会签订计划生育合同。

第三十二条　对早婚早育,非法B超和连续两次没有参加环检的对象,一律按现行计生政策从严处理。

第三十三条　已婚育龄妇女到外地暂住半年以上,须与村委会签订《外出对象计划生育合同》,并由二人作担保,方可办理计划生育证明书。

第三十四条　对符合条件生育二胎并已结扎的女儿户和已领取独生子女证户,在安排宅基地时,同等条件下优先安排。

第三十五条　对未婚先育、早婚早育,无准生证生育、非法同居或计划外超生子女者的罚款和承担社会抚养费,按政府有关征收标准及时收缴。对计划外怀孕,经动员教育,拒不采取措施者,要加重处罚,并取消村集体给予的一切福利待遇(包括宅基地),直至孩子年满18周岁止。本人是党团员、干部的同时予以党政纪处分。

第三十六条　积极协助村、镇开展计划生育工作。无故刁难围攻、打骂计划生育工作人员,情节轻微的进行批评教育,造成严重后果和社会不良影响的,交司法部门依法追究责任。

第五节 社会治安综合治理

第三十七条 村委会设立人民调解、治安保卫委员会，成立村联防队，负责本村社会治安综合治理工作。建立健全义务调解队伍，企业厂长、村民小组组长为义务调解员，协助村人民调解委员会调解本村的民间纠纷，防止矛盾激化，预防刑事案件和治安案件的发生。

第三十八条 大力开展普法教育，利用各种宣传工具和其他形式进行法制宣传，教育村民遵纪守法，遵守社会公德。开展社会治安“群防群治”；加强安全防范，大胆检举揭发各种违法犯罪行为。同一切违法行为作斗争。

第三十九条 协助政法机关做好易燃、易爆、剧毒、枪支、管制刀具等危险物品的管理；严禁赌博，发现为赌博提供场所条件的，应予以批评教育，不听劝阻的报司法机关处理；对利用封建迷信招摇撞骗者，应予说明、教育、劝阻或报司法机关处理。

第四十条 加强对劳改释放人员、监外执行人员、劣迹青少年的管教和帮救工作，由村委会指定专人进行监督、教育和帮助。外来人员在本村居留的，应向村治安保卫委员会登记，不得私自留宿不明身份的人员，庇护或为外来人员提供违法犯罪场所的，视情节处罚或报送司法机关处理

第四十一条 村委会在管理本村自治事务的同时，应当积极协助镇政府开展工作，保证国家法律、法规和政策在本村的贯彻落实。

第六节 精神文明建设

第四十二条 开展尊老爱幼活动。保护老年人、儿童的合法权益。建立村级老年人养老保险基金会，对孤寡老人给予生活补助。

第四十三条 各户要做好公共卫生和家庭卫生，实行门前三包，坚决杜绝垃圾乱倒、家禽乱放的现象。

第四十四条 严禁向村内河道排放污水、倾倒垃圾，禁止未经批准在村内主要干道两侧、公共胡同堆放物料，占用道路。

第四十五条 持续深入开展法制和《公民道德建设实施纲要》宣传教育及“创三户”（遵纪守法户、五好家庭户、双文明户）、“刹三风”（聚众赌博风、封建迷信风、婚丧事大办风）活动。

第四十六条 实行移风易俗，提倡丧事简办，反对大操大办、铺张浪费。村民死亡后一律实行火葬，并应在一个月内到村委会、辖区派出所办理户口注销手续。

第四十七条 凡本村适龄青年，都要踊跃报名应征入伍，对应征入伍者，

村委会给予年优待金。符合参加民兵条件的青年,必须积极参加民兵组织和训练活动。

第五章　民主监督

第四十八条　本村实行村务公开、财务公开和村民委员会成员离任审核制度。

第四十九条　由村务监督小组,驻村干部、农经员等人组成村务清理小组,对离任前的村干部进行财务审核清理。

第五十条　财务清理小组对下列事项进行清理:

(1)村预算执行情况和决算或财务计划的执行情况;

(2)预算外资金的收入、支出和管理;

(3)债权、债务。

(4)村集体资产的管理,使用和保值增值;

(5)内部控制制度及其执行情况;

(6)各项经济指标完成情况;

(7)其他需要清理的事项。

第五十一条　在实施清理3日前,清理小组向被清理者送达审核通知书。

第五十二条　清理小组实施审核后,应当向村民代表会议提交审核报告,同时送交同级党委及镇党委政府。被清理者如对审核报告持有异议,可在接到报告后之日起10日内,将书面意见送交村民代表会议。

第五十三条　对被清理者违反国家和本章程规定的违规决策、违规管理和侵权行为,需依法给予处理的,应按本章程第十五、十六、十七条等有关规定提请有关部门追究其民事和刑事责任。

第六章　附则

第五十四条　违反本章程的村民,在本年度内不评先进、双文明户、五好家庭户和遵纪守法户。

第五十五条　本章程的各项罚款,由村民委员会专项存储,用本村公益事业和奖励基金,不得移作他用。

第五十六条　外来暂住人员参照执行村民自治章程。

第五十七条　本章程与国家法律、法规、政策相抵触的按国家规定执行。

第五十八条　本章程自村民会议通过之后起施行。

肥西县紫蓬镇罗坝村村规民约

为了建设社会主义新农村，倡导乡风文明，创建和谐村居，促进男女平等，推动罗坝村和谐健康发展，依据国家法律、法规，结合我村实际情况，修订《罗坝村村规民约》：

肥西县紫蓬镇罗坝村村规民约

第一条 村委会成员应积极学习、宣传，执行国家各项法律、法规和政策，认真完成上级下达的各项任务，团结带领全村群众致富奔小康，创建和谐健康生活环境；全体村民应遵纪守法，诚实守信，互帮互助，团结友爱，积极参与村内各项集体活动。

第二条 大力开展普法教育，教育村民遵纪守法，遵守社会公德。村成立治安联防队，负责社会治安综合治理。建立健全义务调解队伍，防止矛盾激化，做到小事不出组、大事不出村，把矛盾化解在萌芽状态。

第三条 全体村员均对劳改释放人员、监外执行人员、劣迹青年的管教、帮教义务，不得私自留宿不明身份的人，不得为外来人员提供违法犯罪和庇护场所。

第四条 实行村务公开、财务公开和村民委员会成员离任审核制度，由村务监督小组，驻村干部、农经员等人员组成财务清理小组，对离任前的村干部进行财务审核清理，接收村民监督。

第五条 组织村民参加养老保险（本村二女户、一女户），保费缴纳以个人为主，集体和国家补贴、补助为辅，搞好农村五保户统筹供养，供养标准不低于本村一般村民生活水平。

第六条 实行农村合作医疗，开展医疗保健服务。增加教育投入，积极向上级争取和村自筹、个人赞助等用于发展本村教育事业，办好幼儿园、学校。

第七条 村两委有义务组织村民实行义务工、劳动积累工制度,由村民义务出工,用于本村公共建设和公益事业。

第八条 纯女户、有儿有女户的子女婚嫁自由。男到女家、女到男家均可,享受本村村民待遇。对男到女家落户者,村民不应有任何歧视行为。婚入男女须达到法定婚龄,并领有结婚证方可享受本村村民待遇。提倡晚婚晚育,杜绝早婚早育。

第九条 严格执行各项财务管理制度,做到日清月结,公开上栏。成立民主理财小组。严格执行财务审批制度,组账村管,村账镇审,杜绝挪用公款,白条顶库。

第十条 村内大事要事,必须经过村民代表大会或全体村民大会讨论通过。

第十一条 本村区域内所有土地(山林、滩涂、矿产)除依法被征用外,均属于村民集体所有,由村委会统一管理,土地承包者和依法使用者只有使用权,没有所有权。

第十二条 荒山、荒沟、荒塘、荒地、荒宅、山上林地属集体财产,任何人不得私自占用。村两委同意管理,合理规划利用,村民可有偿优先使用。根据市场行情,村两委确定土地使用价格并公示,收入归集体所有,用于村集体事业发展。使用公共设施的,需缴纳折旧费。

第十三条 为加强村镇建设规划管理,村同意编制村镇规划,经过村民代表会议通过后,报镇政府、县政府审批实施。村民需要新建、扩建、改建任何建筑物,铺设道路和管线,都必须向村要会提出建设申请,经村委会同意后报镇政府审批,严格服从规划建设管理。宅基地所有权归集体所有,地面附属物村民所有,每户只可使用一处宅基地,严禁乱搭乱建。

第十四条 耕地承包者经村委会同意,可将耕地转给新的承包者,在村委会监督下,履行承包合同。

第十五条 本村耕地、责任田原则上三十年不变,如有以下情况,每五年适当调整一次:

1.婚出男女如在新居住地没有分地,经村两委调查核实,村里继续给予分地,直到新居住地分到土地后,由组里收回其在本村的土地。

2.婚入男女如在原居住地分有土地,经村两委调查核实,村组不再给予分地，直到原居住地收回其土地后，方可分地。

3.婚出男女离婚或丧偶，如在原居住地没有土地，本人及其子女户口迁回本村者，可享受本村村民待遇。

4.新出生婴儿以户口登记作为土地分配依据，死亡人口以事实为依据收回土地。

5.土地调整以当年的公历8月10日24时为人口计算时间。

第十六条　非农业人口不享受本村村民待遇。

第十七条　村两委干部要以身作则，清正廉洁，先人后己，处理村内事务要公平、公开、公正，要全心全意为人民服务。

第十八条　严禁向村内河道、塘坝倾倒垃圾，不准在村庄道路、公共通道堆放杂物，占用破坏道路。

第十九条　每年评定、慰问贫困户、低保户，须经村组干部依据相关政策评议公示，无异议后再上报。

第二十条　提倡姓氏改革，子女随父姓、母姓均可。

第二十一条　子女须承担赡养老人义务，不准以任何形式遗弃、虐待老人。

第二十二条　邻里之间要互相帮助、和睦相处，创建“六好家庭”（遵纪守法好，勤劳致富好，家庭和睦好，邻里和谐好，整洁卫生好，热心公益好）。

第二十三条　严格执行国家计划生育各项政策。

第二十四条　禁止早婚早育、非法B超和选择性终止妊娠，禁止计划外生育。

第二十五条　村民的结婚、孕情、生育、节育情况要及时上报村两委，积极配合做好工作。

第二十六条　育龄妇女积极参加镇、村开展的生殖健康服务活动，外出的育龄妇女要及时办理外出流动婚育证，及时寄回孕（环）情检测报告单。

第二十七条　按国家政策奖励独生子女户、独女户、二女户、节育手术户（包括独保费、教育保险、民政、医疗等）。

第二十八条　按照国家政策对奖扶特扶对象，给予奖励和关爱。

第二十九条　保护花草树木，严禁乱砍滥伐。不准在山林中放牧，损坏树木的给予双倍赔偿。

第三十条　严禁带火进山，在山林中不准焚烧杂草、燃放鞭炮，上坟烧纸必须在火苗彻底熄灭后才能离开。

第三十一条 村两委必须认真带头执行《村规民约》,团结合作,廉洁自律。

第三十二条 全体村民自觉遵守《村规民约》,村两委负责执行《村规民约》的具体条款。执行中若遇纠纷,首先由村两委协调,协调不成,可召开村民代表大会,最后仲裁。

第三十三条 二分之一村民或三分之一村民联名有权提议修订《村规民约》,修订《村规民约》应严格遵循"四议两公开"程序。

第三十四条 本《村规民约》由村民代表大会表决通过之日起公示七天,公示无异议后生效并报镇政府备案。

罗坝村村民代表大会

2010年12月12日

二、重要报道

全国模范检察官周会明:在离太阳最近的地方守望正义

来源:央视网 2018-3-20

央视网消息(记者孔华) 1月12日中午,安徽含山高速服务区,躺在急救车上的周会明已经陷入昏迷,从学校匆匆赶来的女儿俯身痛哭,大声呼唤爸爸、爸爸、爸爸……

周会明已经深度昏迷,唯有眼角滴下泪水……

"没有留下一个字,一句话,我们到现在都不敢相信……我对女儿说,就当你爸爸还在西藏工作。"周会明的妻子曹菁强忍悲痛回忆周会明人生的最后一幕。

2018年,1月12日,荣获"守望正义——群众最喜爱的检察官"和"全国模范检察官"这两个全国检察机关最高荣誉称号的周会明因病重不治,溘然长逝,年仅53岁。2月22日,中共安徽省委做出追授周会明同志"全省优秀共产党员”的决定，号召全省广大党员干部向周会明同志学习。2月25日，最高人民检察院和安徽省委联合召开追授周会明同志荣誉称号命名表彰大会。

如烟花灿烂，又芳华久远，追忆周会明的一生，正是他守望公平正义的人生轨迹。

一则电视新闻，查办当地首例反渎案件

2011年8月，时任安徽省合肥市人民检察院反渎职侵权局局长的周会明主动申请，来到西藏自治区山南地区检察分院（现为山南市人民检察院）工作，成为安徽省检察机关第一批援藏检察业务专家中的一员。

同年12月，在合肥休假的周会明在电视新闻中看到山南地区发生口蹄疫疫情，导致农牧民损失几百万元。凭职业敏感，周会明觉得这起疫情背后可能存在渎职犯罪。回到山南后，他立即组织反渎部门检察干警深入调查。

调查发现，之所以发生这样的疫情，源于负责动物疫苗的乡政府干部严重渎职——没有按照要求给牦牛和羊群全部打疫苗。牦牛和羊群是藏族同胞最重要的资产，由于干部的疏忽、不作为导致他们损失达几百万元，一定要有人为此事负责，一定要严肃追究严重不作为背后的渎职犯罪。就在周会明要求以渎职犯罪对这起疫情追责时，却遭到了“阻拦”。

“当时我们都认为这只是一般事件，不涉及法律。”山南市检察院专职检委索朗旺久说。

面对种种压力和不解，在山南检察院党组和检察长的支持下，周会明和反渎干警坚持查办了此案。

这也成为山南检察院查办的第一起渎职案件。

随着这起案件顺利查办、涉案当事人受到法律惩处，周会明，这位话不多、性格内敛、查办案件却丝毫不手软的业务专家立即让山南检察干警们肃然起敬。

从“三个第一”到“半壁江山”，山南模式震撼雪域高原

从中部地区的繁华省会城市合肥到祖国西南边陲的山南，如何立足检察职能，保障民生，服务大局，周会明将办案作为首要选择。

一次，在跟纪委联合查办一起犯罪分子利用淫秽照片敲诈某局局长陆某案件时，周会明发现，陆某打到犯罪分子账户上的26万元并不是他直接支付

的，而是从他人账户转走的，他敏锐地感觉这很有可能是一起职务犯罪案件。果然，随着专案组深入调查，陆某利用主管“万村千乡”项目工程多次收受工程承建方57万余元的大要案浮出水面。

陆某成为山南检察院查办的第一起处级干部案件。

随后，周会明还带领山南检察干警查办了该市第一个因职务犯罪被判刑的少数民族处级领导干部案件、第一起厅级干部案件。

这三起案件成为山南乃至西藏自治区检察机关重拳反腐的信号，在当地引起不小的震动。

在各方支持和协助下，在山南检察院任职5年期间，周会明带领山南检察干警创造了查办职务犯罪历史最好成绩的记录。从2013年开始，连续四年实现查办职务犯罪案件量排名西藏自治区第一，且连续三年办案量位占西藏自治区检察机关的一半以上，为国家和集体挽回经济损失2000多万元。

同时，为解决基层检察院办案力量薄弱问题，周会明把合肥经验带到山南，实行两级检察机关一体化办案模式。一旦查办案件，立即成立援藏干警山南办案骨干各基层干警组成的专案组，援藏干警言传身教，同时跟山南干警分工协作，不仅合力查处了大要案，同时也让基层检察干警得到了历练。

经过5年的传—帮—带，周会明为山南检察机关培养了一支骁勇善战的反腐铁军，山南模式也被西藏其他地区检察机关纷纷效仿。

培养一支带不走的反腐铁军　守护祖国的蓝天白云净土

1988年华东政法大学毕业后，周会明进入合肥市人民检察院工作，从一名书记员到反渎职侵权局局长，多年一线查办大要案的淬炼，使得刚到山南的周会明大放异彩。

然而，就在此时，2013年，周会明两年的援藏时间结束了。

山南检察院检察长刘志刚找到周会明，深情地对他说，“山南的检察工作正在爬坡，干警们正在进步，希望你能再留一任，带出一支队伍，打出一块招牌。”

家中八旬老母望儿归，女儿面临高考，跟妻子已经分居两年，虽然有过犹豫和纠结，最终在家人的支持下，在对检察事业的无限忠诚激励下，周会明选择再干三年。

“如果没有坚定的信仰，没有当初在入党誓词中所做的庄严承诺，我想，他很难在那么艰苦的条件下坚守五年。”安徽省人民检察院副检察长陶芳德说，正是一名共产党员的忠贞信仰，让周会明放弃了跟家人团聚的温馨、快乐，毅然决定在山南再干三年。

这一年，周会明开始分管反贪、反渎和技术工作。

“你不就在那待几年吗？干嘛那么拼，得罪那么多人？”面对很多人“善意的提醒”，周会明不仅不予理会，反而更加执着坚定。

他不仅在一线亲自办案、带山南检察院干警一起办案，还将自己从检近三十年的丰富检察工作经验毫无保留地传授给年轻的检察官们。

由于种种原因，2011年之前山南检察院查办职务犯罪案件很少。很多检察干警尤其年轻的检察干警根本没有办过案件。

“我第一次讯问犯罪嫌疑人，他很嚣张，跟我拍桌子。我问了几句，就问不下去了。”山南检察院的尼玛扎西现在还记得自己第一次讯问犯罪嫌疑人时的尴尬。

“你代表国家，代表检察机关，你不是代表自己，你的信心和勇气来源于我们初查时的证据。”周会明的鼓励大大激发了尼玛扎西。

以前，尼玛扎西和同事们办案时，没有初查，没有固定外围证据，直接找人问话，一旦对方反侦查能力强，心理素质过硬，手里没有“硬货”的尼玛扎西们就会败下阵来。

周会明发现这个情况后，不仅给他们打强心针，还手把手教他们如何初查，如何先固定外围证据再问话攻心的策略，为山南市检察院培养了一支带不走的反腐铁军。

“我是2015年正式接触反贪业务，我的师傅就是周会明副检察长的徒弟，周检虽然离开了山南，但是我们还经常谈起他，他教会给我们的东西，现在都是宝贵财富。”原山南检察院干警李菲菲说。

“习近平总书记说过‘治国必治边，治边先稳藏’，西藏蓝天白云下的净土是祖国的一笔宝贵财富，我们没有理由不为它奉献，没有理由不好好守护它。”周会明生前接受媒体采访时说，“西藏要跟全国人民一起实现小康，检察业务是关键一环。查办职务犯罪，创造出风清气正、清正廉洁的法治环境，是身为一名检察干警戍守边疆的有力作为之一。”

“苗木巾帼”的拓荒故事

——记全国“最美基层政协委员”余蔚霞

2022年7月《江淮文史》第四期　胡方玉/文

沿着合肥城区往西10多公里，就是城市的西部屏障紫蓬山了。再循山下的环山公路往南，便到了地处江淮分水岭的肥西县紫蓬镇罗坝村。

这个以苗木栽培而远近闻名的村庄，在过去的几十年里上演了一个从荒山到青山的逆袭故事。故事的主人公，便是全国“优秀基层政协委员”——肥西县政协委员余蔚霞。

荒山披盛装

在罗坝村877.07公顷的土地上，共有苗木企业及合作社68家，苗木种植大户16户，他们承包着约2057.8亩的山场，也由此，罗坝村有了“苗木之乡”的美誉。

1998年，罗坝村的广播员余蔚霞和她丈夫作了一个决定：在自家的责任田里种植苗木。

罗坝村是紫蓬镇有名的贫困村。这里地处江淮分水岭，十年九旱，收成极低。为了谋生，很多村民选择外出打工，导致田野荒芜，摆在余蔚霞和乡亲们面前的，是成片成片的乱石岗。

“这荒山，就一文不值吗？”看着起伏但又荒凉的山岗，余蔚霞向丈夫周先兵发问。对于妻子的这个疑问，在乡里做外宣工作的周先兵一直在思索着答案，却始终无所获。直到有一天，一个朋友问他，苗木的市场挺好，你们为什么不在山上种点苗木卖？

一语点醒梦中人！

于是，余蔚霞和丈夫从自家的5亩责任田起家，边学边干，很快扩大到了40亩。2007年，他们又承包了300亩荒山及田地。

在那个“创业艰难百战多”的岁月里，每天早上天蒙蒙亮，余霞蔚就扒拉完几口饭，把灌满茶水的老式水壶别在腰口，扛着工具出门了。中午用零食充饥，晚上摸黑才回家。

当年的荒山，一条完整的进山路都没有，很多地方杂草丛生。余蔚霞和自己的丈夫一起，用镰刀砍出来一条条道路。

凭借着这种披荆斩棘的豪情，他们的事业渐渐上了轨道。

余蔚霞还将技术分享给村民们。在他们夫妇的引领下，不断有村民跟着重拾荒田，甚至很多外出务工人员也返回村里进行苗木种植事业。

土灰色的荒山，逐渐披上了绿色的盛装。

在此过程中，敢闯敢拼又乐于助人的余蔚霞逐渐被越来越多的村民所认可。2008年，大家伙儿推选余蔚霞为村委会主任。

“花木巾帼”

得到全村人的信任后，余蔚霞决定以更大的气力提速荒山改造之路。

为扩大苗木花卉的产业化规模，在村委班子和丈夫的支持下，余蔚霞牵头成立罗坝苗木花卉农民专业合作社，以协会+基地+农户的发展模式，将分散的育苗户联合起来，推动产销一体化。

当时罗坝村里的男人们几乎都在外打工，约有500位家庭妇女在家留守。作为村干部，余蔚霞一直在考虑如何把留守妇女组织起来，发挥她们的主观能动性。“要让她们忙活起来，这样全村才有活力，才能全面的发展。”余蔚霞这样想。

为了带动她们参加创业，余蔚霞主动寻求上级妇联组织支持，推动“基层妇联组织改革启动会”，助力留守妇女闯荡苗木市场。同时她多次邀请安农大教授来罗坝村，对妇女及苗农进行技术指导和培训。通过创业培训，罗坝村妇女受训率超过50%，一批女性创业苗木带头人和经纪人脱颖而出，人数占据全村100多苗木经纪人的半壁江山。

在大家的齐心努力下，全村超过100户的贫困家庭通过栽树和培养树苗实现了脱贫。

村民张朋春就是受益者之一。通过培训，她和丈夫掌握了苗木种植的基本知识，全家的收入从以前的不足万元，到实现小康。村民周正宏家同样迎来巨大的变化，不但将原来住的土房子换成了砖墙瓦房，儿子也在县城买了房。有些年轻的夫妻变化更为明显，多的时候甚至一年能有50万元以上的收入，有的还在上海等大城市买了房子。

随着苗木经纪人队伍的不断充实，全村苗木生产经营的链条也不断完备。原来零散的作坊模式逐步向标准化生产，精品化、规模化经营转变，形成了观赏绿化苗、经果林苗、用材林苗和花卉、盆景、草坪地被等6大类200多个品种。

渐渐地，罗坝村的苗木花卉产业愈发发达，产品销售到全国各省市，在增加村民个体收入的同时，村级集体经济也不断壮大。

在此基础上，余蔚霞带领村两委，立足产业特色，依托丰富的生态发展成果和苗木花卉资源，着力打造了精品苗木休闲观光基地、精品水果采摘基地。在推进产业融合的过程中，全村苗木花卉产业的附加值不断增加，余蔚霞则被村民们亲切地称为"花木巾帼"。

"村干部就要干实事"

在余蔚霞及村两委班子的带领下，成千上万亩的昔日乱石岗变成了四季如春的苗木基地。

近年来，罗坝村先后获得"安徽省生态示范村""安徽省森林村庄""安徽省生态教育示范基地""安徽省巾帼林基地"等多项荣誉和称号。

余蔚霞本人也先后获合肥市纪念改革开放40周年"最美女性"、合肥市"五美女性"、肥西县先进个人、县"优秀村主任"、县"敬业奉献类身边好人"等荣誉。

面对组织的肯定和嘉奖，余蔚霞用言行持续擦亮着荣誉的底色。

作为村支部书记，她把村里每一位困难群众的冷暖都放在心上。2018年下大雪，她担心村里的孤寡老人冻着，冰天雪地里，她让儿子开着车陪她一起挨家挨户送棉被和大衣，直到把全村18户老人的家里都跑到了，她才放心。"就是自己的子女也很少做到这样贴心啊。"低保户张具友老人这样说。

村民蔺大为在2007年做了肾脏移植手术，欠下了很多债务，余蔚霞不仅帮助他申请了低保，还给其妻子安排了公益性岗位。此外，还帮助他申请了小额信贷扶贫资金5万元用于发展特色苗木种植。

为改善村基础设施建设，余蔚霞多次主动联系相关部门，积极争取项目和资金，修路、挖塘、架线，逐渐实现了道路拓宽和硬化。村民们销售苗木更方便了。

"村干部就是为老百姓干实事的"。这是余蔚霞的工作原则。正是秉承着这个原则，她成功带领罗坝村以漫山遍野的苗木装点着合肥的西花园。

在这个花园里，百姓的腰包鼓了，村里村外的道路也慢慢畅通了。

茶余饭后，余蔚霞和爱人喜欢沿着山路散步。在路上经常能见到遛弯的村民们,余蔚霞通过他们的态度来检查和督促自己的工作,“如果他们对我笑脸相迎,那说明我工作干得不错;如果他们对我不待见,说明我的工作没干好。”

2015年底,余蔚霞被增补为肥西县第九届政协委员。这对她来说,又开辟了一片履职为民的天地。

余蔚霞的履职触角首先落在乡村道路上。

要想富,先修路,当年的“披荆斩棘”,让她对山路交通有着别样的情怀。

罗坝村和紫蓬山管委会陀龙村相邻,但两村之间却因一条断头路阻隔了出行。2017年肥西县两会期间,余蔚霞提出了《关于修通紫蓬镇罗坝村和紫蓬山管委会陀龙村之间断头路的建议》。很快,她的建议被采纳并落实,全长1.7公里的断头路被打通,村民去往紫蓬山再也不用绕行10多公里山路了。

第一次尝到“甜头”的余蔚霞,在第二年又提出了《关于修通紫蓬镇罗坝村和花岗镇叶岗村之间断头路的建议》,随后这条2.44公里的断头路也被打通。

这两次提案的成功落实让余蔚霞信心大增,不断增强着履职的动力。2019年,余蔚霞又提出《关于开通紫蓬镇罗坝村和白衣社区自来水的建议》。这条涉及2个村56个村民小组的建议,同样被采纳并快速实施。当年10月底,罗坝村和白衣社区的自来水全部接通,4600多名群众喝上了干净水。

2019年至2022年,余蔚霞先后提出《关于加大对紫蓬镇罗坝小学教育资源投入的建议》《建议加强对引江济淮1号弃土场防染污染的治理》《关于要求保护开发淮军圩堡——罗坝圩的建议》等多个提案,均得到了有关部门的重视和采纳。

此外,余蔚霞还结合自己的工作实际,以“余蔚霞人民调解工作室”和“政协委员工作室”为载体,创建了“党建+政协”体系,架起了群众连心桥,推动界别委员“沉下去”、社情民意“收上来”,围绕基层群众关注的热点难点问题建言献策。

出色的履职成绩,使她吸引到更多的关注。

2019年,《人民政协报》、人民政协网举办了首届“寻找最美政协委员”活动。余蔚霞以优秀的履职表现,被评选为全国“优秀基层政协委员”。

而今,余蔚霞已在村委岗位上退任,但她离任不离心、卸任不卸力。“我还会一如既往地关注和支持镇村工作,展现一名共产党员和政协委员的使命担当。”

触摸罗坝圩[①]

张亚林　周本华

一

站在38米高的亚新花木观光塔上，远眺罗坝，目之所及，翠绿如涛，湖泊如镜；白鹭翻飞，乱花出彩……天空似乎也被这片绿海感动了，蓝天如洗，白云如絮；空气中的有甘甜、有馨香，有诗意……听着鸟语，赏着美景，我和友人如痴如醉。而这幅画卷，早在上个世纪的五十年代，就呈现于当时极具前瞻力的县级领导脑海里了。

1958年，肥西县在罗坝建成苗圃，近60年来，苗圃规模一再扩大，风生水起，现在与全国著名的“五彩三岗”连成一片，波澜壮阔成为全国著名的苗木基地。万亩苗木，生机盎然，绿浪起伏，诗意起伏，徜徉其中，谁不心潮起伏……

随后，我们的目光锁定罗坝，步子迈进罗坝，心里想着：罗坝，罗坝，罗坝之名，许是源于罗坝圩吧。淮军名将周盛波、周盛传兄弟留下的罗坝圩，就藏于绿海之中，现如今，正是个休闲养心的好去处呢。

有人不禁发问，藏于绿海的罗坝圩，会有镇圩之宝树吗？

当然有！

圩内外10棵参天的古木中，有两棵古树大名远扬。

其一身居圩外，为垂条桧，树龄百多年，极为珍稀。据知名专家陈植编著的《园林植物学》载，此种古树，北京颐和园仅存一株。你想一想，全国屈指可数，稀罕不稀罕。这种树，“幼树的枝条通常斜上伸展，形成尖塔形树冠，老则下部大枝平展，形成广圆形的树冠”。罗坝圩的这一棵，树干有龙鳞，树枝垂而外翘，形如飞檐，又如凤翅翼然，远观近抚，龙凤呈祥，神韵俱美，令人心旌摇荡。

另一为三角枫，此树，枝叶浓密，入秋，叶色渐变暗红，经霜，叶色转而艳红。秋风徐来，飒飒树叶，如跳动的火焰，不禁叫人想起罗坝圩内周家兄弟激情燃烧的岁月……

花有花语，树有树魂。南国木棉，北国白桦，一株株挺立的，无不是岁月的雄壮与高昂。

垂条桧兀自置身于圩外。是游离，还是守望，我们无从知晓。走近垂条

---

①该文发表于《肥西淮军圩堡故事》，黄山书社，2017年版，收入本志有删节。

桧，一眼就看到树干上的红色标牌。这标牌，是一种象征，也是一种认证。我以手轻轻抚之那垂地的枝叶，仿佛触摸到了它跳动的脉搏，也感受到了它内心的坚忍，也感受到了她的肃穆之美。

不知怎的，忽然心生诸多疑问：这棵垂条桧为什么孤零零地长在这里？170多年来，她有哪些不为人知的经历？桧柏寻常见，为什么单单她与众不同，叫“垂条桧”？

罗坝的垂条桧属圆柏。圆柏与桧柏是一码事。需要提醒一下的是，此柏与罗坝的垂条桧是不相同的。因为垂条桧是桧柏中的“另类”。有人说，桧柏因特殊变异，然后成了垂条桧，然后就很稀罕，就很珍贵，实际上，这种说法是不科学的。垂条桧是圆柏的变型种，主产于陕西南部及甘肃东南部。至于知名专家、教授说此种柏树，北京颐和园还存一株。肥西的这一株，与北京的那株遥相呼应，被许多爱树之人视之若宝，着实可喜可赞。至于这棵垂条桧的可贵之处，指的是她具有了“古树”的资质，而不是指垂条桧的树种本身珍稀得不得了。

绕树三匝，再退至一旁，细细端详，忽觉一股古朴之美，扑面而来。

有意思的是，罗坝圩里的垂条桧身上所挂的牌牌，也在“变异”。2006年挂的是蓝牌子——“垂条桧柏”，2014年开始挂的是红牌子——“周盛波垂条桧”。

更新后的树牌是贴切的。1868年，正值英年的周盛波以老母年高需要赡养为由，回归家乡。作为“盛军”的男一号，浴血征战多年，周盛波也的确需要停歇下来，休整一下。

夕阳下，罗坝圩与垂条桧相顾无言。垂条桧孤零零地站立在灰砖砌就的方台上，没有搭理周围任一绿植的意思，比立于鸡群的野鹤更多几分老成持重。与枝丫一律向上的白杨不一样，它旁逸斜出，又有几分随心所欲。

千年松树万年柏。柏树随着年轮渐多，树干就会拧着劲地生长。很多老柏给人视觉冲击的是它们筋脉隆起，白骨外露，嶙峋扭曲，粗壮遒劲。“锦官城外柏森森”，罗坝圩外，苍苍古木垂条桧，独立而不遗世，天赋孤绝之美，让人流连不已。

二

现在来看，最初的圩堡（肥西方言称作“圩子”），只是围起一块地儿，修个“堡垒”，纯粹是乱世中自我保护的需要。从某种意义上讲，“圩堡”已成为三山众多淮军将领们的故土情结，甚至成了他们落叶归根的“理想国”。

当年，三山联动，互为犄角，独具地方建筑特色的圩堡，在那个冷兵器时

擦干眼泪，盛波盛传重整旗鼓。自1955年至1862年，几年间，周家兄弟边训练，边拼杀，队伍逐渐壮大，成为紫蓬山下威风八面的最强团练。周家兄弟和周公山张树声团练、大潜山刘铭传团练，惺惺相惜，声气联通，互相支援，“保境安民”。

不破不立！周家兄弟凭借智勇二字，扭转了颓败，迎来了李鸿章组建淮军的大好时机。

打虎亲兄弟，上阵父子兵。周家人身经百战，赢得了“盛誉”，总兵、提督衔以上大员，有周盛波、盛传、盛春、盛佑、盛忠、盛长、盛鼎、盛朝、盛武、家瑞、家泰、行发等，共12之多。

要知道，这些勇冠三军的骁将，最初皆是从罗坝圩迈出气冲霄汉的第一步的！

罗坝圩走出去的男一号，应是周家老五周盛传。

周盛传，字薪如，晚号北海老农。诸位看官请留意“北海老农”里的“农”字，一个“农”字，虽不能证明盛传骨子里有小农意识，但最起码表明他是个重“农”之人，或者说，他对“农”字有着特殊的感情。

现在，我于纸上轻易地记下盛传屯兵天津兴水利兴农业的事迹：“光绪五年，全长75公里的马厂减河竣工；沿河建有石、铁柱板桥4座，水闸6座，下游开横河6条，另建桥、牐、涵洞50余处，从而保证了农田蓄泄有时，咸水淡水不相渗混；堤岸阡陌，遍植桑、榆、杨、柳数10万多棵。”

看似很轻巧的一串数字，凝聚着盛传多少心血啊！

在天津以新农镇为中心的整个垦区，几年时间，就将大片荒地变成近20万亩良田沃野。当时就有人写诗称赞：“地处津东入画堪，此间曾谓小江南。”

六

同治八年，周家兄弟在取得傲人战功之后，恰逢老母身体不适。兄弟俩一合计，就让盛波上书请辞，回乡奉养仍住罗坝圩的老母亲。母亲年岁已高，又身患疾病，盛波觉得需给老母换个居住环境，颐养天年。于是，就精心选址，筑就周老圩。我们想想也是，罗坝圩毕竟承载一段血色往事，让老母亲晚年避开此地，既符天理，又合人情。

排行老四的盛波回乡，小老五盛传何尝不想回乡？

母亲，不是兄弟中哪一个人的母亲，母亲，是六个兄弟的母亲。母亲一生含辛茹苦拉扯大的六个孩子，眼下只剩盛波盛传两人了。盛传深知百善孝为先，身为儿子给父母养老送终是天职所在。可是，军营一刻也少不了主将啊！盛传至孝，却把尽孝的机会让给了老四，自己把对母亲的爱念，一日日积攒在心底。

老四一走，军中千斤的重担，老五盛传一肩挑。

盛传沉勇睿智，敢作敢为，目光远大。他平时凡事亲力亲为，练兵之余，还常常“短衣匹马，巡视各营，与士卒同甘苦”，但，百忙之中的他，却又极富前瞻性地兴建了“武备学堂”，聘用洋教练，采用西方军事教材，培养出了一大批在清末民初叱咤风云的段祺瑞、冯国璋、曹锟等名流。

令人刮目相看的是，文化程度并不高的盛传，戎马倥偬，手不释卷，学力大增。他在亲自钻研洋枪构造与技法后，独立完成《操枪章程》12篇，用作训练的教材。

七

盛波回乡筑造周老圩时，也将罗坝圩翻建一新。其风格为清代徽派建筑，深沟高墙，雕梁画栋，房屋三进，有80多间，内有一个不太大的四合院。

周家人一口气建了好几处圩堡，家里地位高一些的，都住到了新建的圩子。罗坝圩里住着的周家人，地位一般般，与其他圩子比起来，此地也渐渐冷寂了下来。曾经此地血光之灾的周家人，对此地，情感上可能有些回避。

也许这样，对于罗坝圩的一砖一瓦来说，未必不是件好事。圩子小，不张扬，人家不怎么注意，受到外界的冲击自然就少了。这应该是罗坝圩保存比较好的主要原因吧。

新中国建立后，肥西县在这里建立苗圃育苗，一下子，把罗坝圩和外界无形中给隔绝开来。这对罗坝圩又是一桩幸事，使它免于“扫四旧”之劫。

作为苗圃基地，人们没有恶意地去改变罗坝圩原有的建筑。绿树掩映之下，罗坝圩于宁静之中，慢慢反刍着如烟的往事。微风拂过她的一砖一瓦，一草一木，是否会有我们的双手抚摸自己满是皱纹的脸颊，而产生岁月沧桑的慨叹呢？

后来圩内有些房屋，因年久失修，变成危房。于是，20世纪70年代，苗圃对其进行了翻建，部分房屋，也因此改变了结构。罗坝圩在翻建中，好心人以为自己在做好事，却在不经意间，毁掉了难以估价的部分建筑的原貌，自然是非常可惜的。后人往往不懂得珍惜前人留下的遗产，像梁思成夫妇那样致力于保护古建筑的饱学之人，真的太少了。

2006年，肥西县苗圃又对其进行修葺，修旧如旧，以期恢复原貌，好让这个百年老庄园焕发新姿。走进圩堡，犹如翻开晚清这本残卷，圩内，那些历经100多年的风雨浸蚀的窗棂、门楣，横梁、翘檐等处的雕刻，依然栩栩如生，清晰如昨。那些青石条、柱石、石磨、石柱、石门眉、石门枕等，还有着往日的姿态，以手触摸，似乎还有旧时的温度，然而，历史的长河，滚滚而流，那一切，一去都不复返了。

八

光绪十一年春，因母亲病故，周盛传闻此噩耗，立即请假回乡奔丧。

50刚出头的盛传，正当盛年。如果老天再给他十年光阴，他或许能带给紫蓬山更大的荣耀。可他如同十分孝顺的古人阮籍一样，在丧母后，身体受到了重创。阮籍闻母亡之噩耗，仍与人将一盘棋下完，之后，即因悲伤到了极点而连吐鲜血……盛传亦如是，他因悲伤过度，返家途中10余日食不下咽，仿佛万念俱灰……

那时的交通状况，实在太差了。从天津到肥西，一路风尘，紧赶慢赶，也要10多天。一路之上，盛传愈是急着还家，就愈是觉得行进迟缓，焦急，悲痛，悔恨，各种情感交汇于心头，使得他毫无食欲，身体一日日弱了下来……

有文字记载，盛传赶至家中，“入门抚棺长恸，声泪俱竭”，凄惨之状，使人听闻，惊骇不已。也许，连盛传自己也没想到，此悲切，竟引起战伤复发而“遍体皆裂”。

“遍体皆裂”，可见盛传身经百战后，几乎体无完肤；可见征战中冲锋陷阵的盛传，多么勇猛，同时，又可见，此番丧母之痛，对于时年52岁的盛传来说，打击又是多么巨大。盛传遭此打击，撒手人寰，紧追慈母而去。没有死在疆场的盛传，死于母亲之死，直教人叹息之余，复又感佩不已。

盛传死后，清廷赐谥号“武壮”。

乡党刘铭传得知盛传去世消息，十分悲痛，亲笔撰书一挽联：

国步历多艰，三十年勠力同心，念我平生几知己？

君恩天罔及，千百载报功崇德，如公忠孝是完人！

九

如今规模不大的罗坝圩要想以鲜活的人气，击退老房子里的枯朽之气，不充分利用起来，是相当被动的。所以，有识之士，给罗坝圩子劈开了一条新生之路——挂名“林苑山庄”，对外经营，招徕四方宾朋，来此吃喝娱乐，意在让罗坝圩“活”起来。

林苑山庄的入驻，很多人可能会认为，此种做法太商业化了。其实，这招棋，盘活了罗坝圩。你想，这个规模不大，名头不响的圩子，若不通过非常规的手法来更新，圩子或许就真的被岁月尘封，被世人抛弃了。

一年四季，四季如画。你若来到山庄里，会发现，春天的一滴鸟鸣，就能激起整个绿海的柔情；夏天的一抹林间清风，就如一台天然空调，带给你沁入心脾的惬意。而深秋时节，若宿于此，缺月升，黄叶落，一两声蛐蛐的问候，会将你带到宋词一般的意境中去；冬天则别有一番景致：落叶木遗世而立，长青木从容不迫，偶尔飘雪，圩子里雾凇沆砀，你也如同雪花一样，于天地间，飘出一种人生的洒脱与纯粹……

触摸罗坝圩，既有久违的亲切感，又生“逝者如斯”的感慨之情；既嗅到她香醇的历史气息，又为她养眼的现代风采而暗自惊喜，每每走进她，总莫名地让我涌动要去写她强烈欲求，写下徜徉，写下回味，写下罗坝圩的一呼一吸……

想写罗坝，却有徐志摩先生抒写康桥的心结：“是那么使我为难的一个工作，你怕说过分了恼了它，你怕说太谨慎了辜负了它”。“怕说过分”，是怕自己被罗坝的优美所激发，写下过于溢美之词；“怕说太谨慎了”，是怕自己无法用拙笔描绘出罗坝的风姿。

想写罗坝，亦有徐悲鸿恋上孙多慈的欣喜与无奈。多慈的古朴而又敦厚、灵秀而又明净，不止是眼前罗坝么？有幸目睹芳颜，又流连其绰约之间，怎能不欣喜？可俗身为事务所缠，不得不重回钢筋水泥之中，不能与自己所向往胜境，浑然一体，心中无奈，就在所难免了。

(1873),李鸿章筹议天津海防,曾以三策问周盛传,“曰堤黄河,曰挑减河,曰建城垣”,周盛传认为“三者皆切要,而海防尤在坚城”。但海防建设耗资甚巨,经费问题一时难以解决。周盛传遂“请所督弁勇助役,以省雇佣,又捐历年欠饷为集工购料之用。”他积极参与天津布防的筹议活动,提出了许多布防的策略,主要涉及修炮台、固城垣、强化海防军备等方面。

大沽北塘是天津海防的第一道防线。同治十二年(1873),盛军开始兴修大沽北塘炮台。共修筑内外土城各一,大炮台3座,在大炮台周围修小炮台70余座,兴修了兵房、药库、仓厂、义塾等。同时还修建了城外的各项工程,如沟壑、河道,桥梁等。大沽北塘炮台的防御体系工程浩大,耗资甚巨,周氏兄弟捐盛军欠饷以济工费,另外还动员士卒任其役。该工程历时一年有余,至同治十三年(1874)九月竣工。新城是天津海防的第二道防线,同治十二年(1873)二月,周盛传向李鸿章提出了修建新城的建议,即用淮军兵勇助役,并捐历年欠饷作为用工和购买建设材料的经费。新城修建工事从同治十二年(1873)三月开始,历时一年有余。天津新城建成之后,成为海口入海河的必经之地。新城包括内城和外城两道墙,设有多座大小炮台,并可与大沽、北塘的海口炮台相互援应。至此,天津两道防线得以加强,极大地巩固了天津拱卫京畿的门户地位。

李鸿章对盛军的编练和建设也是颇为重视。通常情况下,衡量一支军队最主要的标准就是其战斗力的强弱,而决定军队战斗力的因素是军队的武器装备和练兵方法。周盛传小站练兵期间,在这方面做出了相应的努力与尝试,并取得了一定的成效。19世纪70年代后期,后装枪炮输入到中国,淮军很快装备这些先进的后膛枪。当时装备的有英国的“亨利·马梯尼”、法国的“哈七开斯”、德国的“克虏伯”、美国的“林明敦”等。后膛枪炮使用起来射击速度更快、命中精度更高、侵彻力更强,这些新式装备使得军队的战斗力得以明显增强。驻屯天津期间,周盛传还以更新式的哈乞开斯后膛枪代替了原来的士乃得枪,并建成了3营克虏伯炮队。到19世纪80年代初,盛军基本上完成了用后膛枪代替前膛枪的换装。周盛传还积极学习先进的德国操法,他主动向李鸿章要求请曾赴德学习,有过亲身经历,熟谙德国操法的人来盛军担任教习。将本由盛军中派往德国学习的查连标拨回,担任盛军的教习。在小站练兵的过程中,先后有不少外洋教习直接指导过盛军的操练,如在盛军担任过教习的有李保、康克、博郎等。

周氏兄弟作为盛军的军事长官，治军严而有恩，在盛军的作战策略、将领选拔、后勤制度等多方面竭尽心力，并积极地引进和学习西方先进的武器装备和练兵方法，想方设法提高盛军将领和士兵的素质，使盛军逐步发展壮大，成为清政府在军事战斗和防卫上的重要倚重力量。（撰文/黄政博士）

（二）花木之乡放异彩

满眼绿植遍地金

连绵的紫蓬山脉一路从西向东延伸，蓊郁、苍翠、景色迷人，而罗坝就像她的嫡亲女儿，诗般的绿意，令人销魂。去罗坝的路上，绿海涌波、鲜花斑斓，白墙青瓦、岗坡起伏，车在林间行，人在画中游。

罗坝村原属皖中肥西县的烧脉乡，因村内的罗坝圩子而得名，现归属紫蓬镇。罗坝村是淮军的重要发源地之一，周盛波、周盛传兄弟均是中国近代史上从罗坝村走出的著名淮军将领。当年周盛波、周盛传发迹后，兄弟两及子孙相继在紫蓬山下建立了包括周老圩、康湾圩在内的大大小小七个圩子，而罗坝圩又是紫蓬山下多个圩子建筑的范本，院内古树参天，三角枫等名贵树木，树龄已达160多年。

罗坝村卞国来户的精品苗木树桩培植基地 王月敏/摄

弯弯曲曲的水泥路在林间时隐时现，一处沟壑前，茂密的针叶林颈项相依，康湾圩犹抱琵琶半遮面似的一眼已看不清她的轮廓。康湾圩是盛军将领周盛华居住的地方。他的第四代重孙周伯萍，曾先后出任过坦桑尼亚大使馆政务参赞，阿尔及利亚、扎伊尔大使，一位新中国的外交官。新中国与希腊建交后，周伯萍被派驻雅典第一任大使。周氏兄弟的直系后代多有建树，直至今天仍有许多人活跃于海内外，成为政界、商界和学界名人。

罗坝村地处江淮分水岭丘陵，缺水是它的典型特征，1958年，罗坝圩设立国营苗圃。聪明的罗坝人依托肥西苗圃，走出水稻、棉花等传统农业生产模式，从上世纪九十年代开始大面积种植苗木。2004年，村里从萧山引进了高中低档苗木，几年之后，全村近万亩耕地、山场，几乎全都种上了苗木。

在康湾圩苗农周先谷家，一进院内，各种名贵花卉盆景错落有致地摆满了整个庭院，每盆价格从百元、上千元至万元以上不等。说起肥西的苗木生产，全国各地没有不知道三岗的，而周先谷却告诉我一个秘密。他说，肥西的苗木，名在三岗，而早期的根扎在罗坝。改革开放以前，罗坝人就开始兴种苗木，到了2000年后，罗坝的苗木开始朝着精品化规范化的方向发展。今天的罗坝村，多家苗木公司几乎承包了全村所有的山地，更新苗木品种，采取市场化运作，带动当地苗木花卉产业日驱发展壮大。

周先谷说，肥西最早苗木花卉嫁接技术就来自于罗坝村的康湾圩。上世纪六十年代，桂花树奇缺，全县只有紫蓬山一带的周边有零零星星的几棵。从合肥市土产公司下放回乡的周焘（与周伯萍是堂兄弟）先生精通花艺，他寻遍了紫蓬山周边的山脉，从李陵山、吴山口、大潜山等多处方寻得不多的桂花树枝，用野生的鸡骨嘴树嫁接成功。七十年代，合肥市园林局来要桂花，周焘嫁接的几百棵桂花，每棵卖到了3元。后来，他嫁接生产的含笑、蜡梅、白兰也相继获得成功。后来，上派刘湾村民小组的周本滔前往康湾圩拜师学艺，并将这一技术传到了三岗。80年代初，周焘成了肥西县第一个万元户，受到了合肥市政府的表彰。

如今的罗坝村，处处花扶树，户户绿绕门。全村孕育出了100多名从事苗木经营的经纪人，他们生产生活在罗坝，而大多又都在县城和省城买了房子。村里人说了一个真实的故事，本村有位村民去县城买房，穿着平时在家干活时那身衣服，一只蛇皮袋里背着60万元的现金。售楼小姐问他干什么，他说买房，售楼小姐不信，要他到别的地方去看看，这位村民把蛇皮袋往台子上一掼：我把钱都带来了，不买房到这里来干什么！弄得那位小姐一脸的窘。

罗坝村民周先兵、余蔚霞夫妇，在家门口的望湖山上承包了二百多亩山地，创业之初，夫妇俩从山下把苗子背上山头，自己挖凼，自己浇水，时常一连几天就住在山上。后来，夫妇俩注册了一家“月亮湾”苗木公司，经营得红红火火，全国很多名人都来过“月亮湾”。

珍稀名木世罕见

罗坝村罗坝圩内苗圃中，生长有一株世所罕见的珍稀名木——垂条桧。

这棵垂条桧，树高9米，冠径东西6.4米，南北5.9米。经专家考证树龄为160年，实为圆柏变种。圆柏经过特殊的变异，才会长成垂条桧柏，这种变异非常罕见。该树树干挺拔，鳞片斑驳，针叶茂密，小枝下垂，粗枝垂而外翘，似宫殿飞檐，风韵独特。

据介绍，此树原栽于周盛波的庄园里。1950年，曾在周家庄园做过花师的颜文轩，将此树移栽到国营袁新圩苗圃，1958年随颜的工作调动，又移栽到罗坝圩苗圃。1980年，罗坝苗圃助理工程师张焕德与安徽农学院教授李书春鉴定为垂条桧。据陈植编著的《园林植物学》载，北京颐和园有此树1株，实为全国稀见。虽然垂条桧柏肯定不止这两棵，但这种变异确实很罕见，再加上树龄上百年，所以非常具有研究价值。

2014年7月，安徽省人民政府将此株垂条桧列入安徽省名木，挂牌保护。命名为“周盛波垂条桧”，编号为007号。落实保护责任单位为肥西县苗圃。

位于罗坝圩内的珍稀名木——周盛波垂条桧

编纂始末

2020年9月上旬，为打造乡村文化振兴示范工程，紫蓬镇党委、政府研究决定组织编纂《罗坝村志》，并给予专项经费支持。

2020年9月19日，《罗坝村志》编纂集体动员大会在罗坝村会议室召开。村两委成员、各村民小组长、村民代表共60余人参会。紫蓬镇党委、政府分管同志出席并作部署安排，中共肥西县委党史和地方志研究室也委派人员到会开展业务培训。

2020年10月31日，《罗坝村志》编辑部正式挂牌。首先进入收集资料阶段，先后查阅本村籍家谱资料23部，市、县方志和相关历史资料30多部（册），以及大量的档案资料，走访调查308户，电话联系相关人员七八百余人次。并委托专人在台北故宫博物院图书馆、天津小站等地查阅收集盛军原始档案，整理文字资料稿60余万字。

2022年8月31日，《罗坝村志》编纂工作会议召开，编纂成员齐聚一堂，对草稿篇章反复讨论，集思广益。初步提出围绕“盛军故里，花木之乡，名贤祖籍，生态名村”为特色的基本内容架构，形成志书的篇目大纲。编写组根据这一篇目大纲，进一步广泛补充收集资料，同时组织分纂撰写；2023年5月下旬，基本完成《罗坝村志》初稿。补充完善表格、图片及艺文、附录等资料后，于2023年7月底总纂完毕，同步照排成书稿初稿。

2023年8月20日，中共肥西县委党史和地方志研究室组织召开《罗坝村志（稿）》评审会，邀请省、市、区、县多位方志专家和紫蓬镇、罗坝村负责同志与会。专家组对志书初稿认真审读，提出严谨的审稿修改意见。总体认为该志稿“内容丰富全面，体例完备，结构合理，资料翔实，语言流畅朴实，特色鲜明，是一部较为成熟的志稿，具有较高的存史、资政、育人价值”。同时专家组对志稿中存在的个别篇目调整、文字校对、内容补充、图片使用以及编辑排版等方面的不足进行探讨交流。

编纂人员根据专家组意见，对村志的篇目结构和文字内容反复修改完善，形成送审稿。2023年9月上旬，志书送审稿报送方志出版社，再经出版社的初审、复审、终审“三审”程序，并提出审读意见。根据出版社审读意见，编纂团队再次按审读意见要求对志书进行反复修改打磨，考订史料，核改细节，压缩篇幅，精简部分文字图照，最后交由方志出版社出版。历经修改打磨，终于出版成书。

《罗坝村志》的编纂出版，得到了方志出版社、安徽省委党史研究院（安徽省地方志研究院）、中共合肥市委党史和地方志研究室、蜀山区党史与地方志研究室、中共肥西县委党史和地方志研究室、肥西县档案馆，以及肥西县林业局、肥西县文物管理所等相关部门的诸位领导和专家的关心支持和指导，在此深表感谢！

中共肥西县委党史和地方志研究室、肥西县档案馆、紫蓬镇党委政府相关部门、紫蓬镇罗坝村两委及各村民组，以及天津市津南区小站镇盛字营、传字营村盛军后人等单位、个人为本志编纂积极提供相关基础资料，提出大量修改意见。应特别感谢方志出版社的副总编辑李江等同志精心编辑、审校工作，感谢本村籍相关人士为志书编纂提供家谱等文献资料的查阅，或接受采访、为图片拍摄提供方便，感谢周力行教授、赵松林博士、黄政博士、张永新、周本华、张亚林、王世准等同志对此志成书的关心和帮助，本志书图片由王月敏、艾克发、唐文生等同志拍摄或紫蓬镇罗坝村委会提供，合肥史志文化传媒有限公司承担了本志的编务工作，合肥市建新激光照排部排版人员不厌其烦进行修改，在此，谨对上述单位和个人，一并致以谢忱！

《罗坝村志》的编纂出版，在当地是一项文化创新工程。由于历史跨度长，现有资料少，档案资料零星分散，收集困难，编纂人员虽倾心尽力，但由于水平有限、经验不足，仍难免有很多不尽完美之处，诚请广大读者批评指正。

编者

2023年12月